陪孩子轻松走过小学6年

学习力+性格塑造+习惯养成
小学就是分水岭

1-2年级

康雅静◎著

航空工业出版社
北京

内容提要

《陪孩子轻松走过小学6年·1-2年级》一书紧贴1-2年级孩子的身心发育特点，即从行为、心理、语言等几方面出发，通过一个个贴近生活的故事及案例分析，不仅在理论上给出了详细的引导和解释，还指出了具体的做法，非常贴近当下的教育现实。既能够引导家长辅导孩子正确地学习，取得好成绩，也不会忽略孩子的能力发展和兴趣特长，从而有的放矢地教育孩子。

图书在版编目（CIP）数据

陪孩子轻松走过小学6年. 1-2年级 / 康雅静著. --北京：航空工业出版社, 2022.12
ISBN 978-7-5165-3196-9

Ⅰ. ①陪… Ⅱ. ①康… Ⅲ. ①小学生—家庭教育 Ⅳ. ① G782

中国版本图书馆 CIP 数据核字 (2022) 第 237082 号

陪孩子轻松走过小学 6 年·1-2 年级
Peihaizi Qingsong Zouguo Xiaoxue 6 nian · 1-2 nianji

航空工业出版社出版发行
（北京市朝阳区京顺路 5 号曙光大厦 C 座四层 100028）
发行部电话：010-85672688 010-85672689

三河市双升印务有限公司印刷　　全国各地新华书店经售
2022 年 12 月第 1 版　　2022 年 12 月第 1 次印刷
开本：710×1000 1/16　　字数：168 千字
印张：12　　定价：128.00 元（全 3 册）

前言

Contents

孩子六七岁时，开始进入小学阶段，成为一名小学生，这是孩子人生的一个崭新开始。作为一名 1-2 年级学生的家长，你是否意识到这是教育孩子的重要时期呢？你是否为此做好准备了呢？

面对这样的问题，或许很多家长感到惊讶不已，因为，他们原以为孩子上小学没有什么特别的，不需要做什么准备。其实不然，之所以要求家长重视这一阶段，是因为 1-2 年级有其特殊性，对孩子的成长和成才有特殊的意义。

1-2 年级是孩子人生中的第二个“断奶期”。在这个阶段，孩子一方面对新的校园生活充满渴望，另一方面又舍不得离开自己的爸爸妈妈，以及在幼儿园里对他关照有加的老师。在这个阶段，孩子要真正地开始学会独立、自理，因为小学老师不会像幼儿园老师那样照顾孩子。

1-2 年级是孩子从幼儿园到小学的关键过渡期，是正式进入学校教育的初始阶段。如果在这个阶段打好基础，孩子以后更容易在学习中取得好成绩，更容易养成良好的学习习惯。

1-2 年级是孩子学习方式的转变期。在幼儿园时，孩子主要是在游戏中学习，每节课的时间二三十分钟；但在小学课堂上，不但没有游戏可玩，还要集中注意力坐上 45 分钟。这既要求孩子适应新的学习形式，还要求孩子耐住性子，保持更长时间的注意力。

1-2 年级孩子所面临的压力也会剧增。在幼儿园时，孩子不用担心迟到，不用担心考试，而且几乎每个孩子都有机会得到相应荣誉的小红旗；但是进入小学后，孩子迟到了可能会被老师罚站和批评，考试考不好要受到父母或老师的批评……这在无形中会给孩子增加很大的心理压力。

面对种种变化，孩子可能表现出很多不适应。比如，有些孩子在课堂上坐不住，时不时动一动，甚至走来走去；有些孩子注意力无法保持 45 分钟，很容易走神，听课效果不好；有些孩子不愿意写作业，经常要父母催促；有些孩子丢三落四，书、本子、笔放到哪儿了都不知道……

如此种种，会给孩子造成诸多不适。于是有些孩子开始抱怨："学习好难呀，我不想上学了！"有些孩子怀旧："我不喜欢小学，我想回到幼儿园。"有些孩子期盼："考试好烦啊，我希望小学里没有考试！"

如果你听到孩子发出类似的声音，表现出类似的行为，你应该引起足够的重视，通过耐心的教育和细心的引导，帮孩子顺利地度过这个关键的过渡期。身为父母，一定要抛弃这种错误观念：孩子进入小学了，就交给老师，老师应该担负教育孩子的责任。

要知道，家庭是孩子成长的第一环境，父母是孩子的第一任老师，负有不可推卸的教育责任，对孩子的成长和一生起着重要作用。这种作用是无人可以替代的，家长应该努力成为孩子人生路上的良师益友，在了解孩子身心特点的前提下教育孩子健康成长。

本书结合 1-2 年级孩子的身心特点，即六七岁孩子的行为特点、心理特点、语言特点等，通过一个个贴近生活的故事及其带给我们的启发，教会我们具有指导意义和可操作性的教育方法。从这本书中我们能看到自己孩子的影子，从而有的放矢地教育孩子。

目录

Contents

第一章

1-2 年级，帮助孩子做好“幼小衔接”

第二章

1-2 年级，孩子有这些问题很正常

第三章

1-2 年级的孩子涉世未深，安全教育要跟上

第四章

1-2 年级的孩子语言能力弱，需抓紧时间训练

第五章

1-2 年级的孩子生活能力差，急待父母去开发

第六章

1-2 年级的孩子撒泼放野，言传身教培养其社交能力

第七章

1-2 年级的孩子学习习惯暂未形成，需加强引导和规范

第八章

1-2 年级的孩子思维活跃，正确引导可培养其创新能力

第一章

1-2 年级，帮助孩子做好“幼小衔接”

“幼小衔接”是指幼儿教育与小学教育的衔接。因为处于幼儿园阶段的孩子和处于小学阶段的孩子有很多不同的身心发展特征，能否做好这两个时期的衔接工作，关系到孩子的可持续发展以及孩子受教育的质量，所以家长要重视幼儿教育与小学教育的衔接。

幼小衔接应该衔接什么？

——弄明白幼小衔接的内容

不知你是否发现，不少孩子从幼儿园进入小学后，变得特别胆小、孤僻。有的孩子宁愿憋尿憋到尿裤子，也不敢或不好意思举手请假；有些孩子不会听讲，老师布置了作业他们也记不住；有些孩子物权意识过重，不让别人碰自己的东西，否则就向老师打小报告；有些孩子刚体现出霸道的一面，蛮不讲理地欺负弱小的同学……

进入小学阶段后，有些孩子会出现身体上的不良反应，如身体疲惫、睡眠不足、食欲不振、体重下降等；有些孩子会出现心理上的不良反应，如精神负担大、情绪低落、自卑心理明显、厌学等；有些孩子的不良反应则体现在适应性方面，如不善与人交往、不爱讲话等。如此种种，都与幼小衔接教育做得不好、做得不够有关。由此可见，重视幼小衔接是非常有必要的。

在幼小衔接的问题上，一些幼儿园大班孩子的家长们表现得最为焦虑。有位家长说："儿子刚进幼儿园时，我没想过一定要教他认识多少字，只是偶尔抽空教他一下。但是上了大班之后，周围同事都在说，孩子一定要多认识字，不然上小学会吃亏的。没办法，我只好报班让孩子学认字。"

其实，幼小衔接不等于智力衔接。浙江大学的教授刘力认为，智力对接不是幼小衔接问题的核心。因为从幼儿园到小学，是一个很大的变化，师生关系、同伴关系、学习内容、校园环境等都变了。要想孩子应对如此大的变化不只是简单地让孩子多认识字就可以了。

另外，幼小衔接不等于无缝对接。杭州某小学校长表示，有潜力的学生，与他认识的字多少无关，最重要的是他的专注度，不论是听课的专注，还是做事的专注。其次，要有强烈的求知欲；再次，要有很好的自理能力；最后，要学会和同学和睦相处。如此一来，幼小衔接的内容就很清晰了。

放大镜

◎幼小衔接不等于智力对接，不以教孩子认识多少字为目的。

◎幼小衔接不等于无缝对接，不要想着把孩子各方面都武装得很突出，然后才让孩子进入小学。

◎要提高孩子的专注度，包括上课听讲的专注度和做事的专注度。

◎培养孩子的求知欲，让孩子带着兴趣和热情去学习。

◎有意识地培养孩子的自理能力，让孩子学会照顾自己。

◎教孩子与人友好地相处，不要蛮横无理，不要自私小气，等等。

家长可以对照这些对孩子进行有针对性的教育。在孩子即将进入小学或正处于小学 1–2 年级时，即使孩子表现不尽如人意，家长也要看到孩子的优势，要相信每个孩子都有出色的地方，对孩子要有准确的定位，这样教育才会变得理性。具体来说，幼小衔接的内容有下面几点，值得家长们重视。

物质方面　以实用和安全为主，预防孩子产生攀比、炫耀心理

从幼儿园到小学，在物质方面有一个过渡，这时候家长应给孩子选择合适的学习用品。在准备学习用品时，应以实用和安全为标准。有些家长给孩子购买高

档、花哨的学习用品，这样很容易引发孩子产生炫耀、攀比的心理，也会分散孩子课堂上的注意力。因此，物质方面以实用和安全为主。

心理方面 给孩子布置一些小任务，逐步培养其独立意识和责任感

从幼儿园到小学，由于环境变了，孩子的心理也会发生很大的变化。孩子有可能表现出诸多不适应，尤其是孩子不再受到老师的过分关照。所以，家长要重视培养孩子的独立意识以及责任感。为此，家长可以布置一些小任务，比如让孩子自己整理书包、准备学习用品。通过这种方式，可以让孩子在学习中体会到独立的乐趣。

习惯方面 模拟表扬，让孩子体会到真正的入学“感觉”

幼儿园的课堂非常轻松，课时也短，而小学则大不一样，上课有严格的时间规定。习惯了幼儿园宽松的生活方式的孩子，突然转变“角色”，首先在精神和体力上就可能有困难，表现为体力不支、焦虑不安、坐不住。

其次，上课的习惯也不一样，家长可以配合学校来教育孩子。比如，告诉孩子：小学上课之前，要打两次铃，第一次是预备铃，听到这个铃声，要马上进教室；第二次是上课铃，打了这个铃，老师要给学生们上课。家长可以在家里模拟一下，让孩子有切实的感觉。

最后，要教给孩子正确的写字姿势和握笔姿势。家长不妨对孩子进行作业训练，使孩子进入小学能快速适应有作业的生活，防止孩子以后养成做作业拖拉、不爱写作业等不良习惯。

如何进行幼小衔接？
——从多方面进行衔接教育

结束了幼儿园的学习生活，孩子即将步入小学阶段。在这个关键的过渡期，家长如何对孩子进行衔接教育，关系到孩子能否快乐、自信地面对小学生活。在这个时期，家长应充分尊重孩子的年龄特点和发展规律，考虑孩子的心理需求和发展需求，为孩子创造良好的过渡条件，促使孩子顺利进入更加丰富多彩的小学校园生活。

大家都知道，孩子在幼儿园过的是集体生活，整天都有老师跟班，穿衣、穿鞋有困难，会得到老师的及时帮助。进入小学后，孩子的学习生活相对独立，像系鞋带、上厕所、准备学习用品等事情，都要靠孩子自己去做，如果孩子动作慢、不熟练，就会影响孩子的学习。因此，教孩子学会独立生活，学会照顾自己，显得特别重要。然而，这项重要的能力不是与生俱来的，而是在不断适应环境的过程中逐渐养成的。

心理学家研究表明，儿童生活自理能力的发展有一个关键期。在关键期内，这项能力是很容易养成的，而过了这个关键期，培养起来就相对困难。这个关键期就是从幼儿园到小学 1–2 年级这段时期。可遗憾的是，我们常常看到一些父母给上了小学的孩子喂饭，孩子作业做完了，父母帮孩子检查作业，帮孩子收拾书包。如此这般，父母很辛苦，孩子则越养越无能。

明智的家长会让孩子做自己该做的事情，当孩子在实际行动中遇到困难时，他们才会给予孩子鼓励和帮助，这样有助于孩子建立较强的信心和决心，让他们面对困难不达目的誓不罢休。此外，他们还会教孩子克服困难的方法和技术，让孩子少走一些弯路，多增强一些自信。

家长刘先生的儿子上1年级，他是这样培养儿子的生活自理能力的：给孩子留一片自己的小天地，指导他收拾自己的器物，教他穿衣、洗脸、叠被、整理房间、扫地等。他把儿子书包里的东西都拿出来，再让儿子一件一件地整理好放进书包里。外出活动时，他教儿子根据天气变化增减衣服，脱下的衣服要折叠放好。刘先生通过这些小事锻炼了孩子的自我服务意识，提高了他的自理能力。因此，他儿子的小学学习生活过得很顺利。

从刘先生的做法中，我们可以总结出培养孩子生活自理能力的要点：

放大镜

◎给孩子创造机会，教孩子如何整理衣物、书包以及收拾房间。

◎教孩子穿衣、叠被、洗脸 、折叠衣服。

◎教孩子学会根据天气的变化增减衣物，学会照顾自己。

看了以上的要点，我们会发现：培养孩子的生活自理能力，让他们简单地照顾自己，并不是一件难事。只要家长有理性的教育思想作指导，愿意抽时间去做，就能做得很好。当然，想做好幼小衔接教育工作，家长还应从以下几个方面着手，促使孩子全面均衡发展。

培养孩子对小学环境的适应能力

小学是个大家庭，需要重新建立人际关系，接受新老师和新同学。孩子能够快速融入新集体，和老师及同学和谐相处，得益于一定的人际交往能力。如果孩子的交往能力强，就很容易适应新环境，融入新集体，与班里的同学打成一片。反之，如果孩子的交往能力差，就容易与同伴发生矛盾和冲突，一旦没有处理好人际关系，就会影响孩子的学习和生活。

怎样培养孩子的交往能力呢？还需从小事做起，比如，教孩子学会谦虚、礼貌，不与同学争抢东西，学会把自己的东西拿出来和小朋友分享，等等。这些事情看起来很小，但对创造友好合作的氛围有很好的帮助，有利于增强孩子的交往能力。

激发孩子的任务意识，增强孩子的时间观念

在幼儿园的时候，孩子基本上没有强制性的任务要完成，但上小学后，基本上每天都有作业，这是孩子必须按时完成的；上幼儿园迟到了没关系，但上小学后迟到了可能要被老师批评。为了避免孩子写作业拖拉、交作业不积极、上学迟到，家长可以想办法激发孩子的任务意识，增强孩子的时间观念。比如，父母给孩子布置作业，让孩子记住作业，在规定的时间内完成。如果孩子做到了，要及时肯定和表扬他；如果孩子没做到，要分析孩子没做到的原因。若是因为缺乏时间观念而没做到，则要给他一些惩罚，让他意识到不按时完成任务是不行的。这样有利于培养孩子的任务意识，增强孩子的时间观念。

提前带孩子去校园参观
——让孩子对小学生活产生向往

一般来说，六七岁的孩子，身体和心理各方面基本上具备了接受小学教育的条件。如果他们能受到环境、家庭、学校的积极影响，大都会对小学生活产生羡慕之情。羡慕什么呢？羡慕新书包、新文具盒、新书本等。如果孩子没有受到客观环境的积极影响，可能会习惯于幼儿园的生活，对上学没有强烈的愿望，甚至产生逆反情绪。

“孩子不肯上学，我拿她一点儿办法都没有。”王女士抱怨道。她的女儿到了法定上学年龄，她和丈夫给女儿在附近小学报了名。他们本来觉得一切都很顺利，没想到女儿死活不愿去上学。与王女士有同样烦恼的家长不止一两个，李媛女士的儿子也不肯去上学，打也打了，骂也骂了，只差没喊他祖宗……

孩子为什么不愿意上学呢？这与家长之前的准备工作做得不到位有关系。试想一下，孩子如果从来没有见过或感受过小学校园的生活，不知道这个新环境是什么样的，突然有一天进入这个环境，看到许多陌生的面孔，心里怎么会不紧张呢？如果家长之前就带孩子进入小学校园参观，感受哥哥姐姐们的学习和生活，孩子对小学生活的向往之情就很容易被激发出来。

眼看9月份女儿就要上小学了，付先生和妻子商量着利用空闲时间带女儿到小学校园里转一转，熟悉熟悉环境，趁机引导女儿爱上小学生活。在参观的过程中，他们有意识地对女儿说：“这所学校多美啊，很干净啊！听说这里的老师很和蔼，很有学问，他们不但教孩子们认字、算术，还教孩子们唱歌、跳舞。在这里读书，比在幼儿园读书还有意思。你看那些小哥哥、小姐姐，多么聪明能干啊！”

在家里，当女儿拿着书缠着付先生和妻子讲故事时，他们会趁机告诉她：“等你上小学了，你就能自己读故事，到那时，你就可以当爸爸妈妈的老师，给爸爸妈妈朗诵诗歌、讲故事了。”通过这些小事，他们培养了孩子对学校的向往之情和渴望获得知识的热情。

付先生和妻子的做法是很明智的，在孩子即将进入小学之前，他们就有意识地培养孩子对小学生活的向往之情。相反，有些家长则会吓唬孩子，说：“你再不听话，看你上小学老师不整死你。”诸如此类的言语，会让孩子对学校产生恐惧感，甚至产生心理障碍。

带孩子参观小学校园，是一种很好的幼小衔接方式，有助于孩子通过看和听，真实地感受小学生活的原貌，从而对即将开始的小学生活有一个感性的认识，激发上学的动机。但如果采用的方式、方法不妥，不但难以起到有益的作用，还会产生消极的作用。

打个比方，有些家长带孩子去小学校园，直奔教室找老师，而忽视了对整个校园的全面参观和了解。比如，厕所在哪里？楼梯怎么走？操场在哪里？有哪些好玩的器械？安全通道在哪里？这些都应该给孩子讲清楚，便于孩子快速适应环境的变化，化解孩子因为环境变化而产生的心理压力。

还有一些家长，在带孩子参观小学教学活动时，不停地向孩子强调学习有多么重要，一定要考第一名，将来上重点高中、考名牌大学。殊不知，这些话对还没有真正踏入小学的孩子来说，是一种无形的压力。有些孩子当时就表现出反感和不安，还没上学就厌学了。因此，带孩子参观的时候，一定要避免这些问题。

带孩子参观学校时，如果有幸遇到孩子将来的班主任，不妨抓住这个机会，和班主任老师聊一聊，让孩子与老师认识一下，这样既可以减少孩子开学首日见到老师时的紧张感和陌生感，又可以激发孩子想上学的动机。

总结下来，在带孩子参观小学校园时，要注意以下几个问题。

放大镜

◎不要直奔教室，要带孩子全面参观校园，了解厕所、楼梯、操场、安全通道、活动器械等所处的位置。

◎不要向孩子强调学习多么重要，要考第一名，将来考重点高中、上名牌大学等，以免给孩子造成压力。

◎如果有幸遇到了孩子将来的班主任，不妨抓住机会，让孩子和老师认识一下，避免孩子上学的第一天看到老师产生陌生感和紧张感。

除了以上几点做法可以激发孩子对小学生活的向往之情外，下面 3 点也有助于激发孩子想上学的动机。

开展“我要上学”主题活动，模拟小学课堂

让孩子找几个小朋友来家里，或和几个熟悉的家长把孩子召集到一起，开展“我要上学”的主题活动。在活动中，让孩子充分扮演主人，还可以模拟小学课堂，家长扮演老师，让孩子在游戏中不知不觉地熟悉小学课堂的情况，了解基本的课堂纪律，比如怎么坐、怎么站、怎么举手等。

参观小学校园后，让孩子用自己的方式表达感想

参观完小学校园后，家长可以鼓励孩子用自己的方式表达感想。孩子可以画画，也可以口头讲述。最好让孩子把小学的建筑物画下来，然后根据画的内容讲述一遍。通过这种形式，可以让孩子建立起对学校的感情。

请大孩子来给你家的孩子介绍学校的学习情况

有时候，孩子对大孩子的话深信不疑。因此，找两三个大孩子给你家的孩子讲一下小学的学习情况，孩子听了会受到积极的影响。鼓励大孩子讲小学中好玩的地方、学习的乐趣、老师的要求、课堂纪律、伙伴交流等情况，有利于激发孩子对小学生活的向往之情。

你已经是小学生了
——引导孩子认识到角色的转变

对于刚上1–2年级的孩子的家长，应该细心地观察孩子的情绪和心态，和孩子一起，带着满腔热情迎接新的生活。比如，家长可以用羡慕的口吻对孩子说："媛媛，你长大了，真了不起，你马上就要成为一名小学生了。"这种话能激发孩子成为小学生的光荣感和自豪感。如此一来，孩子对自己这个小学生的角色也就更容易接受。

在心理方面，如果家长让孩子觉得做小学生是自豪的事情，那么孩子会更加乐于上学。为此，家长在平时的生活中，可以有意识地和孩子聊一聊关于小学的事情，有意无意地把上小学的好处告诉孩子，比如，上小学可以认识更多的新朋友，学到更多的知识。有位家长在这方面就做得很出色，他是怎么做的呢？

儿子上小学1年级，为了让他肯定自己的角色，爱上小学的学习和生活，家长孙先生和儿子说话的时候，总是有意识地给儿子带上"小学生"的帽子。一次，儿子把地扫了，孙先生见状，马上说："儿子，你把地扫得真干净，真像一名小学生。"

儿子听了这话，两眼闪现出意外的喜悦，那天晚上，儿子吃饭也认真了许多。孙先生注意到儿子的变化，马上肯定地说："儿子，你以前吃饭不太认真，今天你吃饭的样子就是一名优秀的小学生应具备的。"

久而久之，儿子得到的肯定越来越多，越来越喜欢以"小学生"自居，动不动就说：“我是小学生，当然要认真写作业，认真收拾房间了。”每当听到这话，孙先生和妻子都会开怀大笑起来，直夸儿子说得有道理。

肯定“小学生”这一角色，让孩子从家长的口吻中感受到自己作为一名小学生是自豪的，从而更喜欢自己的“角色”，更喜欢上学。这就是成功的角色转变。

当然，家长也可以通过孩子感兴趣的活动，让孩子认识到自己角色发生了转变。比如，可以通过角色游戏来引导孩子认识自己角色的转变。经整理，以下几种方法都可以帮孩子认识自己角色的变化，并爱上自己的新角色。

放大镜

◎扣上“小学生”的帽子来赞扬孩子。在日常生活中，在赞美孩子的时候，不妨扣上“小学生”这顶帽子，让孩子意识到是这个角色使自己变得更出色，从而产生自豪感。

◎通过角色游戏来引导孩子认识角色的转变。比如，先和孩子分别扮演老师和幼儿园的孩子，孩子要求什么，家长就满足什么。然后，让孩子扮演小学生，家长扮演老师，孩子要求什么，家长根据实际情况予以拒绝，让孩子意识到上小学了要独立。

孩子从幼儿园进入到小学，角色将要发生变化，这种变化是多样化的，有下面几种。

主导活动发生了变化

在幼儿园的时候，孩子的主导活动是玩，他们可以尽情地做游戏，没有任何学习上的压力；进入小学后，孩子的主导活动是学习，这会使他们心理上发生重大变化。具体来说，就是作息时间发生了变化。

在小学，教学时间大幅度地增加，休息时间则相对减少；每一节课 45 分钟，长于原来的 25 分钟；每天 6 节课，教学时间是原来的两倍。从休息时间上来看，原来有很长的午休时间，但上小学后，午休时间减少了。这些突然的变化，自然会给孩子造成生理和心理上的变化。

家长应该随时关注孩子的生理和心理变化，及时给孩子引导和帮助，督促孩子养成早睡早起、积极锻炼的生活习惯，这是帮助孩子适应小学生活的重要途径。

社会角色发生了变化

在幼儿园，孩子是贪玩的，是成人照看的对象；但当孩子进了小学，就大不一样了，他必须严格遵守学校和班级的纪律。比如，按时上学，不早退、不迟到；上课期间认真听讲，不说话，不下座位；按时交作业，不拖拉、不磨蹭。孩子不仅要为自己的行为负责，还要为班集体争荣誉。所以，家长要让 1 年级的孩子为自己的角色感到高兴和自豪，同时关注孩子的心理发展，对孩子“入学”给予高度重视。

人际关系发生了变化

在幼儿园时期，孩子与家庭成员是依附关系，一举一动都会受到成人的指点；入学之后，孩子每天都要离开家长，独立地学习和生活，这将促进孩子从依附角色走向独立角色。孩子的交往圈子，也不再是几个有限的成员，家长可鼓励孩子积极与人交往。

上学有什么好怕的呢？
——帮助孩子走过“幼小衔接”的恐惧期

每当新学期开学，医院总会接待很多诸如有“情绪病”“心理病”的孩子，以中小学生居多。其实，这些孩子的病因在于“心”，因为想着开学后学习紧张、压力大，每天要写作业，孩子会觉得很累。心理、情绪的变化会导致孩子出现一些不良症状，比如头疼、失眠等。

对于刚入学的 1–2 年级孩子来说，他们同样会遇到这种问题。例如，北京的常女士说，她那上 1 年级的儿子前几天身体还好好的，可一开学就开始发烧。她把儿子带到医院，针也打了，药也吃了，就是不退烧。可开学典礼一过，儿子的身体就好了。这是不同于高年级学生的开学恐慌症。

开学伊始，对于即将迈入小学校门的孩子来说，他们的恐慌主要来自于对新环境、新生活的新奇和恐惧。这种恐惧感往往会导致孩子出现发烧、感冒等一系列的症状。当然，有一种情况是不能排除的，即有些孩子不想上学或害怕上学，没病装出病样儿，无病呻吟，说这里不舒服、那里不舒服，带到医院又查不出什么毛病。对于这种现象，家长应该引起重视并给孩子恰当的教育。

有个 7 岁的小男孩，就是不爱上学，经常说身子不舒服，但是到医院检查发现一切正常。奇怪的是，孩子一玩起来，没有一点儿“生病”的样子，一点儿都不难受，吃得香、睡得好；只要一说上学，就浑身“不舒服”。家长不知道怎样才好，怕孩子真的不舒服耽误就诊，又怕孩子装病耽误学习。

对于这种情况，家长首先要明白：孩子之所以装病，是因为病了有人照顾，还可以不用上学。因此，生病成了他们逃避上学的一个很好的借口。特别是当孩子说自己头疼、嗓子疼、胃疼时，家长很难分辨真假，于是孩子就顺利地以这样的借口逃避上学了。不少孩子借口生病来消除与父母分离的焦虑，以得到父母的关注。这种现象在10岁以下的孩子中出现较多，如果家长不及时纠正孩子的这种不良行为，长此以往，孩子的躯体之病可能转化为“心理病”。

有位教育专家曾接待过一家三口，在咨询一番后，他让孩子的父母走开，单独跟小孩谈话。专家问小孩为什么不愿上学，小孩说因为身体生病了；专家说那个病不需要休养那么长时间，小孩说这是他的小计谋，因为那样做，父母就不会逼着他上学了。

遇到这种情况，家长不妨用朋友的语气和孩子交谈，或者可以委托孩子的好朋友和孩子聊天，搞清楚孩子内心的真实想法。比如，孩子可能不喜欢任课老师，可能和同学关系不好，可能担心考试成绩差被父母责骂，等等。总结一下，孩子产生幼小衔接恐慌心理的原因大概有以下几种。

放大镜

◎孩子担心上学作业多，课程繁重，小小年纪无法应对，进而产生一种自卑心理。

◎孩子不喜欢任课老师，可能老师曾批评过他，羞辱过他，让他难堪，于是心存怨气。

◎孩子人际关系不太好，在班级里缺少朋友，觉得上学没意思。

◎父母期望过高，让孩子感到有压力，担心考试成绩不好会被父母责骂。

值得注意的是，不管孩子说出怎样的原因，家长都不要粗暴地批评孩子，而要想办法和孩子一起克服困难。要知道，孩子不愿意上学，害怕上学，逃避上学，甚至营造一个“壳”把自己封闭起来，这样做是有心理原因的。如果家长不搞清楚心理原因，生硬地把孩子从壳里拽出来，那对孩子来说是一种残酷的惩罚。明智的做法应该是教会孩子如何面对，帮孩子想办法战胜幼小衔接的恐慌心理，顺利走过幼小衔接期。

实际上，每个孩子在刚进入 1-2 年级的时候，都会或多或少地产生一些心理问题。有的表现为自闭，有的表现为多动，比如，上课精力不集中，难以及时完成老师布置的课堂作业，与同学相处不愉快，语言粗鲁、动作带有攻击性等。这些需要家长配合老师，耐心地教育和帮助孩子。

讲述自己当年上学的故事，激发孩子对上学的热情

当发现孩子产生幼小衔接恐慌心理或厌学情绪时，家长不妨给孩子回忆一下自己当年的上学情景，说说那时候心情多么愉快，校园生活多么丰富多彩；也可以找一些大孩子给你家孩子讲学校里有意思的事情，激发孩子的上学兴趣。

每天抽时间陪孩子玩，或找小朋友陪孩子一起玩

在适应新的环境时，孩子可能觉得跨度有些大，难以接受，这时就需要给孩子创造一个轻松的成长空间，让孩子从容地走过幼小衔接期。而陪孩子玩游戏，就是一种不错的方式——既可以和孩子聊天，又可以让孩子感受到轻松和快乐，有利于缓解孩子的恐慌心理。

鼓励孩子用不同的方式，积极表达内心的感受

孩子心里有想法时，父母要努力引导孩子把想法说出来，这样家长才知道孩子真正担心什么。家长一旦知道这些，就能有针对性地化解。至于孩子怎样表达，家长可以耐心地倾听，鼓励孩子倾诉，也可以让孩子通过画画、编故事等方式表达出来。家长要做的是倾听，不要过多地评论孩子的作品和内心想法。经常鼓励孩子这样表达，有利于孩子逐渐打开心门。

多给孩子一些拥抱和鼓励，让孩子感到自己不孤单

面对孩子的沮丧和恐慌，家长切忌恨铁不成钢地打骂孩子，羞辱孩子，否则孩子会越来越糟糕。正确的做法是给孩子拥抱和鼓励。拥抱是一种安慰方式，鼓励能促使孩子产生自信心和勇气。通过拥抱和鼓励，家长能传递给孩子积极的心态和勇气，使孩子感到父母永远支持自己，从而更加积极地面对学习和生活。

第二章

1-2 年级，孩子有这些问题很正常

经常听到家长说：“我家孩子毛病真多！赖床、上课不听讲、不敢举手发言……”其实这些毛病是很多 1-2 年级孩子的通病。如果你家的孩子有这些毛病，那也不是什么稀奇的事，你尽管用平常心去看待，耐心地引导和教育，帮孩子慢慢改掉这些毛病，使孩子养成良好的生活习惯，保持积极的生活态度，快快乐乐地成长起来。

再睡一会儿嘛！

——孩子不愿意起床，赖床、磨蹭

很多小学生都有赖床的毛病，对于家长来说这已不是什么新话题。平日里，不少家长为了叫孩子起床和孩子斗智斗勇，他们各有各的招，也各有各的烦恼。下面这几位家长就讲述了自己孩子赖床的故事：

潘女士说：“我的女儿上2年级，特别喜欢赖床，尤其是冬天。为了让她早点儿起床，避免上学迟到，我经常蹑手蹑脚地溜进她的房间，把她的闹钟调得提前30分钟。”

朱先生说，他的儿子刚上1年级，每天早上，家里4个大人轮流叫他起床。每次起床，儿子都要磨蹭二三十分钟，最后总是踏着上课铃声走进校门。

张女士说，儿子上小学2年级，每天她和丈夫都采用刚柔并济的办法叫儿子起床。一般她先温和地叫儿子起床，如果叫了两次儿子还没动静，丈夫就过去粗暴地吼叫，威胁儿子道：“如果你再不起来，我就……”

或许家长们还发现了，有些孩子上学的时候喜欢睡懒觉，放假时却每天早早起床。通过这种现象，你可以判断出孩子很可能不太愿意上学，赖床不过是他们消极的应对手段。

季女士就碰到过这个问题，她的儿子刚上1年级，头几天还很兴奋，每天早早起来，喊着要去上学。可是没过几天，他就喜欢赖床了。季女士和丈夫对儿子软硬兼施都不奏效，每天早上他们都要在儿子身上花四五十分钟。刚开始，季女士还担心儿子不起床是因为睡眠质量不好，但后来才逐渐察觉儿子有些厌学。

还有一种情况是：孩子放寒暑假的时候，家长觉得孩子辛苦了一学期，好不容易熬到寒暑假，就让孩子睡足觉吧。不承想，孩子每天早上睡到自然醒，渐渐养成了赖床的习惯，开学之后也就赖床了。

这种情况其实也挺正常的。苏州市某小学的张校长认为，寒暑假孩子爱睡懒觉是很正常的，开学头几天赖床，也不是什么大问题。因为孩子的生物钟要有一段调整的时间，家长要理解孩子的心理。他说："孩子生理上的放松，是因为心理上放松造成的，所以家长要先改变孩子的意识，让孩子认识到开学之后应该按时起床。"只有上学的意识建立起来了，孩子才更容易自觉地起床。

有的家长还反映，孩子平时上学不赖床，就冬天早上赖床。对于这种情况，主要是因为天气寒冷，被窝里暖和，孩子觉得起床冷，不舒服，所以特别留恋温暖的被窝。对此，家长应该多给孩子鼓励，比如，对孩子说："你是个勇敢的孩子，这点儿寒冷算什么，你根本不怕，起来把衣服穿好就不冷了。"尽量别揭开孩子的被子，因为这样做很容易激起孩子的逆反心理，有可能让孩子一早上都不愉快。

孩子赖床、起床磨蹭的表现有很多，那么都有哪些原因呢？

放大镜

◎孩子不愿意上学，以赖床的方式来消极抵抗。

◎孩子长假赖床，赖成了习惯，开学调整不过来。

◎孩子畏惧寒冷，留恋温暖的被窝。

◎孩子缺少时间观念，没有紧迫感，不知道迟到的后果。

◎孩子天生慢性子，做什么都不紧不慢。

◎孩子穿衣动作不熟练，穿衣、叠被、穿鞋花费时间长。

◎父母没有给孩子做好榜样，自己都赖床、磨蹭，孩子也学父母赖床、磨蹭。

虽然家长们都有对付孩子赖床的招法，但这样治标不治本，一直“斗智斗勇”下去也不是办法。因此，在这里给大家提供一些见效快的办法。

给孩子任务，让他叫你起床

不知你是否发现，孩子其实有很强的责任心和任务意识，只要你信任他，给他安排任务，他一般都会“不辱使命”。通常来说，都是大人叫孩子起床，孩子养成了依赖的习惯，一旦父母不准时叫他起床，他就可能继续睡；如果上学迟到了，他很可能回来责怪父母。这样下去，孩子的责任感就会逐渐丧失。

家长宋先生看到了这一点，反其道而行之：他和妻子商量，以后不要叫孩子起床，而是让孩子叫他们起床。有几次，宋先生要搭早班飞机出差，于是他就让女儿做他的闹钟。当然，事先他也设了闹钟，害怕万一女儿睡过头了，误了自己的早班飞机。但这一点女儿并不知道。

果然，到了第二天早上，女儿在宋先生规定的时间起床了，提高嗓门在门外大声叫：“爸爸快起床，不然就要迟到了！”起床后，宋先生故意对女儿说：“哎呀，幸亏你叫我起床，不然我准睡过头，真是谢谢你啊，女儿。”每到这时，女儿就会呵呵地笑。

宋先生这种办法对培养孩子的责任感和任务意识有很好的帮助，他把孩子从被动的角色拉出来，让孩子体验到父母叫孩子起床的滋味。这样孩子更能明白父母平时叫他起床的苦心，也容易明白万一迟到了可能面临的后果。这对培养孩子的时间观念也是很有意义的。

不叫孩子起床，让孩子尝尝迟到的滋味

有些孩子习惯了父母叫他们起床，父母没叫他们起床，他们就以为时间还没到；父母晚了一些叫他们起床，导致他们上学迟到，他们反而会责怪父母。在这种情况下，孩子把起床看作是父母的事情或者看作是为父母做事。

想要改变孩子这种错误的意识，最好的办法就是突然有一天，不叫孩子起床，让孩子上学迟到，受到老师的批评。如果孩子放学回来责怪你，你可以严肃地对他说："起床、上学，是你自己的事情，你要为自己的事情负责。"相信孩子被老师批评后，会自觉地改掉赖床、起床磨蹭的坏习惯。

我要看动画片
——孩子迷上动画片，不想学习

爱看动画片是孩子的一种天性，这缘于动画片的颜色鲜艳、明亮，画面变化快，符合儿童的心理特征，因此动画片特别容易抓住孩子的心。对于1–2年级的孩子来说，他们的作业负担不重，业余时间充足，这就使得他们有大量的时间看动画片，久而久之，他们很容易迷上动画片而不想学习。

上1年级的成成每天从学校回来，先做一会儿作业，再玩玩具。到了17:30，他会准时坐在电视机旁，开始看动画片。他清楚地知道哪个台演什么，看完一个台就换一个台，一连串地看下来，就到了8点。在这段时间内，妈妈喊他吃饭，他通常无动于衷。晚饭可以不吃，但是动画片不能不看。无奈，妈妈经常把饭端给他，让他一边吃饭一边看动画片。

后来成成越来越迷恋动画片，每天回家第一件事是把电视打开，然后一边写作业一边等着他爱看的动画片开演。在这段时间里，他时不时瞧一瞧电视，根本没有心思写作业。等到动画片开演时，他更没心思做作业了。就这样，他的作业老是不能按时完成，有时候拖到9点多钟才做。

很多孩子在看动画片的过程中，不知不觉地变成了动画迷。在现实生活中，孩子痴迷于动画世界的例子不胜枚举。一般来说，痴迷于动画片对孩子主要有两个危害。

第一，沉迷于动画片，无法自拔。每天到了时间就必须看动画片，雷打不动，以至于忘记吃饭，忘了做作业。这样会影响孩子的身体健康，还会影响孩子的正常学习和生活。

第二，孩子沉浸于动画片的情节中，不自觉地冒出动画语言，比如“美少女”“奥特曼”“阿童木”等；有些“动画行为”也被孩子争相模仿，你扮演“蝙蝠侠”，我扮演“巨无霸”。更有甚者，在模仿动画片中的英雄人物时出现危险。

新闻媒体报道，广州有个7岁的小男孩喜欢看动画片，特别喜欢超人一飞冲天的样子，而且总想试试。一天，他一个人在家的时候，学起了超人的样子，从自家二楼的窗户跳了下去。事情发生后，邻居立即把小男孩送到附近的医院，医生对小男孩进行了全面的检查。尽管小男孩幸运地没有受伤，但这件事足以提醒广大家长：当孩子痴迷于动画片时，引导孩子走出来是很重要的。

毫无疑问，痴迷于动画片会给孩子带来巨大的不良影响，这绝非危言耸听。研究表明，长期痴迷于动画片的孩子容易患孤独症，尤其是语言能力、听力、注意力等容易发育迟缓。再者，动画片中充斥着打斗、爱情的内容，会引起孩子的好奇，会对孩子的健康成长产生不利的影响。总结起来，痴迷动画片对孩子的危害有以下几点。

放大镜

◎导致孩子忘记吃饭和做作业，影响孩子的正常生活和学习。

◎造成孩子语言能力发育迟缓，容易患孤独症。

◎动画片中充斥着打斗、爱情的内容，会对孩子产生不利的影响。

◎孩子模仿动画片中的英雄人物，可能发生危险。

其实，让孩子通过动画片学习也是一种不错的方式，关键看家长怎么利用动画片。动画片通常以视觉和动作为主，语言为辅。如果家长能在孩子看动画片的时候加入一些语言，比如描述老鼠是什么样子的，那么孩子在看的过程中就能更透彻地理解。这样有利于增强孩子的语言能力。另外，家长可以让孩子看一段，停下来，让孩子讲一讲刚才演了什么。经常这样做能培养孩子的总结能力、描述能力。

给孩子规定看动画片的时间

看动画片是孩子的一大兴趣，如果父母彻底禁止孩子看动画片，孩子会感到很痛苦。因此，正确的做法是让孩子适度地看动画片，避免孩子迷恋动画片。父母可以制定一个看动画片的时间表，规定每天哪个时段看动画片。这样不仅可以培养孩子有条理的生活习惯，还可以培养孩子的自控能力。如果孩子不遵守这个时间表，父母要与孩子耐心地沟通，做到晓之以理，动之以情；如果孩子依然不听劝，父母可以采取强硬的措施，禁止孩子一天不看动画片，以惩罚孩子违反规定的行为。

抽时间培养孩子其他的兴趣

1–2 年级的孩子好奇心强，有“喜新厌旧”的特点。如果你能让孩子感觉某件事比看动画片还有趣，那么他自然就不会想看动画片了。比如，周末带孩子去爬山、游泳、郊游，带孩子去打球、放风筝、钓鱼、野炊等。这样既能和孩子一起分享大自然，一起感受亲情的美好，同时又培养了孩子的生活情趣和兴趣爱好，让孩子在丰富多彩的生活中健康成长。

留足亲子空间，拉近与孩子的距离

孩子迷恋动画片，很重要的一个原因是亲情缺失。由于父母忙于工作，没时间陪孩子，孩子处于没有管束的环境，加上 1–2 年级的孩子自控力不强，当他们独处时，很难抵挡动画片的诱惑。因此，父母要多花时间陪孩子。比如，邀请孩子一起做家务，做些力所能及的事情。在做事的过程中，给孩子一些鼓励和赞赏，使孩子体会到劳动的乐趣。这样能有效地减弱动画片对孩子的吸引，同时又锻炼了孩子的动手能力，还增进了亲子感情，可谓一举三得。

陪孩子看动画片，引导孩子发表意见

由于 1–2 年级的孩子分辨能力不强，家长不妨陪孩子一起看动画片，一边看一边聊，既可以阐述自己的观点，还可以自然地引导孩子表达自己的想法。这样不但能增进家长与孩子的感情，还可以锻炼孩子认识问题、分析问题的能力。另外，父母可以给孩子购买与动画片相关的书籍，便于激发孩子的阅读兴趣。

上课东张西望

——孩子上课、做作业注意力不集中

“老师在讲台上讲课，孩子却在听窗外小鸟的歌声，浮想联翩；老师要求孩子阅读课文，孩子却聚精会神地偷看漫画书；老师要求孩子做练习题，孩子却在本子上画画……”不少 1–2 年级的老师这样向家长反映。

“孩子上小学 2 年级，据老师反映，上课注意力不集中，总是做小动作。有时坐在那儿看着挺老实的，可就是心不在焉，写作业粗心大意，学习成绩一直在中下游。”不少家长一说孩子，就这样描述。

一位妈妈说：“我的儿子上 2 年级，看他完成作业真是费劲。每天放学回家，先看动画片，然后才肯做作业。做作业的时候注意力又不集中，经常东摸西看。没写 10 分钟，屁股就坐不住了，一会儿喝水，一会儿上厕所，一会儿吃个苹果。他做的作业经常遗漏、出错，等他把功课做完，经常已经 9 点多。作为父母，我感到苦恼，但不知怎么办！”

生活中，类似的声音我们听到的非常多。孩子注意力不集中、写作业拖拉等，是很常见的毛病。注意力不集中的表现有：东张西望，心不在焉，貌似安静，实则走神；在做作业的时候，马马虎虎，粗心大意，把“d”看成“b”，把“二”写成“三”……孩子注意力不集中，可能有以下几种原因。

（1）年龄小，注意力不集中。1–2 年级的孩子自控力有限，注意力不集中实属常见。与此同时，孩子又好动，往往坐不住，思想静不下来，这也是注意力不集中的原因。

（2）从幼儿园升入 1–2 年级，还未养成良好的学习习惯。幼儿园的教学比较轻松活泼，学习管理也很松散。上小学后，进入正规的学习环境，有些孩子短时间内适应不过来，就出现上课走神的现象。

（3）孩子没有学习兴趣或学习目标不明确，没有学习动力，每天在课堂上混时间，因此很容易东张西望、左顾右盼。

（4）老师讲课不够生动，枯燥乏味，或老师讲课太艰深，很难听懂，因此孩子不愿意听，于是思想走神，注意力不集中。

（5）孩子晚上睡眠不足，精神疲惫，或早上没吃早餐，营养不良，体力不支，导致思想走神，注意力分散。

（6）有的孩子做作业不专心，是因为家长过分关心。孩子刚入小学，回家做作业时，家长担心孩子饿了、渴了，时不时给孩子倒水、递水果，一会儿又和孩子说话。久而久之，孩子就养成了边做作业边吃零食、边说话的坏习惯。

总结一下，孩子上课、做作业注意力不集中有这样几个原因。

放大镜

◎孩子自控力有限，注意力较弱；

◎孩子松散惯了，还未适应小学课堂环境；

◎孩子没有明确的学习目标，上课漫不经心；

◎老师讲课不生动，太枯燥，太艰深，孩子不愿意听；

◎孩子晚上睡眠不足，或没吃早餐，体力不支；

◎孩子做作业的时候，家长过分关心，干扰了孩子。

孩子在听课、做作业的时候注意力涣散，容易分心，不是一个小问题，应该及早地矫正。具体该怎么做呢？家长可以从下面几点着手。

给孩子创造良好的学习环境

孩子写作业的环境要安静、整洁，房间内尽量减少噪音。房间的布置要简朴，不要过多地张贴图画和装饰物。学习环境中应通风透气，有良好的光线，以减少学习环境中不良因素给孩子带来的干扰和刺激。

除了客观条件要舒适，家长还要注意避免给孩子造成人为的干扰。当孩子做作业时，父母最好不要和孩子说话，不要在一旁监视孩子，不要时不时问孩子“作业做完了吗”，不要给孩子倒水，不要给孩子递水果，等等，而应该让孩子安心地做作业。

帮孩子明确学习的目的，激发孩子的学习自觉性

在孩子进行某项内容的学习时，家长可以和孩子交谈一下，帮孩子明确学习目的、任务和意义，让他认识到学习之后能解决实际问题，同时帮孩子找到学习的方法，引导孩子对学习产生兴趣，使孩子自然而然地保持自觉的学习习惯。比如，在学习数学之前，家长可以告诉孩子：“如果你上课认真听讲，课后认真完成作业，那么你就能学会算术，到时候就可以当小会计了。”这样孩子学习的兴致自然会提高。

停止催促，坚持激励

“作业做完了吗？”这是很多家长下班回到家后对孩子说的第一句话。当孩

子在做作业时，家长也会时不时问一句："做完了吗？快点儿做啊，马上吃饭了，抓点儿紧，别开小差啊！"家长催促孩子，是为了让孩子认真做作业，快点儿把作业做完，但实际上却会激起孩子的逆反心理，导致孩子学习的热情消退。

正确的做法是停止催促，坚持肯定和激励，不能对孩子进行身体上的惩罚和人格上的侮辱。比如，当孩子告诉父母他做完作业时，父母可以故作吃惊状，说："这么快啊，今天你做得好快啊，太厉害了。"然后问孩子是否检查了作业，引导孩子养成检查作业的习惯。这样很容易激起孩子的学习积极性，长期如此，孩子做作业的时候就会变得认真起来。

给我检查

——孩子写作业要人陪，作业要人检查

不少家长反映："自从孩子上小学后，整个家庭的生活都发生了变化。"为什么呢？因为孩子有了一种叫"作业"的东西，它会给孩子带来一连串的变化——作业完成的质量关系到孩子的学习成绩，继而影响孩子未来升学，甚至最后决定了孩子的事业前途……每个对孩子负责的家长，都会重视这件事。有些家长放弃了自己的一些活动，每天下班回家陪孩子做作业，他们希望以此培养孩子热爱学习、认真对待作业的好习惯。

家长怎么陪孩子写作业呢？有的家长搬个凳子坐在旁边盯着，几乎是监督孩子做作业，发现孩子出现差错，马上提醒孩子改正；有的家长不时过来看一下，了解孩子写到哪儿了，有没有遇到难题，最后再给孩子检查作业。无论怎么个陪法，家长在孩子学习的过程中都费心费力，孩子都依赖于父母。

为什么要陪孩子写作业、帮孩子检查作业呢？家长孙女士是这样说的："我的儿子上小学2年级，学习自觉性较差，我必须盯在一旁，督促他早点儿完成作业，并帮他检查。"家长蔡女士则说："我不陪，万一孩子学习成绩落后了谁负责呢？"胡先生却表示："如果家长不批，孩子作业做错了，老师会批评孩子，孩子就会怪家长。虽然我们并不想陪孩子做作业，但别的家长都陪，我们总不能不陪吧？"

从这几位家长的话里，我们不难看出：有些家长之所以陪孩子写作业，是因为这样能督促孩子快点儿把作业做完，是保证孩子成绩不落后于人的重要手段。而有些家长之所以陪孩子写作业，是因为别人都陪，他们不能不陪。

不可否认的是，家长陪孩子写作业时，容易及时发现孩子作业中的差错，及时指出来督促孩子修改。当孩子遇到难题时，可以第一时间向家长求助。因此，孩子在有家长陪的情况下可以更好、更快地完成作业。可以说，适当的“陪”是有必要的。尤其是孩子刚进入小学不久，家长可以在陪孩子做作业的时候，教孩子如何削铅笔、如何收拾书包、如何准备学习用品等。但是不能“陪”成习惯，否则会在无形中淡化孩子的责任意识，强化孩子的依赖恶习。这对孩子的成长是极为不利的。

家长杨女士就是这么认为的，她说：“我们家从来不赞成陪孩子写作业，帮孩子检查作业，不是我们家长不负责，而是我们希望孩子从小养成自己的事情自己做的习惯，早点儿培养孩子的独立性和责任感。”杨女士认为，如果孩子做作业时，家长在耳边絮絮叨叨、指指点点，反而会打乱孩子的思路，影响孩子学习的效果。

家长王先生表示：“我们每天下班回家，已经是一身疲惫了，就算想陪也是有心无力；再者，长期陪孩子写作业，帮孩子检查作业，很容易让孩子产生依赖心理，不利于孩子独立解决问题。”但王先生并不否认在孩子上 1-2 年级的时候给孩子一些指导，只是指导不等于陪孩子写作业，而是平时多与孩子交流。

放大镜

◎陪孩子写作业，容易导致孩子在学习上的自主性差、依赖性强、自卑感重、成就感低。

◎大一点儿的孩子会觉得父母在“监视”自己，是对自己的不信任，会产生逆反心理、紧张情绪。

◎陪孩子写作业，帮孩子检查，会淡化孩子的责任意识、纠错意识，孩子会误以为检查作业是爸爸妈妈应该做的，犯错了没关系，反正爸爸妈妈会指出来，这样就容易助长他们粗心大意的毛病。

作为家长，如果想陪孩子写作业，帮孩子检查作业，那么先了解一下这样做的危害吧！

由此可见，家长陪孩子做作业、帮孩子检查作业，弊大于利。因此，要努力避免。为了帮孩子提高写作业的质量和效率，家长可以从以下几个方面努力。

有选择性地“陪”，然后慢慢放手

是否陪孩子写作业，要根据孩子的个性差异、学习习惯来确定。比如，有些孩子性格活泼，喜欢运动，家长可以让孩子先玩一会儿自己喜欢的游戏，然后再认真做作业。有些孩子基础较差，不能很好地完成作业，家长应多和孩子分析作业的细节，给孩子指点和帮助，解除孩子心中的困惑和苦恼。

值得注意的是，陪孩子写作业绝不是为了眼下帮孩子解决难题、指出错误，而是潜移默化地向孩子灌输学习意识。而且，“陪”是为了最终不陪，到了2年级时家长就要适度放手，培养孩子独立写作业的习惯。

端正孩子的学习态度，让其学会对自己的事情负责

孩子做作业不只是为了学习，还是为了培养自觉性、独立性。从1年级起，

父母应帮孩子正确地认识家庭作业，让孩子重视家庭作业，养成独立完成家庭作业的习惯，还要学会检查作业、收拾学具、整理书包等。

家长要明白，这些事情对培养孩子的自理能力、独立意识、学习习惯有很好的帮助，千万不要包办代替，否则只会让孩子变得骄纵。有些家长怕孩子出错，得不了高分，被老师批评，每天给孩子检查作业，这样会使孩子产生依赖心理。

另外，如果孩子不愿意检查作业，家长可以让孩子尝尝苦头。具体做法是：当孩子不愿意检查作业时，家长也不要去管他，等老师发现他作业中错误很多，批评他的时候，他就会意识到不检查作业的后果，从而自觉地去检查作业。

鼓励孩子独立写作业、检查作业，经常表扬孩子

从孩子上小学的第一天开始，父母就要关注孩子的作业，但不要给孩子打下手，而是要关注“一头一尾”：“一头”是孩子开始做作业时，家长先要了解孩子的作业量和内容，估计孩子大概多久能做完；“一尾”是孩子做完作业时，父母应检查孩子的作业是否工整，而不是检查孩子作业的内容正误。家长要让孩子知道，学习态度很重要，只有细心、认真，才能最大限度地减少错误。如果父母在孩子刚入学的时候这样做，孩子学习的自觉性会大大提高。

教孩子检查作业的方法，培养孩子检查作业的习惯

孩子进入小学后，父母有必要教孩子检查作业的方法。开始的时候，可以和孩子一起检查作业。如果父母发现错误之处，不要直接告诉孩子，而应该引导和提示孩子去发现错误。如果孩子依然检查不出错误，父母可以缩小范围，然后再让孩子检查。另外，父母还可以告诉孩子：写作业的时候不要急，做一道题顺便检查一下，确信没错误再继续往下做，从源头上减少作业中的错误。

同学不跟我玩
——孩子被孤立了，在班里没有朋友

有些孩子刚升入小学时，头几天兴高采烈地背书包去上学。可没几天下来，孩子却有了明显的变化：以前在家里是“疯孩子”，现在却变得不爱说话，每天早上送他去上学，他都有一些不情愿。一问才知道，原来幼儿园的小朋友升学后不在一个学校、一个班里，在新学校没有认识的小朋友，看见别的同学在一起嬉笑打闹，感觉自己被孤立了。面对这种情况，家长往往会表现得很着急。

家长徐女士发现1年级的儿子强强上学总是闷闷不乐，就问他怎么回事，这才得知儿子在学校没有朋友，这令徐女士很是担心。据徐女士介绍，强强是独生子，每天放学后在家看电视，极少和小朋友来往。为此，徐女士建议强强出去找同学玩，可强强却说最好的朋友转学了，除此之外他就没有朋友了，不知道找谁玩。

“有时看见楼下有同龄小朋友在玩耍，我就让强强和他们玩，但强强总不肯，说不知道怎样和他们打招呼。”徐女士担忧地说。强强性格本来就有些内向，如果长期没有朋友，她担心孩子的性格会越来越孤僻。

事实上，有类似情况的1–2年级的孩子并不少，但造成孩子没有朋友的原因却是多种多样的。通常最容易被同学孤立的原因是：动不动就哭，喜欢向老师告状，打人、骂人，向别人身上吐痰，等等。有这些坏习惯的孩子，往往没有同学愿意和他们玩。除此之外，下面几种原因也会导致孩子没有朋友、没人愿意跟他玩。

（1）比较害羞、内向、孤僻，容易退缩。如果孩子有这样的性格特点，就很难融入集体活动中去。要知道，当孩子们玩得很投入时，他们很少注意到身边有个孤僻的孩子正可怜巴巴地看着他们。也就是说，如果你的孩子比较孤僻，而且没有朋友，你不要寄希望于其他孩子主动邀请他玩。只有主动加入同伴的游戏活动中，才能和大家玩到一起。

（2）缺乏交往技巧，不懂得与同龄人交往的孩子也容易被孤立。有些孩子在希望加入别人的游戏时，会找到他们正需要的玩具递上去，然后顺势加入；而有的孩子只会干巴巴地站在旁边看，不太懂得顺势而为。有的孩子懂得分享，懂得关心别人，这样的孩子往往会有较多的朋友；而有些孩子却很自私、以自我为中心，这样的孩子往往朋友较少。

（3）学习成绩特别糟糕的孩子也容易被孤立。在小学 1–2 年级阶段，孩子往往会以老师或家长的标准为自己交朋友的标准。在老师和家长眼里，成绩好的孩子才是好孩子，成绩糟糕的孩子是不受他们欢迎的。再者有些父母经常在孩子的耳边说：“不要和某某同学玩啊，他成绩那么差，小心把你带坏了。”这就会导致成绩差的孩子不受同学的欢迎，成绩特别糟糕的孩子往往朋友很少甚至没有朋友。

总结一下，孩子没有朋友，容易被孤立的原因有以下几个。

放大镜

◎性格孤僻、内向、羞怯，容易退缩。这类孩子没有胆量和勇气去和新同学交往，不好意思中途加入别人的游戏。

◎缺乏交往技巧，不懂得分享，不懂得关心和帮助别人，太过以自己为中心。

◎学习成绩特别糟糕，这类孩子是老师和家长眼中的差生，不受人欢迎，同龄孩子的家长担心他们会影响自己孩子的成绩，因此叫自己孩子不要与他们玩。

如果1–2年级的孩子没有朋友，他们的童年记忆将是灰色的。与同学快乐交往对孩子的个性、情绪情感、智力能力的发展有很重要的作用。尤其是独生子女，学会与同学交往有助于学会分享、学会合作，这比考试取得高分都重要。因此，如果家长发现孩子没有朋友，一定要引起重视，想办法教孩子学会交往，学会交朋友。下面有几点建议：

多花时间陪孩子

如果你发现孩子在学校没有朋友，在孩子没有学会与人交往之前，要多花时间陪孩子，多和孩子说话聊天。平时在家创造良好的沟通氛围，同时帮孩子分析没有朋友的原因，教孩子如何处理他与同学间的矛盾。

带孩子参加活动

亲朋好友间经常举办一些活动，这是锻炼孩子交往的好机会。家长最好带孩子去多接触同龄人，让他们在亲身实践中学习与人交往的技能，适应陌生的交往环境。同时，孩子也会从父母身上学到交往的技巧，孩子的胆量会得到锻炼。

绝不纵容孩子的自私

有些家长纵容孩子惯了，导致孩子在家要风得风、要雨得雨，等孩子进入小学后，在与同龄人交往的过程中，自私、倔强、任性、霸道的臭毛病全都表现出来。结果孩子无形中被大家孤立了。为了避免这种情况发生在自己孩子身上，家长应做到不纵容孩子的小自私、小任性、小倔强、小霸道，教孩子关心他人、帮助他人、学会与人分享，从小培养孩子好的行为和习惯。

鼓励孩子交往中的点滴进步

当孩子在与人交往中有点滴进步时，家长要及时鼓励孩子好的行为。比如，孩子主动和同龄人打招呼、积极加入别人的游戏中，孩子带朋友来家里玩，孩子主动和同伴分享玩具，等等，家长应肯定孩子的表现，更可以嘉奖孩子一番。这样做可以强化孩子好的行为，使孩子更积极地去与人交往。

鼓励孩子帮助成绩差的同学

中国有句古话叫作“近朱者赤，近墨者黑”，很多家长不赞成自己的孩子与成绩差的孩子交朋友。然而，过度的禁止反而会让孩子产生好奇和叛逆心理。对于成绩差的同学，与其教孩子避而远之，不如教孩子与他们交往，主动帮助他们，这样更有益于获得友谊。每个孩子的身上都有其闪光点，分数只能代表成绩的好坏，并不能决定一个孩子的品质。作为家长，要积极鼓励孩子与不同类型的朋友接触，发现他们身上的闪光点，让孩子明白“三人行，必有我师”，从不同的朋友处感受不同的收获，从而取长补短。

老师不叫我发言

——孩子积极举手发言却遭冷落

“在课堂上要积极举手发言！”在孩子进入小学时，很多家长都这样教育孩子。家长希望通过在课堂上积极、大胆的发言，锻炼孩子的胆量和表达能力。同时，通过发言孩子可以自检一下，看老师讲的知识自己有没有掌握。

但是当孩子好不容易鼓起勇气举起手、想发言时，老师却没有叫他，孩子感觉受到了冷落，这时他的心情会有些失落或生气。如果这种情况接二连三地发生，孩子可能就不再愿意举手发言了。他们觉得老师不会叫他发言，因此也没有必要再举手了。

当孩子因为老师没叫他发言而生气难过时，家长该怎样安慰孩子呢？正确的做法是直接告诉孩子：“老师提问之后，首先要看看谁会谁不会，而举手的学生那么多，老师只能叫一两个人发言，这时候老师就会选择。因此，老师没叫你是很正常的，不要认为老师不喜欢你，也不要因为老师这次没叫你就再也不举手了，那样老师就该以为你不会了。”

其实老师也是有难处的。有位教师表示，他班里有个学生叫刘奇，他的语言表达能力和逻辑思维能力都很厉害，接受新事物的能力也比一般孩子快。每次课堂提问时，刘奇都会举手，老师经常叫他回答问题，有时候一堂课要叫他五六次。原以为这没什么不好，因为发言机会是孩子自己争取的，但是后来慢慢发现，班里出现了两极分化现象，爱举手的孩子越来越积极、活跃，而沉默的孩子更加沉默。

在这种情况下，老师开始注意叫孩子发言的均衡性，在提问时会叫一些不举手的孩子发言，但这样却打击了一些举手的孩子的积极性。好几次，刘奇都忍不住举着手说："老师，我知道，我知道。"由于叫刘奇发言的次数少了，刘奇也不再那么活跃了，最后上课都不举手发言了。

老师感到奇怪，就问刘奇为什么上课不举手发言。刘奇的回答是："老师，你现在都不叫我发言了，举手也没意思。老师你不喜欢我了？"听了刘奇的回答，老师大吃一惊，他没想到孩子竟然有这样的想法……

看了这位老师的经历，家长应该对老师有更多的理解，对孩子要有正确的引导。要让孩子明白：课堂上很多孩子会举手，老师叫谁是一个分配关系，存在很大的随机性，叫不叫你回答问题，并不表明老师喜不喜欢你。

放大镜

◎孩子不举手，父母常督促；孩子举手，老师可能没叫他发言，孩子的积极性会受打击，甚至生气，认为老师不喜欢他。

◎老师叫谁回答问题是一个难题，只能选择一部分学生发言，如果每个孩子都认为举手就会被叫到，那必然会失望。

◎家长应做好孩子的思想工作，让孩子明白举手的目的是什么，没被叫到很正常。

具体该怎么引导孩子呢？下面有几点建议：

问孩子举手的目的是什么

孩子放学回来告诉你："我上课举手，老师不叫我发言。"对于这个问题，首先你要告诉孩子："上课举手，表示老师讲的那个问题你听懂了，这就行了，至于老师叫不叫你回答，那是老师的事情，不是你的事情。"

接着，你可以和孩子继续探讨："我们上课回答问题，目的是巩固学习的课程内容，并不是炫耀我们学习多么好，多么厉害。如果我们带着炫耀的心态去举手，老师就不会叫我们了。如果老师叫我们回答问题，我们就针对那个问题作答，答对了不要得意扬扬，答错了也没什么大不了，认真听老师讲解就行了。"

告诉孩子：如果你不会就别举手

举手一般表示自己会了，如果不会，最好别举手。因为老师看到孩子举手了，叫他起来回答，孩子却答不出来，这会让孩子感到很尴尬、很扫兴。下一次，孩子就算知道答案，也可能担心万一答错了很丢人，于是不举手。这样不利于老师了解孩子对知识的掌握程度。

没必要强求孩子上课举手发言

举手不举手，并不表明孩子的学习好不好。有的孩子不举手，不爱发言，但是听课很认真，知识掌握得很好，考试能取得不错的成绩。这也正映衬了孔子那句话："讷于言而敏于行。"因此，如果孩子不愿意举手发言，家长没有必要强迫孩子举手。要知道，学习的关键是要沉下心来，踏实地听讲，而不是总想着通过发言来炫耀自己多聪明，这样不好。

第三章

1–2 年级的孩子涉世未深，安全教育要跟上

1–2 年级的孩子正是活泼好动的年纪，离开了父母，进入了学校，开始尝试独立学习和生活。在这个过程中，孩子的安全教育工作一定要跟上，要教育孩子注意交通安全、游戏安全、饮食安全等，这是保证孩子顺利接受小学教育的重要一环，家长应该引起重视。

孩子玩起来疯了一样

——让孩子谨记游戏安全注意事项

六七岁的孩子玩得兴起时，可以用“疯狂”一词来形容。他们不知疲惫地在操场上追逐打闹，从滑梯上冲下来的同时手上还做着奇怪的动作，在双杠上爬上爬下，像猴子一样灵敏。这样“疯玩”安全吗？万一孩子不小心有个闪失，比如，狂奔时被绊了一下，坐滑梯时栽个跟斗，玩双杠时手滑了，如此种种，一旦发生，孩子很可能伤得不轻。

在学校里，1–2 年级的孩子一般会接触到下列几种游戏器材。在游乐活动场地，玩这些器材时是没人保护的，因此家长要教育孩子学会保护自己和他人，避免出现安全事故，给孩子造成不必要的伤害。下面我们一一详述。

荡秋千

秋千是小学校园游乐场地的常见器材，也是最容易受伤的活动器材。因为当秋千荡起来时，1–2 年级的孩子由于生理条件、心理素质的制约，双手很可能抓不住秋千旁边的绳子，心里会感到害怕，这样一来，就很容易脱手摔下来。这一摔，自然摔得不轻。

作为父母，要告诉孩子：“荡秋千时，要坐在上面，而不要为了逞英雄站在上面或跪在上面，同时两手要紧紧抓住绳子。当别的同学在荡秋千时，千万要注意，别到秋千下面去玩，否则很容易被撞到。”另外，家长还应告诉孩子，一只秋千一次只能坐一个人，不能和别人同时坐在上面，因为两人坐在上面不便于双手抓绳子，存在很大的安全隐患。

玩跷跷板

跷跷板是一种合作性游戏，需要两个孩子同时坐上去。当然，有些跷跷板下面有弹簧，可以避免跷跷板突然触地产生强烈的震动。尽管如此，1–2 年级的孩子在玩跷跷板时，仍需格外小心。

家长应告诉孩子：“跷跷板一边只能坐一个人，如果你和你的同学相比显得太轻了，就需要更换同学，而不要在你的一边再增加一个同学。在玩跷跷板时，要双手握住把手；在跷跷板触地的时候，不要试图用手摸地或两手放空。”

还应告诉孩子：“在玩跷跷板时，两脚要放在跷跷板的两侧，而不能蜷缩在跷跷板的下方。当有人玩跷跷板时，你决不能把自己的脚或手伸到跷跷板的下方，也不能站在跷跷板的中间，更不能爬到正在上下晃动的跷跷板上。”

坐滑梯

一般来说，滑梯是最安全的游戏器材，但也应注意相关的安全事项。家长应告诉孩子：“在玩滑梯时，要先一步一步地从爬梯攀爬到滑梯顶部，而不要从滑梯底部倒爬到滑梯顶部，否则有可能被从上面滑下来的同学撞下来。”

还应告诉孩子：“在下滑过程中，上身应保持直立或向后倾斜，决不能让头朝下或肚子朝下滑下来，而且一次只能一个人滑，不能争抢着一拥而下，那样会挤伤自己或别人。下滑之前，看滑梯底部是否有人或物品，如果有人，请叫他让开；滑下去之后应马上起身，为后面的同学腾出位置。”

玩攀登架

小学校园一般都有各种类型的攀登器材，如攀登架、攀岩墙、爬杆等。这些游戏设备对于孩子来说具有更大的挑战性，因此家长要告诉孩子怎样安全地玩耍。对于 1–2 年级的孩子来说，由于肌肉力量还比较小，不宜攀登过高。在玩的时候，要双手握住攀登架上的横杆，按照一定的顺序往前或往上移动；下来的时候，不要随意地往下跳，而要事先留意下面是否有物品或人；跳下来时，双膝要微微弯曲以起到缓冲的作用。

放大镜

◎荡秋千时，要坐在上面，双手抓牢两边的绳子；别人荡秋千时，不要到秋千底下或秋千能荡到的地方玩耍。

◎玩跷跷板时，两个人体重应相当，坐在上面，双手抓住把手，双脚放两边；别人玩时，不要把脚或手伸到跷跷板底下，不要爬到正在上下活动的跷跷板中间。

◎坐滑梯时，要先从扶手栏处爬上去，一个接一个往下滑，不要拥挤，不要倒爬。

◎玩攀登架时，要双手抓牢横杆，一步一步往上或往前攀，不要随意从上面往下跳；跳下来时，在触地的瞬间应双膝微曲。

在孩子进入小学时，家长要重视对孩子进行安全教育，教育的主旨是让孩子懂得哪些游戏活动是危险的，怎样避开危险，快乐地游戏。在日常生活中，家长可以从以下几点做起。

预防意外的教育

1–2 年级的孩子喜欢攀高爬低，虽然他们也有恐惧感，但好奇心与好动的欲望更强烈，常常使他们在游戏的时候忘了危险。有时候，孩子会把一些物品拿来玩，比如打火机、啤酒瓶、暖瓶等，这些东西都存在很大的安全隐患。玩打火机可能会烧伤自己或他人，甚至可能酿成火灾；玩玻璃瓶时，如果不小心把瓶子弄碎了，玻璃碎片可能割伤自己或他人；玩暖瓶可能烫着自己。

对此，家长可以对孩子进行言传身教，口头上告诉孩子这些东西存在的危险。同时，可以倒杯开水，稍放片刻，让孩子摸一摸水杯壁，让他知道开水会烫手。此外，家长应时常提醒孩子，不要去有危险的地方玩耍，比如山洞；不要做危险的动作，比如空中翻腾等。这些都是避免孩子在游戏中发生意外的有效举措。

防止孩子伤人的教育

在游戏中，孩子经常玩得忘乎所以，不知轻重，有时会对他人造成伤害。比如，有个孩子在同学快跑的时候一伸脚，把对方绊倒，对方的脸重重地摔在了地上，脸部严重擦伤。更有些家长在孩子被打之后，教孩子：“他打你，你也打他。”孩子在打架的时候，可能真的会下狠手，使对方严重受伤。

所以，家长要正确地教育孩子，要告诉孩子不能拿石头、棍子打人，也不能用手指戳别人的眼睛，不要咬人，等等。同时，教孩子与同学友好相处，学会避开他人的攻击，尽量别和拿棍子的同学或小朋友玩。

教孩子分清勇敢和鲁莽

小男孩都崇尚勇敢，希望自己成为大英雄，但又不清楚什么是勇敢，什么是鲁莽，特别是受到动画片的影响，经常喊着打打杀杀，模仿动画片里的英雄人物，做出有危险的行为。对此，家长应告诉孩子，什么是该学的，什么是不该学的，告诉孩子勇敢和鲁莽的区别。

和孩子约定见面地点
——避免孩子走丢，保证接送安全

家长接送孩子上学、放学，是当今社会很普遍的现象。尽管这对很多家庭来说是个麻烦事，尤其是对双职工家庭来说是个沉重的负担，但是接送孩子是保证孩子安全的重要方式之一，家长还是应该特别重视的。其实接送孩子也是有学问的，没有掌握好其中的学问，也可能造成不必要的麻烦。

家长汪先生为了避免放学时孩子走丢。在第一天送孩子上学的时候，就跟孩子约定："以后爸爸妈妈下班来接你，如果你先放学了，就在学校旁边的文具店门口等我们，如果我们先到也在那里等你，记住了吗？"

儿子点点头，把汪先生的话牢记在心里，以后每天放学后，文具店门口就成了他们见面的地点。上学半个月后，有一天放学的时候下了场大雨，当汪先生赶到学校接孩子时，学校已经放学了，学校旁边的文具店门口并没有孩子的踪影。汪先生心头一惊，感觉事情不妙，他赶忙跑去问文具店的老板，老板说："刚才门口有个孩子站着，不过他没伞，我就叫他进来等。等了一会儿，我见他面露焦急，就说借给他一把伞，他答应了，撑着伞走了。"

汪先生听了这番话，心里更加着急了，他谢过老板之后，赶紧往家里打电话，家里人说孩子没回家。汪先生立马驱车往家的方向开，一路上开得很慢，一边开车一边看路边有没有孩子的踪影。终于，在离家不到500米的路口他发现了孩子……

回家之后，汪先生首先表扬儿子一个人冒雨回家，勇气可嘉，其次又肯定了儿子的记性，表扬他记得回家的路。最后，他对儿子说：“爸爸刚才赶到学校时，看不见你非常着急，你知道爸爸的电话，以后如果你要单独回家，一定要事前给爸爸打电话，到家之后也要给爸爸打个电话，或者就在原地等，以免爸爸去了找不到你干着急。”

经过这次沟通，儿子理解了爸爸的良苦用心，也懂得体谅父母的辛苦。为了让孩子上学放学有个伴儿，汪先生鼓励儿子和楼下的呈呈结伴而行。见他们俩有说有笑地上学放学，汪先生心里踏实了许多。

1–2 年级的孩子好奇心强，看到新鲜事物就被吸引住了。因此，除了接孩子之前要和孩子约定见面地点，平时带孩子逛公园、逛商场时，为了防止孩子走失，也应该和孩子约定见面地点。比如，逛公园的时候，和孩子约定：“你独自玩 5 分钟，不要走远了，5 分钟后回到这里，妈妈在这里等你。”

还有一种情况值得家长注意，有时候孩子放学后去同学家了，但没有和家长打招呼。家长在不知情的情况下去接孩子，结果没见到孩子，紧张地四处寻找甚至报警。为了避免这种情况发生，并给家长造成不必要的担心和麻烦，家长可以和孩子商量：“如果你去同学家，到了同学家一定要给爸爸妈妈打个电话，告诉我们同学家在哪里，便于爸爸妈妈去接你。”这样既不耽误孩子和同学交往，又

放大镜

◎在校门口约定一个地方，作为接孩子时的见面地点，避免两人在人群中盲目搜寻。

◎如果孩子要去同学家，让他事先给家长打电话，并告知同学家的地

址，便于家长接他回家。

◎逛公园、逛商场时，如果孩子想一个人单独逛，也有必要约定见面地点和时间，避免孩子走丢。

不会给家长造成无意义的担忧。

关于接送孩子上学的问题，家长一定要有正确的认识，特殊时期接送，平常应鼓励孩子独立上学、回家，这样对培养孩子的独立性有很重要的意义。

开学初期接送孩子

对于刚进入小学的孩子，有一个适应新环境的过程。在这个过渡期，家长有必要给孩子贴心的照顾，坚持接送孩子一两个月。在这一两个月接送孩子的途中，家长可以和孩子聊聊学校里的事情，教孩子认识学校和家之间的路。等孩子和同学熟悉了，适应了学校的环境之后，家长可以鼓励孩子和附近的同学结伴而行，这样既能给孩子创造与同学交往的机会，又能锻炼孩子的独立性，还能减轻家长的负担，可谓一举三得。

特殊天气接送孩子

天气特殊时，家长再忙也应该抽时间接送孩子。比如，大风、大雨、大雪天，孩子有了家长的接送不会那么害怕。作为家长，千万不要认为这种恶劣天气正是锻炼孩子胆量的好机会，于是让孩子独自去上学或回家。要知道，这类天气有可能给孩子造成伤害，如雷雨交加，孩子会淋湿；大雪大风天，孩子可能摔跤。这些都存在安全隐患，家长应该尽力帮孩子避免。

和孩子一起遵守交通规则
——保证孩子上学、放学路上安全

有一首儿歌唱到：“过马路，左右看，红灯停，绿灯行……”孩子在幼儿园时，老师就教了孩子这首儿歌，告诉孩子要遵守交通规则。可实际上，很多人在过马路时对交通信号灯熟视无睹，不管什么灯照闯不误。

让人感到可悲的是，在这些违章的人群中有很多小学生。更让人难以想象的是，有些家长竟然领着孩子闯红灯。试想一下，在这种“言传身教”下，孩子怎么可能形成遵守交通规则的意识呢？

在车水马龙的十字路口，当绿灯还没有亮起来时，有些家长就领着孩子从斑马线上穿过去，左闪右躲，动作十分敏捷。这些家长或许没有想过，这样做会给孩子造成什么不良的影响，以后是希望孩子等到绿灯时才过马路，还是希望孩子像自己一样不顾危险从车流中穿过呢？

在北京甜水园某十字路口，红灯亮起来了，一群行人站在斑马线上等绿灯。当时，穿行的车辆不多，有些人等不及了，想闯红灯过马路。有位妈妈拉起六七岁女儿的手，准备穿行，这时女儿抬头问妈妈：“妈妈，老师常说要等绿灯才能走，你要闯红灯吗？”

女儿的话可能让妈妈感到没面子，她有点儿不悦地瞪了女儿一眼，正想斥责女儿时，忽然听到一声急刹车声。循声望去，发现一辆小车差点儿撞到一个闯红灯的行人。这时妈妈缩回了脚，轻轻叹了口气，似乎在说：“幸好女儿提醒我，否则后果不堪设想。”

很多时候，父母会教孩子“红灯停，绿灯行，黄灯亮了等一等”，但实际上很多父母自己并没有做到。或许大人可以找借口，说工作忙、赶时间等，但这在无形中给孩子树立了坏榜样，也影响了社会风气，甚至酿成重大的交通事故。

有个男孩过马路时总爱闯红灯，这是跟他父母学的。他的父母送他上学、接他回家时，经常闯红灯，因此孩子也闯习惯了。上2年级的时候，有一天爸爸接他回家，在一个十字路口处，红灯还亮着时，孩子挣脱爸爸的手，迫不及待地想跑到马路对面，这时正好有一辆小车驶过来，把小男孩撞倒在地。

事实上，这样的悲剧完全可以避免，只要家长平时多对孩子进行教育和引导，告诉孩子闯红灯的危害，并以身作则，带孩子遵守交通规则，孩子就很容易形成正确的交通意识，也就不会发生这样的事情。可悲的是，这对父母忽视了对孩子进行交通规则的教育。正是他们的大意和错误示范，让天真活泼的2年级孩子受到了本可以避免的伤害。

除了过马路时应该注意看交通指示灯，遵守“红灯停，绿灯行，黄灯亮了等一等”的交通规则外，在平时的玩耍中，家长也应该教导孩子几条与交通规则有关的事项：不要在马路中间玩，比如在马路上追逐打闹；过马路时，要保持匀速，不要过慢，更不要横冲直撞；不要往马路上扔石头；等等。

另外，家长带孩子过马路时，如果看到汽车来了，不要只想着抱起孩子，最好是牵着孩子的手，避到近侧的路边。这样能让孩子搞明白，当汽车驶过来时，应该怎样应对，更有利于孩子形成正确的交通意识。

综上所述，家长在带孩子遵守交通规则时，要注意这样几点。

放大镜

◎以身作则，带孩子遵守“红灯停，绿灯行，黄灯亮了等一等”的交通规则，如果孩子有闯红灯的行为，家长应及时制止并给予教导。

◎教孩子不要在马路上嬉戏、追逐打闹，不要往马路上扔石头。

◎教孩子看到车来时，应快速避到近侧的路边，过马路时不要猛跑，最好保持匀速。

除了上面几点是家长应该注意的之外，下面几点建议也值得家长借鉴。

端正孩子的思想，让孩子意识到遵守交通规则的重要性

不少 1–2 年级的孩子没有意识到遵守交通规则的重要性，认为不遵守交通规则并不是什么大过错，不遵守交通规则没有危险。对此家长可以给孩子讲述因乱闯红灯造成事故的故事，让孩子从这些严重的事故中意识到闯红灯的危险性，从而使孩子懂得遵守交通规则是自我保护的重要措施，也是方便大家的表现。

过马路的时候，对孩子进行言传身教

过马路不只是过马路，还是家长教育孩子遵守交通规则的好机会。过马路的时候，家长的一言一行、一举一动，孩子都看在眼里并跟着学，如果家长对孩子说“走，现在没车，我们快过去”，那么等于告诉孩子“没车的时候，可以溜过马路，这样省时间，甭管它红灯还是绿灯”。如果家长对孩子说“等一等，现在是红灯，等绿灯亮了才能过马路”，那么孩子就知道绿灯才能过马路。等绿灯亮

时，家长带着孩子过马路，孩子的交通意识就增强了。

告诉孩子：无论红灯时路上有没有车、车多车少，都不要闯红灯

生活中，不少家长对待闯红灯的问题存在一种灵活变通的态度，他们认为这是聪明的表现，即当红灯亮起，路上有很多车时，他们会遵守交通规则并教育孩子这样做；路上车少，过马路看起来没危险时，他们会闯红灯并教孩子这样做。他们经常说："又没车，干吗傻站着浪费时间啊？"这种观念是错误的，因为路上是否有车、车多车少，这都不是关键，关键是要看交通指示灯。就像遵守法律一样，不能因为偷窃没有被别人发现，就认为偷窃不违法。

发生地震了不要慌
——趴下、躲藏，抓紧时间逃离

说起地震，人们不由想到“5·12”汶川大地震、青海玉树大地震。地震造成了人员伤亡及物质损失，也给我们带来了巨大的悲痛。在地震中，有些现象给我们带来了一些启示：孩子在地震中缺少逃生能力，导致很多原本可以避免的伤亡发生了。就像著名教育家任庆文写的《汶川、玉树地震，其实可以少死几万人，孩子不会逃生的惊人事实》中提到的一样，孩子不会逃生是事实。

文中指出，孩子不会逃生主要表现在以下几个方面：

（1）主震过去之后，孩子依旧蜷缩在房子里。这时门窗变形，门也开着，但孩子不敢逃出来。因为他们受到惊吓之后，双腿发软，丧失了逃生能力，完全要靠别人背出来。之后余震袭来，没有被背出来的孩子就遗憾地被砸死了。

要知道，地震一般不是持续波动的，主震威力最大，主震过去后，很多房子并没有倒下，而是摇摇欲坠。停留几分钟后，余震袭来，很多房子倒塌了。如果孩子在主震和余震的间隙逃出去，逃到空旷的地方，完全可以避免危险。

（2）地震来袭，老师喊趴下，很多孩子趴下了。有些孩子愣住了，没及时趴下，被砸死在桌子与楼板之间；地震来袭，老师大喊“跑到操场上去”，有些孩子不是跑到操场上去，而是围在老师身边，揪住老师的衣服大哭。尽管老师连打带骂、连拽带推地把一部分孩子带到操场，但有些孩子没这么幸运，还是被倒塌的房子砸死了。

(3)地震来袭，孩子大惊，不是外逃，而是找父母。因为他们习惯了依赖父母，好像在父母身边就是安全的。父母也习惯了保护孩子，他们也忙着找孩子。六七岁的孩子本来跑得很快，但有些父母偏偏要抱着孩子往外跑，结果耽误了时间，孩子和父母一起被砸死了。地震之后，扒出很多父母抱着孩子遇难的尸体。这时我们该赞美父母的伟大，还是痛心他们死得冤枉呢?

（4）高楼的人不知道往楼顶、厨房、卫生间跑，而是盲目往楼下跑，结果被倒塌的楼房砸死。殊不知，往楼上跑其实更安全，因为地震即使把房子震倒了，房子也是慢慢倒下，这时很容易得救，基本不会死。

（5）废墟中，孩子可以活动，但孩子口渴了却不知道钻到就近的卫生间喝口水。结果过了3天，孩子渴死了。这不由让人感叹，孩子的生存能力不如小动物，这是过度依赖父母造成的恶果。

（6）一些亲历地震的孩子，看到身边的孩子满头鲜血、胳膊流血，吓得连连呕吐，不敢看。他们根本不知道去帮他们包扎伤口，就知道哭。因为平时父母根本没教孩子抢救的常识，也没让孩子看人流血。因此，第一次看到流血的场面，就会惊慌失措。后来那些孩子失血过度，昏死过去。

（7）有个孩子摸到身边两个伙伴不动了，身体冰凉，吓得大哭，吓昏了。要不是抢救及时，就会昏死过去。由此可见，有些孩子并不是被砸死、压死的，而是被吓死的。

综上所述，孩子之所以在地震中丧生，与下面几个原因有很大的关系。

放大镜

◎主震过后，蜷缩在房子内，不知道逃生或因吓得双脚发软，动弹不得。

◎老师喊趴下，孩子愣住了，没及时趴下，被砸死；老师让跑到操场上去，孩子却揪住老师不放，结果耽误了逃生时间。

◎地震来袭，孩子想着找父母，父母想着找孩子，而不是抓紧时间往外跑；父母找到孩子后，还要抱着孩子往外跑，结果耽误了逃生时间。

◎处于高楼层的孩子，不知道往上跑，而是往下跑，结果被倒塌的房子砸死。

◎废墟中的孩子渴了，却不知道就近找水喝，结果渴死在废墟中。

◎孩子见旁人头破血流被吓昏了，结果有些孩子因为没有及时包扎伤口致使流血过度而死。

◎有些孩子见同学身体冰凉，吓得晕过去；有的孩子得不到及时解救，就直接晕死过去。

看到孩子在地震中死得这么冤枉，作为家长，会不会有一种痛恨自己的感觉呢？会不会自责当初没有教孩子基本的地震逃生能力呢？是不是后悔不该过度保护孩子，过度宠爱孩子，而要培养孩子的独立生存能力呢？

为什么日本学生自救能力那么强，能在地震中坚强地活过来，而中国孩子却那么轻易就被地震伤害？这里的关键是教育，其中最重要的原因是中国家庭教育的缺失。因为中国家长太过宠爱孩子，遇事总想着替孩子包办，既没有下工夫培养孩子的独立逃生能力，更没有针对地震教孩子逃生技能。

作为父母，应该明白：我们不能苛求地震预报，也不敢奢望房子有多牢，我们要做的是教育孩子，包括独立意志的教育、生存能力的教育、防震避震常识的教育、逃生技能的训练等。

这个教育由谁来进行呢？或许很多家长会说：“当然是学校来教！”但事实

上，学校的教育存在很多的局限性。在升学压力下，学校管理者在短期目标的支配下，很难对孩子进行这些教育。所以，家长对孩子负有绝对的安全教育的责任。当孩子进入小学时，家长应该抓紧时间教育孩子如何在地震中逃生。具体怎么做呢？下面几点值得家长们借鉴。

学会捕捉震前信息，主动避震自防

在地震发生之前，往往会有宏观异常现象发生，家长可以教孩子学会捕捉震前信息，主动避震自防。下面有一首歌谣，是人们在长期的实践中总结的，对捕捉震前信息很有帮助。

震前动物有预兆，群测群防很重要。牛羊骡马不进圈，老鼠搬家往外逃；鸡飞上树猪乱拱，鸭不下水狗乱咬；冬眠蛇儿早出洞，鸽子惊飞不回巢；兔子竖耳蹦又撞，鱼儿惊慌水面跳；家家户户细留心，分析识别防范好。

关于地下水异常，人们也有很好的总结：

井水是个宝，前兆来得早；无雨泉水浑，天旱井水冒；水位升降大，翻花冒气泡；有的变颜色，有的变味道；天变雨要到，水变地要闹；建立观测网，异常快报告。

除了这些异常情况外，还有植物异常，比如花草树木不遵循开花结果规律，过早或过晚地开花结果；地表异常变形，如地面鼓包、裂缝、塌陷等，可能与地震有关。如果发生这些异常现象，应叫孩子告诉家长，然后报告相关部门，便于做好防范。

地震发生后，应在第一时间趴下、躲藏

强烈的地震经常会造成房屋倒塌，严重威胁人的生命安全。为了保护自己，家长应教孩子做到以下几点：

（1）迅速钻到床底、桌底或趴到墙角位置，同时用被褥、枕头、书包等物护住头部，等主震过后，再尽快离开房屋，跑到空旷的地方。如果房屋倒塌了，应待在床底或桌子底下，等地震停止，再抓紧时间逃生。

（2）如果在高层楼房，发生地震时，不要往楼下跑，因为时间来不及。最安全的办法是及时躲到两个承重墙之间最小的房间，比如厕所、厨房等，也可以躲到柜子、桌子底下，并注意保护好头部。千万不要去阳台和窗户下面躲避。

（3）如果已经离开了房间，千万不要等地震一停，就回屋里取东西。因为主震之后，还会不断发生余震，对人的威胁更大。

（4）如果在街上，发生地震了，不要往建筑物里跑，也不要在高楼下、广告牌下，而应找个空旷的地方停留。

见血不要惊慌，教孩子学会自救和救人

地震给人的生命造成威胁，在一定程度上是先给人的心理造成恐惧感，人因恐惧感而慌不择路丧命。因此，地震发生后，保持沉着冷静很重要。这一点，家长平时要经常教孩子。同时，家长不应对孩子太过保护，在可控的范围内让孩子见见血，而且还要教孩子学会包扎伤口，学会在口渴的时候保证水分的供应。比如，有个孩子在地震的废墟里，包里有瓶矿泉水，他却一口气喝完了。之后因为缺水而脱水死亡。如果孩子懂得充分利用这瓶矿泉水，渴了喝一点儿，润润嗓子，那么孩子很可能可以活着逃出来。

不玩火，不怕火

——教孩子从火灾中逃生

也许你的孩子一辈子都不会身陷火海，但这种灾害随时都有可能发生。火灾是一种很常见的事故，不同程度的火灾会给人带来不同的危害。火灾之后如果能及时扑救，往往会避免很大的损失。但1–2年级的孩子尚且年幼，一旦遭遇火灾，就可能慌乱起来，从而引发更大的事故。

一天，7岁的兵兵到厨房去，看见炉灶上正煮着一锅煎鸡蛋，好奇地靠近炉灶看。一不小心，他们衣服被炉火点燃了。他不知道怎样扑灭衣服上的火，就慌乱地往客厅里跑。可是他不慎摔了一跤，正好扑在了沙发上，一下子把沙发点燃了。幸好爸爸及时发现，把兵兵身上的火浇灭了，才避免了更大的火灾。

孩子没有防火意识是很可怕的，因为孩子对火充满了好奇，一旦接触到火却又不知道怎么防火，结果很可能像上文的兵兵那样把衣服烧着，加之又不懂得在地上打滚来灭火，继而把沙发点燃。

作为家长，平时应该多给孩子讲一些有关火的故事。例如，某人出门忘了关天然气，结果厨房着火了；某人点蜡烛的时候不小心，把窗帘烧着了；有个孩子玩火，把衣服烧了，把手烧了；等等。适当给孩子讲这些故事，有助于孩子认清火的危害性，从而提高防范意识。同时，家长还要教孩子学会应对火灾，学会灭火，学会从火灾中逃生。

为此，家长可以通过下面3个步骤，和孩子来一次消防演习，训练孩子应对火灾的技能。

步骤一：设置安全通道

和孩子一起画一张室内草图，把门、窗标出来，让孩子将草图牢记于心，并将草图放在显眼的位置，比如客厅电视机旁边的墙壁上。

步骤二：检查安全通道

和孩子检查一下，看卧室的窗户有没有被钉死或封死，看窗户的防护装置能否快速打开。同时，在孩子卧室窗户下或够得到的地方，放一个安全绳，告诉孩子："如果发生火灾时不能从门跑出去，你就要用绳子逃生，把绳子的一头拴在窗户框上，然后抓住绳子慢慢从窗户滑下去。"

步骤三：预备演习

每年和孩子来一两次家庭消防演习，将其中一次安排在晚上入睡时，把灯关掉，突然拉响报警器，让孩子熟悉它的声音。如果有条件，最好让物业安排全楼的人进行消防演习。

放大镜

◎设置安全通道，让孩子牢记家中的门窗位置，便于在发生火灾时顺利出逃。

◎经常检查家里的安全通道，比如，门口如有堆积物，要及时清理；窗户是否钉死或封死，并为孩子准备绳索，教孩子如何使用绳索逃生。

◎每年和孩子开展一两次家庭消防演习，其中一次选择在晚上孩子入睡时，使防火意识深入孩子心中。

小范围着火，鼓励孩子抓紧时间灭火

平时在家里，如果着火了，不用慌张，而应根据实际情况采取相应措施。如果起火面积不大，比如炒菜时锅里着火，可以迅速用锅盖把锅盖住，这样锅里的油火就会因缺氧而熄灭；如果房间内起火，不要急忙打开窗户，以免空气流通，形成更大面积的火灾；纸张、木头或布起火，可教孩子用水来灭火；如果电器、汽油、食用油着火，则要用土、沙土、干粉灭火器灭火。如果火势较大，自己没办法扑灭，必须立刻报警。

牢记火警电话，火灾时立刻报警

如果发生火灾，而且火势较大，凭几个人之力无法扑灭，应教孩子立刻打火警电话 119。这个电话在全国任何地方、任何地区，都是一样的。教孩子报警时，要说清楚地址、被困人员等信息。在没有发生火灾时，不要随意拨打火警电话，因为假报火警会扰乱社会公共秩序，还有可能给正在发生火灾的地方造成救援上的麻烦。如果火灾附近没有电话，应大声呼喊引起周围人注意，协助灭火或报警。

生命是最宝贵的，教孩子火场逃生

遭遇火灾时，如果火势不大，自己能够扑灭，应鼓励孩子及时救火。如果火势较大，自己无法扑灭，应教孩子拨打火警电话。如果不慎身陷火海，应教孩子学会自救逃生。具体怎样逃生呢？下面有几个注意事项。

（1）如果身处平房，火势较大，应迅速离开火场；如果身处楼房，火势较大，则必须选择出口脱身，比如跑到阳台上或从窗户出逃，还要注意用湿毛巾包住头、捂住嘴巴离开火场。

（2）在失火的楼房里逃生，不要使用电梯，应通过安全通道脱险。因为失火后电梯井往往会成为烟火的通道，而且起火后可能停电，造成电梯故障。

（3）如果处于高层楼房，在发生火灾时，没有绳索，可以用床单撕开连接起来，一头系在窗框上，然后顺着床单绳逃出去。

（4）逃生时，不要贪财。家长要告诉孩子，生命是最宝贵的，不能为了拿东西而浪费了最佳出逃时间。

（5）如果火已烧身，不要惊慌乱跑，而应就地打滚或用厚重的衣物压灭身上的火苗。

电器不能当玩具
——教孩子预防触电

家用电器多了，孩子在家由于看护不当，发生触电的危险这种情况并不少见。尤其是在暑假，在双职工家庭，父母都忙于工作，把孩子留在家里。孩子好奇心强，自我保护意识弱，可能会把电器当玩具，用铁丝、起子或直接用手触摸插座孔，这样就很可能发生触电伤害。

有一位母亲，整天精神抑郁，表情呆滞，几乎不和小孩玩，也不和小孩说话。怎么回事呢？经了解，才知道事出有因。原来一年前，她到朋友家串门，等她回来，被眼前的一幕惨状惊呆了，她的儿子正倒在一个插座前……

发生了这样的事情，相信所有的父母都会感到痛心。家长必须做好防触电的一系列工作，要让孩子了解电的特点及危险，并做好以下几点防止孩子触电。

（1）给孩子讲触电的故事。1–2 年级的孩子理解力已经不错了，父母给他讲触电的故事，他们完全能听懂并意识到触电的危险性。同时，父母要告诉孩子不能把电器当玩具，并教孩子正确使用家用电器。这样孩子就能很好地避免触电危险了。

（2）儿童房间内的插座安装有讲究。儿童房间内的插座、电器不宜过多。孩子可能在家长看不到时、外出时玩弄电器或插座。同时应该尽量避免使用孩子更容易触碰到的落地电器，且电源线也容易将孩子绊倒，发生触电事故。

（3）不要把铁丝、剪刀等物品放在孩子轻易能拿到的地方。铁丝、剪刀等物品，很容易插入插座里，又可以导电，一旦孩子拿它玩弄插座，就非常危险。所以，家长应把这些物品放在孩子不容易够到的地方。另外，毛巾、衣服不宜搭在电线上。

（4）家里的电线如受损，应及时更换。为了保险，应将电源插头用绝缘胶布固定在孩子够不到的墙上，在调试或维修电器时，不要让孩子在场，以免孩子模仿。

（5）花时间教孩子正确使用家用电器。能够正确地使用家用电器，是一个孩子具备独立生活能力的表现。家长不能因为害怕孩子触电而不让孩子接触家用电器，否则孩子的生活能力得不到锻炼。在教会孩子使用家用电器之后，最初的几次，家长最好和孩子一起使用电器，并教给孩子正确的使用方式。

（6）遇到雷雨天气，教孩子停止使用电视机。遇到雷雨天气，家长应教孩子把电视机关掉，把电源切断，防止遭受雷击。长期搁置不用的电器容易受潮，重新使用时应认真检查。

放大镜

◎给孩子讲触电的故事，让孩子明白触电的危害。

◎告诉孩子电器不是玩具，插座更不是玩具，不能用铁丝触碰插座。

◎把铁丝、剪刀等物品放在孩子不容易找到的地方。

◎教孩子正确地使用家用电器。

◎遇到雷雨天气时，要让孩子停止使用电视机并拔掉电源。

综上所述，为了避免孩子触电，家长需要做到下面的几点：

切断电源，检查触电者的意识状态

家长可以教孩子用干燥的竹竿、木棍、塑料物品把导电线从触电者身上挑开。绝对不能用手直接接触对方，以免自己触电。接着，要检查触电者的状况，如果对方触电的时间较短，身体上的电流很小，脱离电源后应让他躺着休息一下，暂时不要马上站起来走动。如果触电时间较长，身上的电流较大，那么对人体的伤害会非常严重。这时触电者会出现神志不清、面色苍白或青紫等表现，必须马上进行现场急救，并拨打120求救电话。

对触电者进行人工呼吸

对于触电受伤严重者，如果对方没有呼吸或呼吸不规整，要迅速进行人工呼吸。家长可以教孩子进行人工呼吸：将鼻孔捏住，往触电者嘴里吹气，同时观察触电者的胸部，有轻微起伏即可。吹气之后，要停留1秒钟，再离开触电者的嘴，使其胸部自然回缩，气体从肺内排出。这样的动作重复几次，一般就可以见效。

对触电者进行胸外心脏按压

如果进行人工呼吸之后，触电者仍然没有意识、没有呼吸，那么就需要进行心脏按压。将触电者平放在硬地或木板上，一只手按压在触电者胸骨的中下部，另一只手按在第一只手的手背上，有节奏地往下按压，每次按压时间和放松时间大致相同，按压30次为一个循环，不间断地抢救，直至医务人员到来。

第四章

1-2年级的孩子语言能力弱，需抓紧时间训练

1-2年级的孩子其语言能力尚处于初级发展阶段，这时候他们要学习汉语拼音，要学习正确地拼读汉字。因此，家长要给孩子创造尽可能多的说话机会，让孩子在不断地练习中提高语言表达能力，使孩子从1-2年级开始，就具备良好的语言沟通能力、描述能力、口头表达能力，为孩子将来获得更好的发展打下坚实的基础。

小孩儿插嘴不是坏事
——不要压抑孩子的说话欲望

当家里来了客人，家长和客人闲话家常的时候，如果孩子跟着说几句，一般会得到“大人说话，小孩子别插嘴”的警告。即使孩子已经上小学了，但在家长眼中，孩子永远是孩子。父母以为自己很懂孩子，其实他们不知道，当孩子被粗暴地制止发言时，内心有多么委屈和失落。而且从长远来看，这样对孩子的语言表达和社交也有非常不好的影响。

小梦菲和邻居雅洁姐姐相处得很好，她人小鬼大，虽说刚上小学2年级，可因为平时爱阅读课外书，爱看电视剧，知道的东西还真不少。雅洁很喜欢和他聊天，经常把自己的感情烦恼说给这个小丫头听。

一次，雅洁和男朋友闹了一点儿矛盾，两人处于冷战中。梦菲的妈妈和雅洁的妈妈劝雅洁学着体谅和宽容，雅洁不高兴地说：“哼！这次宽容他，下次怎么办……”聊得正起劲时，梦菲凑过来插了一句：“不行，这次必须来点儿厉害的，给他一点儿教训，不然的话，还会有下次！”

梦菲的妈妈马上打断她：“你一个小屁孩儿懂什么，大人说话，轮到你插嘴了吗？快回家写作业去！”

梦菲不高兴地嘀咕了几句：“谁说我不懂？”妈妈狠狠瞪了她一眼，她只好灰溜溜地走开。

家长谈话时，小孩子发表一下观点，内心充满了自豪感，以为会受到大人的表扬，没想到却被一句“大人说话，小孩子别插嘴”弄得一脸无趣。其实，孩子很容易得到满足，如果大人能肯定性地评价一下孩子的话，他们会觉得自己其实很聪明，无形中自信心就增强了，发表意见的欲望就增强了。在以后成长的日子里，孩子会敢于发表自己的观点，勇于表达，他的表达能力和沟通能力也就提高了。

相反，家长见孩子说话，马上大声来一句“大人说话，小孩子别插嘴”，孩子的表达欲就会受到压抑。孩子有自己的见解、观点、想法，但却不能畅快淋漓地表达出来，内心会感到很压抑。以后，孩子有想法也不愿意说出来，宁愿憋在心里，这会影响孩子社交能力的发展。

或许，六岁以前的孩子不那么在乎父母的那句“大人说话，小孩子别插嘴”，但是六岁以后，孩子的自尊心、表现欲都会增强，如果家长依然这么粗暴地打压孩子，那么孩子会觉得自己受到了大人的蔑视，会感到愤怒。这样一来，孩子的自尊心就受损了，亲子关系也受到影响了，这对孩子的成长是极为不利的。

为什么家长不允许孩子插话呢？原因主要有以下几点：

放大镜

◎家长认为孩子不懂，大人讲话不需要孩子评头论足、说三道四，孩子插话挑战了家长的权威。

◎家长认为孩子插话是不礼貌的一种表现，于是选择粗暴的那句“大人说话，小孩子别插嘴”来打压孩子，却没有想过心平气和地教孩子插话的技巧。

首先，家长认为自己是大人，小孩子太幼稚、不懂事，很多问题他们都不懂，随意插话，说不到点子上，会闹出笑话，还会影响大人之间的谈话质量。在这里，家长将大人和小孩的年龄界限划分得过于明确，认为大人比小孩懂，这是不尊重孩子的表现。

其实，大人与孩子的世界观虽然不同，但双方应该是平等的。孩子对大人的事情发表见解是他们具备独立意志的表现，即使意见不正确，也值得称赞。如果家长不把孩子当成和自己平等的人，不给孩子应有的尊重，那么孩子就不会信任家长，有事不会和父母说，把心事藏在心里。

其次，家长认为孩子插话是不礼貌的表现。对此，家长完全可以在事后心平气和地与孩子沟通，告诉孩子插话应选择时机，不应该在别人说话的时候突然打断别人，自己滔滔不绝地发言，而应该在别人说话中断时，委婉地插话，这样不会引起别人的反感。

综上所述，孩子插话不是坏事，关键在于家长正确地引导孩子发言，这样既能锻炼孩子的表达能力，又能教会孩子尊重别人，养成正确的插话习惯。那么，家长具体该怎么教育孩子呢？

当孩子插话时，家长不要立即打断，不妨先听听

当孩子插话时，很多家长立刻制止。其实家长大可不必这样，既然孩子已经开口说了，何不让孩子说完呢？先听听孩子说的内容，又有什么关系呢？立刻制止，弄得孩子欲言又止，这是非常扫兴的事情。如果让孩子说完，孩子的表达欲得到了满足，孩子会很高兴。至少，孩子觉得父母在听自己说，这是一种尊重，是一种无声的肯定。正所谓，倾听是尊重别人的表现，孩子同样需要父母的倾听。

孩子说完之后，家长不要怒不可遏，不妨评一评

孩子说完之后，家长不要生气，不要认为孩子在胡言乱语，不妨客观地评价一下孩子的话，给孩子一些肯定和欣赏。尤其是把孩子言语中有道理的地方指出来，简单地赞扬孩子一番，这会让孩子感到很自豪，会增强孩子的表达欲和思考问题的积极性。以后大人讲话时，孩子在一旁，一定会积极思考，然后努力表达自己的观点。

事后和孩子聊一聊，教孩子怎样插话更礼貌

等客人走了，等大人的聊天结束之后，家长再和孩子谈谈如何插话更受人欢迎。因为孩子可能没有意识到插话是不太礼貌的，也不知道怎样礼貌地插话，所以，家长和孩子平和地聊聊这个问题，完全是有必要的。可以说，这样做不但保护了孩子的表达欲望，也教会了孩子如何与人交往、与人交谈。这是孩子成长过程中必不可少的人际交往课。如果这一课早晚都要给孩子上，何不在孩子上 1–2 年级的时候给他上呢？让他早点儿懂得怎样与人交往，使孩子成为更受欢迎的人。

今天学校发生什么事情了？
——鼓励孩子开口讲话

不少刚进入小学的孩子，在学校里不喜欢和同学交流，按老师说的就是“比较闷”；家长也反映，孩子回家后写作业、看动画片，很少和父母交流。孩子不讲学校发生的事情，家长怎么知道孩子在学校过得开不开心呢？因此，想办法让孩子开口讲话，是培养孩子表达能力、了解孩子思想动向、了解孩子在校情况的重要手段。

在这方面，有位家长做得非常出色。每天儿子放学回家，她都会问儿子：“儿子，今天在学校过得开不开心啊？”如果孩子回答“开心”，她会继续问：“是什么事情让你开心呢？讲给妈妈听一听吧！妈妈也想开心一下。”孩子在她的引导下，滔滔不绝地讲起学校发生的事情。

如果孩子回答“不开心”，她会问儿子：“什么事情让你不开心啊？讲给妈妈听一听，好吗？”然后耐心地听儿子讲，听完之后她会开导孩子，教孩子今后怎样处理类似的事情。这样不仅及时疏导了孩子的不良情绪，还教会了孩子如何为人处事，同时锻炼了孩子的语言表达能力，这对孩子的成长有非常积极的意义。

家长应该明白，孩子每天在学校都会发生一些事情，开心的或不开心的，你是否都知道呢？如果你从来不问孩子在学校过得怎么样，孩子主动跟你讲时，你也不耐心地听，甚至表现出反感，比如你下班回家，孩子缠着你，和你讲学校发生的事情，你却不耐烦地说：“作业做完了吗？还不赶快做作业！”那么，孩子就没了讲述的兴致，以后他很可能再也不跟你讲在学校发生的事情了。

其实，培养亲子关系，锻炼孩子的表达能力，最好的素材就是孩子自己的故事。只要家长鼓励孩子讲，给孩子创造机会讲，孩子总会不知疲倦地向父母谈起自己的经历、感受。这样一来，孩子和父母的距离就近了，感情就深了，不仅孩子的表达能力得到很好的锻炼，性格也能得到很好的培养。

一天下午，上 2 年级的陈晨放学回来，一脸笑嘻嘻的样子。妈妈好奇地问他："什么事情这么高兴呢？"陈晨说："妈妈，今天上语文课的时候，有件事情真的好搞笑，想起来我就忍不住笑起来。"

见儿子这么说，妈妈放下手中的活儿，更加好奇了。儿子见妈妈很想知道，就说："今天上语文课的时候，李欢的同桌站起来回答问题，李欢悄悄地把同桌的凳子移开了。同桌回答完问题，往下一坐，一屁股坐到地上了，全班同学哈哈大笑起来……"

讲到这里，儿子乐开了花，妈妈也笑了，但她笑过之后，反问儿子："你觉得这样做好不好？"儿子天真地说："有什么好不好？好玩就行呗！"妈妈说："这样很危险的，你那同学一定摔得不轻吧？你们老师没批评李欢吗？"

"嗯，看样子摔得不轻，他爬起来之后，不停地揉屁股。老师批评李欢了，叫大家以后不要这样闹。"陈晨对妈妈说。

妈妈说："老师说得对，以后不能这么闹了，很容易闹出危险的。"

从孩子的讲述中，家长得知孩子们的不良行为，从而提醒和教育孩子，使孩子不犯类似的错误；同时，孩子在讲述学校的故事时，口头表达能力得到了锻炼，可谓一举两得。

总而言之，孩子的口头表达能力需要在实践中锻炼，在日常生活中练习。父母是孩子最亲密的人，应该鼓励孩子多开口、多讲话，这样有很多好处。

放大镜

◎孩子和家长讲学校的事情，亲子间有了沟通和交流，有利于加深彼此的感情。

◎孩子在讲述学校故事的过程中，口头表达能力得到了锻炼，有利于提高孩子的语言能力。

◎家长根据孩子的讲述，对孩子进行点评，若发现孩子的优点，可以给予肯定和赞扬；若发现孩子的缺点，可及时教育和纠正，对孩子的成长非常有意义。

◎经常开口讲自己故事的孩子，在整个成长的过程中，一般不会形成孤僻的性格，反而容易形成开朗、健谈的个性。

经常鼓励孩子讲述自己的故事，并对孩子的讲述表现出兴趣，对孩子锻炼口头表达能力有很重要的作用。具体怎么做呢？家长不妨参考下面几点：

利用开放性问题引导孩子开口讲话

开放性的问题是指那类不需要用“是”或“否”、“对”或“错”来回答的问题，而是可以随意发挥、根据自己的想法来回答的问题。比如：“今天上课的感觉如何？”对于这个问题，孩子可以根据自己的感受来自由表达。这样的问题可以避免孩子做出过于简单的回答，使孩子多说话，如此孩子的表达能力才能得到锻炼。

值得注意的是，对孩子提开放性的问题时，不要提出让孩子难以回答的问题，比如：“你觉得学笛子怎么样？”“你觉得打网球怎么样？”这类问题对于1–2

年级的孩子来说，可能显得较为难以回答，因为他们没有那么多经验，甚至不知道笛子是什么东西，也不知道学笛子好不好。这些问题很可能难以激起孩子的表达欲望。

对孩子的讲述要表现出兴趣和耐心

当孩子在讲述的时候，家长一定要表现出兴趣和耐心，切忌一边听孩子说话，一边做自己的事情，那样会让孩子觉得你不重视他的话，慢慢地也就失去了表达的欲望。同时，要表现出耐心，不要见孩子讲得较多，就不耐烦地说：“还没讲完啊？怎么这么啰唆啊？”那样会打击孩子讲话的积极性。

怎样表现出兴趣呢？最好的办法是假装无知，该笑的时候放声大笑，该哭的时候假装哭，以配合孩子讲话的热情。在孩子说话的时候，家长可以露出惊讶、难以置信的神情，满足一下孩子小小的虚荣心，这样就能进一步激发他表达的欲望。相反，如果孩子刚讲两句，你就说“哦，这个我早就知道了”，那么孩子的兴致就会受到影响。

尽可能给孩子创造讲话的机会

要想孩子的口头表达能力得到锻炼，家长除了鼓励孩子说话，更应该创造机会让孩子说话。怎样做到这一点呢？家长不妨把孩子当作小大人，家里有事时和孩子商量，鼓励孩子发表意见。比如，家里决定买一台电冰箱，但是买什么牌子的，什么价位的，大家的意见不统一，这时候家长可以让孩子发表自己的意见，这对孩子的表达能力和思维能力也是一种训练。

背熟了自然说得流畅

——利用背诵提高口语表达能力

进入小学后，孩子们开始接触语文课文、数学公式、英语单词，有些内容是老师要求背诵下来的，有些内容是自己感兴趣而背诵下来的。经常背诵名诗、名句，既可以提升孩子的文学素养，又有助于增强孩子的口语表达能力。因为背诵的过程，是记忆和朗诵相结合的过程。记忆得越多，表达的时候可用的素材就越多；朗诵得越多，口头表达能力就越强。因此，想要提高孩子的口语表达能力，家长不妨让孩子在背诵方面下功夫。

1–2年级正是记忆力最好的时期，家长一定要让孩子抓紧时间，通过背诵来学习更多的知识，锻炼自己的口才。当孩子大脑中的知识积累到一定程度，他才可能张口即来，滔滔不绝。如果孩子的大脑一片空白，即使他伶牙俐齿，也无济于事。

古语说："熟读唐诗三百首，不会作诗也会吟。"一语道破了"读"与"写"的关系。家长郑先生认为，这句话还可以说明另外一个道理——熟背好文章，不但有利于孩子写作能力的提高，对提高孩子的表达能力也有很好的帮助。

在这种认识的影响下，他在儿子上2年级的时候，要求孩子背诵唐诗、宋词，还有那些朗朗上口的、富有诗意和韵律感的现代散文诗。由于孩子经常把这些文章翻来覆去地读，不知不觉也就记住了。在平常与人交流的时候，儿子总能恰当地引用诗文中的某些句子，生动地表达自己的感情。

有一次，郑先生去野外钓鱼，走在弯弯曲曲的山路上，眼前突然出现一大片清水，儿子不由自主地说了句："山重水复疑无路，柳暗花明又一村。"郑先生高兴地说："你说得太对了，这种意境配上你的那句诗，再合适不过了。"得到了爸爸的夸奖，儿子显得格外高兴。

由于郑先生的儿子从小积累了各方面的知识，表达能力得到了很大的提升。在与人交谈的时候，他总能在不经意间说出令人拍手叫绝的话来。一些比较深奥难懂的道理，一经他的表述，立马变得通俗易懂。另外，他的语文成绩也非常不错，到了 3 年级时，作文写得很出色，经常受到老师的表扬。

背诵既有"背"的成分，也有"诵"的成分。"背"是记忆，怎么记忆呢？通过"朗诵"来记忆。在朗诵的过程中，孩子的语感得到了训练，最终有助于提高孩子的表达能力。这里的"诵"要求在准确理解文章内容的基础上，把文章朗诵得声情并茂。具体怎样通过背诵法来提高孩子的表达能力呢？

第一步，给孩子选一篇他喜欢的演讲词、散文或诗歌。一定是孩子喜欢的，否则不要强迫孩子去背诵。

第二步，把选定背诵的内容给孩子讲解一番，让孩子充分理解其意思，体会作者的思想感情。这是需要花工夫的，需要家长给孩子逐句地进行分析、推敲，从而深刻地理解作者的情感。

第三步，帮孩子把选定的内容进行艺术性的处理，比如找出重音、划分停顿等，这样做有利于孩子准确地表达内容，利于孩子在朗诵时做到声情并茂。

第四步，做好了之前的 3 步，开始进行背诵。在背诵的时候，也可以划分步骤。

首先，以"背"为目的进行记忆，也就是把文章背下来。这个阶段不要求声情并茂，只要孩子能熟练记忆就可以。在背的过程中，引导孩子进一步体会内容的节奏和格调，为整体把握作品打下基础。

其次，在熟背文章的基础上进行顺畅的朗诵，同时注意发声的准确性，而且要带有一定的感情。

最后，用最饱满的情感，最准确的语言、语调进行背诵。想要做到这点，必须准确地记忆文章，准确地理解作者的思想感情并表达出来。

放大镜

◎选择孩子喜欢的背诵内容，如诗歌、散文、演讲词等，只要孩子喜欢，长短适中即可。

◎给孩子讲解一下所选的内容，便于孩子理解文章内容和作者的思想感情。

◎帮孩子对所选内容进行艺术性的处理，划出重低音、停顿等。

◎让孩子先背下来，在背的基础上带着感情去朗诵，最后带着感情去背诵。

家长在要求孩子通过背诵法提高表达能力的时候，有几点需要注意。

尊重孩子的兴趣和意愿，坚决不强迫

尊重孩子的兴趣，体现在：如果孩子不喜欢诗歌、散文，家长不应该强迫孩子背诵诗歌和散文，可以试着让孩子背诵绕口令、顺口溜、打油诗等，因为这类文章朗朗上口，孩子可能更喜欢。

尊重孩子的意愿，体现在：如果孩子不喜欢通过背诵来锻炼表达能力，家长

没必要强迫孩子，而应改变策略，用其他办法帮孩子锻炼口才，比如复述法、速读法等。

利用互动游戏的方式调动孩子的积极性

家长们都知道，背诵文章特别是死记硬背是一件枯燥乏味的事情，这对 1–2 年级的孩子来说更是如此。因此，当孩子因为背诵感到疲惫时，家长应该想办法调动孩子的兴奋点和积极性。比如，用互动游戏的方式就很不错，第一阶段，家长和孩子比赛，看谁先把一段文字背下来；第二阶段，在背诵的同时，看谁背诵得更有感情。在比赛中，家长适当让一让孩子，让他有获胜的感觉，这对调动孩子背诵的积极性很有帮助。

鼓励孩子在家人面前展示自己的口语水平

背诵文章、朗诵文章不是最终的目的，最终的目的是通过这种方式锻炼孩子的语言表达能力。因此，家长应该给孩子创造展示的机会。比如，晚饭之后，让孩子在全家人面前有感情地朗诵文章或背诵文章，然后家人给孩子一些肯定性的点评和建设性的建议，这对提高孩子的自信心、增强孩子的积极性是很有帮助的。

讲个故事，再让孩子重讲

——培养孩子复述的能力

复述法是锻炼孩子口才的好方法，它能促进孩子理解力的发展，锻炼孩子的思维。当孩子进入小学1–2年级时，家长可以选择生动的童话故事、成语故事、生活常识等讲给孩子听，然后让孩子把你讲的内容再讲给你听，看孩子能否把大致意思表达出来，这个过程就是训练孩子思维和表达能力的过程。

生活中，有些六七岁的小孩子能准确地把大人的话转述给别人。比如，爸爸对孩子说："儿子，你跟妈妈说，晚上我不回家吃饭了，因为公司有个同事过生日，请大家吃饭。"儿子记住了爸爸的话，等妈妈回来，然后对妈妈说："妈妈，爸爸说他晚上不回来吃饭，因为有个同事请大家吃饭。"看到别人家的孩子准确地传话，充当父母之间的"传话员"，你是否有点儿小羡慕呢?

其实，孩子的复述能力不是天生的，而是需要后天训练的。如果你在生活中，有意识地训练孩子的复述能力，那么你的孩子也能成为出色的"传话员"。

小凡是一名1年级的新生，上学没多久老师就反映：小凡与人交流成问题，经常听不懂别人的意思，并因此闹出误会。比如，有一次，同桌让小凡帮他向其他同学借一块橡皮擦，小凡却理解成：同桌向他借一块橡皮擦。

结果小凡生气地对同桌说："我说了我没有橡皮擦，你难道不知道吗？还要向我借橡皮，真是的！"同桌也很生气，说："我又没向你借橡皮擦，你对我叫什么叫？"小凡说："你没向我借橡皮擦，那你跟我说什么？"就这样，两人闹出矛盾，最后差点儿打起来。

鉴于小凡的表现，爸爸妈妈意识到他的理解力和表达能力都有待提高，从那以后他们抽时间帮小凡进行训练。爸爸每天下班回家，等小凡做完作业，就跟他玩“说话游戏”。所谓“说话游戏”，就是爸爸说一句话，小凡用自己的话表达那句话的意思。

有时候，爸爸见小凡不太愿意复述，就给他讲一些有趣的成语故事，以调动小凡的积极性。每当这时，小凡总会听得格外认真。听完之后，就该小凡发言了，他要通过对故事的理解，用自己的语言表达故事的意思。

如果小凡复述的意思与故事基本吻合，爸爸会毫不吝啬地表扬他；如果小凡复述的意思偏差太远，爸爸会耐心地引导他，让他把故事中的关键词理解透彻，使他复述得越来越好。在一段时间的训练后，小凡的理解力和表达能力都有了很大的提升。

复述法是在理解的基础上进行讲述和转述，这种语言训练法可以提高孩子对语言的理解力，强化孩子的记忆力，提升孩子的表达能力，是集理解、记忆、表达于一体的训练法。

复述法在课堂上使用较多，如老师让学生们看一段幻灯片，然后请同学复述幻灯片上的内容。这种训练的目的，在于锻炼学生的记忆力、理解力和语言的连贯性。家长也可以运用这种方法训练孩子，具体做法可以参考下面几个步骤：

第一步，挑选一段长短合适、情节丰富的文章。以叙述性强的演讲词或小说中的一段为最佳，然后家长朗诵给孩子听。最好用录音机把它录下来，然后让孩子听一遍、复述一遍，反复多次地练习，直到能完全把这段文章复述出来。这种练习不是为了背诵，而是为了锻炼语言的连贯性。如果你能让孩子在家人、客人面前复述就更好了，这样可以锻炼孩子的胆量，帮助他们克服紧张心理。

第二步，用自己的话把原文的意思复述出来，而不只是机械地背诵和复述。这要求孩子不仅仅复述情节，还要复述一定的人物语言或描写语言。在孩子复述的时候，可以鼓励孩子按照自己对原文的理解，适当地添加情节，把文章复述得更加丰富多彩。

第三步，把原文的关键句子复述出来。在进行这种练习之前，家长可根据孩子的实际情况和所选文章的情况，制订一个具体的要求。比如，挑选一段共有10句话的文章，让孩子把基本情节复述出来，并能复述几个关键句子。这样有助于培养孩子的理解力。

放大镜

◎第一步，挑选一段情节丰富、长短适中、叙述性强的文章，家长朗诵一遍后，录下来，让孩子反复听、反复练。

◎第二步，让孩子把文章理解透彻，用自己的话把原文的意思表达出来，告别简单机械的背诵和复述。

◎第三步，让孩子把文章的关键句子复述出来，培养孩子的理解力和总结能力。

值得注意的是，由于1–2年级的孩子耐力不够，畏难情结较为严重，在开始练习的时候，家长最好选择句子较短、内容较简单、趣味性较强的文章，这样便于孩子理解、把握、复述、记忆，然后由易到难，循序渐进地练习，效果会更好。另外，复述有多种多样的形式，家长可以和孩子一起尝试。

简单复述

简单复述就是把原文的意思用自己的话简单地表达出来，比如把守株待兔的意思复述出来，大概就是：一个农夫性情懒惰，因为一次偶然的机会，捡到了一只撞死在树上的兔子，从此整天坐在树旁边等兔子。简单复述是一种简要复述，也是一种浓缩复述，即把一段很长的文字，用几句简单的话复述出来。这可以培养孩子的理解力和概括能力。

创造性复述

创造性复述是对语言材料进行吸收、存储、内化、整理和表达的过程。家长可以让孩子根据自己对课文的理解，用自己的语言表达课文，这不仅有助于加深孩子对文章的记忆，还可以提升孩子说话的系统性、连贯性。

扩展性复述

扩展性复述是指对一段简短的文章进行扩充复述。在扩充的过程中，家长应要求孩子在保持原文内容不变的情况下，给文章添加一些额外的描述，使文章的情节更加生动、内容更加丰富。但要注意，所添加的情节，要合情合理，绝不能生搬硬套。

多人接力复述

研究表明，多人传话，传到最后，话意往往会失真。为什么会失真呢？因为传话者在传话的过程中，会按照自己对话意的理解来复述所以同样的话，就会被理解成多种意思，有时候这些理解相近，但有时候理解的意思可能截然不同。家长可以和孩子来玩多人接力复述的游戏，全家人彼此传话。所传的话意思要复杂一点儿，这样玩起来更有意思，也能检验并锻炼孩子的复述能力和理解力。

先说什么，后说什么
——提高孩子口头表达的条理性

很多 3 年级的孩子作文写得非常差，主要体现在表达内容缺乏条理性，即不能把一件事或一件事的某个方面讲清楚，不能很好地把自己的想法表达出来。其实，作文缺乏条理性是孩子说话缺乏条理性的一个表现。如果你想帮孩子避免写作文时条理性差，就应该在孩子上 1–2 年级的时候努力培养孩子口头表达的条理性，这样等孩子上 3 年级时学写作文，就可以减少条理性方面的毛病了。

付先生的儿子福林上小学 2 年级，最近他越来越觉得儿子说话没条理。上句话还在说学校里的活动，下句话却说到晚上做梦，再过一会儿又说到吃饭。前前后后一共也就几句话，福林却说出了几件根本联系不到一起的事情。即使说一件事，他也说得没顺序、没逻辑，让付先生听得糊里糊涂，不知道孩子想说什么。

有一次，福林放学回家，对付先生说：“爸爸，今天真难过啊！”

“怎么难过了？谁惹你生气了？”付先生问。

“明天我们班和二班要举行足球比赛，王飞今天却在游戏中把脚扭伤了，这会影响我们班的实力啊！”

“哦，是这么回事啊！那确实对你们班有影响，不过你们班还有别人啊，不用担心的。”付先生安慰儿子。

“王飞是我的同桌，是我们班的班长，他不但学习成绩好，足球也踢得好，每次考试都是班里第一名，他还是我们班足球队的队长呢。在结束不久的运动会上，他100米得了第一名，他跑得可快了，我怎么也追不上他……”

付先生一头雾水，只听儿子一边把书本从书包里拿出来准备做作业，一边叽叽歪歪地说了一大堆。细听一下，发现没有中心点，没有逻辑性。再听，付先生还是不知道儿子到底想说什么。

福林还没说完，他见爸爸不说话，又说：“今天上体育课，体育老师让大家进行了50米测试，每5个人一组，每组跑3次，我怎么也跑不过王飞。突然，王飞的脚扭伤了，肿得好大。本来我们班有把握赢球，现在看来胜负难分，大家都很担心。”

福林终于说完了，付先生想了想，才发现他说了这么多，只是在强调王飞同学跑得快、足球踢得好，但是他的脚扭伤了，会影响明天的足球比赛。这原本几句话就能说明白的，但福林却长篇大段，说得让人很费解。

生活中，像福林一样说话没条理的1–2年级孩子并不少。家长如果不引起重视，不能及时帮孩子纠正说话缺少条理性的毛病，等孩子到了3年级时就很难写好作文。通常来说，孩子说话没有条理性的表现主要有以下几点：

放大镜

◎说话前言不搭后语，前一句说写作业，后一句却说睡觉，两者之间没有必然的联系，跳跃性较大。

◎话语的中心思想不明确，啰嗦，说不到点子上，让人听得云山雾罩。

◎先说什么，后说什么，没有讲究，经常把应该先说的后说，应该后说的先说，没有主次之分和先后之别。

针对这些毛病，家长可以帮孩子理清文章或某段话的条理性，和孩子明确说话要有一定的条理性，才能把自己的意思表达清楚，别人才能听懂，才愿意和自己说话。在日常的交流中，家长如果发现孩子的话条理性差，应及时指出来并教孩子改正。经常这样做，孩子表达的条理性会得到很好的改正。

作为家长，在培养孩子口头表达能力的时候，应该有耐心，要对孩子充满信心。只要你的教育方法得当，态度温和，并经常给孩子鼓励和引导，孩子就能熟练地掌握表达的条理性。具体该怎么做呢？下面几点建议值得参考。

教孩子注意把握表达的时间顺序

在说话的时候，经常会涉及有关时间的叙述，如以“我的一天”为题，让孩子讲述一天中发生的事情，明确地告诉孩子，要按照从早到晚的顺序来讲述，先发生的事情先讲，后发生的事情后说，一步一步，从头说到尾，把全天发生的事情说出来。

按照时间顺序表述时，经常要运用到“先……接着……再……然后……最后……”等句式，这样能表现出时间的推移过程。在家里，你可以通过做家务来教孩子把握时间顺序，比如，先洗手帕，接着用夹子把手帕夹住，晾晒在太阳底下，让孩子一边动手，一边体会做事的条理性，从而学会在说话时重视条理性。

教孩子注意把握表达的空间顺序

在说话的时候，有时会涉及对空间的描述。比如，在描述建筑物或环境时，就要按照地点、方位的变换来进行，这就要求按照时空顺序组织材料，或由近及远，或由远及近，或由内向外，或由外向内，等等。你可以让孩子介绍一下学校的环境，教孩子正确地按照空间顺序把学校介绍清楚。

1–2 年级的孩子年龄较小，对图形和建筑比较感兴趣，但他们的注意力不太集中，思维能力较差，在观察图形或建筑物时，没有条理性，因此，家长要教孩子按照空间顺序来观察和描述图形和建筑物。在教孩子观察和描述图形或建筑物时，家长要耐心细致地引导孩子，问孩子看到了什么，是按照什么顺序看的，从而引导孩子流畅地表达。

教孩子注意把握表达的逻辑顺序

条理性与逻辑性紧密相关，说话的时候，如果句与句之间缺乏逻辑性，那么说出的话很难让人认同，没有说服力。因此，教孩子在说话的时候注意把握逻辑性非常重要。这对 1–2 年级的孩子来说，可能掌握起来有一定的难度。因此，家长更应该耐心地引导孩子去学习。

当孩子在表达中没有掌握好逻辑顺序时，家长不要指责孩子、骂孩子，甚至打孩子，这样会把孩子吓坏，更不用说练好说话技巧了。在日常生活中，家长要多和孩子沟通，多鼓励孩子练习，即使孩子表达的条理性不好，家长也要微笑着给孩子肯定和引导。只有给孩子信心，孩子才能把口才练好。

第五章

1-2 年级的孩子生活能力差，急待父母去开发

很多家长一味望子成龙，片面重视孩子智力的培养，忽视了对孩子基本生活能力的培养，使孩子从小养成依赖、任性、浪费等毛病。当孩子进入小学后，独立生活能力差会严重影响孩子正常的学习和生活。比如，不会打扫卫生，值日要父母代劳；不会整理书包，也要爸爸妈妈代劳。有句话说：“三岁看大，七岁看老。”如果你的孩子 7 岁了，进入小学了，你一定要重视培养他的独立生活能力，这关系到孩子今后的成长和发展。

“小事你要自己做”
——教孩子穿衣服、穿鞋子

很多家长觉得穿衣、穿鞋等小事孩子长大自然会干，因此，在孩子上小学之前，都不太要求孩子自己穿衣、穿鞋。每天早上，家长会把孩子从睡梦中叫醒，然后坐在床边帮孩子穿衣服、穿鞋子。时间久了，孩子习惯了爸爸妈妈（尤其是妈妈、奶奶）的娇宠，也就没有自己起床穿衣、穿鞋的意识。等孩子 7 岁了，成为一名小学生时，他们依然不会自己穿衣、穿鞋。这种现象在中国家庭比较普遍，会给孩子造成非常不良的影响。

试想一下，一个 7 岁的孩子，已经是小学生了，居然不会穿衣服、穿鞋子，这是多么可笑的事情。更为可笑的是，孩子习惯了依赖家长，没有意识到穿衣服、穿鞋子是自己的事情，这种依赖性还会表现在其他方面，比如，在学习中，要求父母陪读；写完作业，要求爸爸妈妈检查；上学放学，要求父母护送；等等。这些依赖性的表现会严重妨碍孩子独立成长。

其实，孩子在上幼儿园期间，家长就应该教孩子自己穿衣服、穿鞋子，就算再晚一点儿，等孩子进入了小学，也应该教会孩子独立穿衣、穿鞋。事实上，穿衣服、穿鞋子这些事情对六七岁的孩子来说并不难学，只要家长有耐心去教，孩子就一定能学会。

可实际上，很多妈妈、奶奶觉得让孩子自己穿衣服、穿鞋子是一件费时的事情。为什么呢？因为孩子在开始学穿衣服的时候，动作非常慢，有时甚至边穿衣服边玩，眼看上学就要迟到了，孩子一点儿都不着急。这时旁边的妈妈、奶奶急了，就忍不住帮孩子穿。最后妈妈、奶奶们得出一条经验：以后早上干脆帮孩子穿衣服、穿鞋子，这样省事多了。正是这条错误经验导致家长懒得教、懒得要求孩子独立穿衣服、穿鞋。

殊不知，独立起床、穿衣服、穿鞋子是一种生活自理能力，让孩子具备这种独立能力，是家长的重要责任。作为家长，应该明白，只有让孩子学会独立生活，孩子将来才不会成为生活的奴隶，才不会成为父母的庇护对象，也才有可能成为有出息的人。那么，怎样教孩子穿衣服、穿鞋子呢？下面有几点建议，值得家长们借鉴。

（1）教孩子穿有扣子的上衣。在教孩子穿有扣子的上衣时，家长可以通过游戏的形式，激发孩子配合的热情。有位妈妈在教孩子穿衣服的时候，形象地说："宝宝，你的小手要钻山洞了。"孩子兴致盎然，很配合地把手伸进袖子里。慢慢地，他在穿衣服的时候很自觉地伸手。

接着，家长要教孩子系扣子：先让孩子把扣子的一半塞进扣眼里，然后把另一半扣子拉过去。在教的时候，家长可以给孩子示范几次，然后让孩子自己练习。为了调动孩子的积极性，家长可以让孩子给娃娃穿衣服，让孩子给娃娃系扣子。在系扣子的时候，告诉孩子要按照一定的顺序，以免孩子扣错扣子。

（2）教孩子穿套头衫。先教孩子分清前后里外，有兜的部分是衣服的前面，领子上有标签的部分是衣服后面，有缝衣线的是衣服的里面，没有缝衣线的是衣服的外面。之后，教孩子穿套头衫的方法：先把头从衣服的大洞里钻过去，然后分别把胳膊伸进两边的小洞，最后把衣服拉下来，就穿好了。家长给孩子买的套头衫领口一定要宽松些，以免孩子因胆小怕黑、怕闷而抗拒穿套头衫。平时家长穿套头衫的时候，可以让孩子注意观察，还可以和孩子玩"躲猫猫"的游戏，以减少孩子的恐惧感。

（3）教孩子穿裤子。像穿套头衫一样，最先要教孩子认识裤子的前后里外，家长可以告诉孩子：标签在裤腰的后面，漂亮图案在裤子的前面。在穿的时候，可以让孩子把裤子前面朝上放在床上，然后分别把两条腿伸进裤管，直到把小脚露出来，最后站起来，把裤子往上拉到腰部就可以了。如果你的孩子对穿裤子不感兴趣，你可以借助比赛的方式，和孩子比一比谁穿得快、穿得好，以调动孩子的兴趣，激发孩子的好胜心和积极性。

（4）教孩子穿鞋子。在教孩子穿鞋子之前，要告诉孩子如何区分左右脚。你可以把一双鞋子放在孩子面前，对孩子说："当你看到两只鞋子合拢时，中间有一个圆洞，那表示鞋子的左右脚正确。否则，你就放反了。"

在穿鞋的时候，要先把脚尖放进鞋子里，然后用力往前挤，再用手指把鞋子的后帮往上提，最后把鞋带系住。怎样系鞋带呢？家长不妨先不教孩子，让孩子自己试着系，然后针对孩子的系法给孩子指导。

简单归纳一下，教孩子穿衣服、穿鞋子要把握下面几个关键点：

放大镜

◎不论穿衣服、穿裤子，先要教孩子认识前后里外，保证不穿反、不闹笑话。

◎教孩子穿衣服、穿鞋子时，可以结合游戏调动孩子的积极性，使孩子开心地学。

◎最好的教法，莫过于家长耐心地给孩子做示范，温和地给孩子做指导，同时不要忘了给孩子鼓励和肯定。

除了以上几点关于教孩子穿衣服、穿鞋子的事项需要注意，家长在具体教孩子的过程中，还需要注意几个原则性的问题。

孩子犯错是难免的，家长要耐心

孩子刚开始学穿衣服、穿鞋子的时候，前后里外穿反了，是常有的事情，甚至有的孩子把两只脚穿到一条裤管里。对此，家长千万不要急不可耐地指责孩子“笨”，对孩子表现出不满和泄气，以免打击孩子学习的积极性，影响孩子的自信心。家长需要做的是耐心地对待孩子的错，不时报以温和的微笑，这对孩子学会穿衣服、穿鞋子是很有帮助的。

孩子犯错之后，家长不要急于纠正

不少家长在教孩子穿衣服、穿鞋子的时候，见孩子犯错了，就马上指出来：“这里不对，不是这样穿的，应该……”其实，家长大可不必急着纠正，可以试着把孩子带到镜子前面，让孩子“欣赏”一下自己的样子。通过这种方式，让孩子自主地发现错误，然后进行纠正。

主动穿错，检验和巩固孩子的学习

孩子是否真的学会了穿衣服、穿鞋子呢？如果你想检验一下，可以让孩子看你穿衣服、穿裤子、穿鞋子，而且你要故意把衣服或裤子穿反，看孩子是否能指出你的错误。你也可以主动请孩子帮忙：“宝贝，妈妈的裤子穿得不舒服，你帮妈妈看看，是不是哪里有问题？”如果孩子发现了问题，你要记得表扬他哦！

“你的书包你做主”
——让孩子整理自己的书包

孩子的书包就像是一个“月光宝盒”，里面藏着很多“秘密”。这里的“秘密”并不是指不可告人的事情，而是说透过孩子的书包，家长能很好地了解孩子。有些家长反映，孩子的书包里很乱，写作业的时候，孩子总要在里面找半天才能找到想要的书、本子和笔。这种情况就说明孩子不懂得整理书包，以致书包里的东西很乱、很杂，想要用的时候不方便找。

其实很多小学1–2年级的孩子没有整理书包的意识，不少1–2年级的老师反映：孩子的书包就像杂货铺，抖出来里面什么都有，这很容易造成书本和文具的损坏。因此，教孩子整理书包是家长不容忽视的重要一课。

叶女士的儿子上1年级，一个周末，叶女士发现儿子的书包像狗窝，于是决定教孩子整理书包。她把儿子的书包拿起来，对儿子说：“看，这是什么？”

儿子说：“我的书包。”

叶女士说：“是的，你的书包是你学习的好伙伴，那你的书包你为什么不整理呢？”

儿子微微低下头，轻声说：“我不会呀！”

叶女士笑着说：“不会没关系，妈妈现在教你，我们先看一段视频好不好？”说着，叶女士给儿子放了一段视频：

一天，有个名叫朵朵的女孩写完作业，妈妈准备给她整理书包，朵朵看见了，马上说：“妈妈，我是小学生了，我要自己整理书包。”妈妈高兴地答应了。朵朵把书包里的东西倒出来，望着满桌子的东西，她发愁了：东西太多，该怎么装呢？

看到这里，叶女士把视频暂停了，让儿子把书包里的东西倒出来，儿子也遇到了同样的问题：“妈妈，这么多的东西，该怎么装呢？”

叶女士笑着说：“别急，来看朵朵是怎么装的！”

接着，叶女士和儿子继续看视频。视频里，朵朵在妈妈的指导下，把东西整理得井然有序。叶女士问儿子：“你看，朵朵是怎么整理书包的呢？”

儿子说：“她先按照书本的大小分类，然后把大书放在书包的里侧，把小书放在书包的外侧，接着把文具盒立着放在书包的最外侧，最后把水壶放在书包侧面的小包里。”

叶女士笑了笑，说：“你观察得真仔细，现在你按照朵朵的方法整理一下书包吧！”

儿子按照视频里朵朵的方法整理书包，叶女士在一旁不时给儿子一些指导。就这样，儿子学会了整理书包。从此，他的书包再也不是杂货铺了。

在教孩子整理书包的时候，最关键的一点是让孩子学会把大书、小书分类，然后按照先大后小的顺序，把书装进书包里。在整理书包之前，家长要让孩子注意以下几点：

放大镜

◎根据课程表整理书包。每天下午做完作业，让孩子看一看第二天的课程表，把不用的书本拿出来，放在家里，把第二天要用的书本装进书包里。

◎除了整理书包，也要整理文具盒。很多孩子的文具盒里东西较多，对此家长可以让孩子把不用的文具拿出来，只装用得着的文具。

◎教孩子爱护书本，发现书角打卷了，及时把打卷处往外折，这样有助于保持书本整洁。

良好的整理书包的习惯不可能一朝一夕就养成，需要一个循序渐进的过程，家长要在孩子刚学会整理书包的一段时间里督促孩子每天把书包整理一遍。在这个过程中，家长可以想些办法调动孩子的积极性。

运用比赛的形式激发孩子的积极性

1–2 年级的孩子好胜心强，不会轻易接受失败，他们喜欢竞争、比赛。因此，家长可以利用孩子的这种心理，运用比赛的形式，激发孩子的积极性。比如，当你发现孩子不怎么愿意整理书包时，你可以对他说："来吧，我们比一比，看谁最快把书包整理好。"然后，你把自己的公文包拿出来，也找一些书。在比赛的时候，家长要"悠着点儿"，随时观察孩子的进展，争取让孩子比你快一点儿整理好，然后你夸奖孩子一番，这样孩子就会从比赛中找到乐趣，从而愿意整理书包。

运用监督的形式调动孩子的主动性

有时候，家长可以和孩子互换角色。家长整理书包，让孩子监督并指出不对的地方。家长刘女士就是这么做的，有一次，女儿写完作业，她对女儿说："我来当学生，你来当老师，我整理书包，你监督我，发现错了，你指出来。”每次女儿都会很认真地监督，并指出刘女士的错误。这种方法有利于强化孩子的整理技巧。

运用学习的形式保护孩子的自信心

如果发现孩子没有按照要求整理，应立即指出来，但是不要用指责的口气，而是要提醒孩子：“你这里整理得不对，你为什么要这么整理呢？”询问孩子原因，了解孩子的想法，和孩子交流一番。如果孩子整理错了，也说不出自己那样整理的好处，你可以要求孩子重新整理，直到合格为止。就这样，慢慢地培养孩子的好习惯。

“来，我们比赛吧！”
——利用比赛教孩子叠被子

俗话说：“爱孩子是母亲都会做的。”但怎样爱孩子呢？很多父母爱孩子的表现就是帮孩子代劳一切琐事。以叠被子为例，很多家长总是认为孩子还小，很难学会叠被子，甚至认为孩子长大了自然会叠被子，所以总是替孩子代劳。其实，这样很容易增强孩子的依赖心理，长此以往，孩子会越来越懒。

有位家长怀着痛苦的心情找到著名的教育家马卡连柯，他说：“我儿子过去很好，可现在他很懒，还不听话，你说我该怎么办呢？”马卡连柯听了这话，沉思片刻后问：“你经常给孩子叠被子吗？”对方回答：“是的，经常叠。”马卡连柯又问：“你经常给孩子擦鞋子吗？”对方回答：“是的，经常擦。”马卡连柯点了点头，表示明白了。

马卡连柯对这位家长说：“我劝你不必去向别人求教怎么教育孩子，而应该在自己身上找原因。”这位家长呆住了，说：“难道我做错了吗？”马卡连柯看着对方，说：“你本意是爱孩子，可是你这是溺爱，你送给孩子的礼物是依赖、娇惯、任性。”这位家长听了这话，再也不说什么了。

生活中，有类似上述情形的家长不在少数，他们对孩子大包大揽，孩子起床，他们叠被子；孩子坐饭桌上，他们递筷子。孩子有什么要求，他们毫无原则地满足，从而养出了一大堆小皇帝、小女王。家长给孩子叠被子，就像给孩子“鱼”，而不是教孩子“渔”。只有让孩子学会叠被子，学会生活自理，家长才能真正一劳永逸。所以，如果你的孩子已经上 1–2 年级了，你一定要抓紧教孩子叠被子，培养孩子的生活自理能力。

当家长要求孩子自己叠被子时，孩子第一反应是“不会”，第二反应便是，自己随便叠一下，然后说：“我不会。”家长过去一看，发现孩子根本不是叠被子，而是卷被子。这种情况是非常正常的。家长要耐心地教孩子，千万不要抱怨和指责。

星星上 1 年级后，妈妈就要他自己叠被子，可是每次他总是在那里折腾，老是叠不好。妈妈很生气，就说：“你怎么连叠被子都不会啊？叠了这么久还是叠不整齐！”

后来，妈妈从一个朋友那里得到建议，对方表示想要孩子会叠被子，家长首先要教孩子，因为孩子从来没叠过被子，让他把被子叠整齐是很难的。妈妈从朋友那里得知了叠被子的 4 个步骤，回来之后，她就告诉星星：“只要你掌握了 4 个步骤，就能叠好被子。第一步，把被子铺平；第二步，把被子两边往中间折成条状；第三步，在两头的四分之一处叠起；第四步，再把两边叠到一起。”

妈妈不但让星星熟记这 4 个步骤，还手把手教他，示范给他看。第二天，星星就叠了一个很整齐的被子。他很有成就感，兴奋地叫妈妈去房间看他叠的被子。妈妈看了之后，夸奖他叠得不错，还说他比妈妈叠得都好。星星也很高兴，还让妈妈给他拍照呢。

第三天，星星叫妈妈看他叠被子，妈妈说：“嗯，你比昨天叠得还好，进步了很多哦。”星星很兴奋地说：“妈妈告诉我了，叠被子要记住 4 步……”他一边说，一边叠给妈妈看。

其实孩子并不笨，关键是家长有没有教孩子叠被子、会不会教孩子叠被子。星星从最开始不会叠被子，到后来叠得非常好，这种变化就是因为开始妈妈并没有教他叠被子，后来妈妈系统地教了他。可见，当家长发现孩子不会叠被子时，不妨反思一下：是不是自己教得不好？另外，家长要告诉孩子什么时候叠被子最合适，因为叠被子很有学问。

放大镜

◎第一步，把被子铺平。

◎第二步，把被子两边往中间折成条状。

◎第三步，在两头的四分之一处叠起。

◎第四步，再把两边叠到一起。

在教孩子叠被子时，家长应注意以下几点。

利用比赛，寓教于乐

六七岁的孩子喜欢充满乐趣的事情，当他觉得叠被子很枯燥时，家长可以和孩子来一场比赛，两人分别叠被子，看谁叠得又快又好，获胜者将获得一些小奖励。这种比赛家长可以让孩子多赢一点儿，至于奖励，可以是满足孩子一个小要求，比如给孩子讲个故事、让孩子多看10分钟的电视等。

付出耐心，细心指导

叠被子对大人来说，是很简单的事情，但对孩子来说，却不那么容易。当孩子叠了好多次也叠不好时，家长要多给孩子鼓励，耐心地指导孩子，而不要埋怨孩子，指责孩子“笨”，这样会打击孩子的积极性，挫伤孩子的自信心，不利于孩子学会叠被子。另外，家长要循序渐进地提高对孩子的要求，先让孩子练熟，然后让孩子加快叠被子的速度，最终使孩子叠得又快又好。

把握时机，健康叠被

很多人习惯于起床就叠被子，以为这是一个好习惯，其实不然。科学研究表明，起床立即叠被子是一种不健康的习惯。为什么呢？因为人睡了一晚之后，呼吸道和全身的毛孔会排出一些气体，如二氧化碳等，同时，皮肤的细胞在夜间会排泄一些代谢产物和皮屑等，这些东西散布在被子中。起床后，如果立即叠被子，等于让这些物质处于相对密封的状态，使被子受到污染。

此外，被子里比较暖和，会产生一些水蒸气，加上人体排出的汗液，很大一部分会被被子吸收。因此，正确的做法是，起床后把被子翻开，晾置 10 分钟左右，然后再叠整齐放好。

“走，我们逛商场去！”
——带孩子购物，教孩子购物知识

每逢周末或节假日，父母总喜欢带着孩子到商场中逛一逛。一来可以购买家里紧缺的生活用品，二来可以开拓孩子的视野，增长孩子的生活知识。但是带孩子逛超市也有不少的学问，只有运用得当，才能在大人顺利购物的同时，让孩子获得一份好心情，收获更多的生活知识。

六七岁的孩子在接触了户外生活后，家长可以进一步带领孩子逛逛街、逛商场，顺便给孩子买买衣服。这一想法对孩子虽然有好处，但在具体细节上却存在分歧。比如，有个家庭的奶奶认为室内空气质量不好，不同意孩子去逛商场；孩子的爷爷说，带孩子去逛商场，会累着孩子，要循序渐进；孩子的爸爸表示，带孩子去逛街，可以培养孩子的购物常识，让孩子认识更多产品，学会购物……那么到底能不能带孩子去逛商场呢？

很多时候，家长不敢带孩子去人多的地方，如大型商场，因为他们担心孩子的安全，但实际上，带着孩子逛商场，对培养孩子的购物能力，扩展孩子的视野是很有帮助的。不过，在带孩子去逛商场的时候，家长要注意以下几个要点：

（1）给孩子选择合适的商场。很多父母喜欢带孩子去商场逛，其实，对于六七岁的孩子，父母最好有选择性地带孩子去商场。比如，多带孩子去商场中的书店、文具店是比较有益的。当孩子看到叔叔阿姨们、哥哥姐姐们在书店认真地看书时，无形之中会受到影响，感受到知识给人带来的无穷力量，这有助于培养孩子爱学习、爱文化的好习惯。

（2）注意培养孩子的观察力。在逛商场的时候，父母一定要引导孩子观察商场外面的道路、建筑，让孩子明白这是什么地方。这样既能培养孩子的观察能力，又可以促进孩子语言表达能力的发展。

（3）不要忘了给孩子介绍知识。在逛商场的时候，家长可以给孩子讲述商场里的产品，让孩子了解更多的知识。比如，看到卖网球拍的商店，可以和孩子讲一讲网球怎么打，谁是当今最厉害的网球选手等，使孩子在悄然间对网球留下深刻的印象。

（4）教孩子一些理财常识。五六岁的孩子一般都有一些零花钱可供支配，但是这么大的孩子，一般来说不太会花钱，因为他们没有理财意识。所以，在购物的时候，父母应该教孩子合理地花钱，告诉孩子什么东西该买，什么东西不该买，并告诉孩子为什么。这样能培养孩子合理用钱的习惯。

（5）培养孩子的社会公德。带孩子去逛商场，给孩子买零食，孩子吃完零食，父母一定要记得让孩子把果皮纸袋扔进垃圾桶；坐电梯的时候，父母一定要做孩子守秩序的榜样；结账的时候；父母要教孩子排队等候；等等。通过这些小事，使孩子懂得哪些是良好的社会公德。记住，父母的一言一行都会带给孩子潜移默化的影响。

简而言之，父母带孩子逛商场的时候，要注意这样几个问题。

放大镜

◎选择合适的商场，最好带孩子去逛文具店、书店。

◎逛商场的时候，注意引导孩子，以培养他的观察力。

◎在逛商场的同时，要记得给孩子介绍一些商品和购物相关的知识。

◎在购物的时候，教孩子一些简单的理财知识。

◎逛商场的时候，要注意培养孩子的社会公德，遵守社会秩序。

带孩子逛商场时，父母一定不要错过这个教孩子购物知识的好机会。那么，父母应该教孩子什么呢？下面几点，值得父母去做。

教孩子认识标签，学习付钱

六七岁的孩子对钱不陌生，但是怎样认识标签、怎样付钱，他们可能不是很清楚，因此父母要指导孩子查看商品的价格标签，并教孩子拿标签对比手里的钱，确认手里的钱能否买下该商品。比如，标签上的价钱是49元，但手中只有30元，那么就不能购买这件商品。当然，有时候商品上的标价不一定是实际售价，对此父母应鼓励孩子询问售货员。选择商品之后，父母要指导孩子付钱、找零。

购物之前列清单、做预算，拒绝超支

很多孩子到了商场，看到琳琅满目的商品，顿时恨不得把整个商场买下来，根本不懂得节制消费，也不知道把钱花在刀刃上。因此，在教孩子购物的时候，父母可以和孩子讨论一下这次购物要花多少钱，想要买什么商品，把计划购买的物品列个清单。到了商场，按照清单上的计划来购物。这样做是为了教孩子学会控制自己的消费冲动。

在选购物品的时候，教孩子货比三家

六七岁的孩子考虑问题不成熟，在挑选商品的时候，可能只考虑自己的喜好，而忽略商品的价格。虽然个人喜好是购物的重要标准，但是如果商品一样，价格不一样，那么买个相对便宜的有什么不好呢？

父母和孩子逛商场购物时，可亲自给孩子示范什么是货比三家——通过对商品款式、价钱、质量等方面的对比，选择性价比最高的商品，从而让孩子认识到货比三家的好处。

逛商场时，给孩子一些钱，让他去实践

父母带着六七岁的孩子逛商场时，可以给他分配一项任务。比如，给他 5 元钱，让他根据自己的意愿选择买什么。等他确定买什么后，父母可引导他去对比同类商品，从中找到性价比较高的一款。最后陪孩子去付账。在整个过程中，你不仅给孩子创造了思考、分析问题的机会，还提升了孩子的数学逻辑和与人沟通的能力。

“浪费可耻哦！”
——培养孩子勤俭的生活习惯

民间有一个传说：一位老人去世时，留给两个儿子一块写有“勤俭”的匾。兄弟俩分家时，把匾锯成两半。哥哥得“勤”，弟弟要“俭”。从此以后，他们以匾为生活座右铭，于是哥哥每日辛勤劳作，但是不知道节俭，结果白忙一场；弟弟省吃俭用，但是非常懒惰，最后坐吃山空。后来他们反思了很久，决定把牌匾合在一起并照着去做，于是他们开始勤俭持家，终于创造了财富，过上了幸福的生活。

这则故事告诉我们，勤劳节俭是一个人立身、立家、立业的法宝。父母要告诉孩子，人活在世上必须通过劳动创造财富，为社会做贡献。但只劳动显然是不够的，还必须有勤勤恳恳、勤俭节约的生活态度。当然，如果依靠劳动赚来了财富却不合理地使用它，那么结果也不会好。

如今，很多独生子女从小过着富裕的生活，家长对孩子唯命是从，孩子有什么物质上的要求，只要家长做得到的，都会尽量地满足。如果孩子轻易就获得了满足，很可能不懂得珍惜。生活中，我们看到不少孩子花钱大手大脚，吃的方面和用的方面，也比较奢侈。这会严重影响孩子养成勤俭的生活习惯。

在小学校园里，我们经常能看到浪费的现象，比如浪费粮食、浪费零食、浪费文具等。有些学生并未意识到自己在浪费，这与父母的勤俭教育缺失有很大的关系。家长可以告诉孩子：“浪费是一种可耻的行为，只有心怀节约的意识，吃饭时吃多少盛多少，不乱倒饭菜，不摆阔气，才对得起来之不易的粮食。”

或许有些家长认为，家庭富裕了，不需要孩子节俭。其实非也，美国不少百万富翁的孩子，被要求在校园里捡垃圾，收藏冷饮罐，家长会给他们一些报酬。这些孩子一点儿都不觉得难为情，反而为自己可以用劳动获得报酬而感到自豪。很多家庭在经济上并不困难，但是家长通过这种方式，鼓励孩子通过劳动赚零花钱，以培养孩子勤俭节约的习惯。

戴维·布瑞纳是美国著名的喜剧演员，他上完小学后，父亲送给他一个礼物——硬币，并嘱咐他：“你用这枚硬币买张报纸，一字不漏地读完，从广告栏中找一份工作，然后去挣钱。”后来取得巨大成功的戴维回忆往事时表示，那枚硬币是有生以来父亲给他的最好的礼物，让他明白了生活的艰辛，衣食来之不易。

在具体培养方法上，父母自身要勤俭节约。宋朝开国皇帝赵匡胤生活俭朴，反对奢侈。一次，他见女儿穿了一件用翠羽装饰的短袄，就命令她脱去，以后不许再穿。在他的影响下，一时间节俭风气举国盛行。封建时代尚且如此，更何况现在。

在现代中国，也有家长重视培养孩子勤俭的生活习惯，这里有一个真实的故事，相信一定会给家长们带来启示。

北京有一对年轻的父母，一天，他们带上 2 年级的女儿逛街。在一个繁华的路口，他们看到一位老大爷在卖《北京晚报》。父亲掏给女儿 5 元钱，让她去买 10 份晚报。然后，父亲让女儿按照原价把这 10 份报纸卖出去。

小女孩花了很长时间，才把 10 份报纸卖出去。父母让女儿问老爷爷，卖出一份报纸能赚多少钱，老爷爷说只能赚几分钱。小女孩算了一笔账，她花那么长时间卖 10 份报纸，才赚几毛钱。顿时，她明白了父母赚钱不容易，于是她对父母说：“爸爸妈妈，以后我再也不乱花钱，不乱浪费了！”

这对父母是家庭教育的有心人，他们教育孩子学会勤俭的做法值得广大父母借鉴。作为家长，清楚地知道每个家庭的经济状况不同。要教孩子把钱用在有利于自己发展的事情上。不管你为孩子花多少钱，都应按照以下3条标准去衡量。

放大镜

◎是否高效益地使用了钱、物？做到了合理消费、用所当用吗？

◎是否有利于孩子的成长？对孩子形成好的品质、习惯有帮助吗？

◎是否杜绝了奢侈浪费？有没有尽可能地少花一些钱，也取得了同样的效果？

家长在孩子身上合理地花钱，是为了给孩子积极的影响，从而有利于孩子形成勤俭的习惯。更为重要的是，家长应该想办法培养孩子这种习惯，下面几个建议可供家长参考。

带孩子去你工作的地方或贫困的乡村看看

在方便的时候，家长不妨带孩子去自己工作的地方或者贫困的乡村看看，让孩子身临其境地感受到美好的生活是父母辛勤劳动创造的，现有的生活是需要用心珍惜的。尤其是对于习惯了好吃懒做、好逸恶劳、花钱如流水的孩子，使用这一招远胜于口头教育孩子要节俭、要勤劳。

和孩子一起收集废品换零花钱

收集废品换取零花钱，能让孩子认识到废品的价值所在，这能极大地刺激孩子的商业头脑，有利于培养孩子的勤俭意识。家长可以让孩子把平时喝完的饮料瓶子收集起来，而不是随手扔掉。当然，如果在路上发现塑料瓶，家长可以鼓励孩子捡回来。等积累到一定数量，就可以和孩子把这些废品拿去卖掉。通过辛勤的付出换回来的钱，孩子会更珍惜。

带孩子去旧货市场“淘宝”

有空的时候，家长可以带孩子到附近的旧货市场，让孩子知道自己平时不用的物品并不是废品，它同样具有使用价值，可以便宜卖出去。这就等于告诉孩子：“你不想用的东西，别人不一定也不想用。与其轻易丢掉，不如拿去卖掉。”同时，也告诉孩子，有些东西没必要花高价买新的，可以去旧货市场低价购买。这样做就是节俭的表现。比如，玩具、学习用品等，都可以去旧货市场买卖。

第六章

1-2 年级的孩子撒泼放野，言传身教培养其社交能力

大凡成功人士，都比较擅长与人交往。因为只有交往，才能了解别人，进而建立良好的关系，正所谓“朋友多了路好走”。生活中，交往能力强的孩子朋友多，社交活动多，生活会比较快乐；交往能力差的孩子朋友较少，生活较为孤独。如果你的孩子刚进入小学阶段，如果你发现孩子经常一个人独处或经常与同学、同伴发生矛盾，应该及时教育并引导孩子，使他学会与人快乐地交往。

“懂礼貌的孩子人人爱！”
——教孩子礼貌待人

生活中，有些孩子很懂礼貌，见到老师、同学或同小区的叔叔阿姨，都会热情地打招呼；别人帮助他们时，他们会表达谢意；犯错或伤害别人时，他们会主动说“对不起”；别人不小心伤害他们时，他们懂得大度地说声“没关系”；与人告别时，他们会说“再见”。这样的孩子走到哪里，都会受到别人的欢迎，因此他们身边从来不缺少朋友。

可是，有些孩子则恰好相反，他们不懂得说“你好”“谢谢”“对不起”等礼貌用语，行为举止也没有礼貌，一会儿搞破坏，一会儿欺负同学、同伴，大人见到他总会摇头说“这孩子太调皮了”。作为孩子的父母，如果只是随便说一句“这孩子太调皮了”，然后对孩子不礼貌的行为放任不管，那么孩子在今后的人际交往中可能会出现很多困扰。

郑强上小学 1 年级，学习成绩很好，但是在班上却没有好朋友。究其原因，用老师的话说就是“不懂礼貌”，这让郑强的父母深有同感。

郑强的妈妈说，有一次，她带儿子到单位去，去之前她就告诉儿子，见到公司里的人要打招呼，见到男士叫叔叔，见到女士叫阿姨。

但是到了单位，郑强死活都不开口，别人跟他打招呼时，他却不理人家。可是一回到家，郑强就叽叽喳喳地评论刚才在单位看到的叔叔、阿姨，说这个叔叔怎么样，又说那位阿姨怎么样。

在学校，郑强也不和别人打招呼。父母送郑强上学，如果见到老师，父母会要求郑强向老师问好，可是小家伙就是不屑于这样做。除了不打招呼，郑强还不懂得说“对不起”。

有一次，郑强和楼下的几个孩子做游戏，因为不小心，把一个小男孩推倒在地，那个孩子疼得哇哇大哭，郑强却傻傻地站在一边，不知道过去扶他起来，也不知道向他道歉。

由于郑强的这些不礼貌举动，班里的同学、小区里的同伴都不喜欢和他玩。有时候大家玩得正欢时，见到郑强来了，大家都会面露不悦。

或许有些父母认为，孩子还小，不懂礼貌没关系，等孩子长大了，自然会变得懂礼貌；再说了，孩子是学生，主要任务是学习，人际交往是次要的。殊不知，不懂礼貌不仅会影响孩子的社交质量，还会影响孩子学习和生活的质量。

一般来说，孩子会因为不懂礼貌而导致人际关系变差，朋友少，继而给孩子带来诸多不良影响。

放大镜

◎孩子与同学、同伴相处得不愉快，会影响他的心情，继而影响他个性、心理的健康发展，孩子有可能因此变得孤僻、沉默。

◎孩子与同学、同伴相处得不愉快，会影响孩子的心理状态，使孩子在学习中分心，从而影响孩子的学习效果。

◎孩子与同学、同伴相处得不愉快，孩子朋友少，当孩子在学习中遇到困难时，没办法和同学讨论、向同学请教，这也会影响孩子的学习成绩。

孩子不懂礼貌，人际交往能力差，对孩子还有很多不利的影响，在此就不一一列举了。人际交往与学习并不是相互独立的两个方面，如果父母重视孩子的学习，就千万别忽视孩子的人际交往。想要让人际交往为孩子的学习带来积极的影响，父母就应该教育孩子礼貌待人。那么，具体该怎么做呢？下面有几点建议。

言传身教，让孩子学会使用常用的礼貌用语

常用的礼貌用语有“谢谢”“你好”“对不起”“没关系”“再见”等。想让孩子学会使用这些礼貌用语，父母的言传身教是最好的办法。

首先，父母要经常教育孩子带着诚意对人说“谢谢”，带着热情和别人打招呼，带着歉意向别人说“对不起”，带着宽容和别人说“没关系”，带着笑意和别人说“再见”。

其次，在日常生活中，父母是孩子最好的老师和榜样，父母的一言一行都会给孩子起到示范作用。因此，父母要特别注意自己的言行举止是否有礼貌。无论是和家人相处，还是与邻居相处，大人都应以礼相待。比如，父母下班回家应和家人打招呼，上班出去时应向家人告别；父母犯了错误或者误解、冤枉了孩子，应在孩子面前承认错误，并向孩子道歉。这样做不但不会损害家长的威信和尊严，反而会让孩子学会如何做人，使孩子对父母产生敬佩之心，父母的教育也才会真正起作用。

发现孩子不礼貌时，及时给孩子暗示

当孩子没有表现出应有的礼貌时，父母应该及时给孩子暗示，使他认识到自己的无礼。比如，妈妈发现 7 岁的女儿在接受客人的礼物时没有表达感谢，就微

笑地对女儿说："宝贝，你好像忘记说什么了。"然后妈妈对客人说："谢谢你送礼物给我孩子，我代表她谢谢你！"相信孩子听到妈妈的话，一定会意识到自己的问题，然后赶紧对客人说："谢谢叔叔（阿姨）送我礼物。"生活中，父母可以多给孩子这样的引导和暗示，对培养孩子的礼貌是很有作用的。

给孩子表扬和奖励，巩固孩子礼貌的行为

7岁的林华是个不懂礼貌的孩子，爸爸多次教育他待人要礼貌，但效果都不好。

一次，爸爸带他去一个朋友家。离别的时候，林华对朋友说了句："叔叔阿姨再见，谢谢你们热情地招待我们！"朋友的家人都称赞林华说："这孩子真有礼貌！"还叫自己的女儿向林华学习。回来的路上，爸爸决定利用这个机会奖励林华，便给他买了一双溜冰鞋。

林华惊喜地问爸爸："爸爸，溜冰鞋我要了很久，你为什么今天给我买呢？"

"因为今天你在叔叔阿姨家表现得很有礼貌，应该得到奖赏。叔叔阿姨已经给了你口头上的奖赏，爸爸给你物质上的奖励。"

"谢谢爸爸！"林华欢呼着。

"懂礼貌的孩子不但会带给别人好心情，还会给自己带来好心情，以后你要继续做一个懂礼貌的孩子，知道吗？"爸爸不失时机地说。

林华使劲地点头表示同意。

在日常生活中，如果你发现孩子有礼貌的言行举止，那么不要忘记给孩子肯定或奖励，这样做能及时强化孩子的好行为，使孩子认识到讲礼貌对自己、对别人都有好处，从而在今后的生活中更加有礼有节。

“你感冒好了吗？”
——教孩子学会关心别人

通常，热心肠的人更容易亲近他人，获得别人的好感。父母应鼓励孩子多关心和帮助别人，比如，班里的小朋友生病了，可以鼓励孩子去看望或送个小礼物等，这样无形中就增进了孩子之间的友谊。

紫美上 2 年级的时候，班里转来一个新同学，正好和她是同桌。男孩初来时不爱说话，对周围的人心存戒备，紫美和周围的同学也不喜欢和他说话。一天，老师悄悄地告诉了紫美同桌的身世，并告诉她应该学会关心别人。原来小男孩的父母在一场车祸中丧生了，小男孩住在姑姑家里。

紫美得知男孩的身世后，主动和小男孩说话，给小男孩玩具玩。渐渐地，小男孩接受了紫美，把她看成自己的好朋友。有一次，紫美受到班里孩子的欺负，小男孩明知道打不过那个孩子，但是为了朋友，他还是勇敢地去劝架，最后制止了冲突。这样一来，紫美与小男孩的关系更“铁”了。

只有学会关心别人，才能受到他人的关心，两个人的关系才会越走越近。生活中，父母应该告诉孩子，关心别人不仅是一种美德，更是拥有良好品质的表现。尤其要教育独生子女，在想问题、做事情的时候，不要总是以自己为中心，而应该多关心别人、体谅别人的感受。如果你的孩子有关心别人的举动，一定要给他肯定和支持，强化孩子好的行为表现。

每个周末，爸爸或妈妈都会带儿子铭铭到外面去玩，每次铭铭都会玩得很高兴。又是一个周末，妈妈问铭铭："这个周末，你想去哪儿玩呢？"没想到铭铭说："这个周末去爷爷那里玩，去看望他们，我们很久没去了。"

原来，铭铭的班级开展了角色扮演活动，有人演孩子，有人演父母，有人演爷爷奶奶。铭铭演的是爷爷，按照故事里的情节，爷爷总是孤独地待着，看不见儿女，见不到孙子，整天孤零零的。自从铭铭演了爷爷这一角色后，他就想起自己也很久没看望爷爷了。因此，他建议去看望爷爷奶奶。

爸爸妈妈不但答应带铭铭去看爷爷，还夸赞铭铭关心爷爷、有孝心。当他们来到爷爷家，老人听说回来看他是铭铭的主意时，高兴地流下了眼泪。铭铭与爷爷的感情更加深厚了。

人之初，性本善，至少在某种程度上是这样的。有研究表明，当婴儿看到或听到另一个婴儿哭泣时，也会忍不住哭泣。可见，婴幼儿是有强烈的同情心的。随着孩子的成长，他们的同情心、关爱之心也会在生活中表现出来。作为父母，当你发现孩子有同情他人、关心他人的表现时，应及时给孩子肯定和表扬，鼓励孩子今后继续这样做。

如果孩子不懂得关心别人，家长应该在孩子进入小学时教育孩子，不但要教他关爱别人的方式，还要让孩子体会关心别人后的感受。因为关心别人，别人也会关心自己，从而给自己带来快乐。所以，关心别人其实就是关心自己，是给自己制造快乐和幸福感。只有让孩子从一上小学就体会到这些，他才更容易养成关心别人的习惯。

想让孩子意识到关心别人很重要，最简单的办法是告诉他这样做的好处。一般来说，关心别人会给自己带来以下几个好处：

放大镜

◎关心别人，会让别人知道你重视他、当他是朋友，因此你会给别人留下好印象，甚至被别人当成朋友来对待。

◎关心别人，是一种有同情心、有爱心的表现，有助于孩子养成善良的品质，养成关心别人的习惯。

◎关心别人，能给别人鼓励，使别人获得勇气和信心。同样，当别人关心你时，你也会得到鼓励，获得勇气和信心。

想让孩子学会关心他人，父母可以从以下几点努力。

父母要给孩子做关心别人的榜样

父母关心别人、积极做善事，是培养孩子同情心的好方法。亲戚朋友生病了，你可以买些水果，带着孩子去看望；邻居大妈行动不便，你可以扶她一把；楼上大爷搬不动一袋米，你可以帮一帮。日常生活中，这些关心他人的善举会被孩子看在眼里、记在心上、表现在行动上。这种无声的榜样教育会产生非常好的效果。

家庭成员之间要互相关心、体贴

充满温情的家庭氛围对孩子爱心、同情心的形成起着潜移默化的作用。反之，父母经常争吵、谩骂甚至打架，会使孩子处于恐惧、忧郁和仇视的环境中，这样不利于孩子学会关心他人。所以，家庭成员之间要互相关心，特别是孩子的爸爸妈妈，作为夫妻一定要恩爱、互相体贴。

平日里，家人遇到了烦恼，及时询问、开导，想办法解决；餐桌上，大人在给孩子夹菜的同时，不要忘了给爱人、长辈也夹一筷；吃水果的时候，要让全家人一起分享，偶尔有家庭成员不在家时，要和孩子商量给家人留一份。在这种家庭氛围中成长起来的孩子，你还担心他在学校里不懂得关心同学吗？

引导孩子学会关心家人、同学

教孩子关心他人，应从他最亲近的人入手，先让他学会关心家人。家人可以有意识地锻炼孩子。有好吃的，要让他先请爷爷奶奶吃；家人过生日，要提醒孩子用适当的方式表示祝贺，如给过生日的家人买个小礼物，唱一首祝福歌曲，画一幅画；爸爸妈妈下班回家后，可启发孩子给爸爸妈妈倒水，帮妈妈接下手中的包；家人生病了，可以鼓励孩子问候生病者什么地方不舒服，给病人拿药、倒水等。对于孩子的关心，家人要表示由衷地感谢，让孩子体验到关心别人也是一种快乐。

同时，父母要教育孩子学会关心同学。当同学被老师批评时，可以让孩子安慰对方；当同学上学迟到时，可以让孩子关心地问问原因；当同学打瞌睡时，可以让孩子关心地问："你昨晚没睡好吧？"当同学闷闷不乐时，可让孩子问对方："什么事情让你不开心呢？"如果孩子告诉家长自己做了关心别人、帮助别人的事情，家长应及时对孩子进行表扬，以强化孩子的良好思想和行为。

“我有好吃的，你也尝一尝！”
——教孩子学会分享

很多独生子女从小被家人宠着，习惯了吃独食。无论是在家里还是家外，有好吃的、好玩的恨不得一个人独享，根本没有分享的意识。如果别人吃了他的东西或玩了他的东西，他会很生气地纠缠不休，甚至会大哭大闹，真叫人没办法。其实，父母太宠爱孩子是造成了孩子不懂得分享的最大原因之一。不信，你瞧瞧下面这对父母是怎么宠爱孩子的。

在吃饭的时候，刘先生和妻子总喜欢给儿子夹菜，好吃的要让儿子先尝。儿子上小学的时候，已经习惯了吃独食。一次，刘先生的母亲来了，在餐桌上，她看到儿子和儿媳妇拼命往孙子碗里夹菜，当场指出了他们行为上的错误，批评他们不该宠爱孩子。可是刘先生和妻子没当回事，只是一笑置之。

后来一次，妻子做了红烧肉，这是儿子最爱吃的一道菜。没想到，在吃饭的时候，儿子居然一人独占红烧肉。刘先生刚伸筷子想夹一块，却被儿子一把打掉筷子。刘先生当时非常生气，但是他压抑住火气，深深地反省了自己，觉得自己和妻子以前不该太宠爱孩子……

作为父母，应该明白，有吃独食毛病的孩子是不受人欢迎的。如果想让孩子在学校里多交朋友，那么就应该培养孩子的分享意识。在家里，有好吃的东西不能全给孩子，最好保证全家人都有份。吃饭的时候，要全家人到齐后再一起吃，不能让孩子先上桌挑拣爱吃的东西。同时告诉孩子，你有好吃的要和同学、同伴分享，别人会更喜欢你，等别人有好吃的东西时，也自然会想到你。

孩子不懂得分享的另一个原因是什么呢？那就是父母在面对孩子分享的时候，用婉言谢绝的方式打消了孩子分享的想法。日常生活中经常会发生这一幕：孩子有好吃的，主动往父母嘴里送，但很多父母却笑着对孩子说："孩子真懂事，爸爸妈妈不吃（不爱吃），你一个人吃，这是爸爸妈妈专门给你买的。"

孩子诚心诚意地请父母分享，父母却谢绝了，这样的事情次数多了，孩子也就没有谦让和分享的意识了。他们会坦然地独享，因为他们觉得别人和父母一样，不爱吃自己的东西。就算别人想吃他的东西或想玩他的东西，由于父母没有给孩子正确的教育，孩子不知道分享有什么好处，往往也会霸道地拒绝。

事实上，分享是非常有意义的事情，分享的作用是神奇的，就像俄国作家列夫·托尔斯泰所说的那样："神奇的爱，使数学法则失去了平衡，两个人分担一个痛苦，只有半个痛苦；而两个人共享一个幸福，却有两个幸福。"父母应让孩子在六七岁的时候明白分享是一种美德，会给自己和别人带来好处，会让自己更加受欢迎，这样做有利于促使孩子更加积极地去分享。

一般来说，孩子积极分享，会有如下好处：

放大镜

◎积极分享，能赢得别人的好感，从而有助于赢得玩伴、赢得朋友，别人有什么好东西，也愿意和你分享。

◎积极分享，是一种共享资源、共享快乐的社会化行为，有助于孩子养成与人友好相处的习惯。

◎积极分享，有助于孩子今后学会与人共同生活、与人合作，为孩子今后的人际交往奠定良好的基础。

除了教孩子学会分享好吃的东西之外，家长在培养孩子分享习惯的时候，还可以从下面几个方面来努力。

教孩子分享好玩的，而不是只顾自己玩

玩具是孩子成长的伙伴，孩子的成长伴随玩具带给他们的欢乐。看到有趣的玩具，每个孩子都想玩一玩、尝尝鲜，可是不少孩子只想着玩别人的玩具，却不愿意把自己的玩具给别人玩。这种不懂得分享的现象在生活中很常见。

周末的时候，同事带着 7 岁的儿子到张女士家里玩。小客人一进屋，就发现了张女士儿子的玩具汽车。当他准备拿过来玩一玩时，张女士的儿子一把抢过玩具汽车，恶狠狠地瞪了对方一眼，说："这是我的玩具，不许你乱动！"张女士见儿子对小客人很不友好，批评他是个小气鬼，叫他把玩具给小客人玩一玩，但儿子就是不同意。

为什么孩子不愿意分享玩具呢？可能有这样两种担心：一是认为分享就是失去，二是害怕别人把他的玩具弄坏了。对此父母有必要开导孩子："分享不是失去，只不过给别人玩一玩，让别人感受一下快乐；把玩具给别人玩时，可以提醒别人小心点，别弄坏了。一般来说，别人不会弄坏你的玩具，就算别人不小心把你的玩具弄坏了，你也没必要生气，大度地说声没关系，别人会更加喜欢你。"

此外，父母可以教孩子换位思考："如果你有玩具不肯给别人玩，别人有玩具，怎么愿意给你玩呢？相反，如果你愿意分享玩具，那么你会玩到更多新鲜的

玩具。”通过这种引导，使孩子明白分享可以获得更多的快乐和友谊。

教孩子分享有益的书籍，互相学习

很多1–2年级的孩子都有自己爱看的书籍，特别是一些故事书、童话书，很受孩子们欢迎。如果他们能够分享图书资源，那绝对是一件惠及四方的事情。可是，张亮同学却不愿意把自己的童话书《格林童话》拿出来分享，尽管他非常想看同桌的《安徒生童话》。

爸爸得知这件事后问他为什么，他说怕交换图书后，同桌把他的书弄坏。爸爸温和地对他说：“交换图书就几天时间，一般不会把书弄坏的，就算弄坏了，又有什么关系呢？可以再买的，再说了破一点儿照样看。但是你不分享自己的好书，你也很难看到别人的好书，这是得不到分享的乐趣的。”

孩子不愿意与人分享自己的好东西，但是却希望分享他人的好东西，这种心理特征是很好理解的。作为父母，应该通过移情训练，引导孩子站在他人的角度思考问题，从而让孩子学会快乐地与人分享。

教孩子分享快乐，传递一份好心情

马克·吐温曾说：“悲伤可以自行料理，然而欢乐的滋味如果要充分体会，就需要有人分享才行。”因此，父母要教孩子与人分享快乐，分享好心情。分享快乐，就是别人很高兴的事情，你的孩子也可以一起高兴，从而产生一种因分享而带来的快乐和满足感。同时，如果你的孩子遇到有意思的事情，也可以让他讲给同伴和家人听，从而给大家带去欢乐。

“你的衣服真漂亮！”
——教孩子赞美别人

赞美的语言是世界上最华丽的语言，有着巨大的威力，它不但能给人带来自信、乐观、坚强，使人获得自我肯定的力量源泉，还能约束人的行为，使人自觉地克服缺点。赞美的效果经常出人意料，即使是简单的一句赞美，也能让人获得心理上的满足。

因此，向别人传递一份适度的赞美，能给人带去阳光与欢乐，还可以拉近人与人之间的距离，让沟通和交往变得更加顺利。

在孩子进入小学的时候，你有没有教他怎样赞美同学和老师呢？如果有一天，你的孩子跟你说：“爸爸（妈妈）我不想上学，我在班里没有朋友，大家都不跟我玩，我不愿意上学……”你知道孩子是因为人际关系不好，导致他觉得上学是一件没有意思的事情，所以才不愿意上学吗？

这时家长就需要与孩子多沟通，教会孩子社交技巧，比如多赞美对方。其实，任何一个孩子都可以成为交际高手，只要父母教孩子与人交往的技巧，孩子学会了这些技巧，就不会在交往中不知所措、处处碰壁了。

很多时候，孩子在学校里人际关系不好并不是因为孩子智商有问题，也不是因为孩子心理有问题，仅仅是因为父母没有教孩子交际技巧。如果你要求孩子在上小学的时候每天赞美一个人、一件事，先从身边熟悉的人赞美起，再慢慢试着赞美同学、老师、伙伴、邻居、保洁员等，坚持下去，你的孩子再怎么内向，也会交到很多朋友。哪些方面值得孩子去赞美呢？

放大镜

◎别人的优点——赞美别人的优点，是对别人的肯定和认可。

◎别人的特长——看到小朋友有某个特长时，给予赞扬，能给人留下好感。

◎别人的新衣服——赞美别人的新衣服（鞋子、发型、书包、文具等），是关注别人的表现。

◎别人写的字——可以赞美别人写的字工整、清晰、整洁等。

当然，赞美其实是一把双刃剑，赞美得好，能增进人际关系，消除隔阂；赞美得不好，会刺伤别人的自尊心，使人觉得受到了讽刺，会破坏人际关系。因此，父母一定要教孩子掌握正确的赞美技巧。

赞美别人一定要真诚

父母一定要告诉孩子：赞美不是胡言乱语、虚伪做作的夸赞。赞美一定要符合具体情况，并且要认真地表达，绝不要表现得漫不经心。比如，同伴把事情办砸了，孩子却赞美他干得漂亮，那么这时候的赞美就成了一种讽刺，会伤害别人，影响孩子的人际关系。

父母应让孩子认识到赞美与谄媚的区别：前者看到的是别人的优点、美德，出发点是肯定别人，而后者却是为别的目的，故意说出违心的话语，这种话语有可能不符合事实，有可能不是发自真心。父母要让孩子明白，只有真诚地赞美，才能收到良好的人际交往效果，才能获得别人真正的好感。

赞美时要对事不对人

在赞美的时候，为了避免被赞美者误解，父母应教孩子学会赞美事情本身，而不要生硬地赞美“人”，即赞美时要对事不对人。比如，父母带孩子到朋友家做客，主人给他们准备了美味的饭菜，这时父母可以让孩子赞美女主人：“阿姨做的饭菜真好吃！”而不要赞美女主人：“阿姨，你真好！”对比这两种赞美，前者更为具体，指向的是事情；后者模糊、笼统，让人莫名其妙、不知所云，容易造成误解。

赞美可直接也可间接

赞美的方式有多种，可以用具体的语言，也可以用肯定的眼神，还可以用肯定的动作。赞美的形式有直接和间接之分，直接的赞美如“你的作文写得很好，如果我能写得像你那么好就好了”，这种赞语既平实又流露出羡慕，让别人听了很舒服。间接的赞美可以是眼神、动作、面部表情上给出的肯定，比如，看到同学表现好，给他竖起一个大拇指，这就是很好的赞美。这样的赞美虽然无声，但是强而有力。

“你觉得怎么样？”
——教孩子学会与人协商

两个孩子在打乒乓球时发生了纠纷，其中一个孩子的母亲正好从旁边经过，但她只是静观事态的发展，而没有插手这件事。两个孩子争吵得不可开交，旁边还有围观的家长和孩子。也许有些家长会说：“这个当妈妈的太不负责了，也不去劝阻！”

其实，这位母亲是想把解决问题的机会交给孩子，她相信孩子能把问题处理好。因为在平时的生活中，她经常教孩子学会用协商的办法解决问题。果然，两个孩子最后商量妥当了，停止了争吵，快乐地玩起来。

作为家长，当你发现孩子间发生纠纷时，你是否给孩子自己解决问题的机会呢？你平时是否教孩子用协商的办法来处理分歧呢？生活中，很多家长并没有给孩子独立解决纠纷的机会，也很少教孩子用协商的办法处理分歧，而是争当“和事佬”或“帮凶”，迫不及待地出面帮孩子解决问题。

事实上，这并不是高明的做法。高明的做法应该是像上面那位母亲那样，把解决问题的机会留给孩子，同时告诉孩子：不能哭，哭不是解决问题的办法；不能打架，打架也不能解决问题。然后，退到一旁，让孩子自己想办法达成共识。

在思慧6岁的时候，有一天，她在小区里和同龄小朋友一起玩，突然间，不知为了什么吵了起来。爸爸连忙到楼下去看，发现几个孩子为了一只受伤的小狗在争吵。思慧很想收养小狗，可另外一个小男孩也想养，他把小狗紧紧抓在手里不放。思慧很生气，就和他吵了起来。没想到其他小朋友都支持那个小男孩，思慧看到爸爸下楼来就哭了起来。

爸爸想带思慧回家，可她越哭越凶。原本她想让爸爸帮她得到小狗的饲养权，但爸爸却对她说：“你们自己想办法吧，我回家了。但是不准哭、不准打架啊！因为这两种方式都解决不了问题。”然后，爸爸离开了。

回到家里，爸爸有点儿不放心，担心女儿解决不了这个问题。可是没过多久，思慧笑嘻嘻地把小狗带回来了。原来，他们商量了一下，决定用“每人养一天”的办法解决纠纷。

有些家长不相信孩子有解决纠纷的能力，经常插手孩子之间的事情，擅自为孩子们做决定。比如，孩子闯祸了，家长忙着为孩子收拾残局；孩子和伙伴闹纠纷了，父母却替孩子出面，和对方孩子的父母交涉。这种做法只会弱化孩子独立解决问题的能力，使孩子失去了承担责任的良机，使孩子对父母产生了严重的依赖。

久而久之，孩子遇到类似的问题时，第一时间想到的是搬救兵，而不是自己思考解决的办法。于是，生活中多了很多爱告状的孩子，他们动不动就说“我告诉老师”“我告诉爸爸妈妈”。可是，总有一天，孩子会长大的，会走向社会，那时孩子会遇到各种更复杂的矛盾和冲突，做父母的不可能永远跟着孩子。到时候会出现什么状况呢？下面这个故事就很能说明问题。

有个女孩特别喜欢告状。当她和同学跳皮筋时，有男生来捣乱，她会去老师那里告状，结果老师批评了男生。当看到班级里发生一点儿小问题时，她也会向老师打小报告。渐渐地，她养成了打小报告的习惯，和人发生矛盾时，不是想办法和别人协商解决，而是第一时间告诉老师、告诉父母，让大人替她想办法。

后来，这个女孩参加了工作，在工作中遇到了问题时，她不是自己去解决，而是找领导反映情况。在公司里，领导不喜欢她，同事们也不喜欢她。她在工作中没有什么成绩，在公司里没有什么朋友，过得很不愉快。

这件事让人不由得联想到著名的教育家陈鹤琴先生说过的一句话："做父母的，最好只有一只手。"言外之意是，不要包办孩子的问题，要给孩子解决问题的机会，以锻炼孩子处理问题的能力。尤其是在交往中，当孩子进入小学，进入了一个相对独立的成长环境中时，父母不可能总是替孩子去消除摩擦和冲突，关键还是教育孩子用协商的办法去解决。

协商是一种社交能力，父母应该从小培养孩子的这种能力。比如，当孩子希望和小朋友交换玩具时，父母可以教孩子询问小朋友"我们交换一下玩具，你觉得好吗"，而不是粗暴地"抢"，也不是无能地"哭"。

一般来说，孩子之所以不会用协商的办法处理交际中的问题，与父母的教育方式有很大关系。

放大镜

◎父母对孩子习惯了命令。当孩子不听命令时，采取强制手段要求孩子按照父母的想法去做，而不是和孩子商量，听取孩子的想法，这样就使得孩子习惯了被强迫、被粗暴地对待，于是孩子把这个粗暴的方式用到同学、同伴身上去。

◎父母无原则地向孩子妥协。当孩子提出要求时，父母不是和孩子商量着、有选择地满足，而是完全顺从孩子的意愿。当父母不能满足孩子时，孩子就哭闹，最后父母只好答应孩子。于是，孩子学会了先霸道地要求别人，如果不成功，就用哭闹威胁。

身为父母，既不希望孩子在与人交往中采用暴力的方式解决问题，也不希望孩子一遇到矛盾和冲突就怯弱地哭泣，那么就从孩子上小学开始，有意识地训练孩子与人协商的能力吧！具体怎么做呢？下面有几点参考建议。

把孩子当作独立的人，用商量的口吻与他交流

在孩子进入小学时，他已经有了强烈的独立性需要，这时候父母应有意识地培养孩子的社交能力，学会用商量、协商的方式和孩子交流。比如，当孩子想看动画片，而爸爸正在看球赛时，爸爸应和孩子平和地商量，达成一定的共识。

不管是爸爸放弃看球赛，还是让孩子放弃看动画片，抑或是爸爸今天继续看球赛，但下次如果遇到同样的情况，应让孩子看动画片，等等。不管最终结果是哪种，协商的过程不能少。这样孩子就能凡事想到商量，认识到协商是生活中不可缺少的交往手段。当他在与同学、同伴交往中出现意见不合的时候，他才会懂得与人协商。

在协商的同时，教孩子站在别人的角度思考问题

换位思考是协商的前提，如果一个人不懂得换位思考，也就无所谓协商。父母应告诉孩子："在协商的时候要认真倾听别人的想法，理解别人的意图和需要。只有这样，自己的想法和意图才能得到别人的尊重和理解，最终达成一致。"

有个刚上 1 年级的男孩早上不愿意起床，想睡懒觉，妈妈催他，他还大哭大闹。这样的情况不止发生了一两次。一天早上，妈妈终于忍不住了，就对小男孩说："孩子，爸爸妈妈也想睡懒觉，可是没办法啊，爸爸妈妈要挣钱供你上学，要维持家庭开销，你想过爸爸妈妈的难处吗？"

原本妈妈只是想发泄一下，但是意料之外的事情发生了：小男孩立马爬起来，乖乖地把衣服穿好……在去学校的路上，小男孩对妈妈说："妈妈，对不起，以后我不会再赖床了。"以后，小男孩每天按时起床。当爸爸妈妈下班回家时，他还会很懂事地说："爸爸妈妈挣钱很辛苦！"

这就是一个父母和孩子商量的好案例。作为父母，没必要对孩子掩饰生活的另一面，不用刻意在孩子面前扮演"超人"的角色。当和孩子有分歧时，试着把自己的想法说出来，不要害怕孩子理解不了。要知道，上1–2年级的孩子已经能够理解别人的想法了，只要你愿意与他协商，你们是很容易达成一致的。

“我们一起想办法！”

——教孩子学会与人合作

英国作家塞缪尔·巴特勒说过：“不管一个人的力量大小，他要是跟大家合作，总比一个人单干能发挥更大的作用。”在这个社会化大生产时代，合作意识对社会和个人的发展至关重要。父母要从小培养孩子的合作能力，使孩子认识到合作是一种能力，更是一种交往的艺术。

欧洲著名的心理分析家阿德勒则认为，如果一个孩子不懂得合作指导，那么他必定走向孤僻的道路，并容易产生自卑的情绪，会严重影响他一生的发展。可见，教孩子学会交往与合作非常重要。

有个女孩上小学 2 年级，学习成绩在班里名列前茅，可是在与人交往方面却经常遇到挫折。大家都不愿意和她玩，不愿意和她说话，更别说和她合作完成同一件事了。为什么会这样呢？

原来，这个女孩在同学们面前总是表现得很高傲，动不动就说别人“笨”，遇到困难宁愿自己想，也不愿意向同学求助。在班里，她的人际关系很糟糕。

有一次，老师安排她和另外几个同学出一期黑板报。在策划黑板报的内容和讨论黑板报的格式时，这个女同学自以为是地否定大家的意见，一意孤行地要求大家听她的，结果大家很反感，纷纷消极怠工，最终导致那期黑板报没有及时完成。

这件事被女孩的爸爸知道后，爸爸和她进行了一次交流，他问女儿：“你能说一说五个手指头，分别有什么作用吗？”女儿在爸爸的引导下，明白了：大拇指可以按图钉，可以对别人表示赞美；食指可以挠痒痒，可以指东西；中指最长，可以……

然后，爸爸让她把一个小玻璃球从水杯中取出来，要求只能用一根手指。女孩按照爸爸的意思去尝试，可是无论她用哪根手指，怎么努力，就是无法把玻璃球取出来。

看到女儿着急的样子，爸爸对她说：“你可以邀请另外一根手指帮忙啊！”通过这个小事例，爸爸让女儿懂得了合作的意义。从那以后，这个女孩再也不轻视别人，并且学会了与人合作。

任何一根手指，都无法把玻璃球从杯子里拿出来，只有两根或两根以上的手指合作，才能完成这个任务。这就是在告诉孩子：一个人无论多么优秀，总有单枪匹马无法办到的事情，因此，学会与人交往和与人合作是非常有必要的。

如今，很多1–2年级的孩子在遇到困难的时候，没有与人合作的意识，不懂得与人协商、分工和交流，究其原因，主要有以下几个方面：

放大镜

◎独生子女，从小习惯了娇宠，变得以自我为中心，不愿意也不会与人合作。

◎大人习惯了向孩子屈服，没有教会孩子谦让，也没有教会孩子与人协商，因此孩子还不懂得与人合作。

◎过多地生活在家庭的小圈子中，习惯了与电视为伴，丧失了较多的社会交往活动，使孩子没有与人合作的体验。

◎在交往中不懂得倾听、理解别人的想法，不愿意妥协、谦让，即使想合作，也很难达成合作的目标。

交往合作是时代要求每个人都应具备的能力，加强孩子与人合作的教育，是孩子形成健康向上的集体主义价值观的必要条件，也有助于孩子良好人格的形成。父母应该明白，孩子总不能一辈子不离开父母的身边。只有从孩子入学时就重视培养孩子与人合作的能力，孩子才能适应社会的发展，从而快乐地与人交往，使将来有更大的作为。那么，父母该怎样教孩子学会与人合作呢？下面有几点建议，值得父母参考。

创设环境，帮孩子树立与人合作的意识

在日常生活中，父母的言行举止对孩子有潜移默化的影响。孩子会把父母的做法用到与小朋友的交往中去。因此，父母要给孩子树立一个好的榜样。

在对待家庭成员、邻居时，要热情、平等、谦虚，并和大家互相帮助。比如，妈妈做饭时，爸爸可以帮忙洗菜、择菜；家里搞卫生时，爸爸拖地，妈妈可以帮着整理。这些生动而直观的合作，会在潜移默化中植入孩子的精神世界，使孩子形成合作的意识。

创设活动，让孩子体验到合作的快乐

当孩子有了与人合作的意识之后，在交往中，就会产生合作的态度和行动。所以，家长应该努力创设具备团队合作性的活动，引导孩子积极参与其中，让孩

子感受合作的成果，体验合作的快乐，这样能进一步激发孩子与人合作的动机，从而使孩子把与人合作强化成一种自觉的习惯。

例如，创设合作竞赛活动，让孩子合作完成任务。与此同时，家长拿出事先准备好的照相机，拍下孩子们友好合作的一幕以及合作成果。事后家长把这些照片拿出来给孩子欣赏，并点评孩子的表现，使孩子体会到合作的快乐和必要性。对于孩子合作中表现好的方面，家长应给孩子表扬，对于孩子表现不好的地方，家长可以积极进行引导。

经常鼓励孩子参加集体活动

天时不如地利，地利不如人和，合作是每一个团队的核心。因此，平时要多鼓励孩子参加一些集体活动，如足球、篮球、拔河等活动，使孩子在集体活动中意识到与人真诚合作的重要性。在集体活动中，孩子不可避免地要与团队成员交往，这是锻炼孩子人际交往能力的重要途径。经常参加这类团队合作活动，对培养孩子的团队精神、人际交往能力非常有帮助。

教孩子一些与人合作的技巧

有了合作意识和合作行动还不够，家长还应该教孩子怎样与人合作，怎样与团队成员相处。在合作中，应尊重合作对象，服从大局。在合作中，最忌讳的是唯我独尊，只想着自己，过分考虑自己的需求和感受，不肯向他人妥协和让步。

有一则寓言故事说：梭子鱼、虾和天鹅，想合力把一辆小车从大路上拖下来。它们使出浑身的力气也没有使小车移动半分，原因并不是因为小车太重，而是因为天鹅使劲往天上提拽，虾一步一步向后拖，梭子鱼使劲朝着池塘拉。可见，同一目标和方向是合作的前提，服从团队是合作的基础，如果缺少这种意识，合作是很难愉快进行的，也是难以取得成功的。

第七章

1–2 年级的孩子学习习惯暂未形成，需加强引导和规范

著名的教育家叶圣陶先生曾说：“什么是教育？简单一句话，就是养成好的习惯。”拉开孩子差距的往往不是其智力水平，而是从小养成的各种良好习惯。可见，在儿童时期培养孩子良好的习惯，对孩子的成长与成才至关重要。刚进入小学的孩子一般只有六七岁，可塑性很强，比较容易养成良好的学习习惯，但也非常容易养成不良的学习习惯。因此，父母要重视对孩子进行引导和教育，使孩子从小养成好的学习习惯，为将来成才打下良好的基础。

学习是自己的事
——培养孩子自主学习的习惯

很多父母反映，孩子上了小学后，很多问题都显露出来了，比如，上课的时候精力不集中，爱做小动作；放学回家后，做作业不积极，不能独立完成作业；遇到不会的题目不愿意思考，而希望父母告诉他答案；做完作业不能自觉地检查，而是两手一摊让父母帮忙检查……其实这是当前小学生普遍存在的问题，是学习不自主的表现。

小学生学习缺乏自主性，主要有 3 个较为典型的表现：

（1）缺乏学习兴趣，认为学习是一种负担或累赘。这类孩子不愿意上学，有时甚至不带课本去学校。在课堂上，他们不认真听讲，当别人忙着做笔记、做练习时，他们却东张西望、无所事事。他们反感学习，总是想方设法逃避学习。

（2）把学习看做父母交给自己的一项任务。这类孩子迫于家长和老师的压力，带着应付的心态完成学习任务。他们上课容易走神，小动作不断，做作业拖拖拉拉、投机取巧、应付交差，如找同学抄答案、上网找答案等。

（3）学习不得法，缺乏一定的主动性。这类孩子比较在乎家长和老师的想法，听讲和做作业都比较认真，但是他们不会听课，往往上课听懂了，但是题目稍有变化，他们就不会做了。对于不会做的题目，他们总想着绕开，而不是去积极思考，弄清缘由。他们存在较为严重的畏难情绪，考试成绩通常不太理想。

任何一个孩子，如果他的学习成绩不理想，几乎都能从上面 3 种情况找到他的影子。孩子学习缺乏主动性，会直接影响他们成绩的提高和自信心的形成，甚至会导致他们产生严重的厌学情绪。身为父母，应该关注孩子学习的自主性。那么，为什么孩子缺乏学习的主动性呢？

很多家长抱怨："孩子的学习太让人费神了，我们小时候可不是这样，那时候父母根本不管我们，我们照样可以把学习搞好。"正是因为父母不管孩子，孩子学会了自己去学习、去思考难题，进而形成学习的责任意识和自主意识。而现在的孩子是家中的独苗，平日里大人都围着孩子转。一旦孩子在学习上遇到了困难，全家人都恨不得上阵解围。在这种成长环境中，孩子淡漠了学习的自主意识和责任感。

有这样一些常见的例子：当孩子的书本或作业忘在家里时，家长接到孩子的求助电话，便会放下手头的工作，飞车送去；当孩子做完作业时，家长主动帮孩子检查作业。表面上这是关心孩子，但实际上是剥夺了孩子学习的自主性，对孩子自主学习极为不利。

做父母的应该让孩子知道学习是自己的事情，所以不能要求父母去承担本该属于他们自己的责任。只有当孩子有了高度的责任感，才能尽力去认真对待自己的学习。在这方面，家长蔡女士就做得非常好，值得大家借鉴。

儿子剑飞从上小学开始，蔡女士就逐步让他接受了一种思想：学习是自己的事情，必须由自己去完成。如果在学习中遇到难题，父母可以提供帮助，但最终解决问题还要靠自己。

剑飞上1年级的时候，老师要求家长每天检查孩子的家庭作业。一开始，蔡女士和丈夫认真地帮儿子检查作业，但是发现作业中错误时，他们不会具体指出哪里有错误，而是让儿子自己从头到尾去检查一遍，直到自己发现错误，改正为止。

蔡女士和丈夫的做法会耗费儿子很多时间和精力，开始的时候儿子很不情愿，但他们并没有妥协。因为只有这样，才能培养孩子对作业认真负责的态度。相反，如果每次都由大人帮他检查、指出错误，长此以往，孩子会对大人产生依赖，会对学习失去自主性。

就这样，经过一段时间的训练，儿子养成了自主学习的习惯，懂得学习是自己的事情。一般情况下，他会独立完成作业，如果经过认真思考后仍然找不到答案，他才会向父母求助。这时候，蔡女士和丈夫往往也只是提示孩子，引导孩子朝着怎样一个方向去思考。正是因为这样，剑飞变得更加善于动脑筋思考问题，在小学阶段的成绩一直非常优秀。

孩子是学习的主体，只有激发他们对学习的积极性，才能让他们从“要我学”变成“我要学”，让他们从“应付学习”变成“自主学习”。一般来说，想让孩子养成自主学习的习惯，家长最起码应该让孩子做到如下几点：

放大镜

◎独立完成作业，不要大人作陪，不要大人检查作业。即使大人适当检查作业，发现错误之处，也不应立马指出来，而应提示孩子自己去检查，去找问题。

◎遇到难题时，鼓励孩子提问，但是家长没必要直接告诉孩子答案，而是给孩子提示，让他自己去思考。

◎做完作业后，孩子应自己收拾书包。如果因为书包收拾不当，第二天发现该带的东西没带，那么应让孩子自己回来拿或找同学借，再或者熬着，接受老师的批评。

父母应该让孩子明白，自主学习是主动地学习、自觉地学习、有目的地学习，而不是被动、盲目地学习，更不是做一天和尚撞一天钟。同时，运用科学的教育方法，让孩子在学习中取得进步、自我创造、实现超越，从而使其体验到学习的愉悦，进一步激发他们自主学习的欲望。那么，父母应该怎么做呢？

用适当的目标激励孩子

很多1–2年级的孩子学习缺乏主动性，就是因为学习目标很多。对于这种情况，父母可以根据孩子的学习情况、成绩给孩子确定合适的学习目标，如孩子上次数学考70分，下一目标是75分，让孩子在学习目标的指引下努力学习。

当然，目标的确定是有讲究的，难度太大，孩子难以实现，会挫伤他的积极性；难度太低，孩子轻松实现，会使孩子丧失内在动力。因此，父母给孩子确定目标时，一定要结合孩子的具体情况，同时和孩子商量着制定。

让孩子体验学习的成就感

对于1–2年级的孩子，父母应重视他的学习过程，轻视学习成绩，即重过程，轻结果。具体来说就是，重视孩子每一天的学习，每一个学习环节的质量，重视孩子对知识的掌握情况。对于孩子考试的分数，父母应多鼓励，少指责。只有这样，孩子才会因学习知识感到快乐，从而有更自主的学习欲望。

鼓励孩子大胆思考问题

遇到难题，私下求助，这是很多1–2年级的孩子学习进步缓慢的原因。如果你的孩子有这种情况，那么从这一刻起，你最好做到只给孩子暗示、提示，而不直接给孩子答案。如果孩子不高兴，你可以告诉他："学习不是任务，而是锻炼思维的过程，遇到了难题，正是锻炼你思考力的时候。"与此同时，你可以教孩子筛选题干中有用的信息，旁敲侧击，启发孩子思考问题。当孩子最后解出了题目时，你一定要记得表扬他；即使他没做出来，你也应该给他鼓励。

课前预习，课后复习
——培养孩子预习、复习的习惯

学习是一个系统的过程，需要脚踏实地。只有让孩子从小学 1 年级开始，养成规律化的学习习惯，孩子才能打下扎实的知识基础，才能在考试中取得理想的成绩。相反，如果孩子认为平时不需要那么认真，只要考试前突击一下，就能把成绩提上去，那就想得太幼稚了。所谓规律化的学习习惯，是指按部就班地跟着课程进度去学习，做到课前预习，课后复习，从而为课堂上吸收知识做好充分准备。

或许 1–2 年级的孩子有疑问：课前预习有什么好处呢？对此，父母应该明确地告诉孩子：预习是课堂学习的基础，有利于提高听课质量。课前预习具体对孩子有什么好处呢？

首先，预习就像笨鸟先飞，在老师讲课之前，对新课程内容进行了解，做到知其然，搞清重点、难点、疑点。这样，学习新课程时就心中有数了，自然会减轻学习难度，学起来更加轻松，学得会更好。

其次，预习有利于在课堂上做好笔记。因为预习了、准备了，知道老师要讲的内容，因此，做笔记的时候，只需把自己不理解、不清楚的部分以及老师强调的部分记下来，这样一来，就有更多的时间去认真听讲、独立思考。如果课前不预习，上课的时候就可能疲于做笔记，以至于不能集中精力听讲、思考。

最后，预习有助于提高孩子的自学能力。因为课前预习实质上是一次自学，在预习中需要阅读、理解课文，需要查阅字典或参考书，需要把不懂的问题做上记号，以便上课时搞清楚。这种学习方法如果长期坚持，对提高孩子的自学能力是非常有帮助的。

成都市某重点高中的学生吴丽艳，在小学 1–2 年级的时候就养成课前预习的习惯。她回忆道：“每个人都有自己的学习体会，我的学习体会就是课前预习，尤其是语文课，课前预习效果比其他科目好得多。预习的时候，我会首先把文章朗读一遍，遇到不会念的字、不懂的词时，我会查字典（爸爸妈妈早就教会我查字典了），这样就可以弄懂课文的大概意思。对于不懂的地方，在课堂上我会格外认真听讲。因此学习很有针对性，知识掌握得更牢了。”

应该说，正确的预习是每个 1–2 年级的孩子都需要的，但方法和时间安排上是有讲究的。否则，本末倒置，可能适得其反。如果孩子成绩不好，上课时听不懂，跟不上老师的节奏，那么你一定要教他学会课前预习。要知道，预习是学习的第一个环节，缺了这个环节，接下来的几个环节如听课、作业、复习等都会受到影响。那么，教孩子怎样预习呢？

第一阶段，把新课内容通读一下，该查字典的查一下字典，弄懂生字的读音、含义。对于不甚了解的部分应做上记号，以便上课时有针对性地听讲、更好地了解。

第二阶段，把自己理解不了的知识点罗列出来，注明不理解的原因，这样上课的时候，就能仔细地听老师讲解，从而明确自己思考的不足之处，有利于今后调整思路。

第三阶段，研究一下课本后的习题，试着思考一下，看能否解答出来，上课时与老师讲解的正确答案对照。

总而言之，预习的时候，不用要求孩子把教材全弄懂。只要孩子用脑子去预习，发现一些问题和疑难点，就算一次成功的预习。父母应该在孩子做完作业时，提醒他预习新课程。这就要求父母花点儿时间，稍微了解一下孩子的课程，以便督促和检查的时候有的放矢，这对孩子也是一种帮助。

如果孩子每天做完作业能认真地预习第二天的课程内容，那么他算是迈出了听懂课堂知识的一大步。接下来，孩子还有重要的另一步要走——课后复习。对此很多孩子不太重视，认为老师讲的知识都听懂了，复习是多此一举。下面两个小学生的对话就充分反映了这种心态。

小杰问：“你复习了吗？”

小毛说：“复习什么啊？老师讲的我都听懂了，复习真是浪费时间！”

“我也是这么想的，可是我爸爸妈妈要求我复习，真烦人！”小杰说。

孩子们之所以认为复习不重要或不愿意复习，其实是有原因的。

放大镜

◎不明白复习的好处。复习有利于巩固课堂学习内容，加强知识的系统化、条理化，从而更好地理解和消化所学知识。如果不及时复习，孩子很快就会遗忘，而复习就是战胜遗忘的最好方法。

◎没有正确的复习方法。很多孩子复习只是走形式，粗略地翻一翻书，然后罗列一下知识点就完了。有的孩子复习不及时，忘得差不多了才复习，效果自然不好。

◎家长不够重视孩子的复习。家长没有意识到复习的重要性，忽略了对孩子这方面的指导和监督。

伟大的教育家孔子说过：“温故而知新。”这句话的意思与德国哲学家狄慈根所说的“重复是学习之母”如出一辙，它们都说明了复习与掌握知识的关系。心理学研究也表明，知识的记忆主要靠重复地记忆，因此，复习在孩子学习过程中是重要的不可缺少的一个环节。那么，家长应该教孩子怎样复习呢?

教孩子合理安排复习的时间

1–2 年级孩子的注意力每次只能保持 15–25 分钟，父母应掌握这个尺度，教孩子在复习的时候不要达到疲劳程度。复习的最佳时间是在晚饭后、临睡前，由于复习之后不用进行其他学习活动，可以减少对孩子记忆的干扰，从而收到最好的复习效果。如果是当天学习的课程，最好在做家庭作业之前复习。

教孩子分散学习、交叉复习

同一门功课，每次不宜复习多遍，那样会引起脑细胞过度疲劳，降低复习效果。近似的科目也不宜同时复习，那样相互间会产生干扰。最好的复习法是有计划地分散和交叉学科复习法。

督促孩子及时复习、经常复习

1–2 年级的孩子学习新知识的速度快，遗忘的速度也快，尤其是在学习后的第一周遗忘最快。在这段时间内，如果孩子不及时复习、经常复习，那么刚学的知识就很容易被忘掉。所以，家长应督促孩子及时复习、经常复习那些刚学没多久的课程，从而巩固孩子对知识的记忆。

作业及时做，绝不留过夜
——培养孩子及时完成作业的习惯

很多家长抱怨，孩子不到睡觉的时间不做作业，怎么说孩子也不听。这种学习拖延的现象，生活中是比较常见的。一方面，孩子小，自控力差，注意力容易分散，比如，做作业的时候想到了一件事，然后就丢下作业跑去做那件事；另一方面，孩子的好奇心强，本来他是准备放学回家就做作业的，可是回家看到有个新鲜玩意儿，于是就玩了起来，以至于忘记了做作业。

面对这种情景，相信很多家长都会抓狂，但是青岛的方女士却一点儿都不抓狂，因为她有一个好办法对付孩子做作业拖延的毛病。

儿子上1年级的时候，做作业非常拖延，经常一边做作业，一边捣鼓着玩。她说了儿子，可儿子不听。于是，她和家人商量了一下，然后和孩子定了一条规矩：放学回家第一件事是做作业，作业没做完之前，全家人都不许吃晚饭。

刚开始，儿子有点儿不适应，放学回来他想放松一下，但方女士毫不退让。儿子要看动画片，方女士说："动画片网上有，你做完作业再看，绝对不会错过。"儿子想玩，方女士对他说："你先把作业做完，吃完饭，我有时间陪你玩。"妈妈把话说到这个份儿上了，儿子只好照办。不过，他也有违规的时候。

有一次放学后，儿子禁不住小伙伴的劝说，到楼下玩去了。等方女士回来，他才赶紧跑回家做作业。方女士做好晚饭时已经晚上8点了。可是全家人都很有默契，因为小家伙作业没做完，大家都要等他做完作业才吃饭。

结果，那天全家人 8 点半才吃晚饭。吃饭的时候，方女士对狼吞虎咽的儿子说：“因为你没有及时完成作业，耽误了全家人开饭，还导致晚饭后散步、讲故事都进行不了啦。”儿子听了这话，很明显地表现出歉意，只见他低下头，一声不吭地吃饭。从那以后，他放学回家就会自觉地把作业做完。

方女士说，只要孩子把作业做完，怎么玩她都不管。因为时间是他省出来的，是对他抓紧时间完成作业的一种奖励。与之不同，方女士有位邻居，也一样要求女儿进门先做作业，但是她的女儿总是磨蹭。方女士问那个孩子为什么拖延，得知：作业做完之后，妈妈要她做习题，反正不能玩，于是她干脆慢慢做。

孩子及时完成家庭作业的习惯是家长培养起来的，孩子做作业磨蹭的毛病也是家长培养起来的。上文的故事清楚地反映了生活中两种不同的教育方法，一种方法虽然看似不讲情理，但实则对培养孩子好的学习习惯很有帮助；另一种方法同样不讲情理，而且近乎苛刻，因此会激起孩子的抵触，于是孩子用拖延来表示抗议。

事实上，孩子在做家庭作业的时候有拖延的毛病，原因绝不仅仅是这一个，有的原因是出在父母身上，有些原因是出在孩子身上，还有一些原因是客观环境造成的，下面就逐一列举。

放大镜

◎原因一：父母过分关心孩子的作业，每次孩子做完作业，父母会仔细检查，发现有错会责骂孩子，使孩子做作业的兴趣骤减。慢慢地，孩子做作业时有了一种不愉快的情绪，于是开始拖延。

◎原因二：孩子在学校做了太多的作业或学习了一天身心疲惫，回到家里，自然会对学习有抵触情绪。

◎原因三：在做作业的时候，外界嘈杂，干扰了孩子，孩子无法全身心投入到学习中，或注意力容易分散，没法及时完成作业。

◎原因四：孩子认为学习是一种负担，是在替父母学习，没有写作业的主观意愿。

刚进入小学的孩子在完成家庭作业时有拖延的表现，不能一鼓作气地完成作业，这是非常不好的学习习惯。父母应该用正确的教育方法帮助孩子改掉拖延的毛病，养成及时完成作业的习惯。下面有几点建议，值得父母借鉴。

让孩子承受拖延造成的后果

当孩子做作业的时候拖拖拉拉、磨磨蹭蹭，一会儿玩玩这，一会儿又玩玩那时，父母没必要替孩子着急，也没必要总是提醒他。只需要和孩子商定“什么时候做完作业，什么时候才能睡觉”或“什么时候做完作业，什么时候开饭”，再或者干脆对孩子狠一点儿，直接让他第二天接受老师的批评和同学的取笑。无论孩子因为拖延造成怎样的后果，相信他都会有比较大的感触和悔悟。然后，父母再对孩子进行温和的教育和引导，就像上文那位母亲一样，让孩子认识到自己做作业磨蹭给全家人带来的麻烦，从而产生一种愧疚感，继而学会自觉地完成作业。

让孩子觉得快点儿做完作业“值”

孩子为什么做作业磨磨蹭蹭、拖延时间呢？有一种原因是，家长在孩子做完老师布置的作业后，会给孩子布置额外的作业。这样一来，孩子自由玩耍的时间被占据了，于是孩子明白了：即使我及时把家庭作业做完，还有其他作业等着我去做，既然如此，我干吗赶着时间把作业做完呢？

从孩子的这番心理推论中，明显地看出孩子是因为觉得快点儿做完作业对自己没好处，所以，他宁愿拖延着。因此，如果家长真希望孩子及时把作业做完，那么就应该把属于孩子的自由时间还给孩子，尽量不要给孩子布置额外的作业。这样孩子才有可能学得专心，玩得尽兴。

教孩子高效完成作业的方法

有些孩子在做作业的时候，主观上没有拖延时间的想法。只是因为学习方法不科学，导致花了更多的时间，还把自己折腾得很郁闷。比如，有些孩子写作业的时候只追求速度，忙中出错，检查的时候发现问题比较多，于是又修改一遍。这样一来，时间就花得更多了。

针对这种情况，家长可以告诉孩子：在做作业的时候，要争取“一遍对”，即对题目进行认真地思考和分析，细致地解答，争取把题目一次做对，免得返工。绝不允许抱着敷衍了事的态度完成作业，这样孩子完成作业的效率会更高、速度会更快。

先学什么，再学什么
——培养孩子按计划学习的习惯

凡事预则立，不预则废。做什么事情都应该事先制订一个计划，学习也应该如此。如果孩子不懂得有计划地学习，就会像一只无头苍蝇一样乱飞乱撞，一会儿学语文，一会儿学数学，一会儿又学钢琴，这样怎么可能把学习搞好呢？

菲菲是个小学2年级学生，最近半个月她做作业的时候，总是频繁更换科目。语文作业还没做完，又做起数学作业，片刻之后，又背诵英语单词。

爸爸见此情景，就找菲菲的班主任了解情况，便得知菲菲最近作业完成情况不好，学习成绩出现了下滑。班主任提到，菲菲根本不知道自己在忙什么，学习没有计划，看到别人学什么，也跟着学什么。

菲菲爸爸问班主任老师，应该怎样帮孩子解决这个问题，班主任老师说：“我告诉过她，要学会制订学习计划，你可以指导一下菲菲，帮她制订一个可行的计划……”

1-2年级的孩子学习能力弱，自我控制力差，如果家长或老师不及时引导孩子，孩子学习就没有什么计划。结果就会出现菲菲那种情况，整天忙着应付，一会儿学这，一会儿学那，没有自己的学习规划。这样会影响孩子的学习效果。对孩子来说，有计划地学习有很多好处。

首先，有了计划就有了明确的学习目标，也有了实现目标的可能。因为计划中规定某个时间段学什么，采取什么方法。这样孩子就会逐步实现小的学习目标，进而实现大的学习目标。其次，有了学习计划，学习能有秩序地进行。有了学习计划，学习就变得按部就班，到了一定阶段对照计划检查一下学习效果，找出优点和缺点，使学习不断进步。再次，制订学习计划有助于养成好的学习习惯。制订学习计划并按计划学习，本身就是一个良好的学习习惯，还有利于孩子养成克服困难、不怕失败的精神。

鉴于按计划学习有这么多好处，父母在孩子进入小学时，一定要引导孩子制订学习计划，这样孩子才能更好地利用时间，取得更好的学习效果。

杰瑞上 2 年级的时候，从老家的学校转到了爸爸工作的城市读书。由于新学校的课程比原来学校的课程进度快，加上转学耽误了一些时间，也耽误了一些课程。所以，来到新学校后，杰瑞感到很不适应，听老师讲课很困难，又觉得自己欠了一些“债”，因此有些焦急。于是他整天忙来忙去，所有时间都排得满满的，但学习效果却很差。他感到很沮丧，总担心自己成绩跟不上。

爸爸了解杰瑞的心情后，建议他首先跟上老师当前的课程，避免旧的课程内容没学到，新的课程又没学好。其次，爸爸建议他制订一个“跟进计划”，把自己落下的学习内容分成多个小部分，每天利用课余时间学一部分，最后把落下的课程内容补回来。

经过仔细查对，爸爸发现杰瑞的课程并没有落下太多，只有半个月的内容。爸爸和杰瑞商量决定，在接下来的一个月时间里，爸爸每天下班回来给他补课 45 分钟，帮他补回落下的课程。其他时间杰瑞要按部就班地学习新课程，消化新学的知识。

自从有了这个学习计划后，杰瑞明确了自己的学习目标，不再和之前那样手忙脚乱了。一个月后，他果然取得了很好的学习效果，不仅把落下的课程补回来了，而且新课程也掌握得很好，还在期中考试中取得了不错的成绩。

杰瑞的事例充分说明了一个道理：要让孩子取得更好的学习成绩，首先要让孩子学会制订一个切实可行的学习计划。有了学习计划之后，孩子就知道自己该怎么做了，知道怎么分配学习时间，继而有条不紊地去学习。

值得家长注意的是，学习计划的制订是有讲究的。一般来说，制订学习计划时，应注意以下几点。

放大镜

◎制订的计划要与老师教课内容配合，不能与之脱节，不能自搞一套。

◎计划要全面、周到，不能有的地方细致入微，有的地方漏洞百出，而要注意协调一致。

◎计划要注意进度的安排，应该前后松紧一致，不能前松后紧，因为越到后面，孩子的疲劳度会越大，计划执行起来越难。

◎计划要与孩子的能力相适应，千万不能把计划定得太不符合实际、目标定得太高。

◎每天计划的学习内容不能太多，学习任务不能太满，以免孩子太累，没有充分的时间休息。

在帮孩子搞清楚学习计划制订的细节技巧之后，家长就要真正开始教孩子制订计划了，那么制订一个良好的计划有怎样的流程呢？在制订好计划之后，又怎样督促孩子去执行呢？

让孩子把学习任务详细地列出来

在教孩子制订学习计划的时候，要和孩子把具体的学习任务一一列出来。比如，每天要背多少个英语单词，要做多少个习题？数学要做多少道练习题？语文要认识、默写多少个生字？……再计算一下除去孩子的睡眠、吃饭、游戏时间之外，还有多少时间可供学习？每项学习内容大概要耗费多少时间？最后，把时间分配到每个学习任务上去。这样，一天的学习计划就做好了。

让孩子把学习计划写在纸上

有些人喜欢把计划默默记在心里，并且能做到心知肚明；有些人喜欢把计划写在纸上、贴在墙上、桌子上。对于 1–2 年级的孩子来说，最好还是把计划写在纸上，变成一个白纸黑字的书面文件，这样可以帮孩子整理思路，起到更好地督促他们学习的作用。

要经常检查学习计划执行的效果

计划再好，也应该落实到行动中去。有些孩子一旦遇到困难，就放弃执行自己的学习计划。因此，父母应该注意监督孩子学习计划的执行情况。如果父母发现孩子在执行学习计划时出现问题，应及时反馈给孩子并给孩子一些建议。比如，学习计划执行了一段时间后，孩子表现出疲惫、劳累，那么父母应该找出原因，看是不是计划排得太满了，然后对计划进行适当调整。如果发现孩子表现出懈怠，父母应该及时鼓励孩子坚持下去。

好记性不如烂笔头

——培养孩子做笔记的习惯

俗话说："好记性不如烂笔头。"如果孩子养成了勤于动笔的习惯，那么他能把所看的、所学的内容理解和记忆得更深刻。要知道，人脑的记忆功能毕竟有限，如果只凭大脑记忆，而不及时做笔记，那么看到的、听到的只会成为过眼云烟，没过多久就忘记了。如果能及时做好笔记，长期积累，就会成为一笔难得的财富，有助于孩子"厚积薄发"。

美国心理学家巴纳特曾做了一个实验，实验的主题是关于"是否做笔记对听课学习的影响"。他把一份 18000 个词的文章按照每分钟 120 个词的语速读给学生们听，学生被分为 3 组：第一组，一边听一边动笔记录要点；第二组，一边听一边看已列好的要点；第三组，只是单纯地听，既不看要点又不做笔记。最后，检查学生们对文章的记忆效果。

实验结果表明：在听课的时候，动手做笔记的学生成绩最好，看要点的学生成绩次之，既不做笔记又不看要点的学生成绩最差。

很多孩子认为，反正书本上什么都有，上课只需竖起耳朵听老师讲课就行了，没必要做笔记。看了上面的实验，看来这种观点是错误的。研究表明，学习同一段材料，做笔记的孩子的成绩是不做笔记的孩子成绩的两倍。

明哲的兜里经常装个小本子或卡片，出门了，他会把自己看到的新鲜事、景色、感想等，用三言两语甚至是简单的词语记录下来；上课的时候，他有做笔记的习惯，课后还会翻看笔记；读书时，他有不动笔墨不读书的习惯，如果读自己的书，他会拿着笔在一旁做标记、做批注，如果是借来的书，他会在笔记本上做批注，把好词好句摘抄下来；看电视、看报纸的时候，明哲也不忘记把新奇的词句、新闻简要摘录下来。

如今，明哲已经积攒了 5 个笔记本，卡片也积攒了不少，上面有汉字，也有拼音，还有歪歪扭扭的图画。这些都是他从上 1 年级开始勤于动笔积攒下来的财富。由于平时积累得多，知识面比较广，他的发言颇有说服力。

可见，培养孩子勤于动笔的习惯，对孩子的学习、表达能力以及今后的写作能力是非常有帮助的。具体而言，勤于动笔的习惯对孩子到底有什么好处呢？

首先，做笔记有助于指引和稳定孩子的注意力。因为孩子要想在听课的同时做好笔记，必须紧紧跟着老师的思路，把所有注意力集中在学习的内容上，这样孩子就不容易分散注意力，听课的质量会更好。

其次，做笔记助于孩子更好地理解学习内容。做笔记是一个思考的过程，它要调动眼、耳、脑、手等一起活动，有助于促进孩子对所学内容的理解。

再次，做笔记有助于孩子对所接触和所学知识的记忆和复习。如果不做笔记，孩子复习的时候只能把教材从头到尾看一遍，这样很费时间，也难以抓住要点，复习的效果会不好。如果有笔记，那么复习的时候可以对照笔记上的纲要、重点和疑难点，这样复习起来就比较系统、有条理，效果也会更好。

最后，勤于做笔记有助于孩子积累资料、扩充知识。除了在课堂上把老师教授的新知识、新观点记录下来，在日常生活中碰到一些有趣的知识和见闻也可以记下来。这样不断积累，孩子会获得更多的知识。

对于 1–2 年级的孩子来说，考虑到他们年龄的特殊性，掌握的汉字也不多，在教他们做笔记的时候，可以让他们学会做以下 3 种简单而有效的做笔记的方法。

放大镜

◎要点笔记：把老师教授的知识点，如重要的概念、论点、论据、结论、公式、定律、定理等记录下来，对老师所讲的内容用关键词加以概括。

◎提纲笔记：参考老师的板书，记下主讲章节的大小标题，用小写数字把课堂内容分出不同的层次，在每一层次下记下要点和细节。这种笔记条理清晰，一目了然。

◎图表笔记：在时间紧的时候，用简单的图形、箭头把教学内容绘成关系图，或简单加以说明。这种笔记比文字笔记更形象、简要。

除了教孩子学会做上面的3种方法之外，家长还应告诉孩子，在做笔记的时候应注意的问题。下面几点是家长应该告诉孩子的。

在记笔记时要提高书写速度

如果孩子的书写速度很慢，在课堂上做笔记势必跟不上老师讲课的速度，这会影响笔记的质量。因此，家长要告诉孩子：“做笔记的时候，不必把每个字都写得工工整整，可以潦草地快速书写，遇到不会写的字时可用拼音代替，事后补上来就可以了。”此外，家长还可教孩子用符号或字母代替某些常用的字，比如，用“Y”表示“因为”，用“S”表示“所以”。当然，不能让孩子书写得太过潦草，以免自己都看不明白。

笔记有遗漏时，不要慌张

上课时，有些东西没有及时记下来，孩子可能会慌张，一直惦记着遗漏的内容，这样反而会造成恶性循环，影响下面的听课和做笔记。针对这种情况，家长可以告诉孩子："有遗漏的东西没记录下来时，不要慌张，在笔记本上留出一定的空间，课后求助同学或老师，把遗漏的内容补回来就可以了。"

笔记不是摆设，要经常查看

有些孩子把笔记当成摆设，放在那里炫耀自己上课多么认真，这种做法是不正确的。家长应告诉孩子："上课做的笔记，课后一定要从头到尾看一遍，这样既起到复习的作用，又可以及时发现笔记中的遗漏和错误，然后及时纠正过来。比如，把写错的字改一下，把过于潦草的字写清楚，等等。这样，笔记就会更加完整、充实、完善。"

第八章

1-2 年级的孩子思维活跃，正确引导可培养其创新能力

创新能力是一个人最有价值的能力之一。孩子的创新能力如何，在某种程度上可以决定他将来的成就。创新是一个民族进步的灵魂。培养孩子的创新能力，是家庭教育中重要的一课。家长应该在孩子进入小学阶段的时候，有意识地引导孩子创造性地思考问题，这对培养孩子的创新能力至关重要。

“我想听听你的意见！”
——营造开放的家庭氛围

人们常说，家有家风。要想培养孩子的创新能力，最适宜的家庭风气是宽松的、和谐的、开放的。对于六七岁的孩子来说，虽然他们的知识储备不多，但是他与其他家庭成员的关系应该是平等的，而不应该是被限制、被特殊对待的。身为父母，应该努力做到凡事和孩子商量，尊重孩子的意见，这样对培养孩子的创新能力非常有帮助。

快要开学了，佟女士带 7 岁的女儿去买衣服。到了儿童专区，那里的童装琳琅满目。佟女士看上了一款公主裙，据店主介绍，那裙子是最新款。因此，佟女士想让女儿穿上，看效果怎么样。

可是女儿对那裙子不感兴趣，她看上了一条牛仔七分裤，拉着妈妈给她买。妈妈说：“你穿那条裤子不好看，你穿裙子可漂亮了，快试一试！”说完就把裙子给女儿套上。见女儿穿裙子漂亮，佟女士就买下了那条裙子。

回到家里，不论佟女士怎么说，女儿都不肯穿那条裙子，佟女士非常纳闷。晚上丈夫李先生回来了，佟女士把这件事告诉了他。他显然很重视这件事，听完妻子的讲述，马上和女儿聊了起来。

“女儿，妈妈不尊重你的意见，给你买了你不喜欢的裙子，你不高兴了，是吗？”李先生说。

“是呀，我说了想买七分裤的，她偏偏给我买裙子，一点儿都不考虑我的感受！”女儿嘟着嘴说道。

“嗯，我也觉得妈妈做得不对，她应该和你商量的。”见女儿的情绪平静了一下，李先生继续对女儿说，“现在爸爸跟你商量一下，既然裙子买回来了，如果你不穿，就浪费钱了，你说怎么办呢？”

女儿看着李先生说：“有两种办法：一是把裙子拿去退掉，换我喜欢的七分裤；二是我委屈自己，穿裙子，可是……”

“可是什么啊？”李先生忙问。

“可是我真的不喜欢穿裙子呀！”女儿无奈地说。

“好吧，那明天把裙子拿去退掉，换那条你喜欢的七分裤吧！”

第二天，当佟女士带着女儿去退裙子时，店主居然不同意。在给女儿买了一条七分裤之后，他们也带着那条裙子回家了。当佟女士抱怨“这条裙子浪费了，钱白花了”时，女儿灵机一动，说：“妈妈，不用担心，我的好朋友媛媛喜欢穿裙子，而且她3天之后生日，到时候我把这裙子作为生日礼物送给她，可以吗？”

佟女士笑了笑，说：“嗯，这样挺好的，你真会想办法啊！”

遇事和孩子商量，应该是父母的一种能力。这不是父母对孩子的简单迁就，而是和孩子平等地交流，给孩子传递尊重和民主的途径。孩子在商量的氛围中，有助于激发出更好的想法。上例中，孩子不断冒出新点子，就得益于家长给孩子营造的和谐民主的沟通气氛。

英国教育家斯宾塞说过：“对孩子要少下命令，命令只有在其他方式不适用或失败时才用。”在日常生活中，家长应尽可能用商量的语气和孩子交流，这种做法的魅力在于使孩子学会从别人的角度思考问题，这对提高孩子的人际沟通能力非常有益。更为有益的是，在一种宽松愉悦的环境中，孩子和家长共同想办法，有利于他们积极开动脑筋，从而形成强烈的创新意识和创新精神。

然而，就目前而言，很多孩子与父母之间的关系有两种不恰当的表现。

放大镜

◎父母说了算。父母要求孩子什么都听他们的，孩子根本没有发言权，更别说想办法了。

◎孩子说了算。孩子在家里是小皇帝、小公主，所有家庭成员都围绕着孩子，努力满足孩子的要求。

在第一种家风中，孩子的想法容易被压制，孩子没有机会提出自己的想法。久而久之，孩子即使有不同的意见，也没有提出来的意愿。再到后来，孩子根本就不会去思考不同的意见，因为他知道即使思考出不同的意见，也没机会表达出来，那干脆就不动脑筋思考了。这样怎么能培养孩子的创新能力呢？

在第二种家风中，孩子的想法有机会随时随地地表达出来，但这种泛滥的思想得不到家长的引导和教育，久而久之，孩子很容易变得刁蛮任性、不通情理。就算父母放低姿态，和孩子好好商量，孩子也不会尊重父母的意见，这就为孩子将来与人合作埋下了隐患。这对孩子的人际交往显然是非常不利的。

很明显，这两种家风都不利于培养孩子的创新能力。想培养孩子的创新能力，家长就应该努力营造宽松的家庭氛围，凡事和孩子商量一下，具体该怎么做呢？有什么需要注意的呢？

多些商量，少些命令

平日里，不管你要求孩子做什么事情，都应学会用商量的口吻表达，而不是强硬地下命令。

比如，当孩子只顾看动画片，忘了写作业时，你提醒孩子做作业，可以对孩子说："现在你是不是该做作业了呢？做完作业再看电视吧！"而不要对孩子说："快点儿写作业，听见没有？！"

当你请孩子帮忙时，比如洗菜，你可以对孩子说："孩子，你现在有空吗？帮我洗一下菜好吗？"而不要对孩子说："赶紧把菜洗了。"

用商量的语气和孩子说话，孩子会认为你尊重他的感受，从而对你产生好感，这有利于亲子沟通的顺利展开。

在处理亲子冲突时应用商量的口吻

很多父母在处理亲子冲突时，不愿意自己的权威受到挑战，总是希望用权威来压制孩子，迫使孩子改变主意。实际上，这样不但不利于处理冲突，反而会激起孩子的逆反心理，使亲子关系更加恶化。

上文中，佟女士和女儿因为买衣服的事情闹僵了，李先生用商量的口吻圆满地处理了这场冲突。试想一下，如果李先生对女儿大吼大叫，批评女儿不听话，结果会有那么愉快吗？要知道，孩子也注重自己的尊严，不希望被别人压制。因此，父母应该学会放下架子，把孩子当作平等的人来看待，用商量的口气和孩子处理冲突，这样孩子才愿意接受父母的建议。

“你能动脑筋真好！”
——保护孩子的好奇心和求知欲

好奇心是指一个人希望了解更多自己不知道的事情的一种不满足的心理状态，求知欲是指一个人探求知识的强烈渴望。这两种东西是每个 1–2 年级的孩子都具备的，也是他们学习时不可缺少的因素，它们可以激励孩子不断地努力追求，直到找到满意的答案为止。

如果孩子没有求知欲和好奇心的指引和刺激，那么任何学习都是被动和无意义的。因此，保护孩子的好奇心和求知欲，是家长应该重视的问题。值得注意的是，孩子年幼无知，在好奇和求知的过程中很容易犯错，家长如何对待孩子的错误呢？正确的做法是看孩子错误中好的一面，保护孩子的好奇心和求知欲，同时引导孩子认识到错误。

赵先生的儿子在 7 岁的时候，发生了这样一件事：

一天，赵先生下班回家，还没坐稳，儿子就把赵先生心爱的笛子拿过来，表功、请赏似地对他说：“爸爸，你的笛子中间有东西堵着，我帮你打通了。”言语中，流露出强烈的得意之情。

天啊！那只笛子可是赵先生花了 300 元买来的。赵先生是个笛子爱好者，不久前刚换了一支笛子，花了那么多钱，却被儿子弄坏了，心疼的程度可想而知。

面对孩子的幼稚举动，还有自己痛苦的心情，赵先生会如何处理这件事呢？换作别人，可能大发雷霆，当场指责甚至打骂孩子。可是如果这样，孩子的好奇心、求知欲便很可能被扼杀。试想，如果孩子被父母的一顿骂、一顿打弄得糊里糊涂，不知道自己到底做错了什么，那么以后遇到自己不懂的事情，他就不敢再去探索了。这样一来，孩子的好奇心和求知欲就渐渐被扼杀了。

那么，赵先生到底是怎样对待孩子在好奇过程中所犯的错误呢？赵先生认为孩子年幼无知，好心办了坏事，不能责怪他。相反，还应肯定孩子好的一面——积极思考，替爸爸排忧解难，于是他保持冷静的态度，理智地处理了这件事。

赵先生对儿子说："不错，你肯积极动脑筋思考问题，这非常好。"这句话很好地满足了儿子表功的心理，令他高兴得手舞足蹈起来。

接着，赵先生微笑着对儿子说："不过，笛子的中间原本就有一个塞子，不然的话，笛子就吹不出来歌了。"说着，他拿起笛子，试着吹歌给儿子听，果然吹不成歌。

正当儿子兴奋的表情一下子陷入低落时，赵先生启发道："不用难过，我们把笛子重新堵上就好了。"于是，他们找来合适的材料，把笛子堵上了，再吹，笛声依旧优美动听。

这时，儿子若有所思地看着赵先生，赵先生便因势利导，告诉儿子有关笛子的常识，还鼓励他多动脑筋、多思考、多尝试。这次经历对培养儿子的学习习惯和兴趣起到了重要的作用。他在上学时，一直保持强烈的好奇心和求知欲，学习成绩也非常优秀。

从这件事中，我们看出：身为家长，在发现孩子因无知而犯错时，应该根据具体情况，冷静地分析，理智地处理，尤其是要找出孩子犯错背后的心理原因，看到孩子错误中好的一面。先抓住孩子的闪光点，给孩子适当的肯定，再对孩子的错误进行引导和教育，这样既能保证不伤害孩子的好奇心和求知欲，又能使孩子明白错误的原因和避免再次犯错的方法。

总结一下，在处理孩子因好奇而犯错的问题时，家长应该持有什么样的处理原则呢？

放大镜

◎看重孩子的出发点，而不是“落脚点”。只要孩子的出发点是好的，是为了求知，家长就应该予以肯定，而不能总看结果。

◎看重孩子的闪光点，而不是“犯错点”。孩子在求知的过程中，有好的一面，家长应该给予肯定，不能只盯着孩子的错看。

◎看重孩子的求知欲，因势利导教孩子。孩子犯错之后，家长应该正确引导孩子，使孩子认识到自己为什么会犯错，明白正确的做法。

如果你希望孩子保持强烈的好奇心和求知欲，不仅应该在孩子因好奇而犯错的时候理智地对待孩子，更应该在平时的生活中，有意识地激发孩子的好奇心，引导孩子积极地去求知。那么，家长应该怎样做呢？

鼓励孩子细心观察生活，大胆提出问题

日常生活中，有许多新奇的事物吸引着孩子。父母应该鼓励孩子细心观察生活，从小事、细节中发现问题，引发更深层次的思考。平日里，家长最好不要过分限制孩子对周围环境的探索，比如孩子趴在地上观察蚂蚁、拆玩具，家长最好别制止，以免扼杀孩子的好奇心和求知欲。如果孩子遇到了不明白的问题，在经过思考之后依然找不到答案，家长可以鼓励孩子提出来，然后和孩子一起去寻找答案。

带孩子走出家门，拓宽好奇心和眼界

现在很多孩子从小生活在城市，对外界的事物根本不了解，因此，他们的好奇心有很大部分并没有被激发出来。鉴于此，家长可以经常带孩子外出走走，去孩子没有去过的地方看看，比如，带孩子逛游乐园、动物园、植物园，带孩子到野外爬山、钓鱼。这些新鲜的户外活动很容易引发孩子的好奇心，激发孩子的求知欲。

从孩子的爱好入手，激发孩子的求知兴趣

孩子对自己的爱好总是充满兴趣的，如果家长能创造条件，让孩子去追求自己的爱好，那么孩子的学习兴趣也就很容易培养起来。比如，孩子对恐龙很迷恋，你可以带他去动物博物馆，或到图书馆给孩子借一些关于恐龙的画册。当然，你还可以给孩子买一些玩具模型，让孩子在家里摆弄。

很多父母见孩子迷恋某些冷僻的知识时，就不自觉地感到担忧，其实，这完全是没必要的，正确的做法应该是鼓励、支持孩子。美国芝加哥大学有一项针对天才运动员和天才艺术家的研究，发现他们有共同的特点：他们的父母很早就开始认可和鼓励他们的特殊爱好，并尽可能地提供条件帮助他们。所以，父母的使命是帮孩子扫清障碍，让孩子有机会去发展自己的爱好。

“你怎么想到的？”
——赞赏孩子的奇思妙想

创造力在孩子身上的最初表现就是奇思妙想，孩子的每个“鬼点子”“怪想法”都像一颗种子，都有可能在经历萌芽之后，成长为高大挺拔的大树。所以，当你发现孩子的奇思妙想时，无论这个想法有多么幼稚可笑，你也不要嘲笑他，而应赞赏孩子的奇思妙想。

有这样一个故事：

一位家长发现7岁的儿子趴在院子的地上，聚精会神地观察蚂蚁，就问：“儿子看，你在看什么？蚂蚁有什么好看的，地上脏死了，快起来！”

儿子仰起头，得意地说：“我在听蚂蚁唱歌呢！”

家长哈哈大笑起来，笑声中满是不解和嘲讽：“胡说八道，蚂蚁怎么会唱歌呢？就算蚂蚁唱歌了，你又怎么听得到呢？你又不是蚂蚁！”

孩子不高兴地说：“你不趴下来听，你怎么知道蚂蚁不会唱歌？怎么知道我没听到蚂蚁唱歌？”

孩子为什么会产生那么奇怪的想法呢？这与孩子的天真幼稚、好奇心强、想象力丰富有关。作为家长，如果见孩子的想法奇怪，就武断地否定孩子，只能说明家长没有蹲下来，和孩子平视周围的事物，没有站在孩子的角度去观察和倾听周围的一切。

有位儿童节目的主持人曾说过：“要蹲下来，和孩子平视。”这应该是每个父母遵循的原则。父母想被孩子接受，就应该找准自己的位置，蹲下来听孩子的话，这样才能放下成人的眼光，抛弃固有的偏见，用孩子的眼光观察世界，从而看懂孩子，肯定孩子的奇思妙想。

妈妈正在包饺子，6岁的女儿佳佳坐在小凳子上，看着妈妈手里的面团。忽然，佳佳问妈妈："妈妈，你知道星星是从哪里来的吗？"

妈妈没有告诉佳佳答案，因为这个问题她没法回答。她说："这个问题很有趣，你自己想想看。"

佳佳安静地坐在一边看妈妈揉面、揪面团、擀面皮、包饺子……

过了好一会儿，佳佳突然语出惊人："妈妈，我知道星星是从哪里来的啦，是你用做月亮剩下的面团做的。"

妈妈听了佳佳的话，先是一愣，然后她特别激动地抱着佳佳说："宝贝，你是怎么想到的？妈妈可想不出来，你真厉害啊！"

六七岁的孩子虽然没有成人那么多的知识和经验，但他们有着无穷的想象力，因为他们的思维没有受到固有模式和固定答案的束缚。这就是孩子奇思妙想背后隐藏的宝藏。当孩子告诉你他的一些新奇想法时，你不要因为这个想法太奇怪而嘲笑孩子，而应该认真地听，然后告诉他："不错，你的想法真是太独特了，我怎么没想到呢！"如果你经常这样欣赏孩子，肯定孩子，孩子将会给你带来更多的惊喜。

美国有位小学教师曾让他的学生幻想20年后的情景。20年过去了，当他重新打开孩子20年前的古怪猜想甚至是天马行空的"乱想"时，诸如宇宙飞船、数字化电脑，都被人类实现了。可以毫不夸张地说，孩子童年所幻想的，就是未来世界所拥有的、隐藏的，孩子的奇思妙想理应得到呵护和挖掘。要知道，如果没有奇思妙想、另类怪诞的思维，人类就不可能有大踏步的前进。

那么，父母在面对孩子的奇思妙想时，应该怎样做呢？

放大镜

◎耐心倾听，给孩子充分表达的机会。有些六七岁的孩子表达能力不好，说话的时候语无伦次，思路不清，对于这种情况，家长应格外耐心，千万不要表现出不耐烦，否则会打击孩子表达的积极性。

◎认真点评，充分赏识孩子的想法。听完孩子的想法后，家长应认真点评几句，言语中流露出对孩子想法的赏识，使孩子获得认可和激励。

◎鼓励孩子再接再厉，大胆地去想象。点评之后，告诉孩子：生活中，还有很多这么有趣的事情，只要你大胆地去想象，你就会有更多新奇的发现。

正确地对待孩子的奇思妙想，对培养孩子的创新能力非常有益。作为父母，除了肯定和赞赏孩子的新奇想法，还应该鼓励孩子去实践中验证自己的想法，使孩子获得进一步的认识和体验。那么，父母该怎么做呢？

给孩子准备必要的条件和工具

当孩子冒出一些古怪的想法和念头时，家长要明白，这是孩子创造性思维的体现，是培养孩子创新能力的绝好机会。家长应赏识和鼓励孩子，让孩子把想法落实到行动中。为此，家长需要给孩子准备必要的条件和工具，支持孩子去实践。

比如，有个孩子喝完牛奶之后，没有把空牛奶盒子扔到垃圾桶，而是兴奋地说：“妈妈，你看这个盒子像一只小船吗？”妈妈好奇地问：“你怎么觉得它像小船呢？”孩子说：“把盒子的上面一半剪去，不就成了一只小船吗？”妈妈说：

“真的呀，那我们来做小船吧！”于是，妈妈给儿子拿来剪刀、胶水，和孩子开始做小船。

陪孩子大胆地验证自己的想法

在孩子用行动验证自己的想法时，家长在一旁陪伴着、关注着，这对孩子是一种无声的认可和支持。当孩子遇到困难时，家长可以给孩子一些引导和帮助；当孩子有新的想法时，家长可以给孩子肯定。这是增进亲子感情的过程，值得家长和孩子一起享受。

无论结果怎样，都应肯定孩子

孩子的奇思妙想听起来很动听，但验证的结果可能令孩子失望。无论结果怎么样，家长都应先肯定孩子，告诉孩子：“你敢大胆地用行动去验证，这就已经很了不起了。结果不重要，重要的是大胆地尝试。”当然，如果孩子成功了，家长自然要多赞赏孩子几句，然后把孩子的作品摆在家里，让来家里的亲戚朋友都一睹孩子创新思维的风采。

“换个方式玩！”
——鼓励孩子进行探索性玩耍

“智商”一词我们早就听说过，“情商”一词我们也早有耳闻，“玩商”一词呢？或许很多家长对这个词比较陌生。其实，对六七岁的孩子来说，玩商的培养非常重要。因为孩子会不会玩，影响着他们创新能力的发展。一般来说，善于进行探索性玩耍的孩子，创新思维往往比其他孩子强。

玩是孩子的天性，不会玩的孩子是称不上聪明的。家长要积极鼓励孩子大胆地玩，玩得出格，玩得与众不同，这样孩子在思考怎么玩、玩什么的过程中，创新思维就能得到锻炼。在历史上，有些发明的产生就得益于孩子玩得出格，比如望远镜。

汉斯是荷兰一家眼镜店的老板。1609年的一天，汉斯的儿子拿着几块眼镜片和同伴们玩耍，他们模仿大人，把眼镜片放在自己的眼前。有的孩子把几块眼镜片一前一后地放置于眼前，然后看着远方。突然，有个孩子惊声叫道：“快来看啊，我看到远方的教堂好近啊！”孩子的叫声引起了汉斯的注意……

汉斯经过观察，发现孩子手里拿着一片老花镜，一片近视镜。他按照孩子的说法用两块镜片看东西，果然发现远处的东西近了很多。于是他抓住这个偶然的发现，认真研究，最终发明了第一台天文望远镜。

可以说，如果没有孩子们探索性的玩耍，孩子们就不会发现两块镜片叠加观看景物的效果，也就不会有汉斯的发明。显然，探索性的玩耍能培养孩子的创造力。

所谓探索性玩耍，就是鼓励孩子尝试不同的玩法，玩出新花样。这种玩耍是增强孩子创造力和自信心的重要途径。在玩耍中，孩子能学会探究尝试、大胆思考，从而有利于培养他们的思考力、观察力、动手能力。

孙先生说："玩是孩子的天性，家长不但要放手，更应该引导孩子用多种玩法，玩出新花样，玩出新感受。这对提高孩子的动手能力和创新思维大有好处。"在平时的生活中，孙先生会让女儿选择玩什么、怎样玩，给她提供充足的时间和空间。在游戏中碰到问题时，孙先生会和女儿一起动脑筋想出更多更好的玩法，交流和分享玩中的乐趣。

在教女儿玩玩具的时候，孙先生不只是教女儿怎么玩，还引导女儿了解玩具的内部构造。比如，玩具车是怎么跑的？为什么会跑呢？为什么会拐弯呢？等等。因此，孙先生鼓励女儿拆开玩具，一探究竟。渐渐地，他发现女儿玩得聪明、玩得大胆，女儿的想象力很丰富，创意很巧妙。

生活中，很多家长的做法与孙先生不同，他们经常出于各种顾虑，阻止孩子探索性地玩耍。这主要表现为3种不正确的做法。

（1）为了孩子的安全，不让孩子玩。毫无疑问，安全是非常重要的，但是家长没必要杞人忧天，安全也有个"程度"问题。在一定的安全程度内，家长应该大胆放手，鼓励孩子玩得出格。

（2）怕孩子弄脏了衣服而不让孩子玩。有些家长把孩子打扮得干干净净，生怕孩子玩脏了衣服。讲究卫生确实有必要，但不必如此讲究。要知道，不爱玩的孩子，那还叫孩子吗？再说了，玩脏了衣服再洗干净不就可以了吗？所以，家长应多为孩子的成长考虑，不要因为怕麻烦而不让孩子玩，否则对孩子创新思维的发展不利。

（3）怕孩子把玩具或物品损坏，所以不让孩子玩。有些家长给孩子买来各种玩具，但不让孩子自由地玩，因为玩具是花钱买来的，怕被孩子玩坏；有些家长不让孩子摆弄家里的物品，动辄以“别弄坏了”来呵斥孩子。教育孩子爱护玩具、爱护家里的东西是对的，但不能过分严格。否则，孩子玩的时候会担惊受怕，生怕一不小心玩坏了，受到父母的惩罚。

其实，在探索性玩耍的过程中，孩子既动手又动脑，很多方面的能力都可以得到锻炼。探索性玩耍主要有以下几方面的益处：

放大镜

◎通过探索性玩耍，孩子可以了解周围的世界，并在探索中发现求知的快乐。

◎通过探索性玩耍，孩子的创新思维能得到锻炼。

◎通过探索性玩耍，孩子与人相处的能力可以得到培养。

◎探索性玩耍有利于提高孩子的注意力，为孩子在课堂上学习知识打下基础。

那么家长怎样鼓励孩子进行探索性玩耍呢？下面有几点建议，值得家长借鉴。

让孩子重新布置自己的小卧室

家长可以鼓励孩子给家里制造一些变化。比如，对孩子说：“给你一个机会，你把自己的房间重新布置一下，想想怎么布置。”等孩子想好怎么布置时，你可以对孩子说：“你做指挥，爸爸妈妈当你的帮手，你来说，我们来做。”

鼓励孩子用另一种方法来解题

孩子在做数学题的时候，父母虽然没有必要手把手地教孩子，但可以经常提醒孩子："你可不可以换一种方法解题呢？""这道题从另外一个角度来解答，会不会更好呢？"经常这样提醒孩子，有助于孩子树立探索新方法的意识。

正确对待孩子拆玩具、搞破坏

不少家长对孩子拆玩具、搞破坏的行为感到烦恼，经常批评孩子不爱惜玩具。对于这种情况，家长其实没必要那么认真。如果孩子把玩具拆开了，家长不妨问孩子："你为什么要拆玩具呢？""你想看看玩具里面有什么东西，对吗？""你有什么发现吗？""你要记得完好地把玩具安装好哦！"同样，如果孩子把家具弄坏了，不要急着批评孩子，而应搞清楚孩子行为背后的想法。这样才能更好地了解孩子，从而引导孩子进行探索性玩耍。

"换个角度思考！"
——启发孩子多角度思考问题

有这样一个故事，值得广大家长深思：

某日，爸爸给七八岁的儿子出了一道脑筋急转弯，问："树上有 10 只鸟，开枪打死 1 只，还剩几只？"

儿子反问："用的枪是无声的，还是有声的？枪声有多大？"

爸爸一惊，说："枪有声，声音挺大的。"说完后，他等待儿子的答案。

没想到，儿子又问："在这个城市打鸟，犯法吗？"

爸爸再次一惊，说："不犯，你快回答，不要转移话题。"

"你确定那只鸟被打死了吗？"儿子接着问。

"当然死了。"这时爸爸有些不耐烦了。

"树上有耳聋的小鸟吗？"

"没有，拜托你快说答案吧！"爸爸很不耐烦了，嗓门有些高。

"树上有没有残疾的小鸟或饿得飞不动的小鸟？"儿子示意爸爸不要急。

"没有！"爸爸很干脆地说。

"树上有怀孕的小鸟吗？"

"没有！"

"打鸟的人确实看清楚了，树上只有 10 只鸟吗？"

"是的！"爸爸不知道儿子在干什么，只好耐着性子回答。

“有没有一枪打死两只鸟的可能？”

“没有！”

“爸爸，如果以上你的回答没有骗人，那么结果有两种可能：如果打死的鸟挂在树上，那么树上只剩一只鸟；如果打死的鸟掉在地上，那么树上一只不剩。”

如果这种事情发生在你的孩子身上，你会有何感想呢？你是觉得孩子善于从不同的角度思考问题，还是觉得孩子太调皮、不好好回答问题呢？其实生活中的很多问题并不能简单地回答“是”或“不是”、“对”或“错”，因为大千世界太过复杂，每个问题都有很多前提。如果没有搞清楚前提，那么回答出来的就可能不准。

上例中，孩子善于从一个普通的提问中，找出许多前提条件。在搞清楚前提条件之后，再做出两种回答。可以说，这是思维缜密的表现，也是创新思维的一种表现——善于提出不同的观点、疑问，从不同的角度思考问题。

家长在培养孩子的创新思维时，应该教孩子从各个方面、各个角度、各个层面来了解事物。这样孩子才能找出最合适的答案。为了寻求不同的答案，孩子需要具备发散性思维。所谓发散性思维，是指在思考问题的时候，要从形式到内容以及与周围事物的联系等诸多方面进行思考。通常，具备发散性思维的孩子有以下表现：

放大镜

◎面对困难和问题时，不会因为一条路堵死了而放弃，而是善于想其他的办法。

◎在回答问题的时候，能确切地搞清楚问题的前提，使回答更加准确。

◎不会因为家长或老师的权威，而不敢提出不同的意见。

如今，普遍存在一个问题，那就是有些老师和家长总是希望孩子按照他们的思维方式来思考问题，希望孩子思考的结果与标准答案相吻合。如果孩子的答案与标准答案不同，老师和家长会立即对孩子说：“你做错了。”有时候，孩子的答案对，但是解题步骤与标准答案不一样，老师也将其视为“错解”。

当然，孩子的答案与标准答案不一样，错的可能性很大，但假如孩子的答案是正确的，而解题步骤与标准答案不同，老师和家长不应该立即否定孩子，而应该看孩子是怎样思考的，思考的角度有何不同。或许从孩子的思考角度解答，解出的答案同样是科学合理的。

值得注意的是，在培养孩子多角度思考问题时，应该注意下面几个问题：

允许孩子提出不同的意见

在家里，父母是绝对权威，这不仅是因为父母是大人，更因为父母的知识、智慧、智力、阅历等，都比孩子丰厚。因此，对大多数问题，家长的看法和见解，都比孩子全面得多。但是，父母应该明白“智者千虑必有一失，愚者千虑必有一得”的道理。也就是说，父母有时候对问题的看法也可能不准确，也许孩子的看法可能更准确。所以，家里有什么事情，家长应该允许孩子发表不同的看法。如果孩子的意见有道理，家长不妨虚心地采纳，并表扬孩子。这样有利于培养孩子的创新思维。

欣赏孩子挑战权威的勇气

有些孩子有不同的意见，但是没有勇气提出来。这可能是由于父母或老师太过威严造成的。比如，父母或老师如果是特别好面子的人，把孩子的不同意见视为对自己威信的挑战，甚至因此批评过孩子，那么孩子以后就可能不敢挑战权威了。如果你发现孩子有这个问题，应该反省自己的行为，鼓励孩子挑战权威。

肯定孩子的发散性思维、多角度思考

父母给孩子讲“滴水穿石”这个成语的意思时，往往会说：“只要功夫深，铁杵磨成针。”但孩子可能说：“滴水穿石说的是以柔克刚，还说明了目标就是意志，更有以弱制强的意思。”这时，家长应该肯定孩子的想法。因为这是一种非常宝贵的多角度思维。

“该你编故事了！”
——训练孩子的想象思维

创造离不开想象，爱因斯坦说过：“想象力比知识更重要，因为知识是有限的，而想象力概括了世界上一切进步的东西，并且是知识的进步的源泉。”要想培养孩子的创新能力，家长可以从培养孩子的想象力开始。怎样培养孩子的想象力呢？最好的途径之一是鼓励孩子编故事。这不仅能培养孩子的想象力，还有助于提高孩子的表达能力。

生活中，有些家长可能觉得孩子编的故事很幼稚可笑，甚至不自觉地嘲笑孩子或纠正孩子。其实，这是完全没有必要的。对于孩子编的故事，家长应尽可能地尊重并尝试着去理解。只有这样，孩子才会受到鼓舞，从而对编故事有更大的兴趣。

一个星期天，鹏鹏把好朋友娟娟、乐乐、萍萍等好朋友邀请到家里来玩。妈妈为他们准备游戏工具，然后在一旁织毛衣，时不时观察孩子们的举动。

“一天，有只山羊到树林里采蘑菇……”乐乐刚讲到这里，其他小朋友就叫起来了：“不对，不对，是小白兔采蘑菇，山羊怎么会采蘑菇呢？”大家你一言我一语，把乐乐搞得十分尴尬，他一时不知道该怎么办。

正在这时，鹏鹏的妈妈对大家说：“大家想一想啊，为什么山羊不能去采蘑菇呢？没谁规定只有小白兔才有资格采蘑菇呀！”顿时，几个小朋友马上小声嘀咕起来：“山羊不爱吃蘑菇，采蘑菇干什么呢？”“山羊应该是吃草的，采蘑菇做什么？”

听了几个孩子的议论，鹏鹏妈妈没有否定他们，而是引导大家动脑筋，从另一个角度编好这个故事。她提示：“山羊确实到树林里采蘑菇了，山羊爱吃草，但也会采蘑菇，现在你们一起来编这个故事好不好？”

几个孩子听鹏鹏妈妈这么一说，马上小声地交流起来。过了一会儿，他们开始发言了。鹏鹏争着第一个发言，他说：“山羊吃青草吃腻了，采蘑菇吃换一换口味。”乐乐说：“山羊和白兔是好朋友，它知道白兔生病了，所以帮小白兔采蘑菇。”娟娟说：“小白兔要过生日了，山羊采蘑菇作为生日礼物送给小白兔。”听着这些内容丰富的故事，鹏鹏妈妈笑得合不拢嘴，不停地夸孩子们想象力丰富。

通过这个编故事的例子，我们可以认识到，在培养孩子的创新思维时，编故事的确是一个非常有效的训练方法。面对“小白兔采蘑菇”的固有思维模式，孩子们在大人的引导下，思维轻松跳了出来，创造性地编出更多有趣的故事。如果孩子经常得到这样的训练，那么他们的想象潜能会得到很好的开发。

在平日里，家长应尽量地发现孩子想象性的活动。比如，当孩子把一把扫帚放在裆下当马骑时，你可以问他：“你是不是把自己当成了哈利波特呢？”当孩子把扫帚拿在手里，嘴里喊着“冲啊”时，你可以问他：“你是不是把自己当成了冲锋陷阵的战士呢？”不要小瞧这些提问，它们能很好地引发孩子去思考和想象。

家长经常鼓励孩子编故事，让孩子对编故事产生兴趣。长此下去，对孩子的成长会产生很多好处。编故事对孩子的好处主要有这样几点：

放大镜

◎培养孩子的发散性思维。给孩子一个主题或一个关键词，让孩子围绕这个编故事，孩子会努力去想象，有助于培养孩子的发散性思维。

◎在编故事的过程中，孩子要通过语言把故事表达出来，这对孩子的表达能力是一个很好的训练。

◎当孩子编不出来时，家长可以趁机给孩子一本故事书，对他说："如果你多看故事书，就能编得更好了。"这样能调动孩子的阅读兴趣。

很多家长都知道故事对激发孩子想象力，增强孩子阅读兴趣等方面的作用，然而，对很多家长来说，具体该怎样运用故事激发孩子的想象力呢？他们或许不那么清楚，下面就简单介绍几种方法。

告诉孩子关键词，让孩子将它们联系起来

闲暇的时候，家长可以给孩子说两三个毫不相干的概念，让孩子通过相关的中间环节，把这些不相干的概念联系起来。比如，"石头"与"电脑"，这两个概念根本不相干，但是通过"玻璃""屏幕"这两个词就能将它们联系起来。这样一来，就构成一组概念：石头——玻璃——屏幕——电脑。

让孩子用他喜爱的玩具做故事的主角来编故事

在孩子的成长历程中，总有一些玩具是他们非常喜爱的。谈到这些玩具，孩子会忍不住感到兴奋。如果这时候你让孩子以自己喜爱的玩具为主角，来编个故

事，孩子一般会欣然接受。比如，孩子有个很可爱的玩具熊猫，你可让他以玩具熊猫为故事的主角来编故事。当孩子开始编故事时，你要耐心地倾听，听完之后给孩子进行点评，对孩子加以肯定。

给孩子讲个故事的开头，然后让孩子尝试编下去

在给孩子讲故事的时候，你可以在最有趣、最惊险、最有悬念的地方停下来，让孩子试着把故事编下去。比如，你对孩子讲："我们正在过马路的时候，突然……发生了什么呢？"

另外，你还可以将孩子熟悉的某个故事的开头讲出来，然后让孩子讲出故事的结尾，或者让孩子讲开头，你来讲结尾。通过多种不同的形式来讲故事、编故事，更有利于调动孩子的兴趣和积极性，这样效果会更好一些。

青蓝

陪孩子轻松走过小学6年

学习力+性格塑造+习惯养成
小学就是分水岭

3–4年级

康雅静◎著

航空工业出版社
北京

内 容 提 要

《陪孩子轻松走过小学6年·3-4年级》一书主要解决孩子学习瓶颈期、身心健康等问题。刚上小学三四年级的孩子，在学习和生活上都有了这个阶段的新的特点。本书在遵循共同规律的基础上，在主动性、学习方法、记忆方法、生活调试、学习习惯等方面都提出了解决办法，强调尊重孩子的个性化差异，让科学、实用有效的学习方法和家庭教育方法惠及每个家庭和孩子。

图书在版编目（CIP）数据

陪孩子轻松走过小学6年. 3-4年级 / 康雅静著. --北京 : 航空工业出版社, 2022.12
ISBN 978-7-5165-3196-9

Ⅰ. ①陪… Ⅱ. ①康… Ⅲ. ①小学生—家庭教育 Ⅳ. ① G782

中国版本图书馆 CIP 数据核字 (2022) 第 237084 号

陪孩子轻松走过小学 6 年·3-4 年级
Peihaizi Qingsong Zouguo Xiaoxue 6 nian · 3-4 nianji

航空工业出版社出版发行
（北京市朝阳区京顺路 5 号曙光大厦 C 座四层 100028）
发行部电话：010-85672688 010-85672689

三河市双升印务有限公司印刷 全国各地新华书店经售
2022 年 12 月第 1 版 2022 年 12 月第 1 次印刷
开本：710 × 1000 1/16 字数：168 千字
印张：12 定价：128.00 元（全 3 册）

前言

Contents

从孩子呱呱坠地的那一刻起，父母就开始为这个孩子以后的成长和发展操心了，对于孩子将来的学习更是无比上心。在幼儿园时期，孩子基本上不接受系统的科学文化知识教育，但上了小学之后，孩子就需要从最基础的知识开始学起，接受相对系统的科学文化知识的教育。1-2 年级是打基础的时期，在这段时期，孩子主要是通过对基本知识的学习、认知，为后续进一步的学习打下良好的基础。3-4 年级则是孩子发展的关键期、黄金期，这段时期，孩子不再像低年级时那样完全信任妈妈和老师，而是出现了叛逆与不满。但是，他们也不像高年级的孩子那样“成熟”和有思想。这个时期是他们从“幼稚”型到“初成熟”型的过渡阶段。可以说，3-4 年级，既是孩子从小学低年级向高年级的过渡期，也是其从小到大、从不成熟到成熟的关键期和转折期。作为孩子的家长，必须做好引导者和教育者的角色，帮助孩子顺利度过这段时期，为孩子未来的良好发展和学习奠定坚实的基础。

人们之所以说“3-4 年级是孩子在学习道路上的一道坎”，不是因为这段时期的学习任务比较难，而是因为这极有可能是孩子告别“双百”的时期。很多家长可能有这种感觉，孩子在上 1-2 年级的时候学习很棒，成绩基本上都保持在 90 分以上，还能得到双百；但是到了 3-4 年级的时候，成绩忽然下降了很多，当然也有的会忽然上升很多。也就是说，这段时期，孩子的成绩起伏比较大，大到有时候让父母难以置信。这是为什么呢？因为这一时期也是孩子大脑发育的关键期，即大脑处于内部结构和功能完善的关键期。随着大脑的逐渐发育，孩子本身的各种能力也会在这一时期迅速提高和显现。

首先是语言能力的发展，突出表现在由口头语言向书面语言的“过渡”，书面语言的表达能力要高于口头语言的表达能力。孩子会通过简单的作文、日记等形式来表达自己内心的一些情感、意愿、理想等。例如，3-4 年级的孩子会在作文中写道：“我的理想是将来成为一名科学家。”他们也会在日记中抒发自己的喜怒哀乐等。尽管这些书面语言在成人看来有些幼稚，但是对于这个时期的孩子来说，已经是非常“成熟”了。

其次，在这一时期，孩子注意力的目的性也会明显增强。1-2 年级的时候，在课堂上，可能还需要老师不断地提醒，孩子才能将注意力转移到老师所讲的内容上，并且这种注意力只能保持 15 分钟左右。但是 3-4 年级就不同了，孩子的心理和大脑经过更为深入的发展，他们的注意力已经能保持 30 分钟左右，并且他们也认识到了学习的重要性，知道上课应该认真听老师讲课。也就是说，在这一时期，孩子学习的目的性会更明确，注意力也会更集中，因此能够胜任更为繁重的学习任务。

最后，在这一时期孩子的理解能力、表达能力、思维转换能力、记忆力等各种能力也会迅速发展，另外在人际交往、性格特点、思想观念等方面也会发生一些改变。总之，这一时期的孩子在学习、成长、认知等各个方面都会有比较大的变化。

因此，可以说 3-4 年级这段时期，是孩子学习、成长、认知等发展的关键期。家长应该遵循孩子成长发展的规律和本性，认真培养和教育，增强其心智，丰富其知识，使其从小就养成良好的学习习惯，掌握科学的学习方法，为其日后能够更好地学习以及人生朝着更优秀的方向发展打下良好、坚实的基础！

目录

Contents

第一章

孩子突然长大了——学习变了样

第二章

从彩图到文字的转变——3-4 年级是思维方式培养的黄金期

第三章

培养孩子的学习能力很重要——3-4 年级，决定孩子一生的好成绩

第四章

学会学习比学会知识更重要——培养好的学习方法，为高年级打基础

第五章

学科不同，方法亦不同——把握 3-4 年级阶段培养孩子的各科学习能力

第八章

良好品质需培养——3-4 年级，孩子道德教育的重塑期

第九章

孩子的情绪容易激起和爆发——培养孩子良好的情绪控制能力

第一章

孩子突然长大了——学习变了样

当孩子进入 3-4 年级这段时期，很多家长会突然发现孩子和以前上 1-2 年级的时候不一样了，仿佛在一夜之间长大了。在学习上更是变化很大，以前学习很差的可能成绩突然上来了；以前学习很优秀的，成绩反而一落千丈了……总之，孩子在学习上好像变了一个人，各种问题的出现往往让家长“匪夷所思”。

3-4 年级里的“新情况”

——1-2 年级的优等生突然不见了

在 1-2 年级的时候，很多家长都觉得自己的孩子学习很棒，稍微努力，考试就是九十多分甚至一百分，似乎学习对于这个时期的孩子来说是一件非常容易的事情。做作业的时候，遇上不会的难题，家长稍微一点拨，孩子便豁然开朗；临近考试了，即使“临时抱佛脚”，成绩也不会很差……总之，这一时期几乎没有“差生”一说，每个孩子仿佛都很优秀。但是，当孩子到了 3-4 年级的时候，情况可能会急剧变化，出现的“新情况”更是让家长像丈二的和尚——摸不着头脑。

例如，以前在班里总是名列前茅的孩子，学习成绩突然下滑，一下子成了“差生”，之前那个在家长眼里、老师眼里的优等生竟然消失不见了，取而代之的是一个整天抱怨学习难、成绩差的孩子。这种“新情况”的出现，让很多家长都无法理解也无法相信，甚至有些家长还会在孩子成绩下降之后严厉批评孩子，反而使孩子的成绩愈发糟糕。

其实这些在家长看来很不可思议的事情是很正常的，因为孩子从 1-2 年级向 3-4 年级迈进之后，各方面都会发生相应的改变，无论是心智还是情感，再加上 3-4 年级的课程比 1-2 年级的课程更系统、更深入，使孩子难以一下子适应，因此，出现优等生变差生的“新情况”就不足为怪了。

在上 3 年级之前，丹丹绝对是父母眼中的优等生。每次考试，丹丹的成绩总是班里的前三，双百更是拿到手软。正当丹丹的父母喜滋滋地等着女儿在新的学习阶段继续“辉煌”的时候，丹丹的期中考试成绩单却给了他们当头一棒：这次考试竟然只考了班级第 19 名，只能算是中等。

“女儿在学习上和以前并没有很大差别啊，怎么成绩会突然下滑这么多呢？”丹丹的妈妈想：莫非女儿上课没有以前那么认真了？经过了解之后，妈妈得知不仅是这次期中考试，之前每一次的月考丹丹的成绩都不是很理想。因为害怕被批评，女儿一直瞒着他们没有说，再加上他们之前对女儿的赏识和信任，也就没注意。想不到上了 3 年级之后，他们眼里的那个优等生会突然消失不见，出现的这种“新情况”让丹丹的父母既费解又担忧。

丹丹的例子其实可以反映出这样几个问题：

放大镜

◎进入 3–4 年级后，心智发展导致孩子在学习上发生变化。

◎心理因素导致孩子不愿意和家长说学习上的问题。

◎家长无法客观地看待孩子的这种变化。

很显然，丹丹的父母对女儿在学习上出现的“新情况”是无法理解的，甚至只会认为孩子没有认真学习。对于孩子忽然从一个优等生变为中等生的情况，家长不能一味地认为孩子没有好好学习，而是要用客观的眼光去对待孩子的这一转变。家长只有先认识到这种变化，才能更好地理解和帮助孩子，让其顺利度过这一时期。否则，只会让孩子在学习上更加糟糕，甚至还会影响其未来的成长和发展。

对于孩子出现的这种“新情况”，家长应该这么看待：

认真对待“1–2 年级的优等生突然不见了”这种转变

每位家长都希望自己的孩子能在学习上名列前茅。但是家长们必须客观地认识到，孩子的学习也是有起伏的，对于这种情况，应认真对待，客观分析原因。最突出的表现可能就是“1–2 年级的优等生突然不见了”，对此，家长既要分析这种情况出现的原因，如课程结构的变化、孩子心理的一些因素等；同时又要采取一些方法对孩子进行引导和教育，如通过辅导让孩子尽快适应新的学习方式，引导孩子接受新的知识结构和体系。另外，当发现孩子的学习成绩有变动的时候，不要只顾着批评其没有好好学习，而是要先了解孩子成绩下降的原因，等弄清楚之后，再找相应的解决方式。让孩子不会因为害怕批评，而把学习上的困惑闷在心里。只有这样，孩子才能在此时期顺利克服学习上的各种“困难”和“转变”，从而继续认真、努力地学习。

提前引导，让孩子做好应对“变化”的准备

想要避免“1–2 年级的优等生突然不见了”这种情况的出现，家长就要在孩子的学习上多费些心，了解其学习的教材特点，掌握其学习和知识的规律。例如，家长可以提前看一些 3–4 年级的教材，认真研究一番，在孩子升入 3–4 年级之前，有意无意地给些这方面的辅导。当然了，这并不是鼓励家长对孩子进行超前教育，而是在孩子基础知识掌握牢固的前提下，让其明白学习是一个从简单到复杂的过程，随着学习的深入和增加，课程必定会越来越难，让孩子提前做好这个思想准备。

“我不想学习了！”
——孩子怎么突然厌学了？

之前上 1–2 年级的时候孩子学习成绩很好，每次考了好成绩都会受到父母和老师的夸奖，因此学习的积极性和热情很高，放学回家后的第一件事就是先把老师布置的作业完成，在课堂上也总是非常积极地回应老师的每一次互动。但是升入 3–4 年级之后，情况可能就完全不一样了，发生的变化很可能让家长也感到莫名其妙。

从 1–2 年级进入 3–4 年级，是开启了一个新的学习阶段，但是很多孩子并不“接受”这个转变。当家长告诉他们“又长大了一些，都成中年级的学生了”的时候，孩子会忽然变得很暴躁，对这种变化也非常抗拒，觉得父母说这些是在给自己增加学习的压力和负担，再加上 3–4 年级后所学的课程知识结构也会发生改变，不再是简单的基础知识，而是系统的知识结构了，孩子一时难以适应。在这种情况下，心智发育还不是很成熟的他们往往会产生厌学情绪，对于老师布置的作业更是十分厌恶，甚至高呼：“我不想学习了！”

厌学情绪是孩子学习中最大的拦路虎，暂且抛开其学习成绩不说，孩子对待学习的这种态度就足以严重阻碍其学习。所以，对于 3–4 年级的孩子，家长要特别注意孩子的情绪，一旦发现孩子出现厌学情绪，要引导孩子，正确梳理自己对待学习的情绪和情感，扭转孩子的学习态度。

云云今年上 4 年级，因为父母都是学校老师，再加上云云从小就比较爱学习，从1年级开始，云云的成绩就一直在班里数一数二。有这样一个优秀的女儿，云云的父母也非常骄傲。为了让女儿有一个更好的学习环境，在她上4年级后，父母对云云的学习更加上心，放学了认真辅导女儿写作业，晚上还要抽出时间引导女儿提前预习次日的新知识。另外，望女成凤的父母还给云云买了最好的学习机等学习用品和工具，希望女儿能在学习上“更上一层楼”。

虽然父母为云云的学习付出了很多心血，但是云云的成绩与之前相比并不是很好，尤其是升入4年级之后，她一度感觉学习很吃力，再加上父母对自己的期望以及无微不至的照顾，给了云云很大的压力，她第一次觉得学习是一件很辛苦、很折磨人的事情，因为她非常害怕自己成绩不好让父母失望。

就这样，在各种因素的作用之下，云云对学习的态度由之前的喜爱渐渐变成厌恶，终于在一次父母“逼”她预习新课文的时候，云云再也抑制不住自己的情绪，彻底爆发了：“我不想学习了！学习简直就是折磨人，我受不了了，再让我学习我会崩溃的！”对于女儿的“反常”，云云的父母非常吃惊，他们不明白为何一向对学习充满热情的女儿会突然厌学。

云云的例子反映出了这样几个问题：

放大镜

◎学习内容变难，是导致孩子厌学情绪产生的重要原因。

◎学习压力和负担也是造成孩子厌学的原因之一。

◎家长的“干涉”让孩子觉得学习很折磨人。

虽然云云的父母是出于好心，辅导女儿学习、给女儿置办最好的学习用品和学习工具，但是他们忽视了一点，那就是，这样极易给孩子造成一定的心理压力。

再加上孩子刚从学习基础知识的阶段转变到学习系统文化知识，本来就已经有些不适应了，家长若是不理不顾这种转变给孩子造成的心理负担，依旧过多地“干涉”其学习，会给孩子带来更多的压力。

那么，家长该如何帮助孩子消除厌学情绪呢？可以试试以下方法：

别对孩子过于“无微不至”，否则只会给其增加压力和负担

现在的家长都十分重视孩子的学习，时不时地询问其最近的学习成绩、学习情况。殊不知，家长这样的做法看似是在鼓励孩子，实则是在给孩子增加压力。

作为父母，最好的做法就是平时对孩子不要过于“无微不至”，更不能在学习上事事、处处为其操心，而是要给孩子一定的自由和空间，让其保持心态平和，这样，孩子才能避免因为压力过大而产生焦虑情绪和厌学情绪，才能无忧无虑地学习和生活。

通过调动孩子的学习兴趣，避免厌学情绪的产生

孩子突然厌学的一个重要原因就是对学习失去了先前的兴趣，3–4 年级的课程知识相对于 1–2 年级的课程知识比较系统，理解起来可能会有一定的难度。这样极易挫伤孩子学习的积极性，因为知识比以前难理解，孩子在做题、考试的时候也不可能像以前一样立即做出来，没有了之前的成就感，久而久之便对学习失去了兴趣。针对这种情况，家长要从培养孩子的学习兴趣入手，把难以理解的知识有趣味的方式向孩子解释，让孩子觉得这些知识有趣而不是难以理解。孩子对学习的兴趣有了，厌学情绪自然就消失了，学习起来会更加努力、积极。

“又要考试了”
——孩子开始惧怕考试了

在 1–2 年级的时候，考试往往预示着受到表扬和鼓励，因为知识简单，考题自然也不是很难，大多数的孩子都能开开心心地得到老师发的奖状或者小奖品。这一时期对于孩子来说，是最具成就感的时期，因为每一次的考试都是被老师和家长认可的时候，因此也特别喜欢考试。

但是到了 3–4 年级就不一样了，这一时期的考试可能会拉开孩子之间的学习差距，相对于 1–2 年级的考试，3–4 年级的考试会更正规、更系统、更严肃，孩子不再像之前一样轻轻松松就可以考个好成绩了，并且由于孩子的心智更成熟了，知道考不好的“后果”，从而使孩子没有了学习的信心，对考试的态度也由之前的期待变成了恐惧。

虽然考试并不能完全反映出一个孩子在学习上的情况，但它仍是考核孩子学习状况的一种重要方式。即使孩子再害怕，再恐惧，都不可避免地需要去面对。时间长了，孩子对考试的恐惧感也会越来越强，以至于常常听到孩子在考试之前发出这样的牢骚：“又要考试了，真是让人头疼。”出现这种情况，家长就要引起注意和重视了，应通过多种教育方式和手段去引导和教育，削弱孩子对考试的恐惧感，让孩子用平常心去对待这种有效的考核方式。

东东下午放学回家后一脸愁容，仿佛天要塌下来似的。看到刚上 3 年级的儿子愁成这样，东东的妈妈还真是好奇，到底是什么事情让一向开朗的儿子这么蔫呢？于是她走过去问东东小小年纪为什么而愁。

“唉，别提了！”东东躺在客厅的沙发上叹了一口气，十分无奈地说：“今天老师宣布后天要进行阶段性的测验，又要考试了，能不让人愁吗？妈妈您来听听我现在的心跳，就知道我心里有多恐惧了！”

东东的妈妈这才恍然大悟，原来儿子又是为考试发愁啊。她记得上个月儿子也是因为考试发过类似的牢骚。可是转念又想，不对呀，儿子之前对考试可从来没这么惧怕过。记得他上小学1–2年级的时候，对考试还特别期待呢，说最喜欢考试了，因为每次考试都能因为成绩优异被老师夸奖。

怎么现在变得这么惧怕考试了呢？东东的妈妈看着满脸愁容的儿子，非常困惑，孩子这才上3年级就这么惧怕考试了，以后求学的路还长着呢，避免不了要应对各种各样的考试，他这种心态可不好啊！

东东的例子其实反映出了他这个年龄的孩子在学习上的一些共同问题：

放大镜

◎害怕考不好，从而惧怕考试。

◎紧张、焦虑等负面情绪也是导致孩子惧怕考试的原因之一。

◎父母的期待让孩子倍感压力。

像东东这样在进入3–4年级后惧怕考试的孩子，在现实生活中并不少见。作为家长若是不及时予以帮助和教育，孩子在学习上会产生一定的心理障碍，影响其未来的发展。

在如何帮助孩子消除考试惧怕心理的具体方法上，我们不妨一起来探讨一下。

告诉孩子，考试是一种“查漏补缺”的好方式

家长要多站在孩子的角度去看待其惧怕考试这个问题，不要觉得孩子惧怕考试是一种懦弱、心理素质差的表现，应该耐心给其解释考试的真正意义和目的，让孩子对考试有一个正确的理解和态度。例如，家长可以给孩子这么解释：“考试并不是老师或者学校故意刁难你，而是想通过这种方式了解你学习的真实情况。通过考试，你也可以及时了解你哪些知识点掌握得好，哪些知识点掌握得不够牢固，从而可以查漏补缺，让你更清楚自己对已学知识的掌握情况。”如此一来，孩子便能对考试有一个全新的认识，惧怕的心理也能慢慢消除。

考前让孩子多放松，消除紧张情绪

考前尽量让孩子心态平和、放松，抱着坦然的心态去对待每一次考试。心态平稳了，紧张、焦虑的情绪自然也就平复了，孩子也就不会在每一次考试来临之前都心神不宁、惶恐连连了。例如，在临近考试前，家长可以让孩子从紧张的学习中暂时脱离，带着他到大自然中走一走、看一看，放松一下心情；也可以通过孩子感兴趣的事情，如运动、聊天等方式转移孩子对考试的注意力，让孩子不去过多地想着考试这件事，他们自然也就不那么惧怕了。

另外，让孩子不惧怕考试的最好办法就是督促其在平时的学习中做好知识的积累。平时所学的知识点都掌握牢固了，考试也就“小菜一碟”，在考前做到真正的“胸有成竹”，自然就不会对考试产生惧怕心理了。

总之，对于3–4年级的孩子来说，家长要特别重视对孩子这段时期的引导和教育，让孩子能够在学习上养成良好的习惯，为将来的学习做好准备和铺垫。

“双百分不见了”
——3–4 年级，堵住丢分的“漏洞”

孩子在 1–2 年级的时候拿双百分几乎是家常便饭，但是到了 3–4 年级之后再拿双百似乎就没那么容易了，甚至单科的百分都不容易拿到。这让很多家长都颇感纳闷，为什么一上了 3–4 年级，孩子的学习成绩就没有以前那么好了呢？是他不用功了吗？其实不然，孩子在上了 3–4 年级之后，所学的知识与之前 1–2 年级的有很大的差别，知识结构也会发生相应的改变，突出的表现就是难度增加。这便使做惯了简单的、基础性题目的孩子一时难以适应，在考试的时候常常因为粗心、马虎等原因丢分、漏分。

所以，对于 3–4 年级的孩子来说，在这一时期，他们除了要认真、努力学习之外，还需要转变其对之前学习的认识和态度，不能再把学习当作一件简单、容易的事情来做，而是必须做到仔细、严谨，不能有丝毫的疏忽，因为稍微一粗心，就可能丢分、漏分，与“百分”擦肩而过。

因此，有教育专家把 3–4 年级这段时期作为堵住孩子丢分的“漏洞”的关键期，即家长要在这一时期让孩子在学习上养成认真、仔细、严谨的学习习惯。好的学习习惯将对孩子未来的学习产生积极的影响，另外也能促使孩子养成认真做事的好习惯。

“真是糟糕透了！”晚上放学回家刚一进门，瑶瑶就非常沮丧地对正在客厅里择菜的妈妈说，“就差一分，真是就差一分，气死我了，真是太不给力了！”

妈妈看到女儿一副生气的模样，才注意到她手里拿着几张试卷，原来是这次期中考试的成绩出来了，不用说，女儿肯定又是在为成绩懊恼。自从瑶瑶上了小学3年级之后，就与百分“绝缘”了。每次考试，不是数学差一点儿就是语文差一点儿，或者两门都差那么一点儿，反正总是与双百分擦肩而过。其实仔细看看，丢分的题目也不是真的不会做，都是因为马虎造成的。也正是因为马虎，每次瑶瑶生气，妈妈也跟着叹气，如果是因为真的不会做也就没这么沮丧了。

通过瑶瑶的事例，我们可以分析出以下几个孩子在学习上的问题：

放大镜

◎粗心是造成孩子丢分的“漏洞”之一。

◎ 3–4 年级之后，知识结构发生改变导致孩子丢分。

◎学习的态度也是导致丢分的原因。

对于上述问题，相信在现实生活中也是很多家长都会意识到的，虽然能意识到，但是在解决的时候就犯愁了，到底怎样做才能解决孩子在学习上出现的这些问题呢？很多家长和瑶瑶的妈妈一样犯了难。其实，这些问题正是 3–4 年级孩子最常出现的一些问题，家长如果不给予及时引导和教育的话，对孩子以后的学习会产生非常消极的影响。

那么，究竟该怎么去堵住孩子丢分的“漏洞”呢？家长可以一起来学习一下。

养成仔细检查的好习惯，不求“速度”求“质量”

3–4 年级的知识点比之前的更系统、更复杂，这时就需要养成仔细检查的好习惯，在做完题目之后不要觉得没事了、可以等待交卷了，而是要认真检查，拿出“重新做一遍”的态度去检查每一道做过的题目，这样也容易发现其中因为粗心、马虎而做错的题目，以便能及时纠正。不光是考试，在平时写作业的时候，父母也应这么要求孩子：做完作业之后必须认真检查。要知道，堵住因粗心而丢分的“漏洞”的最好办法，就是在平时的学习中养成认真、仔细的学习习惯。

告诉孩子，越是简单的题目越要认真去做

孩子考试成绩下来之后，家长看过试卷后往往会发现，很多丢分的题目不是因为太难，而是因为太简单！很多孩子，包括那些上中学的也是一样，对于复杂、难的题目能通过努力做出来，但是对于简单的题目却常常做错，并且越是简单，出错的概率就越大。这主要是因为孩子的态度所导致的，即认为这道题简单，从而抱着“不在意”的心态去做，甚至没审完题干就开始做题，结果是答非所问，不是看错数字就是看错要求，从而丢分、漏分。

针对这种情况，家长应让孩子从小就认识到这一问题，尤其是刚上 3–4 年级，正是学习习惯开始养成的时候，必须让孩子认真对待。除了叮嘱之外，家长还可以让孩子专门做一些类似的训练，专门挑孩子做错的简单的题目，经过变换条件和问题，让孩子继续做，以此来使其养成认真做简单题目的好习惯，保证在会做的题目上一分也不丢。

“老师，这分数你给我算错了！”

——把分数看得很重要

很多家长可能会有这种感觉，孩子上了3–4年级以后会特别在意分数，也就是把分数看得很重要，这与1–2年级对分数很“淡定”的表现也是有很大差别的。这是因为到了3–4年级以后，孩子的生理和心理迅速发展，他们已经意识到在班里名次和学习的竞争几乎就是分数的竞争，即分数越高，名次就越靠前，也就代表学习越好。此时的他们渴望在学习上有更大的突破与进步，而分数便成了证明自己优秀的最好方式。

虽然大多数的家长比较看重孩子考试分数，但是对于孩子自己所表现出来的对分数的在乎程度还是超出了他们的想象，仿佛学习就是为了考高分，甚至有些孩子为了得到一个高分可能会“不择手段”，从而忽略了学习的真正意义和目的。长此以往，孩子则只会为了考高分而“学习”，并不是为了真正掌握知识。

虽然分数对孩子将来的升学非常重要，也是孩子学习能力的一种体现，但是它绝不是唯一起决定性作用的。对于3–4年级的孩子来说，在乎分数可以理解，但是，当孩子为了分数斤斤计较而忽略了学习的真正意义和目的的时候，家长就不能不引起重视了，必须对其引导和教育，让孩子正确看待分数。

娟娟今年上小学3年级，从娟娟刚上小学的时候起，父母就拿“在学校要好好表现，上课要认真听老师讲课，这样考试的时候才能拿高分”“作为学生，分数是非常重要的，考的分越高，也就越能证明你是一个好学生”等诸如此类的话教育她。总之一句话，分数很重要。

这次的考试分数下来了，娟娟非常仔细地“检查”老师给自己批阅的每一道题目，当她发现有一道题被老师批错的时候，像发现了新大陆似的，立即找到老师兴奋地说：“老师，这分数您给我算错了，应该多加2分的。”娟娟的妈妈得知此事后觉得很担忧，女儿这种把分数看得过于重要的行为似乎并不是一件好事，她现在好像就是为了拿高分而学习，并不是为了掌握知识而学习。

娟娟的例子给家长们提了醒，也让我们认识到了这样几个问题：

放大镜

◎家长对分数的态度会影响孩子对分数的态度。

◎因为把分数看得过于重要，忽略了学习的真正意义和目的。

◎为分数而学习，极易让孩子养成不良的学习和考试习惯。

娟娟在意自己的分数是可以理解的，但是当她发现老师给自己少算分的时候所表现出来的兴奋，却不是一种对学习认真、负责应该有的态度。因为从她的表现就可以得知，娟娟没有理解学习的真正含义，只是在为了分数而学习。对此，家长有必要对其进行引导和教育，让孩子明白，学习的真正目的和意义是为了掌握更多的知识和文化，而不单单是为了在考试的时候拿高分。

那么，如何去正确引导孩子呢？不妨一起来学习一下。

家长首先不要把分数看得过于重要，别误导孩子

家长对某一事物的态度，会在很大程度上影响孩子对这一事物的态度。在孩

子的学习问题上也是一样，家长切忌将孩子的分数看得过重，否则极易导致孩子为了拿高分而“不择手段”，如作弊、弄虚作假等，最后欺骗的还是家长和孩子自己，反而不利于孩子正常的学习。中国很多家长都是这样，孩子考完试后问的第一句话往往是：“考得好不好，估计能得多少分？”看似关心孩子的学习，实则是关心孩子的分数。要知道，一个真正对孩子学习负责的家长，不会特别在意孩子的考试分数，他们更看重的是孩子的学习能力，即学了多少知识，又真正掌握了多少，以及从学习中获得的感悟和思考问题的能力，这才是学习的真正意义和目的所在。

让孩子明白，学习是为掌握知识，并非只是为了分数

孩子为什么把分数看得那么重要？除了家长的原因之外，还有就是攀比心理在作怪。比如在班里，谁的分数高，谁就能得到老师的表扬，能拿到奖状，回到家里还能得到父母的奖励。如此一来，孩子学习的“价值观”就扭曲了，自然也不会正确理解分数所代表的意义了。对此，家长首先要让其明白，学习是为了掌握真正的科学文化知识，是为了在将来的学习和工作中熟练运用各种知识，是为将来的成长和发展做铺垫的，而不是为了现在得到的那一点点不起眼的奖励。

这就对家长提出了新的要求——孩子考试分数高了，家长要表现出很淡定的样子，只在精神上鼓励即可，不要给予过多的物质奖励，更不能在孩子考试之前许诺考到多少分就奖励其什么。要让孩子明白，作为一名学生，学习是在为自己而学，是为了让自己用知识来武装自己，使自己真正变强变大，而不是为了家长、老师，更不是为了那些不起眼的小奖励。这样一来，孩子对分数就不会像之前那么“热衷”了，而是会在意自己真正掌握了多少知识。

“我们要写作文了！”
——孩子认知水平和知识积累上了一个新台阶

上了 3–4 年级之后，孩子学习的内容会不断加深，此时他们在一些学科上的学习会比 1–2 年级的时候更系统、更全面。例如，在语文学科的学习中，会逐渐增加作文、日记、留言条等一些应用文写作的学习。这是由其学习的内容以及认知水平所决定的，即孩子已经能够理解并慢慢掌握这些方面的知识。尤其是作文，更能说明孩子认知水平和知识积累又上了一个新台阶，对于孩子的这种“进步”，家长应该感到欣慰和高兴，并且要注意在这方面多给其一些引导。

在这一阶段，孩子突出的表现就是对写作文非常期待，对一些作文书籍也充满了兴趣，常常缠着父母去书店给自己买作文书，不仅自己喜欢写，而且也喜欢看别人写的，并且会在上作文课之前，在父母面前高呼：“我们要写作文了！”仿佛写作文对其来说，是一件非常值得炫耀的事情。这一切都说明，孩子在学习上有了新体验，并且这种体验对其来说是积极的、有趣的。通过之前的知识积累和认知水平的提高，孩子在学习上又迈进了一个新阶段。

娇娇今年上小学 4 年级，最近一段时间父母发现她放学回家后不再像以前一样看电视了，而是会钻到自己的房间写什么，父母想要看看她还不让，显出一副很羞涩的模样。娇娇的这种行为让父母很奇怪：女儿到底在写什么呢？莫非有什么不可告人的秘密？前几天，娇娇还缠着妈妈带她去书店，这可是破天荒头一次啊！

“怎么无缘无故想去书店了？你要买什么书？”妈妈一脸的莫名其妙，“家里的书不是很多吗？想看哪本直接看就是了……”

“不是的不是的！”未等妈妈把话说完，娇娇就急切地打断了她，“是要买作文书，我们要写作文了！”娇娇忽然变得很兴奋，“作文写作需要多看书，多增加知识和经历，这样才能写好。”

“啊，原来如此，这么说前几天女儿躲在房间里就是在写作文了！”娇娇的妈妈看着女儿一脸的兴奋，高兴地说，“娇娇都开始写作文了啊，这是好事，走，妈妈这就带你去书店挑几本作文书。”

娇娇在作文上所表现出来的兴奋，正说明她已经到了写作的“敏感期”，这也反映出了3–4年级孩子学习的一些情况：

放大镜

◎孩子在学习上有了新体验，对写作文更是充满兴奋。

◎这种体验让孩子对学习更有激情。

◎兴奋的背后，也可能隐藏着一定的畏难情绪。

对于3–4年级孩子所出现的种种情况，家长应该在感到欣慰的同时，多给孩子一些指导和帮助，尤其是当其在写作文时出现畏难情绪的时候，更要多鼓励、多引导。

通过多种方式，帮助孩子积累写作素材

写作文要力求有真实的情感，只有在写自己的情感和经历的时候，才能写得

真实、自然、流畅，才能打动读者，这也是一篇成功作文的基本要求。因此，为了让孩子有素材可写，家长在平时可多帮助其积累一些写作的素材。例如，周末的时候带着孩子去大自然，让孩子感受大自然的纯真与美丽；去博物馆参观一些展览，让孩子增长各种自然、人文、历史等知识。通过多种方式，让孩子积累一定的经历和见识，再引导孩子在每次经历之后，用文字把自己的所思所想所感都表达出来。最好让其养成每天写日记的好习惯，这样一来能锻炼他的文笔，二来也能让其不断积累写作素材，在真正写的时候“信手拈来”。

另外，还要像案例中娇娇的妈妈一样，去书店帮孩子选几本有价值和指导意义的书籍，并利用空余时间和孩子一起学习。在具体的写作上尽可能地给其一些指导，如语句、段落、修饰等知识，让孩子充分感受写作带来的乐趣。

对写作有畏难情绪，家长要予以鼓励和支持

并不是每个 3–4 年级的孩子在写作文的时候都会“一帆风顺”“充满热情”，因为写好一篇作文要综合运用各种知识，所以在具体写的过程中，有些孩子难免会出现畏难情绪，尤其是得不到老师认可的时候，积极性和自信心会遭受打击。对于这种情况，家长要注意多鼓励、多支持，比如，可以指出孩子写的好句子、好段落，并且予以赞美，让孩子明白自己写得并非都很糟糕。对于写得不好的地方，家长要耐心给其解释为什么写得不好，是用词不当，还是比喻不当，等等。在此基础上鼓励孩子认真修改，并提出自己的修改意见和建议，让孩子明白写作文并不是一件十分困难的事情，只要用心写自己的真实感受和情感，慢慢探索，肯定能够写好。

“我要去上学，否则老师会批评我的！”
——孩子开始惧怕老师

孩子在升入3–4年级之后还有这样一个突出的表现，那就是特别在意老师对自己的态度和看法，生怕因为一些事影响自己在老师心目中的形象，甚至在其内心深处对老师存有一种惧怕心理。对于老师的批评，更是害怕不已，似乎被老师批评是一件特别丢脸、特别难为情的事情。不管是在学习上，还是在平时的表现中，都会有意无意地去“讨好”老师，希望被老师表扬、认可。

孩子出现这种情况，与其心理的发展是有一定关系的，即渴望被他人肯定。尤其是得到自己老师的肯定，对他们来说更是一种莫大的“荣耀”。在1–2年级的时候，孩子的这种心理表现得还不是很明显，即使偶尔因为有事不去上学，也不会在意老师的态度。但是到了3–4年级就不同了，哪怕再有事情，也要尽可能克服，坚决不旷课。如果家长坚持的话，孩子会说：“我要去上学，一定要去，否则会被老师批评的！”很明显，这是孩子因为老师的态度而做出的决定，并非他们心里真实的想法。

菲菲今年上小学3年级了，在父母眼里她是一个非常活泼开朗，甚至还有些调皮的孩子，经常做出一些让父母又气又好笑的事情。例如，躲在门后吓唬推门而进的妈妈，把爸爸喜欢的书籍藏起来，等等。父母偶尔训斥她，菲菲也一副满不在乎的样子。

昨天因为感冒，菲菲发烧很厉害，并且还不住地流鼻涕，看样子必须要去医院打点滴了。于是妈妈便让她不要去上学了，说完就拿出手机要给女儿的老师打电话请假。谁知，未等妈妈拨号，菲菲就一把夺过妈妈的手机，头摇得跟拨浪鼓似的，着急地说："不行不行，不能请假，我今天必须要去上学！"妈妈很奇怪，都病成这样了怎么上学啊？

"如果不去上学的话，肯定会被老师批评的，我不想给老师留下不好的印象。"菲菲一本正经地跟妈妈解释。

看着女儿这么认真、这么严肃，菲菲的妈妈很奇怪，平日里女儿可是天不怕地不怕的，以前上 1–2 年级的时候，还时常装病让妈妈跟老师请假（当然，妈妈是不会答应的），现在真的病倒了，反而坚决不请假，看来女儿现在是真的惧怕老师了。虽然如此，但是菲菲的妈妈并不觉得这是一件好事。女儿惧怕老师的这种心理，对其学习也可能产生一定的负面影响。

这个案例可以让我们认识一些问题：

放大镜

◎孩子会因为在乎自己在老师心中的形象，对其产生惧怕心理。

◎对老师充满畏惧，是因为害怕被其批评。

◎之前老师给孩子造成过"阴影"，从而让孩子害怕不已。

像菲菲这样天不怕地不怕、却对老师相当惧怕的孩子，在现实生活中并不少见。这些孩子对老师几乎到了"唯命是从"的地步，无论做什么事，都会首先想到老师的"态度"，甚至动不动就把"老师会批评我的"这句话挂在嘴边，在学习上表现得尤为明显。假如家长不及时帮助孩子消除这种惧怕心理的话，很可能会影响到孩子的学习。

面对惧怕老师的孩子，家长该如何做呢？我们一起学习一下。

找出孩子惧怕老师的真正原因，“对症下药”去解决

孩子对老师怀有惧怕心理，会导致其在上课的时候无法集中注意力，总担心自己被老师“盯”上。对此，家长要耐心和孩子沟通、交流，找出其惧怕老师的真正原因，是之前与老师有过什么“过节”，还是以前被老师狠狠批评过在心里留下了“阴影”，还是孩子自身的原因？在找出原因后，才能“对症下药”寻找解决的方法。

例如，对于上述案例中和菲菲一样害怕给老师留下不好印象的孩子，家长可以跟其解释：“没事不去上课当然会给老师留下坏印象，甚至还会被老师批评；如果真的生病了，只要跟他解释清楚，老师肯定会理解的，不会因为这个就对你印象不好。”让孩子明白，老师是通情达理之人，不会无缘无故就批评某个同学或者对其产生坏印象。

让孩子正确对待老师的批评，不要产生心理压力和负担

3–4 年级的孩子心智发育不是很成熟，难免会做错事情，被老师批评也很正常。关键是孩子能不能正确对待老师的批评，一旦理解错误，可能就对老师产生惧怕心理了。对此，家长应该及时和老师沟通，弄清楚孩子被批评的真正原因，然后跟孩子解释清楚，让其明白老师批评他是为了让他以后不再犯类似的错误。如果孩子能够正确对待并接受这种善意的批评，那他就不会害怕老师，从而在学习上也能保持轻松、愉悦，学习效率自然也会大大提高。

第二章

从彩图到文字的转变
——3–4 年级是思维方式培养的黄金期

3–4 年级的孩子与 1–2 年级的孩子相比，在生理、心理、智力、认知、思维方式等方面都发生了很大的变化，尤其是在思维方式上，需要家长更多的引导和教育，因为这段时期正是培养孩子思维方式的黄金期。如果引导、教育得当，对其日后的学习和发展将会产生非常积极且深刻的影响。

书中内容从彩图变成文字
——让孩子爱上课本

3–4年级在小学教育阶段也算是“高年级”了，这一阶段的学习方法、教学方式等各方面都不同于1–2年级，就连课本也发生了一些变化。1–2年级的课本在设计上比较形象、生动，基本上都是彩色的纸张。这是因为这一时期孩子的注意力还不是很集中，需要用一些鲜艳、形象、生动的图案去吸引孩子的注意力。3–4年级之后，孩子心智发育成熟一些了，对系统知识的学习也能慢慢接受了，因此就不再需要用大量彩色的图案去吸引他们。所以，一般上了3–4年级之后，书本会从彩色图画书变成黑白印刷体。

伴随着彩色图画变成黑白印刷体，也说明在这一时期，孩子的思维方式开始慢慢转变，即不再对花哨的图案感兴趣，而是开始接受系统的、正规的文化知识教育了。当然了，这个转变也需要一个过程，孩子不可能一下子就接受这种“改变”。

小曼开学就要上4年级了，在这段时期她显得非常兴奋，因为这不仅预示着她在学习上即将进入新的阶段，也说明她在一天天地长大。在开学前的一个星期，小曼接到班主任的通知：到学校里领下一学期的新课本。

要发新书了，小曼当然非常高兴。不仅是小曼，对很多小学生来说，发新书都是一件令人激动的事情，看着那一本本崭新的课本，他们心里就充满了无限喜悦。小曼当然也不例外，高高兴兴地去学校领新书了。

妈妈原以为女儿领回新书后会像以前一样兴奋、激动，并且还会缠着她去买新书套。但是这一次却让她有些不解，女儿一副无精打采的模样，回到家把新书往茶几上一扔就再也不说话了。妈妈赶紧问她发生什么事情了，为什么不开心。

小曼指着茶几上的新书说："书本变样子了，以前都是彩色的，现在成黑白的了，看着不习惯、不舒服！"

妈妈拿起女儿的新书翻开一看，可不是嘛，白纸黑字，连图案都是黑白的。原来女儿是在为这个不高兴，看来不是书本不好，而是女儿的思维方式还没完全转变过来啊！

小曼对于黑白书本的"不适应"反映出这样几个问题：

放大镜

◎孩子的心智发育开始成熟，书本的设计也发生了相应的改变。

◎因为之前习惯了彩色印刷，对于黑白印刷体，孩子无法马上接受。

◎书本从彩色变为黑白，也说明孩子的思维方式开始发生改变。

不仅是小曼，很多孩子都会有这样的感觉，不喜欢黑白印刷的书本，其实这是孩子思维方式没有马上转变过来的正常反应。对此，家长需要慢慢引导，慢慢解释，让孩子适应新设计的书本，并且这也是培养其思维方式的一个好机会。

家长究竟该怎么去引导呢？我们不妨一起来探讨一下。

告诉孩子："彩色书本是给 1-2 年级的小孩子用的，你已经长大了！"

当彩色书本变为黑白印刷体让孩子无法"认同"或者"接受"的时候，家长就要耐心给其解释书本设计发生变化的原因，同时也应注意引导孩子的思维方式。例如，家长可以跟孩子这么解释："彩色书本是给1–2年级的小孩子用的，因为他们还小，用彩色的图案才能吸引他们去学习。但是你不一样，你现在长大了，是高年级的孩子了，即使没有彩色的图案你也一样会认真学习。相对于低年级的孩子来说，黑白印刷体的书本更适合你们这个年级、年龄的孩子。"给孩子解释清楚原因了，他自然就不会因为不是彩色课本而感到郁闷。

通过家长的解释，孩子不仅接受了书本的新设计，同时也能促使其思维方式慢慢发生一些相应的变化，使他们更好地学习和成长。

通过思维方式的引导，让孩子接受黑白印刷体的书本

假如孩子的思维方式能转变过来，那么其一定能很快接受黑白印刷体的书本。对此，家长就可以通过引导孩子的思维方式去让其慢慢接受这一改变。

当孩子对黑白印刷体的书本表示不解的时候，家长可以拿出以前的彩色书本和黑白的做个比较："宝贝儿你看，彩色的虽然看着花哨，但是里边实质性的知识很少，你在看彩色书本的时候，是不是经常被这些色彩吸引却忽视了其真正的内容呢？再看看黑白印刷体的课本，虽然看着单调，但是书里边的知识和内容都比以前更丰富了，并且你在认真阅读或者学习的时候，也不会因为色彩的干扰而影响注意力。"家长在说这番话的同时，其实也是在引导孩子的思维方式，即从之前对彩色的认同转变为对黑白印刷的认同。思维方式转换过来了，孩子自然会接受黑白印刷体的书本。

纸页里有一串串奇妙的故事

——培养孩子养成阅读的习惯

1-2 年级的孩子因为所学知识有限，虽然喜欢听故事，但是基本上都是由父母或者其他人讲述的，自己并不能捧着一本故事书阅读。但是到了 3-4 年级就不一样了，这一时期孩子的心智发育迅速，认知能力也有了一定的提高，再加上掌握了一些基本的字词，以及能够初步独立思考一些问题，因此对阅读会表现出一定的兴趣。这一切都足够说明，孩子在这一时期的思维方式有了很大的转变，即从以前缠着父母给自己讲故事变为自己去找故事来读。

这一时期，是引导孩子阅读，培养其养成阅读习惯的最佳时期。在阅读中让孩子掌握更多的知识，同时也在阅读的过程中不断提高自己思考和分析问题的能力，有利于促进孩子在学习上独立性的发展。所以，当孩子拿着书津津有味地阅读的时候，家长应该感到无限欣慰和高兴，最重要的是引导孩子发现纸页里那一串串奇妙的故事，让其慢慢喜欢上阅读并且养成阅读的良好习惯。

洋洋今年上小学 4 年级，最近一段时间父母发现儿子好像对故事书特别感兴趣，放学回到家里总是抱着书看。有时候看得入迷了，喊他吃饭他都听不见。洋洋能够自己阅读，父母当然很高兴，看着儿子自己抱着书“啃”，妈妈心里真是无限感慨。

原来洋洋从小就喜欢听故事，经常缠着爸爸妈妈给他讲各种各样的小故事，晚上睡觉之前更是少不了要听故事。父母看洋洋这么喜欢故事，在他刚上小学的时候，便给他买了很多故事书，什么《365夜新故事》《格林童话》《安徒生童话》等，全都堆在儿子的房间里。但是洋洋却不怎么看，依旧缠着父母给他讲。

自从上了3年级之后，洋洋开始对阅读感兴趣了，他已经不满足于父母给他讲了，而是开始自己去读。因为有时候故事是连续性的，洋洋等不及，只好自己找书来看。对于现在的洋洋来说，纸页里那一串串奇妙的故事才是他的最爱。

洋洋的父母为此感到高兴的同时，也意识到一个问题，那就是培养孩子养成阅读习惯的机会来了！

洋洋的事例其实反映了3–4年级的孩子思维方式的一些变化：

放大镜

◎知识储备达到一定量了，孩子开始对阅读产生兴趣。

◎心智发育慢慢成熟，也是促使孩子喜欢阅读的一个原因。

◎在这一时期，家长的引导对孩子阅读习惯的养成非常重要。

3–4年级是培养孩子思维方式的黄金时期，同时也是培养其养成良好阅读习惯的最佳时期。作为家长，当发现孩子开始对纸页中的一串串故事感兴趣的时候，就要意识到这是培养其养成阅读习惯的好机会，要尽可能地多引导。

那么，家长该如何引导3–4年级的孩子养成阅读的好习惯呢？我们一起来学习一下。

创造阅读的环境和氛围，全家在固定的时间一起阅读

3–4年级的孩子已经掌握了一定量的字词，因此能进行独立阅读。虽然这段

时期孩子对阅读的兴趣比较浓厚，但是家长仍需要进行引导，为其创造一个良好的阅读环境和氛围。例如，家长可以专门安排一个全家人一起进行阅读的时间，可以在家里，也可以一起去图书馆等，但是一定要注意要处于安静的环境。父母和孩子聚在一起可以共同阅读一本书，也可以各自找一本自己感兴趣的书来阅读。在读完之后，一起说说自己的读后感。家长要注意尽可能地让孩子多发表意见，让他多说说自己阅读的感受。为了引导，也可以向孩子提一些和其所读的书有关的问题，让孩子来解答。这种阅读方式，不仅能激发孩子阅读的兴趣，同时也能拉近父母和孩子之间的关系，促进亲子关系的和谐发展。

需要注意的是，在阅读书籍的选择上，家长要帮助孩子多选一些趣味性强，有助于孩子思考、动脑的书籍，如《趣味故事汇》《十万个为什么》等，让孩子在增长知识的同时，也能养成积极动脑、独立思考的好习惯。

通过课本中的知识，激发孩子的阅读兴趣

对于 3–4 年级的孩子来说，语文书中的课文也是阅读佳作之一。在学习的同时享受那一串串有趣的故事，对孩子来说无疑是一件很美妙的事情。为了进一步激发孩子的阅读兴趣，家长可以根据孩子课本中的一些有趣的课文和知识，引导孩子把目光转向课外。例如，对于《落花生》这篇课文，家长可以从花生的种植、食用等方面去引导，让孩子对与其相关的知识产生兴趣，继而搜集相关的知识和文章，通过大量阅读了解更多与花生相关的知识。

另外，课本中也有一些趣味性和故事性很强的文章，家长可以通过让孩子慢慢品读的方式，发现课本中的乐趣，让孩子真正喜欢上纸页中那一串串奇妙的故事，激发其更浓厚的阅读兴趣。

看图写故事
——提高书写能力，为想象插上翅膀

3–4 年级的孩子需要具体学习的内容比 1–2 年级的时候更多、更杂，这其中就包括看图写故事。想必很多成人也有印象，在上小学的时候，每次试卷做到一半或者最后的时候，会出来几幅连续的图画，要求根据这几幅图画写一段故事或者对话。这主要是在考察孩子的想象力，因为在 3–4 年级这一段时期，正是孩子想象力丰富且迅速拓展的时候，设计这种考题就是为了鼓励孩子多想象，同时不断提高其写作能力。

在孩子思维方式的培养上，看图写故事也是一个不错的训练内容。因为这既可以让孩子充分发挥自己的想象力，又锻炼了他们组织和表达语言的能力，逻辑思维能力也能得到一定的加强。所以，家长在孩子 3–4 年级的时候必须抓住这段黄金时期，尽可能地提高孩子的写作能力，为其想象力插上翅膀，让孩子的思维方式不断扩展开来。

浩浩从小就是一个喜欢动脑的小男孩，再加上孩子固有的好奇心，他脑袋里总是充满了各种稀奇古怪的想法。例如，他会问爸爸各种让人啼笑皆非的问题：“为什么我们要在地球上生活呢？咱们去月亮上吧，月亮上多安静啊！”“假如我变成一只鸟儿的话，是不是也可以在天空中飞来飞去呢？”“为什么只有冬天下雪，夏天不下呢？”……对于儿子的各种奇思妙想以及丰富的想象力，浩浩的父母总是耐心地给其解释。

今年浩浩上 4 年级了，小家伙比以前更爱想象了，经常跟父母“探讨”各种稀奇古怪的问题，这一点当然值得鼓励和肯定。但是在最重要的学习上，浩浩却有让父母头疼的地方。原来，虽然浩浩的想象力很丰富，但是在真正应该用到的地方——看图写故事的时候，就不怎么“管用”了。浩浩常常对着那一幅幅图画发呆，不知道如何去写。对于这一点，浩浩的父母心里非常着急。他们知道，在 4 年级，看图写故事是一个非常重要的学习内容，主要是培养孩子的想象力和逻辑思维能力，同时也可以提高孩子的写作能力。但是儿子对这一块儿就是不“感冒”，这可急坏了浩浩的父母。

浩浩的例子告诉了我们这样几个问题：

放大镜

◎随着心智的不断发育成熟，孩子的想象力有了新的发展。

◎想象力丰富并不代表就能学好“看图写故事”这一内容。

◎很多家长不知道该如何去引导孩子看图写故事。

以上这些问题是很多 3–4 年级的孩子都可能遇到的一些问题，家长虽然知道这一阶段是培养孩子思维方式的黄金时期，但是在具体的引导方法上依旧有些困惑。对此，给出了以下具体的方法，希望家长可以在引导孩子看图写故事的时候用得上。

鼓励孩子大胆想象，不要随意打断孩子的思路

看图写故事是很多孩子学习上的难点，虽然小孩子的想象力丰富，但是在具

体动笔写的时候就犯难了，这是因为他们担心自己写不好。对此，家长应该多鼓励，让孩子大胆、充分地想象。例如，家长可以这么鼓励孩子："宝贝儿，不要害怕写得不好，你从图画中看到了什么、怎么想的就怎么写，只要你能完整地把自己看到的和想到的表达清楚就可以了。"这样的话，孩子在写的时候就没有什么顾虑了，也会写得比较流畅。另外需要注意的是，在孩子认真看和写的过程中，家长不要随意和孩子说话或者弄出声响，以防打断孩子的思路。在孩子看图写故事的时候，要尽可能地保持其周围环境的安静，只有这样，孩子才能一心沉浸在想象的世界中，让想象力插上翅膀，自由自在地"飞翔"。

通过训练孩子的观察能力，提高其看图写故事的能力

看图写故事是培养和提高3–4年级孩子认识能力、形象思维能力以及表达能力的重要途径，在具体引导的时候，可以通过训练孩子的观察能力去提高其看图写故事的能力。看图写故事，重在"看"和"写"，其中"看"是基础，只有"看"准了，"看"好了，才能在"写"的时候一气呵成。这里的"看"其实就是观察，即要让孩子认真观察每一幅图，通过仔细观察提取最关键的信息，如人物的表情、景色的特征等，在此基础上再充分发挥自己的想象力，把所观察和提取出的信息加以组合和整理，最后通过文字表达出来。另外在写的时候，家长要引导孩子用词、用字准确无误，语句通顺，句子与句子之间要衔接完整，字迹也要工整。只有这样，孩子才能在不断地"看"和"写"中提高自己的想象能力和写作能力。

开始学习地理
——大自然帮助孩子提高综合观察思考能力

在培养孩子思维方式的过程中，综合观察思考能力也是培养“任务”之一。3–4 年级的孩子在观察和思考方面，虽然比 1–2 年级的时候提高了很多，但是毕竟心智发育还没有完全成熟，依然需要家长的不断引导和教育。而培养孩子这种综合能力的最好方式就是让其多观察、多思考，而大自然是最好的观察和思考对象。

更值得欣喜的是，升入 3–4 年级之后，孩子开始学习地理知识了，随之而来的就是对大自然有了更深、更多的认识和了解。在现实生活中，有些家长可能也会注意到，孩子上了 3–4 年级之后，开始对地理知识感兴趣了，经常问家长一些与此相关的问题，如“为什么会有春夏秋冬”“白天为什么没有月亮和星星”“为什么会下雨、刮风”等等。孩子所提出的这些问题与学校开设地理课程是分不开的，同时也说明孩子的认知又向前进了一步，说明孩子对地理知识已经具备初步的接受能力了。所以，在此阶段，家长要多引导孩子去观察大自然，因为大自然除了能帮助孩子认识更多的地理知识之外，也能帮助其提高综合观察思考能力。

龙龙今年上小学 4 年级，最近父母发现他对地理知识特别感兴趣，回到家里不再看动画片了，而是专门挑一些探索大自然奥秘的节目来看，并且还时常缠着爸爸去网上给他找一些介绍地理的纪录片、视频等来看。各个地方的风俗民情、各个国家的山脉特征、海洋等，都是龙龙迷恋的对象。

这天妈妈下班回家后，发现龙龙正对着院子里的一盆月季花发呆。不用说，肯定是儿子又对植物产生兴趣了，小家伙前一段时间迷恋动物，这一段时间又开始迷恋植物，看来还真是好学啊！在为儿子的好学感到高兴的同时，龙龙的妈妈也很奇怪：儿子为什么会对地理产生如此浓厚的兴趣？

一问才知道，原来这学期学校开设了地理课程，让龙龙了解了更多与大自然有关的知识，并由此对大自然产生了兴趣。妈妈这才恍然大悟，同时也暗暗思忖：或许可以借此机会，通过大自然来提高孩子的综合思考能力，相信这种方式孩子一定会喜欢的。

龙龙的例子让我们认识到这样几个问题：

放大镜

◎随着孩子认知水平的发展，可以接受地理课程的学习了。

◎因为学习了地理知识，孩子的观察能力和思考能力增强了。

◎家长已经意识到，大自然能帮助孩子提高综合观察思考能力。

孩子开始学习地理知识了，说明培养孩子综合观察思考能力的时机到来了。家长应该抓住这个机会，引导孩子多与大自然接触，让大自然帮助孩子提高综合观察思考能力。那么家长该如何去做呢？我们不妨一起来学习一下。

把孩子带到大自然中去，让其亲自感受大自然的神奇与奥秘

城市中的孩子鲜有机会与大自然近距离接触，所接触到与其相关的知识主要是从地理学习中得知。虽然通过地理学习能够让孩子掌握一定的知识，但是并不能真正提高其综合观察思考的能力。正所谓“百闻不如一见”，在书本上了解到

的知识，最好还是亲自去“验证”才能印象深刻。为此，家长不妨利用周末或者空余时间，带着孩子远离城市的喧嚣，到真实的大自然中去走一走，看一看。最重要的是在与大自然亲密接触的过程中，引导孩子将在地理课上所学的知识“对号入座”，如某一种植物的真实模样、特性、生长环境等。

另外，家长还要注意引导孩子多观察、多思考，一边在大自然中玩耍，一边有意无意地让孩子去观察某一事物，如树叶的纹理等。在观察的同时，注意引导孩子结合从课堂上所学的知识进行思考。这种方式既能让孩子感受大自然的神秘，也能激发孩子对地理学习的热情，并且对其综合观察思考能力的培养有一定的帮助。

让孩子通过亲自“实践”，提高综合观察思考能力

为了让孩子对地理知识的认识更具连续性，家长还可以鼓励孩子亲自“实践”。虽然身处城市，但是可以在阳台上种植一些花草和简单的植物，如月季花、黄豆芽、蒜苗等，让孩子观察并记录这些花草植物的生长情况，如什么时候发芽、什么时候开花、什么时候凋落等。如果居住空间允许的话，还可以饲养一些诸如小乌龟、小金鱼等动物，让孩子仔细观察他们的生长习性。这种把大自然“搬”回家的方式，既能培养孩子的综合观察思考能力，也能为整个家庭生活增添一丝快乐和情趣。

劳技课多参加
——着重培养孩子的多种智能

上 1–2 年级的时候，学校可能考虑到孩子还小，各方面的能力发展还不完善，因此也不会刻意安排他们去参加一些劳动技能训练。但是到了 3–4 年级就不一样了，这一时期的孩子不仅心智比以前成熟了，生理也有了一定的发展，动手能力和独立自理能力都得到了快速发展。也就是说，在这一时期，孩子完全可以参加一些劳动技能的培训和锻炼。在培养他们独立意识的同时，也可以提高他们的劳动积极性，让孩子真正成为一个德智体美劳全面发展的好学生。

家长可能也会发现这一点，孩子上了 3–4 年级后，不仅在学习上比以前懂事了，劳动意识也开始增强了，突出的表现就是在家里知道帮助家长干活儿了，如家长在做某一件事的时候，孩子在旁边会表现出一副跃跃欲试的样子。

雅雅今年上 4 年级了，最近一段时候，雅雅跟变了一个人似的，在家里特别勤快，看见妈妈扫地，赶紧把笤帚抢过来替妈妈扫；不等妈妈下楼倒垃圾，雅雅早已抢先把垃圾拿下去了；妈妈要去菜市场买菜，雅雅也像个跟屁虫一样跟着妈妈忙前忙后……总之，女儿现在变得勤劳了，再也不是之前那个小懒虫了。女儿知道帮家长做事了，雅雅的父母当然很高兴，但是他们也很纳闷：是什么原因让女儿忽然变得这么勤快呢？

“我们现在开设了劳动技能课，”雅雅跟父母解释说，“老师说我们现在都大了，不能再像以前一样什么也不干了，必须在学习的同时学会劳动，掌握劳动技能。例如，每周五的下午老师会带着我们一起大扫除，有时候还到一些敬老院里帮助那些爷爷奶奶做这做那呢。”雅雅满脸的兴奋。

原来如此啊，怪不得现在女儿的劳动积极性这么高呢！在以后的日子里父母开始刻意培养女儿的这种劳动技能了，经常鼓励孩子多参加劳技课，不管是学校里的，还是小区里的，甚至还会带孩子专门去做义工，让孩子在掌握劳动技能、提高劳动积极性的同时，也陶冶了情操，让其更加富有爱心和责任感。总之一句话，通过劳技课，孩子各方面都有了很大的发展和提高。

这个案例可以让我们有如下几点认识：

放大镜

◎上了3–4年级之后，孩子的劳动意识开始增强，并且已经具备劳动能力了。

◎家长的教育和引导，对孩子劳动技能的增强也起着一定的促进作用。

那么，对于上了3–4年级的孩子，在平时的生活中，家长该如何去引导和教育让孩子多参加劳技课呢？可以试试以下的方法：

让孩子在家里多做一些力所能及的事情

随着孩子年龄的增长以及心智的不断成熟，孩子完全可以去做一些事情。确切地说，不用等孩子上3–4年级，从其懂事开始，家长就应该在家里让其做一些力所能及的家务活儿，从小就培养孩子的劳动意识。家长可以这么对孩子说：“你是家里的一分子，父母挣钱养家，你在家里也应该承担一定的责任。”先让孩子树立起为家庭服务、承担责任的意识，然后再根据孩子的能力及承受力，分担给其一定的家务活儿，如择菜、扫地、倒垃圾、整理房间等。不要总觉得孩子小，做不了这些事情，劳动技能都是慢慢培养起来的。

孩子在做这些事情的时候，不仅能获得劳动技能的锻炼，同时也能理解到父母的付出和辛苦，责任意识、独立能力、劳动能力等多方面的智能都会不断得以培养和加强，为其将来真正踏入社会、展开工作奠定一定的素质基础。

鼓励孩子多参加劳技课，可以的话，和孩子一起参加劳动

有些孩子可能觉得劳技课就是干活儿的，因此不乐意参加。对此，家长就要跟孩子解释，让其明白劳技课不是单纯地干活儿，而是一个培养和锻炼自己劳动技能的好机会，是为了让自己学到更多书本知识以外的技能。3–4 年级开设的劳技课，家长更要鼓励孩子多参加，可以这么说："参加劳技课越多，你各方面的能力就越强，这对你来说是一个让自己成长的好机会。"让孩子明白，参加劳技课是对自己的成长有意义、有帮助的。

另外，除了学校的劳技课之外，家长还可以带着孩子多参加一些公益性质的劳动活动，如义务植树、义务帮助敬老院打扫卫生等。参加这些集体活动，不仅锻炼了孩子的劳动能力，同时也开阔其视野，陶冶其情操，对孩子思维方式的培养也会产生积极的影响。

第三章

培养孩子的学习能力很重要——3-4 年级，决定孩子一生的好成绩

孩子升入 3-4 年级之后，在学习上会有一个比较大的转变，相应的成绩可能也会有些“动荡”。要想让孩子在这一阶段保持良好的学习成绩，学习能力是至关重要的一个因素。因此，在孩子上 3-4 年级的时候，家长应该重视对其学习能力的培养，使其养成好的学习态度和习惯，这是其取得好成绩的关键所在。

“老师在讲课吗？”
——孩子不会听课的应对措施

在1–2年级的时候，孩子因为好奇心强烈，所学的知识也比较简单，因此在听课的时候对自己感兴趣的知识能够保持注意力。再加上老师不断与学生进行“互动”，也在一定程度上提高了孩子听课的积极性。孩子即使偶尔不听讲，因为知识简单，也能通过课后家长的辅导掌握所学的内容。但是到了3–4年级就不一样了，所学的书本知识系统了，相对也复杂了，老师在讲课的时候不可能再像在1–2年级的时候一样“哄着”孩子去听课。在课堂上，3–4年级的老师会专注于自己所讲授的知识，可能不会再刻意去“提醒”孩子听课。这就导致一些孩子因为不适应新的授课方式，而出现上课不会听课的情况。

上了3–4年级之后，很多老师讲课的方式也都比较灵活，例如，在提问某一个同学的时候点一下知识点；让学生进行分组讨论之后，让各个“代表”发言；或者干脆引导孩子自己去琢磨、探索，自己只做一些补充等。孩子在1–2年级习惯了老师“手把手”的授课方式，因此上了3–4年级之后无法快速适应这种灵活多变的方式，以至于常常有些疑惑，甚至还会发出“老师是在讲课吗”这种疑问。这些其实都是孩子不会听课的表现，家长应该注意。

小雪最近一段时间很郁闷，回到家常常唉声叹气，说什么“升入3年级之后老师变了”“现在的老师没有以前的老师会讲课了”等一些莫名其妙的话。刚开始的时候，小雪的父母并没有十分在意。

直到上周开家长会的时候，女儿的班主任向小雪的妈妈反应小雪上课注意力不集中，有时候看着是在听课，但是叫起来回答问题又回答不上来，听课的意识也很差。妈妈将这些情况与女儿最近在家里经常发的“牢骚”相结合，这才意识到女儿可能在听课上有一定的障碍，简单点儿说就是不会听课。想到女儿上课常常出现“老师是在讲课吗”的疑问，小雪的父母就非常苦恼。

小雪的例子让我们认识到了以下几个 3-4 年级的孩子在学习中存在的问题：

放大镜

◎孩子学习能力差，导致不会听课。

◎因为能力差，孩子不能快速适应老师讲课的方式。

◎家长对于孩子不会听课的情况，没有及时采取措施。

孩子不会听课，主要是因为学习能力差。3-4 年级正是培养孩子学习能力的时候，家长发现孩子听课有障碍，或者抓不住课上老师所讲的重点知识时，要及时采取相应的措施去帮助他。那么家长该如何引导不会听课的孩子呢？可以采取以下措施：

多和老师沟通，及时发现孩子在听课过程中遇到的问题和障碍

有些家长觉得孩子上了 3-4 年级之后就是高年级的学生了，应该知道学习了，于是，不再像 1-2 年级的时候那样追着老师问孩子在课堂和学校里的表现了。总之，就是觉得孩子大了，不用家长方方面面都操心了。因此，忽视了和孩子任课老师的沟通，以至于孩子在听课过程中遇到问题了也不注意、不在乎。对于这种

家长，有必要给其提个醒：孩子虽然上3–4年级了，但这是一个学习方式、知识结构变化很大的阶段，稍微不注意，孩子就可能遇到一些问题，如果长期不引起注意的话，会严重影响其正常的学习。

因此，就算孩子上了3–4年级，家长也不能忽视和任课老师的沟通。通过沟通，及时发现孩子在听课过程中遇到的问题，如知识太难孩子不理解、老师的讲课方式孩子无法适应等。通过自己对孩子的了解以及老师所反映的情况，双方一起找出解决的办法，看是让孩子改变听课的方式，还是让老师改变讲课的方式等。总之，家长在这一时期，仍需对孩子的学习上心，不能不理不问。

上课的时候集中注意力，遇到不懂、不理解的及时请教老师

孩子上课不会听课还有一个原因就是注意力不集中，上课爱走神、开小差。这就要求父母在平时对孩子进行一些注意力培养的训练，让孩子能够在短时间内快速将注意力集中到老师所讲授的知识上。例如，家长在给孩子辅导功课的时候可以充当老师的角色，一边讲一边观察孩子的反应，并且提醒其注意力要集中。慢慢地，孩子在上课听讲的时候注意力自然集中了，听课的效率也会大大提高。

另外，当孩子在听讲的过程中遇到不懂、不理解的地方时，家长要鼓励其及时请教老师，不能听不懂也不言语，带着疑问去学习下一个知识点。这样的话，就不会出现老师讲这个知识点的时候，孩子仍然想着上一个知识点的情况了，自然就能认真听老师讲课了。

做一道题晃悠半小时
——孩子的学习效率低急抢救

孩子上了小学 3–4 年级之后，学习方式、任务、知识结构、作业布置等各方面都不同于 1–2 年级。变化最大的可能还是知识本身，即结构不再像 1–2 年级的时候那么单一了，难度系数增大了，不可能再凭记忆力或者简单思考就能写出答案。知识难度增加了，就要求孩子的学习能力有一定的提高。如果能力得不到提高的话，就会影响到其学习的效率。

很多家长可能会发现，之前孩子做题很快，不管多少道题目，其总能又快又准确地完成。但是到了 3–4 年级之后就不一样了，孩子开始磨蹭了，最突出的表现就是做题磨蹭，本该几分钟就做完的题目，他得晃悠半个小时，学习效率低下。这就足以说明，孩子的学习能力有待提高。

题目难并不能成为孩子做题磨蹭、学习效率低的“借口”，最为关键的还是要想方设法提高其学习能力。学习能力提高了，学习效率自然也就上去了。

亚青上小学 4 年级了，之前她学习挺不错的，几乎每次大的考试都能拿回奖状来。平时做作业也不用父母操心，不管语文作业还是数学作业，她都能主动又快又好地完成，一点儿也不拖拉。

但是自从上了 4 年级之后，亚青在学习上就开始频频出现“状况”。首先是放学回家后不再急着完成老师布置的作业了，其次做题的速度也大大不如以前了，磨磨叽叽，一道题晃悠半个小时还不一定做出来。

比如昨晚为了检测女儿最近的学习情况，亚青的爸爸给其出了几道课本上的练习题让她做。按照正常的速度，做完这些题目不过半个小时，但是亚青却足足用了两个小时才做完。这让亚青的爸爸很着急，女儿现在做题也太磨蹭、太拖拉了，学习效率也非常低。如果就这么不管不顾任其发展下去，孩子的学习成绩肯定会受到很大的影响。面对亚青这种情况，她的父母真是又着急又无奈。

通过亚青的例子，我们可以认识到这样几个问题：

放大镜

◎所学知识难了，孩子学习效率没有之前高了。

◎孩子因为学习效率低，所以做题磨蹭。

◎家长不能及时引导，导致孩子学习效率越来越低。

学习效率是孩子在学习的过程中考查其学习能力的一项重要指标，学习效率高，则在一定程度意味着孩子的学习能力也强。3–4 年级正是培养孩子学习能力的重要时期，如果不及时进行“抢救”的话，极易对其以后更复杂、更系统的学习产生负面影响。

那么，家长该如何解决孩子这种学习效率低下、做题拖拉的情况呢？

规定做题时间，增强孩子的时间观念

虽然孩子已经是 3–4 年级的大孩子了，但是难免会有作为孩子的“通病”，那就是时间观念不强。时间观念差也是导致孩子做题拖拉、学习效率低下的一个重要原因。为此，家长可以通过增强其时间观念的方式去“抢救”。例如，每次

孩子写作业的时候，根据作业的难易程度以及孩子的实际学习能力，给其规定时间。假如能在规定的时间内完成作业的话，家长就可以满足其一个小小的心愿；但是如果在规定的时间内因为拖拉没有完成作业的话，就要接受家长相应的惩罚。如此一来，孩子肯定会为了得到“奖励”而在写作业的时候集中注意力。慢慢地，孩子做题拖拉的毛病自然就改掉了。另外，为了能在写作业的时候完成得又快又好，孩子也会在上课的时候集中精力听讲，提高学习效率。

孩子的时间观念增强了，就会珍惜每一分每一秒的学习时间，即使遇到难题也不会再磨蹭，而是会想尽各种办法争取以最快的速度解答出来。这样一来，学习效率自然就慢慢提高了。

创造一个利于孩子学习的环境，不让外界因素干扰他

贪玩是孩子的天性，3–4 年级的孩子也一样，在学习的时候极易受到外界的干扰。家长可能注意到了，有时候看着孩子是在专心地写作业，但是只要稍微有点儿“风吹草动”，他就无法专心了，东瞧瞧西望望的。所以，为了让其能够在学习的时候不被外界环境所干扰，家长要尽可能地为其创造一个安静、整洁的学习环境。例如，在孩子写作业的时候，家长不要弄出很大的声响；桌子上除了书本，不要有任何可以对孩子形成干扰的东西，比如玩具、小物体等。没有了外界的干扰因素，孩子在学习的时候注意力就会集中很多，学习效率也会得到提高。

父母不要再当“书童”

——让孩子学会自己做作业

小学1–2年级的时候，孩子在写作业时家长几乎要全程陪同，心甘情愿当孩子的大“书童”。遇到不会做的题了，“书童”赶紧辅导；渴了，“书童”马上去倒水；热了，“书童”也会不辞辛苦地给其在一旁扇扇子……总之一句话，家长就是孩子写作业时的“书童”兼“仆人”，为了让孩子写好作业，无论自己白天上班多累，晚上熬多晚也要陪着孩子把作业写完。因为养成了这样的习惯，家长如果因为有迫不得已的事情不能陪伴的话，孩子的作业要么完不成，要么完成质量太差。甚至没有了“书童”在旁边监督，孩子根本不会自己写作业。

但是孩子到了3–4年级的时候，家长就应该注意了，不能再像以前一样，在其写作业的时候甘做全程陪护的“书童”。要知道，父母的这种做法会让孩子产生依赖性，不利于其独立学习能力的培养和提高。因此，在孩子上了3–4年级之后，家长就不要再当孩子的“书童”了，而是要让其学会自己做作业。

小彬刚上1年级的时候，父母为了让孩子接受最好的教育，给他找了市里最好的学校。父母平时对小彬也比较娇宠，吃的、穿的、用的、玩的几乎都是最好的。在学习上，父母更是上心得不得了，每次小彬写作业不是爸爸陪着就是妈妈陪着，他们一边辅导一边照顾，真可谓尽心尽力。儿子不会做题了，父母赶紧给讲解、辅导；儿子渴了，父母赶紧去给端水倒茶；儿子情绪不好写不了作业了，父母也想尽办法逗他开心……总之，在小彬写作业的时候，父母就是他最忠实、最体贴的“书童”。

在 1-2 年级的时候，小彬的作业基本上都是在父母的陪伴下完成的，无论爸爸妈妈白天上班多累，抑或再忙，只要小彬写作业，父母其中的一方肯定会“站出来”陪着。

这学期小彬上小学 3 年级了，爸爸因为工作原因调到外地去了，家里只剩下妈妈了。这样一来，妈妈既要工作，下班了还要做饭、做家务，晚上还要陪着儿子写作业，没坚持多久便病倒了。在妈妈病倒的那几天，小彬自己也不写作业，老师批评他，他还挺理直气壮地说：“妈妈病了，不能陪我写作业了，作业当然就完不成了！”小彬的妈妈得知此事非常惊讶，同时也意识到孩子不能自己做作业，主要是因她和小彬的爸爸平时的教育方式有误所导致的。

小彬的例子让我们意识到了这样几个问题：

放大镜

◎父母的娇惯，让孩子的依赖性强。

◎因为依赖性强，孩子独立学习的能力差。

◎家长对孩子的教育方式不科学，导致孩子不会自己写作业。

家长不可能永远陪着孩子，迟早得让其学会独立。在学习上也是一样，必须让孩子从小养成独立学习的好习惯。到了 3-4 年级，孩子已经完全具备这种能力了，所以父母也要放手，不再充当孩子“书童”的角色。

那么，家长究竟该如何培养孩子独立写作业的学习能力呢？可以从以下两个方面做起。

孩子写作业的时候，家长不要在旁边辅导

孩子刚上学的时候，家长可能会在其写作业的时候在旁边陪着，这也是可以理解的。但是等孩子长大一些的时候，家长就不能再在旁边辅导了。尤其是孩子边写，家长边辅导。不会做了，家长赶紧讲解；或者孩子做的时候，家长在旁边“指手画脚”——“这样写不对，应该那样做”“错了错了，这道题算错了”，等等，这些都会分散孩子的注意力，同时也影响其独立学习能力的养成。

因此，孩子在写作业的时候，家长可以先离开去做一些其他的事情。如果真的需要辅导孩子，也要等其全部写完之后再去辅导。需要注意的是，家长在对孩子进行功课辅导的时候，要以引导为主，不能不让孩子思考就马上给出正确答案，这样也不利于其独立思考能力的培养。总之，孩子写作业，家长不要在旁边“碍手碍脚”，要相信没有家长的陪伴，孩子自己会做得更好。

加强对孩子的心理教育，让其明白学习是给自己学的

家长陪着孩子写作业，时间长了会让其觉得是在给父母学习，因为每次写作业的时候，父母比自己还要上心、还要紧张。久而久之，孩子独立学习的积极性就会被挫伤，认为自己努不努力没关系，反正每次写作业都有家长陪着，遇到不会做的家长也会帮着解决的。

对此，家长必须对孩子进行一定的心理教育，告诉他：“学习是你自己的事情，是为了你以后更好地成长和发展，并不是为父母而学的。”这样一来，孩子的心里就有数了，明白学习是为了自己。就算在写作业的时候父母不陪在身边，他也会非常认真地完成。

粗心、懒惰、丢三落四
——习惯性错误有对策

3–4 年级的孩子心理上比 1–2 年级的孩子要成熟很多，不仅是对学习的认知上，在其他方面，如与人交往、自我评价等，都有了很大的进步。与此同时，随着 3–4 年级所学书本知识的不断加深和系统化，孩子难免会产生各种学习问题，如粗心、懒惰、丢三落四等，这些都是不好的学习习惯。家长如果不及时予以纠正的话，会对孩子的学习造成许多负面的影响。

粗心、懒惰、丢三落四其实都属于习惯性学习错误，相对于其他的一些不良的学习习惯，这些习惯性错误对孩子的学习产生的消极影响更大、更深。所以，家长一旦发现孩子在学习上有类似的习惯性错误，就必须马上引起重视，积极引导和教育，找出相应的对策。

晶晶上小学 4 年级了，在学习上她还算是一个比较让父母省心的孩子，无论上课还是放学回家写作业，表现得都很好。但是最近一段时间，父母发现女儿在学习上有了新的“状况”。

首先是没有以前认真了，不管是写作业还是考试，总会出现因为粗心而导致的错题、丢分的现象。你给她指出来，她都能改对，但自己就是发现不了。其次，在学习上也好像变懒惰了，以前写作业挺主动的，现在每次都要父母催着，否则就不写。甚至有时候父母催她，她还会讨价还价：“等会儿再写吧。”最后，她还有一个非常不好的习惯，就是丢三落四的毛病越来越厉害，一连好几天，不是把课本落在家里，就是没带必要的学习用品和工具，以至于现在每次上学前都要父母提醒她才能把东西带齐。

父母记得女儿以前没这么多毛病呀，怎么现在越大毛病还越多了呢？刚上4年级学习习惯就这么不好，等以后上了初中、高中岂不更糟糕啊！对于晶晶现在的学习习惯问题，父母真的是非常头疼。

晶晶的例子让我们认识到了这样几个问题：

放大镜

◎孩子上了3–4年级之后，学习问题多了。

◎因为心智发育等影响，孩子在学习上与以前不一样了。

◎父母对孩子学习上的一些习惯性错误，找不到对策。

现实生活中，和晶晶一样，随着年龄的增长，学习问题越来越多的孩子有很多，尤其是3–4年级的时候，各种惯性错误更是“层出不穷”。这是孩子学习能力不强的一种表现，需要家长的引导和教育，并且要有一些具体的对策，以帮助其改正，提高其学习能力。

那么，家长该如何制定针对孩子这些习惯性错误的对策呢？一起来探讨一下吧。

养成认真检查的好习惯，不管是学习还是做其他的事情

孩子粗心、丢三落四往往是因为没有养成做完作业后认真检查的好习惯。在学习上，养成检查的习惯是很重要的。因此，当孩子写完作业或者整理完学习用

品的时候，家长不要觉得“万事大吉”了，而是要监督其进行认真、仔细的检查。例如，父母可以用严肃的语气跟孩子说：“做完了不一定就能保证没有错误，静下心来抱着重做一遍的心态，认认真真地检查一遍。”孩子背着书包要去上学了，家长也要叮嘱其再检查一遍书包里的书本和学习用品，以确保真的没有落下。

3-4 年级的时候正是培养孩子学习能力的时期，而良好的学习习惯就是其较强学习能力的体现之一。所以，在这段时期，父母要做的不是整天盯着孩子的考试成绩，而是要在良好的学习习惯上对其进行引导和教育，更要对其粗心、丢三落四的习惯性错误制定对策。让孩子从小就养成各种良好的学习习惯，为其将来的学习打下良好的基础。

用懒惰的后果去应对孩子懒惰的行为，让其记住教训

孩子升入 3-4 年级后会出现在学习上懒惰的行为，例如学习不主动、不爱独立思考、总是抱怨作业多并且懒得做。懒惰习惯一旦养成，对孩子的学习有百害而无一利，所以家长也必须引起注意。最好的办法就是“欲擒故纵”，例如孩子嫌作业又难又多不愿意写，家长也不要去逼他写，只要轻描淡写地说：“反正写作业是你自己的事情，就算你现在不写，最后也没人给你写。作业完不成，等明天到了学校，也是你自己被老师批评，你自己看着办吧！”家长这样说看似是在“纵容”孩子的懒惰行为，其实是在给其增加压力，给其指明自己懒惰行为的严重后果。这样一来，孩子自然就不敢再在学习上偷懒了，而是会乖乖地去写作业。

要语文，不要数学
——孩子出现偏科现象速纠正

1–2年级的时候，由于书本上都是一些简单的知识，加上孩子对独立学科也没有太多的深入认识，因此很少出现偏科的现象。无论语文还是数学，对孩子来说，都是一样的。但是到了3–4年级就不一样了，孩子的认知水平有了一定的提高，各门学科也开始逐渐呈现出其学科特点。再加上课程结构和学科知识都比以前更复杂、更系统了，孩子在学习的过程中很容易出现偏科的现象，常常出现“要语文，不要数学”或者“要数学，不要语文”的情况。

3–4年级是培养孩子学习能力的关键时期，如果这时候孩子就开始偏科的话，那么对其以后的学习也会产生阻碍。偏科不仅会影响孩子的学习成绩，同时也会影响其学习能力的提高。因此，作为家长，要慎重对待孩子的偏科现象，一旦发现，就要立即进行引导和教育，争取让孩子做一个在各学科上都是“优”的优秀学生。

马东今年上小学3年级，之前在1–2年级的时候成绩还算不错，不管数学还是语文，基本上每一科都能保持在90分以上。但是升入3年级之后，马东的成绩开始出现起伏了，数学依然能保持在90分以上，语文成绩却下滑不少。经过一段时间的观察，马东的父母发现儿子好像特别喜欢学数学，但是对语文却没什么兴趣。晚上写完作业之后让他再学一会儿，马东也是毫不犹豫地拿出数学课本，几乎没有拿过语文课本。

昨天期中考试成绩下来了，马东的数学拿了全班第一名，但是语文却连全班的平均分都没达到，因此总成绩也不是很靠前。父母得知此事以后决定跟儿子好好谈一谈。谁知妈妈刚一开口，马东就非常不耐烦地嚷了起来："哎呀，别让我学语文了好不好啊，烦死了！我就喜欢学数学，现在一看语文就头疼。"

小学阶段正是打基础的时候，儿子才上 3 年级就开始偏科，那以后岂不是更糟糕啊！望着马东对语文一副"仇恨"的模样，父母心里别提多着急了。

这个例子可以反映出这样几个问题：

放大镜

◎知识难度的增加，导致孩子偏科。

◎孩子只学自己喜欢的科目，从而出现偏科。

◎对老师有意见，也可能导致孩子偏科。

针对 3–4 年级孩子偏科的问题，家长要注意，过早偏科会影响孩子对其他科目的兴趣，如果不及时加以调整的话，会形成恶性循环，势必影响总成绩。那么，家长该如何纠正孩子的这种偏科问题呢？有以下两种参考方法：

培养孩子对不喜欢科目的兴趣，这是纠正孩子偏科的最好方法

孩子喜欢数学讨厌语文，或者喜欢语文讨厌数学，最重要的，还是因为对所讨厌的科目没有学习的兴趣。我们常说兴趣是最好的老师，一旦孩子对某一事物产生了兴趣，一定会充满激情、全力以赴去做好这件事。学习也是一样，孩子总是喜欢在自己感兴趣的科目上多花时间。据此，家长要从培养孩子对不喜欢科目的兴趣入手，去纠正其偏科的问题。

例如，孩子喜欢数学不喜欢语文的话，家长就可以在平时的生活中有意识地把孩子往这方面进行引导，家长可以放一些优美的文章、读起来朗朗上口的诗歌的录音给孩子听，让孩子在优美动听的朗诵声中陶冶情操，对语文产生兴趣。

另外，当孩子在不喜欢的科目上取得进步的时候，家长要及时予以表扬和鼓励，增强其对这门课程的信心，让孩子心中产生一种成就感，继而激发其对这门课程浓厚的兴趣。

对于因为任课老师引起的偏科，家长要多和孩子一起找老师的优点

我们经常说爱屋及乌，如果孩子对某一任课老师印象不好，或者因为这个老师批评过他，让他在心里埋下“怨恨”的话，也会导致孩子对这门课程丧失学习的信心和兴趣。对于这种情况，家长要先弄清楚孩子不喜欢老师的原因，如声音难听、讲课方式不佳、某些动作可笑、批评过孩子等。家长在疏导孩子情绪的同时，也要让孩子多看看老师的优点，例如讲课富有耐心、和蔼温柔等。对老师的意见消除了，孩子喜欢上老师了，对其所教的这门课程也就不会像之前那么讨厌了。

“我不给你学了！”
——孩子学习态度不端正是父母的错

虽然 3–4 年级的孩子在学习认知方面有了一些进步，可是他们还是不像高年级的孩子那样，思想成熟，学习态度端正，比如，他们会觉得学习是为了父母，是父母逼迫他们来学校学习的，所以当他遭遇困难时，就会产生对学习不负责任的态度——“我不给你学了！”“你干吗要我去上学呀！”

人们常说，能不能干好是能力问题，想不想干好是态度问题。在学习方面也是如此，想不想学好，孩子的态度很重要，尤其是 3–4 年级的孩子，要想培养他们优秀的学习能力，首要重视培养他们的学习态度，引导他们朝着正确的方向发展。

小龙今年上小学 4 年级，因为父母 30 多岁才有的他，所以从小就把他宠得不成样子，要什么给什么，他说怎么样，就怎么样。总之，大人对他是千娇百宠，一点儿委屈都舍不得让他受。

自从小龙开始上学，家里就更加忙碌起来，找最好的学校，找最好的老师，给他买最好的学习用具，还有父母和爷爷奶奶每天轮着班地去接送，回家又陪读、陪写作业等，从入学第一天开始，每天如此。小龙的学习每天都有“豪华”的“排场”，可学习成绩却始终不咋地。这让小龙的同班同学和老师对他多少有些“另眼相待”，小龙在学校里也很不开心。

有一次单元摸底，小龙又考了全班倒数第一。回到家后，妈妈说：“我的小祖宗你倒是争气一点儿呀……”妈妈的话还没说完，小龙就委屈地哭了：“我不给你学了，我这么辛苦，也学不好，别人还老笑话我，我不学了，再也不去上学了！”妈妈听了儿子的一番话，又好气又好笑！

这个案例让我们认识到这样几个问题：

放大镜

◎孩子太受呵护，学习能力差。

◎因为太受关注，孩子学习态度不端正。

◎大人的心态影响孩子的学习态度。

可以说，小龙家长这样的行为的确有些夸张，但是在我们的周围不是没有。家长们应该反思自己的言行。同样，我们更要注意引导孩子端正自己的学习态度。不管你是不是溺爱孩子的家长，孩子的学习态度一定要端正。这是3–4年级培养孩子学习能力的一个重要方面，如果此时不纠正的话，到了更高年级的时候，更复杂的学业会对孩子造成更大的影响。

那么，如何端正孩子的学习态度呢？我们一起来学习一下。

大人别过多掺和孩子的学习，让他们学会为自己负责

每个学生的背后都有一个家庭，每个家庭都有其自身特点，但不管什么样的家庭，我们都要注意培养孩子为自己负责任的态度，不要过度地干涉和帮助他们的学习。而是应该收起一只手，在孩子背后默默关注，让孩子自己去遭遇。在孩子遇到学习上的挫折时，家长应动之以情，晓之以理，用建议和亲情去感染孩子，

打动孩子的内心，让他们明白人生处处是危机和挑战，使其认识到知识的重要性，也认识到学习是别人代替不了的事情，唯有自己努力学习，寻找更好的学习方法才能化解困难。

家长不再掺和孩子“学习中的那些事儿”，不再陪读、陪写、陪练，甚至可以慢慢地不再去接送，让孩子自己在经历做不完要受到批评，做不对要罚写，考不好要“丢人”……之后，他们一定能慢慢学会为自己负责。

让学习的价值端正孩子的学习态度

只有孩子学习态度端正了，有了上进心，他才会真正地、开心地努力去学习。要想做到这一点，大人可以引导孩子想想以后的理想，想想现在学习的价值，也可以用生活中的小事件引导他认识到学习的价值。比如，有一位开药店的家长，他让孩子闲暇时帮他整理药品，每次都让孩子帮他报药名。一开始孩子很多药名都报不出来，大人对孩子表现出期待，需要帮忙的眼神和情绪让懂事的孩子便努力学习，并经常请教老师多种字的认识和读法。后来小学未毕业，他认字的数量就已经达到了初、高中以上孩子的水平了。所以，用学习的价值来引导孩子端正学习态度很有益，也很有效。

总之，3-4 年级是孩子学习能力的关键塑造期，学习态度很重要，而要形成一个积极且有强大推动力的学习态度，最根本的办法是要让孩子积极而明确地理解自己所投身学习的意义，这是大人此期培养孩子的关键事。同时，在具体学习上，注意辅导孩子帮他打好扎实的基础，让孩子不要看重一时的成败，朝着自己的目标勤奋努力，相信他最终一定能取得好成绩。

会做的题做错了
——让孩子注意不犯“低级失误”

3–4 年级的孩子虽然在心智方面与 1–2 年级的时候相比成熟了不少，但是相应的各种学习问题也会随之而来，其中有一个比较严重的问题就是把本来会做的题做错，这与其学习能力是有一定关系的。我们说，3–4 年级正是培养孩子超强学习能力的时候，家长在这段时期必须注意对孩子进行引导和教育，其中就包括让孩子注意在做题的时候不犯“低级失误”。

家长可能也会有这种困惑，孩子平时学习挺好的，但是一到考试的时候总是因为各种原因把会做的题做错。有时候让他检查也检查不出来，但是别人稍微一指，他立马就能反应过来。这种孩子不是不聪明，而是典型的学习能力不高，容易在学习上犯“低级错误”。

孩子在学习上犯“低级错误”，不仅仅影响其学习成绩，一旦养成习惯的话，会对其日后的学习产生非常消极的影响，甚至对其将来的工作也会有影响。所以，为了让孩子能够从小养成学习严谨的好习惯，家长就要抓住 3–4 年级的“黄金期”对孩子的学习能力进行培养，首先要让孩子保证会做的题不再做错。

丽丽今年上小学 3 年级，让丽丽的父母最为头疼的事情是，女儿平时学习挺好，也非常聪明，常常老师才讲第一章，她就已经自学到下一章了。但是每次考试，不论大考还是小考成绩却总是提不上去。分析试卷才发现，丢分最多的并不是不会做的题，而恰恰是会做的题。也就是说，丽丽经常把会做的题做错。

例如这次期中考试，考完之后，丽丽信心满满地跟父母说考题非常简单，她只用了一半的时间就答完了，拿90分以上没有问题。但是等成绩出来之后，丽丽却傻眼了，自己只得了81分。望着试卷上那些鲜艳的叉号，丽丽非常懊恼："哎呀，我真是服死我自己了，这些扣分的题我全会做。怎么总是改不了这毛病啊？每次都把会做的题做错。"看得出来，丽丽对自己也非常不满意。

望着女儿沮丧的样子，丽丽的父母也非常着急，不知道该怎么去帮助女儿，让她不再犯类似的"低级错误"。

以上例子反映出了这样几个问题：

放大镜

◎孩子基础知识不扎实，会做的题也做错。

◎孩子做题速度快，因为粗心，把会做的题也做错了。

◎大人不知道如何去引导，孩子更茫然。

我们说，仔细是一种学习的能力，凡是能力就一定可以培养。那么，在现实生活中，家长又该如何去培养孩子这种做题仔细、不犯"低级错误"的能力呢？我们不妨一起来学习一下。

帮助孩子准备一个纠错本，把做过的错题都做一个记录

对于孩子常常把会做的题做错这种情况，家长可以帮助其准备一个专门的纠错本。不管是考试，还是平时做练习、写作业，只要是做错的题都要让孩子认真、详细地记录到这个本子上，包括做错的题、改正后的答案以及做错的原因。孩子

在整理这些错题的过程中，既是在提醒自己以后做题要认真、仔细，同时也能加深一遍印象。

需要注意的是，这个纠错本不是拿来当摆设的，更不能把错题记录在上边之后就丢在一边不管了。而是要让孩子随身携带，每往上面记录一道题，就要把之前记录的再认真看一遍，这也是一个温习和巩固的过程。

另外，家长也要引导孩子在平时养成认真、仔细的习惯，不仅仅是在学习上，在其他事情上也一样，必须把能做好的做好，避免犯会做却做不好、做不对等“低级错误”。只要家长多引导、多教育，相信孩子一定能够克服这些学习困难，提高自己的学习能力。

放慢速度，认真审题，在题干和要求的关键处做标记

孩子把会做的题做错还有一个重要原因就是做题速度太快，或者审题不认真。就像上文例子中的丽丽一样，因为觉得考题简单，心里并没有引起足够的重视，做题速度虽然提上去了，但是错误率却提高了，反而得不偿失。还有就是在审题的时候不够认真、不够仔细，没有看清题干和题目的要求就开始做，最后还是会做错。对于这种情况，家长可以利用孩子平时写作业的时候，进行这方面的一些专项训练。例如写作业的时候，原本半个小时就可以做完的，给他一个小时，前提是放慢做题速度，保证正确率。这样的话，孩子就不会出现因为“赶时间”而审题不仔细，把会做的题也做错的情况了。

另外，家长还可以让孩子在审题的时候拿一支笔，在题干的关键字眼儿上做上标记，比如用显眼的笔画一条横线，这样的话就不会再看错、看串行了，做题的准确率自然就慢慢提高了。

第四章

学会学习比学会知识更重要——培养好的学习方法，为高年级打基础

俗话说，授人以鱼不如授人以渔，即给人再多的鱼也不如教他捕鱼的方法，掌握方法了，到哪里都能捕到鱼吃。孩子的学习也是一样，虽然知识学习很重要，可是让其学会学习方法要比单纯地学会知识更重要。孩子掌握了学习的方法，在学习的时候就会事半功倍，既能活学活用，又能融会贯通，为以后升入高年级打下更为坚实的基础。

为明天的功课做好准备
——养成预习的习惯

3–4年级的课程不像1–2年级的那样简单、容易理解，对于孩子来说，此时的课程绝不是上课听听老师讲，考试的时候就能考高分的。除了上课认真听讲之外，还必须在课前、课后进行一系列的学习和巩固。

其实，在3–4年级这段时期，最重要的是教孩子学习的方法，即培养他养成良好的学习习惯。好的学习习惯能使孩子的学习达到事半功倍的效果，这其中就包括课前预习，即让孩子在今天就为明天的功课做好准备。

预习是对将要学习内容的初步学习，也是孩子自学的关键。因为是自己学习，在这个过程中必然会有不理解或者理解错误的地方，也就是说孩子在预习的过程中除了对所学知识有一个大致的了解之外，还要把难以理解的知识标记出来，在老师讲课的时候带着问题去听课，以提高学习效率和听课效率。

“完了完了，今天老师讲的知识我都还没有完全理解呢，明天又要讲新课了，这可咋办啊？！”下午放学回来一进家门，昭昭就开始嚷了，“怎么上了3年级之后，学习变得这么费劲呢？以前只要上课听讲，作业就能完成，考试也不担心，现在好难啊！”

昭昭今年上小学3年级，在1–2年级的时候是班里的尖子生。在他看来学习是一件很简单的事情，只要上课认真听讲就行了。但是自从升入3年级之后，昭昭发现学习不像自己认为的那么简单了。上课时老师讲的好多知识点他根本无法当堂消化，听得是一头雾水。

这不，他对今天老师讲的新知识感觉很陌生，完全抓不住重点。听完之后他只觉得大脑中一片混乱，根本没有头绪。明天老师又要进行下一个新知识点的讲解了，可是昭昭连今天学的还没完全掌握呢。这样形成“恶性”循环的话，他的学习肯定会越来越糟糕的。想到这里，昭昭就倍感头疼。

看着儿子为学习烦恼，昭昭的父母也很着急，他们觉得儿子的学习方法有问题，但是又不知道该怎么去引导孩子，真是烦恼。

上述案例反映出以下几个问题：

放大镜

◎ 3–4 年级，知识变难导致孩子之前的学习方法不再“奏效”。

◎因为学习方法错误，孩子在学习上感到吃力。

◎大人不知道该如何去引导孩子。

让孩子掌握正确的学习方法，比让他掌握单纯的知识更重要。到了 3–4 年级，家长就应该培养孩子养成良好的学习习惯了，其中就包括课前预习。上述案例中昭昭的父母也意识到了这一点，可是具体该如何培养孩子养成课前预习的好习惯呢？我们一起来学习一下吧。

在预习中发现并找出问题，上课的时候抓住重点、难点听讲

预习是在学习某一知识点前，先对所学内容进行熟悉和了解。预习的目的是为了了解这一知识点的基本内容，包括主要内容与之前所学知识的联系，知识的

迁移与延伸等。好的预习习惯是一种有效的学习方法，对孩子的学习有非常积极的促进作用。

在引导孩子对新知识进行预习的时候，家长要让其先将新知识大致了解一下，然后再结合以前所学的知识运用所掌握的学习方法对新知识进行“自学”。告诉孩子，预习的主要目的就是掌握基础性知识，熟悉所讲内容。在这个过程中，如果遇到难以理解或者不理解的知识，可以先做个记号，即发现并找出问题，等到老师正式讲解的时候带着问题去听课，这样就能抓住听课的重点和难点了，学习效率自然就提高了。

合理分配预习的时间，重点预习自己薄弱的科目

孩子放学之后要写当天的作业，因此真正留给预习的时间并不多，这就要求其能学会合理分配预习的时间，最好把预习的重点放在自己薄弱的科目上。

例如，在完成当天老师布置的作业之后，家长就要引导孩子为明天的功课做准备。预习的时间要视情况而定，太短了达不到效果，太长了又影响孩子正常的休息。最好是在睡觉前的一小时或者半小时进行，这样便能保证孩子的休息时间不被“占用”。在预习科目的选择和时间的分配上，要视其学习情况而定。如果孩子的语文学得比较好，那么就拿出 15 分钟的时间进行预习；数学差一点儿的话，就拿出 30 分钟的时间进行预习。这样不仅可以把所有科目都“照顾”到，同时也能提高薄弱科目的学习效率，有利于学习水平的整体提高。

巩固是记忆的“良药”
——养成复习的习惯

上了3–4年级之后，孩子常常会有这样的抱怨：“怎么现在的记忆力没有1–2年级的时候好了呢？以前看一两遍就能记住的知识，现在看好几遍都记不住！”其实不是孩子的记忆力下降了，而是因为3–4年级的知识比1–2年级的知识复杂了、难了，学习、记忆起来自然会有一定的难度。

为了让孩子在3–4年级依然拥有“超强”的记忆力，家长就要从培养孩子良好的学习习惯入手，教孩子科学、有效的学习方法，通过养成复习的好习惯，去巩固孩子的记忆。著名教育家孔子也说“温故而知新”，一个会学习的孩子一定是个有复习习惯的人。复习是学习的重要环节之一，是对所学知识进行更为深入的理解、巩固和加深，使知识在自己的头脑中更加系统化和条理化。以此来提高对知识运用的技巧，可以举一反三，使知识真正为自己所有、所用。

露露今年上小学4年级，学习成绩在班里虽然不算太差，但是也称不上名列前茅。眼看着女儿越来越大，可是在学习上依旧和以前一样，只懂得在上课听讲，课后完成作业，露露的父母就特别着急。

原来，露露在学习上一直没有复习的习惯，当天学过的新知识除了通过作业巩固一下之外，其余时间根本不看。虽然在老师讲的时候听懂了，但是因为没有及时复习和巩固，很多重要的知识点掌握得并不牢固。比如，昨天晚上露露写完作业之后，妈妈决定检查一下她的学习情况，对她前两天所学的知识点进行提问，结果露露一个也没回答上来。妈妈再看看要求，这些全是必须掌握的。看到女儿在学习上这么不踏实，露露的妈妈非常着急。

“你这怎么行呢？学过的知识掌握的一点儿也不牢固，今天学明天忘，捡了芝麻丢了西瓜，这样学下去最后什么也学不到。”

“那我该怎么学呀？”露露倒是一脸的“无辜”。

是呀，自己光顾着批评女儿学习不踏实了，也知道学习必须通过复习来巩固和加强，可是究竟该怎么引导孩子养成课后复习的好习惯呢？露露的妈妈又犯愁了。

露露的例子反映了这样几个问题：

放大镜

◎知识变难，导致孩子记忆力变“差”。

◎学习习惯不佳，所学知识掌握不牢固，导致孩子“捡了芝麻丢了西瓜”。

◎家长不知道该如何引导孩子养成课后复习的好习惯。

通过复习，孩子可以更加深入地理解和掌握所学知识，假如当天学过而不复习的话，只会成为下山的“小猴子”，最后什么也学不到。复习是一种科学有效的学习方法，同时也是一种良好的学习习惯，一旦养成，会对孩子的学习产生积极的促进作用。

那么，家长该如何培养孩子养成这种好的学习习惯呢？不妨借鉴以下方法：

制订复习计划，让计划去指导孩子的学习

根据孩子学习遗忘“先快后慢”的规律，家长必须让孩子养成及时复习的好

习惯，使所学知识得到有效的巩固。家长可以帮助孩子一起制定一份复习计划，如当天学习完之后，在写作业之前先对课堂上老师所讲的内容进行复习，在确定掌握的情况下再通过作业进行加强和巩固；不仅每天需要复习当天的学习内容，每周还要进行阶段性的小结复习，把一周以来所学的知识点都进行系统的梳理和复习；另外，一个单元、一章学习完了，还要进行单元复习和章复习。通过这种详细的复习计划，去指导孩子的学习，不仅能及时让孩子对所学知识进行消化吸收，同时也可以帮助孩子避免临考前复习的紧张情绪，因为平时掌握得比较牢固，所以考前复习也不会那么累了。

通过学后提问的方式，加强孩子对所学知识的记忆

对于 3–4 年级的孩子来说，此时的课业负担还不是特别重，完全有时间去对所学过的知识进行复习和巩固。其中一个好方法就是通过提问的方式，去加强孩子对知识的记忆。例如，对语文学科的复习，家长可以利用晚饭后的时间，检查孩子的背诵、默写以及对生字词的掌握情况，对课文中心思想的理解等；对于数学学科的复习，家长可以检查孩子对公式、推论等概念和性质的理解，也可以根据所学内容出一些题目让孩子做，以此来检查他对所学知识的运用情况。检查的过程，也让孩子加深了记忆力。需要注意的是，在此过程中，对于孩子掌握不够牢固的地方，家长要重点记录，然后让其重点进行复习。

随时随地带在身边的“老师”
——让孩子学会查阅资料

3–4年级的孩子学习上的知识面和范围比以前大了，不像在1–2年级的时候那样，很多问题在课本中就可以找到答案，而是需要查阅资料。加上孩子天生的好奇心，即使是普通的课本，他们可能也会产生很多疑问，例如不认识某个字，对某个词语不理解，等等，这些问题老师和家长不可能为其一一解答，这就需要教给孩子自己查阅资料的方法，让孩子在遇到不理解的字词或者内容的时候，不是第一时间寻求老师和家长的帮助，而是自己查阅资料。

学会查阅资料，对孩子的学习来说，就等于找了一个随时随地带在身边的“老师”，不管在学习中遇到什么问题，都可以在第一时间解决。这样不仅节约了老师和家长给孩子解答的时间，同时也培养了孩子自主学习的能力。这就好比拓宽和延长了孩子的学习道路，为其今后的进一步学习打下了更为坚实的基础。

“妈妈，这个字读什么啊？”

“妈妈，快来帮我解释一下这个词语的意思。”

“鲁班是谁呀？他是干什么的呀？文章里提到了，你快来给我讲讲他吧！”

……

陈勇的妈妈正在厨房里忙着做全家人的晚饭，可是耳朵里不时传来儿子呼叫的声音。每次儿子不管是学习还是看书，也是她最“崩溃”的时候，因为儿子有什么不懂的地方肯定会大声呼喊让她给自己解释。平时没事的时候去充当一下孩子的“老师”还行，可是不可能一直闲着没事啊。比如现在自己忙得很，儿子却问这问那的，要是不给他解答，他肯定就不学了。

以前儿子上 1–2 年级的时候，因为年纪小，需要掌握的知识也不多，因此有什么不懂的、不理解的，自己都会帮着他解答。可是现在儿子都已经上 4 年级了，整天还缠着父母问这问那的，这就让他们有些顾虑了，或许应该让孩子自己去解决这些问题，最关键的是让孩子自己学会查阅资料的方法。这样即使他们不在孩子身边，孩子也能独立去解决学习中的一些问题。

以上这个例子可以反映出以下几个问题：

放大镜

◎孩子习惯了家长给自己解答问题，从而不愿意查阅资料。

◎因为这种习惯，孩子没有掌握好的学习方法，自主学习能力差。

◎ 3–4 年级的孩子已经具备自己查阅资料的能力了，家长应该去培养。

让孩子自己学会查阅资料，不仅能提高其自主学习的能力，在一定程度上还能培养其探究能力以及独立解决问题的能力。那么，家长该如何去引导孩子掌握这种查阅资料的学习方法呢？可以看看以下的方法。

为孩子提供可供查阅的资料

要想让孩子学会自己查阅资料，首先家长必须为其提供一些可供查阅的资料。例如，尽可能地为孩子准备一些工具书，包括字典、词典，如《新华字典》《现代汉语词典》《辞海》等；还要准备一些百科全书，如《十万个为什么》《少儿百科全书》等。另外，为了扩大孩子的知识面，丰富其知识，家长还可以为其准备一些专业的知识汇编书籍，如唐诗、宋词、元曲、中外名著的简介和鉴赏等。这些工具性图书，都可以为孩子提供可查阅的资料。

另外，家长也可以给孩子办理一张图书馆的借阅证，让孩子在课余时间去图书馆“充电”，同时，也可以把不懂的问题集中起来，趁此机会一并通过查阅相关资料找到答案。在具体的学习上，也可以选择性地为孩子挑选一两本教辅参考书，如果其在学习中遇到问题了，让其自己查阅并解决。

指导孩子去查阅资料

孩子有了问题，家长不要在第一时间给其现成的答案，而是要引导他自己去查阅资料。要知道，3–4 年级的孩子完全具备这种自主学习的能力。例如孩子有问题了，家长可以先跟孩子分析这个问题的属性，然后判断其在哪些资料中可以查到。在找到相应的具体书籍之后，先让其阅读目录，在目录中找到需要的信息后再查阅相关具体内容。如果在书中查不到的话，家长还可以带着孩子去图书馆找更多的书籍和资料进行查询，也可以到书店购买一些与之相关的图书。

家长不要觉得麻烦，要知道这是在教孩子具体的学习方法，一旦孩子学会并且树立起遇到问题自行查阅资料的意识，那么不管在以后的学习中遇到什么问题，他们都可以自行解决。这样的话，不仅节约了家长的时间，同时也有助于孩子自主学习能力的提高，可谓一举两得。

不要让知识溜走
——学会整理学习笔记

孩子上了 3–4 年级之后，所学课程已经不像 1–2 年级的时候那样简单，而是更系统、更深入、更复杂了。例如，在数学科目上已经不是简单的单一运算了，而是四则混合运算，甚至还增加了分数、小数等；语文科目上也不是只有拼音了，而是增加了阅读理解、简单语法、诗歌鉴赏、应用文写作等板块。老师在对这些知识进行讲解的时候，板书内容也会相应增加。孩子上课的时候，只是听老师讲讲并不能完全掌握所有的知识，而是需要做课堂学习笔记。当然，因为课堂上主要是听老师讲，因此如果想抓住课上老师所讲的知识，孩子就必须在课后学会整理学习笔记。

俗话说，好记性不如烂笔头。课上时间有限，老师讲的内容又多，想要全部凭记忆记住是不可能的，因此可以让孩子准备一个笔记本，记录下老师讲的提纲以及重点内容，以便课后复习。这不仅可以弥补孩子容易遗忘的不足，也是孩子从小就应该掌握的一种学习方法。

“这么多的知识，我怎么知道哪些是重点掌握的，哪些是理解学习的啊？”云龙忍不住嚷了起来，“想想就让人头疼，我都不知道应该先学哪些后学哪些了！”

云龙今年上小学 4 年级了，之前学习挺好的，最近一段时间他常因为学习的事情“发牢骚”。今天放学后他写作业，写了没 10 分钟便又嚷了起来，抱怨老师讲的知识点太多、太杂，让他理不清头绪。

“不可能吧？就算老师讲得再多、再杂，也应该有重点的啊！”爸爸在一旁说道。

云龙不耐烦地说：“讲那么多，我哪里记得住哪些是重点啊？”

爸爸看了儿子一眼，纳闷地问他：“重点、难点应该都记在笔记上的啊！难道你没有整理笔记的习惯吗？”

云龙摇摇头。

“怪不得呢！”爸爸说，“你不记笔记的话，老师讲什么听什么，课后胡子眉毛一把抓，当然感觉混乱了。”

“可是我以前也没弄过什么学习笔记啊！”云龙委屈地说。

很显然，儿子在课堂上掌握的知识在课下又悄悄溜走的原因就是他没有好的学习方法，即没有学会整理学习笔记。现在他都上4年级了，是时候让其学会记录并整理学习笔记了。

以上案例反映了以下几个问题：

放大镜

◎之前知识简单，孩子没有养成整理学习笔记的习惯。

◎因为没有这种习惯，孩子上3–4年级之后抓不住学习的重点、难点。

◎大人已经意识到让孩子学会整理学习笔记的重要性，但是却不知道如何引导孩子。

学会整理学习笔记对3–4年级的孩子来说是必须掌握的一种学习方法，也是应该养成的学习习惯。那么，家长该如何引导孩子学会整理学习笔记呢？

做好整理学习笔记的准备工作

要想做好学习笔记，笔记本是必不可少的。家长要根据孩子的课程、科目设计给其准备相应数量的笔记本，也就是每一门课程都准备一个单独的笔记本。千万不要在同一个笔记本里记录多门课程的学习笔记，那样不仅显得杂乱，整理和复习起来也不是很方便。另外，还要准备几种不同颜色的笔，以便通过颜色区分重点、难点等内容。

做好以上准备工作之后，在老师讲课的时候，让孩子把笔记本预备出来，根据老师所讲的知识有选择地进行记录。要把每节课的笔记尽可能地做得详细、完整。同时也要注意，记笔记的时候字迹要尽量清晰、工整，以便在复习的时候一目了然，不会因字迹不清而耽误时间。

课后及时整理和复习学习笔记，不可丢在一边当摆设

整理学习笔记除了是一个加深记忆和理解的过程之外，也是为了日后复习起来方便。因此，学习笔记不是做好、整理好就完事了，更不是拿来当摆设的，而是要真正将其利用起来。这就要求家长及时督促孩子复习整理好的学习笔记。告诉孩子，在复习的过程中，要注意检查笔记中的遗漏和错误，同时也可以把自己的一些学习心得、对知识内容的理解记录在旁。最好是每天抽出一定的时间，对当天的学习笔记进行复习，一边看笔记，一边在脑海中回忆老师课上所讲的内容，这是一种非常有效的学习方法，有助于减缓对知识的遗忘。

总之，学会整理并利用学习笔记，对 3–4 年级的孩子来说是应该掌握的一种学习方法，能够帮助其更好地理解和掌握所学的知识内容。

“你知道这道题错在哪里了吗？”

——让孩子从错误中总结教训

3-4 年级的孩子在学习的过程中出现错误的概率要高于 1-2 年级的孩子，这除了与知识难度增加有关之外，与孩子是否对错误进行了总结以及能否吸取教训也有很大关系。我们说，不管是谁都难免出现错误，关键是能否从中总结出经验和教训，在下次遇到类似情况的时候不再出错。孩子的学习也是一样，做错题可以理解，但是必须从做错的题中总结教训，明白究竟错在哪里，并且要做到在下次遇到同类型的题目时提高“警惕”，不再出错。

所以，从孩子上 3-4 年级开始，家长就要引导其养成从错误中总结教训的习惯。这不仅是为了让其改正错误，更重要的是掌握一种学习的方法，即在做错题改正过来之后，还要弄清楚错在哪里、为什么会做错等问题，并且牢记教训。只有总结并记住错误的教训了，才不会“在同一个地方摔倒两次”。

“你看看这道题，你怎么又做错了啊？”妈妈正在给上小学 4 年级的女儿畅畅检查作业，检查到一半的时候她怒火中烧说，“这道题明明是前几天做过的啊，现在怎么又做错了？不就是其中的条件变了一下吗？题目的类型和要求完全没有变，怎么又做错了呢？”

畅畅拿过本子一看，可不是嘛，这道题是前几天自己做过的题，妈妈在辅导她的时候还特意给她讲了一遍，没想到这次作业中出现了，自己却又做错了。畅畅没有吱声，赶紧拿过笔重新做了一遍，把错题改对了。

妈妈看着女儿把错题改对之后便没有再说什么，只是提醒她以后要注意，不能做过的题目还出错。在接下来给畅畅检查作业的过程中，发现孩子做错之后，畅畅的妈妈都只是告诉孩子哪道题目做错了，让畅畅自己去改正过来就完事了，并没有详细问她出错的原因，畅畅自然也不知道从错题中总结教训。结果在考试的时候，有很多之前做过的题目类型，畅畅还是做错了。

畅畅的例子可以反映出以下几个问题：

放大镜

◎家长辅导的方式不科学，导致孩子只改错题却不总结教训。

◎因为没有总结教训，孩子在下一次做的时候仍然做错。

◎家长的态度，影响孩子对错误的态度。

学习中最忌讳的就是把做过的题再一次做错，这不仅是对待学习不严肃的表现，也是学习方法有问题的表现。家长如果不及时纠正的话，势必会影响孩子以后的学习。

那么，针对这种情况，家长又该如何去引导和教育呢？

要认真、严肃地对待孩子做错题的情况

在学习的过程中，孩子难免会因为粗心、理解错误等各种原因做错题，这是可以理解的。但是家长要注意，发现孩子做错题之后，不要只是提醒他做错了，让其改正过来就算完事，而是要认真、严肃地对待这种情况，不能轻易“放过”。例如，孩子在做数学题的时候，因为一个小数点点错了，导致整个题目都计算错

误。孩子发现做错之后，重新做了一遍又做对了，这时家长不要轻易“放过”，而是要问孩子：“你知道这道题错在哪里了吗？”必须让孩子通过仔细检查、认真分析，说出自己做错的原因，看看是因为粗心马虎，还是因为理解错误。针对不同原因导致的错误，要采取相应的措施，如果因为粗心就要认真审题；如果因为理解错误，就必须重新拿起课本对与之相关的知识点进行复习。

千万不能像上述案例中畅畅妈妈那样，只让孩子改过来就完事。要知道，家长的这种态度不仅是对孩子学习的不负责，也是在“纵容”其下次照样出错。只有家长重视起来，严格要求孩子处理错题，孩子才能总结并铭记教训，才能在下次遇到同类题目的时候不再出错。

准备一个“错题总结本”，让孩子经常拿出来看看

家长还可以让孩子准备一个“错题总结本”，单独的学科用单独的本，不管是语文题还是数学题，只要做错了，就要认真记录下来。先把做错的题誊写下来，在旁边写上正确的做法，以形成对比；完了之后，还要在这道题目的旁边仔细写下自己出错的原因，如“审题不认真，看错题目要求”“没有牢固掌握这一知识点”等。这种方式相当于是在总结教训，之后时不时地拿出来看看，以提醒自己在下次不再犯同样的错误。

总之，孩子做错题不是一件小事，反映出来很多问题，家长应该引起重视，帮助孩子一一分析这些问题，并且找出解决的具体方法，让孩子牢记。这不仅是对学习严谨、认真的态度，也是为了让孩子从小就掌握这种有效的学习方法，即使升入高年级之后也一样受用。

由“让他学”变为“他要学”

——激发孩子的学习兴趣

孩子升入 3–4 年级之后，虽然随着心智发育的不断成熟，对学习有了一定的认知，但是在其思想认识上，可能依旧不是很到位，因此，在具体学习的过程中难免会出现这样那样的负面情绪，其中就包括对学习没有兴趣，在学习上很被动，即是“让他学”，而不是“他要学”。

随着 3–4 年级课程的变化以及老师教课方式的改变，很多在 1–2 年级喜欢学习、对学习充满兴趣的孩子，可能会突然对学习丧失兴趣，觉得学习不再是一件充满快乐的事情，而是让人很烦恼的事情。其实孩子产生这种消极的情绪是可以理解的，因为没有了兴趣，自然会对学习产生抵触心理，这与其学习方法是有很大关系的。也就是说，1–2 年级的那种学习方法已经不适用于 3–4 年级，结果导致孩子产生挫折感，在学习上提不起任何兴趣。针对这种情况，家长就要设法去激发孩子对学习的兴趣，让其由“让他学”变为“他要学”。

海波上小学 1–2 年级的时候特别喜欢学习，一说上学他就特别精神，学习成绩自然也不错。但是自从升入 3 年级之后，情况却发生了改变。最明显的表现就是他在家里不再像之前一样那么喜欢学习了，晚上放学回家后的第一件事不再是拿出课本写作业，而变成了打开电视看动画片。以前他很喜欢跟父母讲自己学习上的事情，包括学习中遇到的一些问题，都会和父母交流、沟通，但是现在这种情况几乎再也没有发生过。

期中考试的成绩下来了，海波在班里只能称得上是中等，与之前的名列前茅简直没法比。看到儿子在学习上这么消极，海波的父母忍不住批评了他几句。

“我也不愿意考得这么差呀！”海波非常委屈地说，“可是我现在对学习就是没有一点儿兴趣嘛！提不起兴趣，你让我怎么在学习时集中注意力啊？我也很苦恼！”

听了儿子的“心声”，海波的父母惊呆了，他们没有想到以前那个喜欢学习的孩子，现在居然亲口说他对学习没有兴趣。他们心里急得要命，却不知道怎么做才能激发孩子的学习兴趣。

上面这个例子反映了以下几个情况：

放大镜

◎心理因素发生了变化，导致孩子上3–4年级后学习兴趣下降。

◎因为没有兴趣，孩子的学习成绩受到影响。

◎家长不知该如何激发孩子的学习兴趣。

人们常说兴趣是最好的老师，一个人只有对某件事充满了兴趣，才能怀着热情和激情去全力以赴。学习也是一样，没有兴趣的结果就是“让他学”，效果也可想而知。因此，激发孩子的学习兴趣，也是一种让孩子努力学习的方法。具体来说，家长可以参考以下方法：

通过成功体验，去激发孩子的学习兴趣

孩子之所以对学习丧失兴趣，主要是因为他体验不到在学习上成功的乐趣。

要知道，对于3–4年级的孩子来说，被人欣赏、肯定、羡慕、赞美就是学习的乐趣。因此，家长在平时要多鼓励和赞美孩子，发现孩子在学习中的闪光点。例如，引导孩子发现自己的优势学科，如果孩子数学学得比较好的话，家长可以让他去教邻居家比自己小的孩子学数学，在这一过程中让孩子体验到学习的乐趣以及被人肯定的成就感。当孩子对自己的学习没有信心的时候，家长也不要批评指责，而是要帮助他排除心理障碍，让其重新对自己、对学习充满信心。要知道，信心也有助于激发孩子的学习兴趣。

另外，孩子在平时做其他事情的时候，家长也要多鼓励，不要因为孩子做得不好就说一些伤其自尊的话，而是要告诉他："宝贝儿，妈妈（爸爸）相信你能做好的，结合你平时学习的情况，努力做好！"这样的鼓励不仅能让孩子对自己有信心，同时也能让他认识到学习的重要性，从而激发他对学习的热情和兴趣。

故意设计一些小问题，向孩子"请教"

为了激发孩子的学习兴趣，家长还可以让孩子当自己的"老师"，即通过向孩子"请教"问题，让孩子感觉到学习的乐趣。具体的做法是，家长在平时要多了解孩子的教材，把其中的一些知识点与现实生活相联系，设计一些很生活化的小问题，然后请孩子给自己解答。家长可以这样说："这个问题我想你们书中应该有提到吧？只不过我是在几十年前学的，所以早忘了，现在请你帮着解答一下吧！"家长这样一说，孩子的兴趣肯定马上就来了，因为这正是他表现自己的好机会。就这样，让孩子在给家长解答问题的过程中，慢慢对学习产生兴趣。

第五章

学科不同，方法亦不同
——把握 3-4 年级阶段培养孩子的各科学习能力

到了 3-4 年级，各门学科都会呈现出各自的特点，不会再像 1-2 年级的时候那样，都是一些基础知识。因为学科特点不同了，学习的方法自然也需要调整。在这期间，家长应该引起重视，把握好 3-4 年级这段时间去培养孩子各科的学习能力。不管是语文、数学，还是其他一些科目，都要利用这段时间，尽可能地让孩子掌握学习方法。

语文首先是语言工具
——注重培养孩子学习语文的兴趣

语文是贯穿小学到高中整个学习过程的一门学科，在小学 3–4 年级的时候，语文学习主要是为了让孩子掌握一定的基础知识及把握好语言这门工具，因为语文首先就是语言工具。语文学得好不好，不仅对孩子认识、理解其他学科有一定的影响，对其语言表达、写作等能力也会产生重大影响。因此，家长必须从 3–4 年级开始就注重培养孩子学习语文的兴趣。

语言是一门艺术，也是一门学问，语言的学习离不开语文知识的学习。想要让孩子掌握好语言这门艺术，就要从培养其学习语文的兴趣开始。家长要知道，语文学习的好与否，直接关系到孩子的语言水平，不仅对其现在会产生影响，对其以后升入中学也有一定的影响。因此，家长要注意通过语言来培养孩子学习语文的兴趣。

“我讨厌死语文了！”上小学 4 年级的舟舟把语文课本往书桌上狠狠地一摔说，“看到那些生字词我就烦，还要背诵，还要默写，还要分析课文……真是烦人！”

舟舟自从上小学 3 年级之后，对语文的学习就没有之前那么有兴趣了，随着语文课程越来越深入、越来越系统，舟舟现在一学语文就没好气，成绩自然也不是很好。

妈妈走过来拿起舟舟的作业本一看，字迹歪歪扭扭不说，还净是错误，尤其是错别字。一看就知道他根本没有用心写，否则不会出这么多错误的。

“语文有什么好学的？学来学去又有什么用啊？”舟舟望着妈妈说，“别让我学语文了吧，我真的一点儿也不想学。”

“不想学也得学啊！”妈妈严肃地说，“语文在整个学习过程中占有很重要的位置，学不好怎么行呢？再说了，你说话、写作文等都与语文有关的，学不好语文这些也会受影响的。”舟舟的妈妈虽然告诉了儿子语文的重要性，但是看到儿子没有兴趣，心里也非常着急，不知如何是好。

舟舟对语文的反感其实反映了下面几个问题：

放大镜

◎语文课程结构变化，导致孩子学习兴趣下降。

◎因为没有兴趣，学习态度也不端正。

◎家长对如何培养孩子对语文的兴趣一筹莫展。

对于3–4年级的孩子来说，培养他们对语文的学习兴趣，应该从语言这方面入手。那么，家长该如何去做呢？我们一起来学习一下下面的方法。

找一些优美的文章，和孩子一起朗读

语文学习不是死记硬背，不管是生字、生词，还是课文，死记硬背只会让孩子感觉累，时间长了孩子自然就开始厌烦了。因此，在这门学科的学习上，家长不妨多搜集一些优美的、有意义的文章、语句，可以是孩子语文课本中的，也可以是自己从其他书里摘抄来的，然后引导孩子和自己一起有感情地朗读。需要注

意的是，家长不要把这当成是学习，而是要视其为一种放松的方式。可以这么跟孩子说：“学习累了，我们一起通过优美的文字来放松一下心情吧！”家长可以和孩子一起读，也可以轮流读。在朗读的时候，要注意声情并茂，尽可能让自己完全融入到文章的情境中去。

要知道，朗读不仅可以放松身心，提高朗诵水平，同时也能让孩子在字词的读音、语调、断句等方面得到一些练习。孩子通过朗读心情舒畅了，自然也会对这种“放松”方式产生兴趣，继而将其转化为对语文学习的兴趣。

创造一个充满语文学习氛围的家庭环境

家庭里的学习氛围对孩子的学习也会产生非常重要的熏陶作用，因此，要想让孩子对语文产生兴趣，要尽可能地为其创造一个语文氛围浓厚的生活环境。例如，父母要多读书，涉及与孩子语文学习相关的知识时，要不失时机地大声说出来，引起孩子的注意。另外，还可以专门安排固定的时间，全家聚在一起举行一个小型的“语文沙龙”，一起读读文章，品品诗词，练练字……通过多种丰富有趣的活动去感染孩子。需要注意的是，家长所做的这些并不是为了让孩子实际掌握多少语文知识，而是利用这种轻松、有趣的氛围让孩子体会到语文学习的乐趣。

多观察、多积累、多练习
——打好作文这场“硬仗”

在语文学科的学习中，还有一个让很多孩子都倍感头疼的板块——作文。3-4年级的孩子对作文充满了“恐惧”，充满了畏难情绪，这主要与家长对其早期的教育有关。如果孩子在刚上学的时候，家长就对其进行一些这方面的引导和教育的话，他们就不会这么惧怕写作文了。

当然，在3-4年级的时候对孩子进行这方面的教育也不算晚，甚至是最佳时期，因为这段时期正是孩子定型的关键时期家长如果能抓住这一关键期对孩子进行培养和教育的话，对孩子以后的学习也是有非常大的帮助的。

能否写好作文，关键是有没有东西可写，那种“憋”出来的作文读起来就给人一种苍白、毫无生气的感觉，更别说打动人心了。所以，写作文首先就得有真实的情感，真情流露的文字才能吸引人的眼球。要想有东西可写，就必须引导孩子在生活中多观察、多积累、多练习。

“憋了半天还是没憋出几个字，我真烦透了写作文！”佩佩把手中的笔一丢，沮丧地说，“我想了半天也想不出要写什么，真是的，干吗非要写作文啊！”

佩佩今年上小学4年级，学习成绩不算好也不算差。在所有科目的学习中，语文中的作文是最让她感到吃力的。每次考试，客观题和其他主观题她都能答得很好，唯独作文，总是给她拉分。最让她生气的是，作文在整个分数中占据的比例是最大的。因此，佩佩一方面对作文“深恶痛绝”，另一方面又渴望能写好作文，她也不想每次都让作文拉分。

看到女儿因为写不好作文而发愁，佩佩的妈妈很着急，可是对此她又很无奈："我又不是专门的作文老师，我也不懂，怎么去指导孩子呢？"虽然妈妈很想帮助佩佩，可无奈的是她也不知道该怎么去帮佩佩打好作文这场"硬仗"。

以上例子反映出以下几个问题：

放大镜

◎孩子错误理解作文是"憋"出来的，心理暗示导致其有畏难情绪。

◎因为这种畏难情绪，孩子在写作文的时候更觉吃力。

◎家长不知道该怎么去指导孩子写作文。

作文就是写文章，写文章贵在真实、自然，它是作者真情的流露，是作者通过文字表达出的所思、所想和所感。如果只是觉得作文是"憋"出来的，那么永远不可能写好。人的情感主要来源于生活，因此要想让孩子写好作文，必须让其学会多观察、多思考、多积累。只有这样，孩子才能写出打动人心的好作文。

那么，家长具体该如何做呢？我们一起来学习一下。

带孩子一起去观察和体验生活，为写作积累素材

对于 3-4 年级的孩子来说，他们写作文主要是把自己的生活以及在生活中的一些想法，通过文字简单表达出来，这就要求孩子具备一定的生活阅历。假如孩子觉得没有东西可写的话，家长就要寻找机会带着孩子一起去观察和体验生活，为其写作文积累素材。不管是在平时的家庭生活中，还是出去游玩、参观，

家长都要注意引导孩子多观察。例如，带孩子郊游的时候，要引导他观察河边的柳树、小草等；带着孩子去公园游玩的时候，也别忘了问问孩子："你都看到了什么，有什么感受和感想呢？"在引导孩子对所见事物进行观察的同时，也要注意培养他们的表达能力和思考能力，让孩子通过思考把内心最真实的想法表达出来。这样就为其写作文积累了一定的素材，使孩子的作文是真正写出来的，而不是"憋"出来的。

引导孩子多阅读，在阅读中积累词句

作文是一个先积累后创作的过程，除了写作素材的积累之外，还需要对词汇和语句进行积累。我们都知道，一篇吸引人的好文章，不仅要有丰富的内容，还必须有能打动人心的好词、好句。好词、好句的积累离不开大量的阅读，这就要求家长在平时多引导孩子大量地阅读。除了各种各样的书籍之外，报刊、杂志、诗词、名言警句等，只要是有益于孩子的都可以让其阅读。在阅读的过程中，让孩子把打动自己的字词或者段落摘抄下来，平时多拿出来读一读，看一看，在不知不觉中达到积累词汇、语句的目的。

除此之外，家长还要引导孩子多练笔，平时不管去哪里都可以随身携带纸笔，有了什么想法和感悟能随时随地记录下来，以防"灵感转瞬即逝"。在素材、词汇、语句的不断积累和经常的练习中，相信孩子的写作水平一定能得到提高！

建立数学意识，培养逻辑思维

——培养孩子的数学兴趣

3–4 年级的数学不再是基础的数字和简单的运算了，所学知识的系统性和应用性会相对提高，开始要求孩子必须具备一定的逻辑思维能力，因为数学本来就是培养孩子逻辑思维能力的一门科学。

很多升入 3–4 年级的孩子因为思想认识的原因，并不能认识到数学的实用性与重要性。他们只觉得那些题目算起来很麻烦，各种数学公式也很枯燥，根本没有乐趣可言，因此极易对数学失去兴趣，自然也就学不好了。

3–4 年级正是孩子由形象思维向抽象思维过渡的阶段，家长必须抓住这个时期，通过建立数学意识培养孩子的逻辑思维，使孩子对学习数学产生兴趣。一旦兴趣建立，孩子内心学习数学的激情就会被激发出来，学习数学的热情也会高涨，成绩自然也就提高了。

兵兵今年上小学 4 年级了，随着课程难度的增加，他在数学学习上越来越吃力。以前觉得数学不是很难，现在却怎么学都学不会，这使他非常沮丧。因为数学成绩不好，兵兵渐渐对这个学科失去了兴趣，数学成绩直线下降。

这次小测验成绩下来了，兵兵的数学成绩在全班几乎是倒数，总成绩也受到了很大的影响。看到儿子的数学成绩这么糟糕，兵兵的父母忍不住批评他说：“你看看你的数学，是怎么学的啊，怎么这么差劲儿呢？”

“我没有兴趣，也学不会！”兵兵心情很糟糕，不耐烦地说。

“你是学生，学习是你的任务，跟兴趣有什么关系？就算没有兴趣，你也得把数学学好！”爸爸把乒乒的数学试卷往他面前一丢，说，“现在你马上把这张卷子重新做一遍，要想把数学学好就得多做题！”

乒乒看着数学试卷，再看看那些让他摸不着头脑的题目，心里又烦又乱，对数学更加厌恶了。这种对待数学的消极情绪，让乒乒对数学根本提不起一点儿兴趣，他又怎么能把数学学好呢？

乒乒的例子可以反映出这样几个问题：

放大镜

◎ 3–4 年级数学课程难度增加，让孩子学习数学感觉吃力。

◎因为学习吃力，孩子对数学失去了学习兴趣。

◎家长忽视对孩子数学兴趣的培养，一味搞“题海”战术，让孩子更加厌恶数学。

做好一件事的最大动力就是对这件事充满兴趣。学习数学也是一样，如果孩子没有兴趣的话，不仅学起来吃力，甚至还容易产生厌学情绪，不利于孩子的学习。因此，家长必须从培养孩子的数学兴趣做起，去引导孩子把数学学好。

那么，如何去培养孩子对数学的兴趣呢？我们一起来学习一下。

创设问题情境，培养孩子的数学逻辑思维能力

数学教材中其实蕴涵了很多激发孩子学习兴趣的因素，家长只要将这些因素挖掘出来，并据此创设一定的问题情境，通过问题情境去锻炼孩子的数学逻辑思

维能力，在一定程度上可以激发其学习数学的兴趣。例如，孩子在学习三角形的概念和性质这一知识点的时候，家长可以准备一些三角形的模具，如直角三角形、钝角三角形、锐角三角形等，然后根据各个三角形的不同性质，把最能体现其性质的角露出来让孩子判断是哪一种。之后，和孩子一起思考这样一个问题：为什么有一个直角就可以判断其是直角三角形，有一个钝角就可以判断其是钝角三角形，但是有一个锐角的话，并不能确定其一定就是锐角三角形呢？通过这种创设问题情境的方式，让孩子的逻辑思维“蠢蠢欲动”，再加上孩子的好奇心以及对问题答案的渴求，就能激发其对学习这一知识点的兴趣，让其将强烈的求知欲转化成寻求这一问题答案的兴趣。孩子的数学兴趣有了，学习起来也就有动力、有激情了。

学以致用，把数学知识搬到现实生活中来

数学是一门实用性很强的学科，在现实生活中有很多地方都涉及数学知识。单纯的数学学习的确让人感觉枯燥无味，但是如果将其和现实生活相结合的话，那些枯燥的知识立马变得有活力、有生气。因此，家长可以引导孩子学以致用，把数学中的知识搬到现实生活中来。例如，孩子学习了正方体、长方体等知识后，家长可以和孩子一起动手测量家里一些与此相关的家具、物体等，如量量长方体衣柜的长、宽、高各是多少，然后让孩子根据书上计算面积的公式计算一下衣柜各个面的面积。这样一来，孩子便能在实际生活中体验到学习数学的重要性和乐趣，建立数学意识。通过学以致用，让孩子进一步加深对数学的认识，就可以提高其分析问题和解决问题的能力，激发其学习数学的兴趣。

语言学习，实践最重要
——用学习母语的方法学习英语

众所周知，英语是世界上应用最广泛的一门语言，学习英语的必要性和紧迫性已经越来越明显。现在，在我国大多数学校中，3年级就已经开设了英语这门课程。如何让孩子对这门陌生的语言产生兴趣，进而学好，也已经成为很多家长们关心的问题。

英语学习和语文、数学学习不一样，对于从小习惯了说母语的孩子来说，这是一门说起来、学起来都很“费劲”的课程，不管是发音还是朗读，多多少少都会觉得有些拗口，这主要是因为不习惯。因此，在刚学习这门课程的时候，大多数的孩子都会觉得困难、烦，心理上的畏难情绪导致孩子对这门课程产生了学习障碍，自然也就学不好了。

语言的学习最主要的是要有语言环境，这就是为什么很多老师都强调学习语言类的课程一定要开口说的原因，只有说得多了，才能培养语感，学起来也就相对容易一些。

“Apple，Banana，Grandmother……哎呀，英语是什么破语言啊，又难写又难念，真是烦死了！”晓波正在写英语作业，老师让他们在写的时候，一边写一边读，结果没写（读）几个单词，晓波就不耐烦了。

晓波今年上小学3年级，而3年级新开设了一门课程——英语。对于他这个从小习惯了说母语的孩子来说，英语读起来拗口，写起来费劲，学起来难学，总之一句话，晓波非常不喜欢学英语。学了都快一个学期了，晓波连学过的单词都不能准确读出来，总有读不准的地方。

为了会读，晓波还想了个奇怪的办法，他根据老师上课教他们的英语读音情况，自己在相应的单词下边用汉语“备注”，如 Apple（安剖）、Goodmorning（顾得茂宁）等。当他得意扬扬地向父母“炫耀”自己的聪明办法时，他的父母意识到问题的重要性。要知道，这种方法对孩子学习英语有百害而无一利，可是作为家长的他们又该怎么去引导孩子正确地学习英语呢？晓波的父母也开始犯愁了。

以上这个案例让我们认识到这样几个问题：

放大镜

◎由于之前没有接触过，孩子觉得英语难学。

◎学习方法不正确，导致孩子学不好英语。

◎家长对于如何引导孩子学英语，也是一头雾水。

既然英语的学习主要在于环境以及实践，那么家长就应该在平时尽可能地引导孩子多说、多练、多实践。要知道，语言学习，实践是最重要的，应该用学习母语的方法学习英语，可是家长具体该如何做呢？一起来学习一下下面的方法。

多和孩子用英语“对话”，尽可能为其创造一个英语语言环境

我们都知道，英语是一门语言，想要学好这门语言，关键在于多说、多练，仅凭课堂上那一点儿练习，是远远不够的。这就要求家长把英语的学习融入到具体的生活中来，尽可能为孩子创造一个学习英语的环境。例如，在家里多和孩子

用英语进行对话，对于一些物品，在说的时候也要用英语，如桌子是“Table”，凳子是“Stool”，瓶子是“Bottle”，等等。家长在说这些具体物品的名字时就可以用英语来代替，比如“Darling，麻烦你把Chair给Mum搬过来好吗？”“记得检查一下你的Bag再去上学，别把Books丢了啊”等。通过在平时说话的时候有意识地掺进一些英语单词，让孩子感受到英语的美妙与乐趣。在语言环境的熏陶下，孩子能够掌握更多的单词，为高年级的进一步学习积累一定的词汇量。

通过看英语动画片、听英语歌曲，激发孩子对英语的学习兴趣

小孩子一般都比较喜欢看动画片，其实他们看的很多动画片，如《白雪公主》《兔八哥》等都是从国外引进来的。要激发孩子学习英语的兴趣，家长不妨选择一些原声动画片让孩子看。因为之前已经看过配音的，对故事情节以及动画片中人物的“台词”有了一定的印象，当他们发现自己喜欢的卡通人物用英语进行对话时，一定会感到非常神奇、好玩，并且也会有意识地去模仿。这在激发孩子学习英语兴趣的同时，也会让他们主动去“实践”，即模仿卡通人物开口说。

当然了，除了原声动画片之外，家长不妨在平时多放一些适合孩子听的英语儿童歌曲，如《ABC》《Animal Fair》《I'm a Policeman》等，让孩子在悦耳动听的歌曲中，感受到英语的与众不同，从而激发他们学习的热情。

激发孩子的求知欲
——认识科学课程的重要性

随着孩子年龄的不断增长，以及心智发育的不断成熟，其所学的课程也会相应增加，除了英语之外，3–4 年级还会增加科学课程的学习。小学科学课程主要是启蒙课，旨在培养孩子的科学素养，通过孩子的亲身经历和探究过程，激发孩子的好奇心和求知欲，从而更好地培养他们思考问题和解决问题的能力。

3–4 年级的孩子好奇心强，这主要是指他们对现实生活中一些事物很好奇。但是一旦回归到课本的时候，孩子对待事物的好奇心就会减少很多。也就是说，孩子一方面对生活中的各种事物充满了好奇心，另一方面对具体的科学学习认识还不是很到位，因此单纯通过课堂教学让他们学好科学课程，似乎不是一件很容易的事情，因为他们认识不到这门学科的重要性。

“水为什么在 0℃的时候会结冰呢？木块儿又为什么漂浮在水上沉不下去呢？这都是什么鬼问题啊？水结不结冰，木块儿沉不沉下去跟我又有什么关系呢？”雅静正在自己的房间里学习，没一会儿便听到她十分愤怒的声音。看样子，雅静对自己正在学习的课程非常不耐烦，也非常反感。

“我就不明白了，这科学课程是谁编的啊？让我们学这个有什么用啊？”雅静走到客厅，一屁股坐在沙发上对正在择菜的妈妈抱怨说，“我数学、语文、英语学好了，考好了不就得了，干吗非要学科学课程呢？和语文、数学相比，它又不是很重要的课程。”

雅静今年上小学4年级，在所有课程中，她最不喜欢的就是科学课程了。她觉得这门课程中的很多知识都是没用的，因为考试根本考不到，又不能给自己加分，学来学去也没什么用。因此，她特别不喜欢这门课程。

看到女儿这么讨厌科学课程，雅静的妈妈当然非常着急了。女儿之所以不喜欢这门课程不是因为别的，其实就是因为她没有认识到其重要性。很多知识虽然在考试的时候不会用到，但在生活中确实有用。怎么才能让雅静认识到这一点呢？妈妈在仔细琢磨着。

这个案例可以反映出以下几个问题：

放大镜

◎枯燥的理论知识，让孩子对科学课程毫无兴趣。

◎孩子认识不到科学课程的重要性，因此不愿意学习。

◎家长没有好的教育方式去引导孩子正确认识这门课程。

要想让孩子认识到科学这门课程的重要性，必须让其学会将这门课程与现实生活相结合，通过现实生活中的经历探究去发现这门课程的乐趣，继而激发他们强烈的求知欲。

那么，该如何激发孩子对科学课程的求知欲呢？我们一起学习一下。

引导孩子在现实生活中自主探究，发现问题

问题是学习的“心脏”，是探究的先导，要想激发孩子对科学这门课程的求知欲，就必须让孩子在现实生活中发现问题。只有在问题的驱使下，孩子的好奇

心和求知欲才能调动出来，促使其主动探究，结合所学的这门课程的知识寻找问题的答案。例如，在学习《沉与浮》的时候，家长可以准备一些密度不同的物体，如小铁球、小瓶盖、小木块儿等，然后一一放入水中——有的沉下去了，有的却在水上漂浮着，让孩子猜猜为什么。还有为什么仅仅翻个面，原本沉在水中的盖子就会浮起来？通过现实生活中的现象，让孩子观察并发现这些问题，引导其结合科学课程中的知识进行自主探究，继而激发他们对这门课程的学习兴趣。

把书中的知识搬到生活中来，和孩子一起动手实践

孩子之所以对科学课程没有兴趣，还有一个原因就是所接触的都是一些理论性的知识，没有亲自动手进行实践，发现不了其中的乐趣，自然也就没有求知欲了。因此，家长不妨把孩子课本上的知识以及实验搬到现实生活中来，通过和孩子一起动手实践去激发其对这门课程强烈的求知欲。例如，在学习《食盐在水里溶解》这一课的时候，家长可以和孩子一起动手亲自做实验——先准备三杯水，再准备一些盐、面粉和沙子，然后将它们一一放入水中，对比这三种东西在水里的溶解情况，以得出“食盐能溶解于水，面粉和沙子则不能”的实验结论。这种亲自实践的方式，不仅能激发孩子的求知欲，培养他们对这门课程的兴趣，也能提高他们的动手能力和思考问题的能力，可谓一举两得。

与身边的人和谐相处
——社会课，让孩子了解身处的社会

3-4 年级的孩子身心都有了一定的发展，对待周围的人和事也有了一定的认识和看法，也就是说他对所处的社会环境有了一定的认知。因此，在 3-4 年级的时候，课程中会多出一门社会课，这主要是为了让孩子在现实生活中学会与人和谐相处，提高他们的社会交往能力。

现在的孩子基本上都是独生子女，在家里是“小皇帝”“小公主”，极易养成任性、骄纵的性格，在外不懂得与人相处，总是以自己为中心。家长如果不正确对其进行引导和教育的话，必定使他们的社会交往能力受到阻碍，对其将来的成长和发展也有一定的消极影响。正如心理学家莱金 · 菲利普斯说的那样：“许多人不能与他人正常交往、和谐相处的原因，是因为他们在儿童时期没有学会基本的社会交往技能。”

所以，家长要趁 3-4 年级开设社会课这一契机，帮助孩子了解更深的社会，让其学会与身边的人和谐相处，为将来社交能力的进一步提高奠定一定的基础。

张宽是家里的独生子，从小就被家人当宝贝一样宠着，只要是他提出的要求，基本上都能得到满足。家人的娇宠让其从小就养成了十分任性的性格，不仅在家里以自我为中心，现在都上小学 3 年级了，依然不懂得如何与同学和谐相处。

“妈妈，我讨厌我们班的明明，他把我的橡皮弄丢了，也不提赔偿的事情。”

“那个叫圆圆的女孩真是的，每次上课老师提问题时，就她最积极，好像就她学习好似的，我不想跟她玩。”

……

张宽的父母总会听到儿子的各种“诉苦”和“抱怨”，大多都是说班里的哪个同学不好，哪个同学惹他生气了，哪个同学他看不惯了，等等，总之，一些鸡毛蒜皮的小事，就让儿子耿耿于怀。当然了，从张宽的话中也可以得知，他在班里和同学们的关系相处得并不是很好。

看到儿子都上 3 年级了，依然不懂得与人和谐相处，张宽的父母有点着急了。虽然现在儿子所在的班级已经开设了社会课，但是他好像什么也没学到似的，根本不能“活学活用”，真是让人着急。

这个例子反映了下面几个问题：

放大镜

◎孩子太骄纵，不懂得与人和谐相处。

◎因为太骄纵，孩子不能正确处理与他人的关系。

◎对身处的社会不了解，导致孩子凡事都以自己为中心。

开设社会课不是摆设，更不是让孩子在课堂上学习一下就行了，而是要让他们通过对这门课程的学习，了解自己所处的社会环境，真正学会与人和谐相处，即“活学活用”。这就需要家长在平时多教育，多引导，让孩子真正将这门课程的内容消化吸收。具体来说，家长可以从以下两个方面做起。

把社会课中的案例与生活相结合，让孩子真正“消化吸收”

3–4 年级的社会课中有很多反映“现实”的案例，虽然很多孩子在学习这些案例的时候都可以表现得很好，也很懂事，但是在实际生活中遇到类似的事情时，他们不会像社会课中那样通情达理，甚至是斤斤计较，不惜和对方翻脸。针对这种情况，家长应该注意多引导、多教育。例如，孩子因为同学把自己的新书弄坏了，就和对方吵了起来，并且闹翻了，这时家长不要先去分析谁对谁错，而是要拿出孩子上社会课的课本，找出类似的例子，让孩子自己看，并提醒他说：“看看书里的同学遇到类似事情时是怎么处理的，既然你都已经学习过了，那么究竟该如何处理也不用爸爸妈妈教你了吧？”通过家长的引导，让孩子认识到自己的小心眼儿是不对的，进而改正这个缺点，主动和同学和好。经历得多了，孩子就会明白，社会课是一门神奇的课程，它能教给自己很多与人相处的技巧，从而再遇到类似的事情时，就不会像之前那么莽撞、任性，而是会冷静处理。

别太娇惯孩子，遇到问题让其学着自己处理

长期被家长娇惯的孩子在与人相处中，问题会更多，就像案例中的张宽那样，因为从小习惯了家里人把自己当成中心，导致其任性，不懂得宽容。所以，不管家里条件如何，家长首先不能太娇惯孩子，不能事事袒护，而是要让其学着自己解决问题，家长只要在旁边提一些指导性的建议即可。孩子学习了社会课之后，家长更要注意对其社会交往能力的培养。首先要熟悉孩子社会课的内容，只有这样在孩子遇到与人交往的问题时，家长才能及时搬出来课本上的案例进行对照说明。

第六章

问题多了！更有思想了！
——3-4 年级的孩子有他独特的世界观

孩子上 3-4 年级后，就不再像 1-2 年级的时候那样整天只想着玩。这时候，随着心理和生理的一些发展，他们的思想意识也在不断被“唤醒”。孩子对人、对事的看法以及自己内心中的一些情感、情绪，都会在这一时期慢慢表现出来。总之，3-4 年级的孩子，已经有其独特的世界观了！

“别说了行吗？”

——3-4 年级的孩子有了虚荣心和自尊心

小学 3–4 年级，孩子各方面都会发生一些改变，无论是心理还是生理，都或多或少地影响他们的性格。这时候，他们已经不像 1–2 年级的时候那样对什么都满不在乎了，而是悄悄开始在意他人对自己的看法和评价了，这也是由孩子心智发育的特点所决定的，即到了非智力因素的敏感期，家长不经意的一句话可能就会触动其敏感的神经。

3–4 年级的孩子渴望他人的夸赞和肯定，这预示着他们的虚荣心开始萌芽并发展。另外，这时的他们不会再像之前那样对家长的负面评价毫无感觉，而是相当在意，即他们的自尊心开始慢慢增强。因此，当父母再说他们不好或者当着外人揭他们的短时，孩子会非常不“友好”地来一句“别说了行吗”，让家长惊讶不已。

的确是这样，和 1–2 年级的孩子相比，3–4 年级的孩子虚荣心和自尊心都比以前增强了，他们渴望家长正面的评价。如果家长意识不到这一点，依然像之前那样不顾其感受随意说其“坏话”，极易伤害孩子的自尊心。

子豪是一个性格活泼开朗，还有点儿大大咧咧的孩子，平时对什么都一副满不在乎的样子。因为他淘气，父母经常会向他人“诉苦”：“我家子豪就是个淘气鬼，整天想着怎么搞破坏，真是让人头疼。”子豪对于父母的这种行为非但不生气，反而冲其扮个鬼脸：“我就是淘气，我就是搞破坏，嘿嘿！”这让父母又气又好笑，批评他“没羞没臊，没心没肺”。

但是自从上 3 年级之后，父母发现儿子好像变了，首先不像之前那么淘气了，也不再整天叽叽喳喳在父母耳边说这说那了，变得比之前“成熟”“冷静”了很多，好像比之前也敏感了很多。

有一次，因为他考试成绩下降，妈妈在和邻居聊天的时候提到此事说：“我家子豪这次考试成绩下降了，以前他就淘气，现在虽然比以前好点儿了，但是在学习上好像还是不太用心，要不也不至于下降这么多。还有……”

“妈，别说了行不行啊！”未等妈妈把话说完，子豪就不耐烦地将其打断，闷闷不乐地回了自己的房间。看到儿子这样，妈妈也很纳闷：儿子这是怎么了，怎么变得这么敏感了？

这个例子让我们认识到这样几个问题：

放大镜

◎随着心智的慢慢成熟，孩子已经有了自尊心和虚荣心。

◎因为自尊心和虚荣心，孩子不喜欢家长再说自己的“坏话”。

◎大人对孩子成长特点不了解，对孩子的变化感到困惑。

由此可见，3–4 年级的孩子已经有了虚荣心和自尊心，他们在意他人对自己的评价，同时父母有意无意的一句话，也可能会让其觉得没面子，自尊心受到伤害。因此，家长要注意自己的言行，尽可能地不去伤害他，让孩子顺利度过这一敏感期。

那么，家长该如何做呢？可以参考以下方法：

尊重孩子，不随意对他人说孩子的“坏话”

3-4年级的孩子心智开始慢慢成熟，同时也出现了另外一种情况，那就是心思敏感而脆弱，自尊心极易受到伤害。这时期的他们非常在意他人对自己的评价，喜欢被对方肯定，使自己的虚荣心得到满足。作为和孩子相处时间比较长的家长，在这段时期要注意自己的言行，尽可能地不去伤害孩子。家长首先要尊重孩子身心发展的规律，认识到这是一种正常的现象，应该予以尊重和接受。另外，在平时的生活中也要“小心翼翼”，就算孩子有什么地方做错了或者做得不好，也可以在没人的时候与其进行沟通、交流，千万不要随意当着他人的面，就对其进行批评和指责，哪怕是开玩笑也不行。

多和孩子沟通交流，多发现孩子的优点

这一时期的孩子无论心理还是情感，都是比较敏感的，有什么心事或者问题了也不再像以前那样主动跟父母倾诉，而是憋在心里。这就要求父母平时多关心孩子，不管是学习上还是生活上，要多和其沟通、交流，有什么问题及时帮助孩子分析，多疏导他们的负面情绪。另外还要多发现孩子的优点，并对其进行赞美和鼓励，这样既能满足孩子的虚荣心，保护他们的自尊心不受伤害，同时又可以加强亲子间的互动，使亲子关系和谐、融洽。

总之，家长要在科学、正确的前提下多“迎合”孩子，尽可能不让其受到伤害，帮助孩子顺利度过这一段敏感时期。

“我觉得应该……”
——孩子做事会思考了

孩子在上 3–4 年级之后，会突然变得相对“成熟”起来，之前上 1–2 年级的时候，他们无论做事还是说话，基本上都是凭自己的感觉，即想怎么做就怎么做，想怎么说就怎么说，似乎不怎么进行深入的思考。总之一句话，孩子做事不是凭自己的感觉，就是按照他人的要求，做之前几乎没有自己独立的思考。

但上了 3–4 年级就不一样了，在这段时期，孩子的心理和生理会迅速发展，他们会从 1–2 年级的小屁孩儿迅速成长为一个“成熟”、有思想的大孩子。他们的思维已经有了很大的发展，做事不会再像之前那么“莽撞”，而是懂得“先思而后行”了。所以这时候的他们不会再像之前那样，做任何事都听从家长的意见或者只是凭自己的感觉，他们会很明确地说出自己的想法：“我觉得应该……”这就足以说明，这时候的孩子做事会思考了。

在父母眼里，笑笑一直是一个未长大的孩子。因为是家里的独生女，所以不管笑笑做什么，父母都会在旁边给她“出谋划策”。由于习惯了被父母“照顾”，笑笑在父母面前很乖，她相信父母都是为了她好，这也使她比较依赖父母。

但是最近父母发现女儿好像没有以前那么乖了，最突出的表现就是现在不怎么听话了，遇到事情不只听父母的意见，而是会提出自己的想法。例如，开学之后笑笑升入 4 年级了，她想去书店买一些辅导书和课外书。父母得知此事之后，立马列出了一张清单，上边的书都是他们为女儿挑选的。之前，笑笑肯定不发表任何意见，但是这次她却向父母“抗议”：“我觉得这些书有的我并不喜欢，也没必要买这么多，我想自己去挑选，你们就不要再操心了。”

笑笑的话让父母感到很惊讶，在他们看来这些书都是对女儿有益的，但是女儿却说她不喜欢。他们在惊讶的同时也意识到女儿长大了，做事会独立思考了，可是他们做父母的又该怎么面对孩子的这种变化呢？

这个案例反映了以下几个问题：

放大镜

◎因为心智发育的成熟，孩子做事开始有自己的想法。

◎因为父母的“照顾”，孩子渴望自己的事情自己做主。

◎家长对如何应对孩子的这种变化有些茫然。

做事开始独立思考，表明孩子又长大了一些，作为父母不能觉得这是孩子不听话的表现，而应该认识到这是孩子成长发展的必然规律，应该尽量去引导和保护其这种进步。

那么，家长又该如何去对待孩子的这种变化呢？我们一起学习一下。

别再过度“照顾”，自己的事情让他自己做主

在父母眼里，孩子永远是孩子，这是爱的一种表现。但是同时父母们也应该认识到，孩子是独立的个体，他应该有自己独立的思想和意识。作为家长在孩子上了3–4年级之后，就不能再像之前那么事事照顾、事事包办了，而是要试着让孩子为自己的事情做主。如整理书包、打扫房间、洗简单衣服等这些事，家长要

让孩子自己去做，房间布置成什么样也完全由孩子自己做主。再比如，报兴趣班、参加什么类型的活动等这些与孩子关系比较密切的，家长也不要再亲自为孩子挑选了，而应该让他自己做主，把最终的决定权交给孩子自己。这样不仅是对孩子的尊重，同时也有利于培养其独立思考、独立做事的能力和习惯，对孩子将来的学习和生活也有很大帮助。

耐心倾听孩子的想法，不要随意打断

家长要意识到，3–4 年级的孩子有了自己的想法之后，也会希望和他人“分享”。这就要求家长对孩子有耐心，不再用之前的眼光打量孩子，而是要耐心、认真地倾听他内心的想法。不管这想法在家长看来，是成熟还是幼稚，都要让孩子完整地表达出来。千万不能在孩子只说了个开头的时候，就不耐烦地将其打断，这样不仅会让孩子的自尊心受到伤害，同时也不利于他们独立思考能力的培养和提高。家长正确的做法应该是鼓励孩子：“宝贝儿，对这件事你有什么看法呢？说出来我们一起探讨一下，说得不对或者想法行不通也没有关系，我们还可以继续商量。”家长这样的态度，会在很大程度上鼓励孩子积极进行思考，对于其非智力能力的发展也会起到促进作用。

“反正我想……！”
——做事情有了自己的主见

上1–2年级的时候，孩子由于心智发育等原因，不管是在学习上还是在生活中，基本上都是由父母决定自己的事情，即使父母有时候征求其意见，孩子也会显得“优柔寡断”，没有一点儿自己的主见，并且越想越拿不定主意，最后还得由父母决定。

但是到了3–4年级就不一样了，随着其独立性的增强，孩子不会再像之前那样事事征求父母的意见了，而是有了自己的想法和判断。不仅如此，在某些事情上他们还会坚持自己的主见，即使和父母不一样，他们也不再轻易做出让步。所以，很多父母都会对孩子这种突然的“转变”摸不着头脑。他们会惊讶，孩子什么时候变得这么“倔”了？对于父母好心的劝告他们也开始不予理睬了，有时会非常坚决地抛出一句“反正我想……”，一副坚持己见、决不让步的模样。

对于孩子的这种情况，家长应该理性看待，既不能过分强求，也不能放任，而是要耐心引导、悉心教育，让孩子有选择地坚持自己的主见。

少强今年上小学3年级，虽然他性格活泼开朗，但是因为从小受到父母的“保护”，在很多事情上他并不是一个有主见的人。例如，小时候父母带他去买玩具，望着琳琅满目的玩具，少强会变得很犹豫，一会儿想要这个一会儿又想要那个，选来选去总也拿不定主意，最后往往还是由父母做主。

但是现在不一样了，在父母看来，儿子似乎变得越来越倔强了。只要是他认定的事情，任凭父母怎么劝都不行。比如上个周末，父母带着他去逛商场，少强看中了一款机器人，但是父母觉得这款机器人与家里的一款很相似，就是外形不一样而已，因此劝他重新选择一款别的。谁知，少强死死抱着自己选中的机器人就是不换，态度很坚决地说："我不管，我就要这一款，就算跟家里那款一样我也不在乎，反正现在我就要这个，别的我都看不上，我也不喜欢！你们以前说我没主见，现在我有主见了你们又不同意！"少强的任性和倔强让父母很无奈。

从少强的"倔强"中，我们可以发现以下几个问题：

放大镜

◎家长的"保护"让孩子缺乏主见。

◎随着年龄的增长，孩子的主见性逐渐增强。

◎孩子的倔强和主见，让父母有些不适应。

孩子有主见，是其成长的一种表现，也是其"成熟"的标志。一个有主见的孩子，不论是在学习上，还是在生活中都不会任人"摆布"，这是其充满信心的表现，是值得鼓励的。但是家长同时也要注意，3-4 年级的孩子心智发育并未完全成熟，考虑事情也不是很周全，因此还需要父母的引导，让他们的主见朝着积极、正确的方向发展。

那么，家长该如何正确引导有主见的孩子呢？可以试试下面的方法：

把决定权交给孩子自己，让他为自己的事情负责

孩子没有主见，在很大程度上是因为被父母"保护"得太好，养成了其优柔

寡断、犹豫不决的性格。遇到什么事情，他们第一时间想到的不是如何做决定，而是寻求家长的意见。针对这种情况，家长就要“狠心”一些，不再干涉孩子的事情。只要是他自己的事，就把决定权交给孩子。家长可以这么跟孩子解释：“以前妈妈（爸爸）帮你是因为你还小，没有判断是非的能力，现在你长大了，完全可以为自己的事情做主了，也就是说我们把决定权交给你自己，同时你也必须为自己的决定负责，不管结果如何，都要自己学会承担。”家长在给孩子灌输这种思想的时候，孩子在不知不觉中就会变得有主见，因为他明白这是他自己的事情，就应该自己决定。

多鼓励，相信孩子自己一定能做好

每个人其实都喜欢自由，孩子也不例外，只是因为养成了依赖父母的习惯，因此做事比较犹豫，这是孩子缺乏自信心的一种表现。因此，父母在平时应该多鼓励孩子，相信孩子自己能够独立决定或者完成一件事情。例如，孩子想自己去书店买一本喜欢的书，但是又害怕找不到，这时候父母就要鼓励他：“宝贝儿，相信自己，我们也相信你一定可以把这件事做好。”让孩子在家长的鼓励声中坚持自己的想法，并且努力去实施。

总之，孩子上了3–4年级之后，家长就不要再像以前那样对其过度关注了，而是要试着给其自由，自己的事情尽量让他自己去处理，让孩子在不知不觉中变得独立、有主见。

“怎么老是爱跟我们唱反调？”
——孩子的变化让家长困惑

上了 3–4 年级之后，家长会发现孩子和以前不一样了，不听话不说，叛逆情绪也越来越明显了，最突出的表现就是喜欢跟家长唱反调。

对于孩子的这种变化，很多父母都很不理解，他们想自己有时候并没有“得罪”孩子，但是孩子似乎故意跟他们“作对”。尤其是在生活中，家长说这件东西好，孩子会在一边说不好；家长说这样做才是对的，孩子偏偏说这样做是错的……总之，孩子在这些方面的变化让家长既生气又困惑：“孩子这是怎么了？怎么老是爱跟我们唱反调？”

“小瑞，你先到自己房间里玩游戏机，我跟你陈阿姨谈点儿事情，你在这里玩游戏机会影响到我们。”

“我不去，我就要在这里玩。”

“那你在客厅先别玩游戏机，可以玩会儿别的玩具。”

“我不要，我现在就要在这里玩游戏机。”

……

以上对话发生在小瑞和他妈妈之间，事情的原委是这样的：妈妈的同事来家里谈事情，小瑞在客厅里玩电子游戏机，还把声音弄得很大，妈妈让他去自己屋里玩，他不；让他先暂时别玩，他不；让他把声音取消，他还是不。最后，妈妈生气了，狠狠批评了小瑞一通。小瑞非但态度没有“软”，反而越来越强硬，妈妈说一句他顶一句，反正总是跟妈妈唱反调。

“我真是不知道孩子怎么会变成这样，以前他很听话的，现在我说什么他不听也就罢了，还跟我顶嘴、唱反调，真是气死我了！”妈妈生气地说，“上 1–2 年级的时候挺懂事的，现在上了 3 年级却变了个样子，真是越大越不懂事了，真是不知道该怎么去教育他！”

以上这个例子反映了以下几个问题：

放大镜

◎随着年龄的增长，叛逆心加重，导致孩子总跟父母唱反调。

◎家长不科学的“打压”，使孩子更加叛逆。

◎对于孩子喜欢跟自己唱反调，父母感到困惑。

随着年龄的增长，在 3–4 年级的时候，孩子的叛逆心理会越来越重，这是由其成长的特点所决定的。在这一时期，家长应该正确对待孩子的这种情况，而不应该一味地实行“打压”政策，否则只会让孩子更加叛逆，更加跟父母唱反调。

那么，究竟该如何引导爱跟家长唱反调的孩子呢？

站在孩子的角度看问题，不一味强求和“打压”孩子

对于孩子和家长唱反调，很多父母都觉得这是孩子不懂事、不听话的表现，因此常常不问青红皂白就批评或者打骂孩子，这样虽然孩子会“老实”一点儿，但是其内心深处会更加“恨”父母，即心服口不服、治标不治本。其实，对于这种情况，家长不能总是按照自己的理解去对待，而是应该学会换位思考，站在孩

子的角度去理解孩子，即要动之以情，晓之以理。

比如，上述案例中的小瑞和妈妈唱反调，家长应该站在孩子的角度想一想，如果换作自己肯定也不愿意暂停游戏，因此家长就应该这么跟孩子解释："宝贝儿，妈妈知道你现在特别想玩游戏，如果我是你我也不乐意暂停，但是现在情况特殊，你去自己的房间玩既不影响你玩游戏，又不影响我们谈话，这不是一举两得吗？"家长一番通情达理的解释，会让孩子的叛逆心不好意思再发作，孩子自然就乖乖听话了。

多和孩子沟通、交流，和孩子做好朋友

大多数家长都会这么认为，家长就是家长，孩子就是孩子。在孩子面前，家长必须有家长的样子，不能由着孩子的性子乱来，即习惯于用家长的权威去教育孩子。其实，这种教育方式对叛逆期的孩子并不适用。要知道，3–4 年级的孩子已经不像小时候那样对家长"唯唯诺诺"了，更不喜欢家长在自己面前摆架子。所以，这个时期，父母要注意改变"策略"，放下自己家长的身份和架子，试着和孩子多沟通、多交流，多听听孩子心里的想法。另外，不管是讲话的语气还是态度，都要平和、耐心，让孩子明白你是真心想和他成为好朋友。

如果家长能够和孩子成为好朋友的话，当自己再说什么的时候，孩子肯定不会再故意唱反调，反而会和自己"一个鼻孔出气"。这样一来，不仅能安抚孩子的叛逆心理，同时又能使亲子关系更和谐、更融洽。

“我就不喜欢这样！”
——孩子会对一些规矩产生排斥心理

3–4年级的孩子已经到了叛逆期，在这期间，他们的生理和心理会发生很大的变化，尤其是心理，更是变化非常大，甚至让父母有时候无所适从。以前1–2年级的时候，不论是在家里还是在外面，为了让孩子表现好一些，父母都会有意无意地给其传达“要守规矩”的思想。比如，在课堂上要坐姿正确，认真听老师讲课；在家吃饭的时候要一心一意，不能边看电视边吃饭；客人来了要主动问好，给客人端茶倒水；等等。对于这些规矩，大多数的孩子也都能遵守得比较好，这是由其心智发育水平所决定的。

但是到了3–4年级之后，情况可能就不同了。孩子的心理发展让其有了独立的思考空间，对于生活中的一些事物，孩子也有了自己的看法和想法。他们不会再对家长的话“言听计从”，尤其对一些规矩，更是会排斥不已，因此常常出现这样的情况——家长拿“规矩”要求孩子听话，孩子却偏偏不耐烦：“我就不喜欢这样！”

江波出生在一个军人家庭，爸爸是军人，妈妈是部队医院的医生。因为这样的家庭背景，江波从小就是一个特别懂规矩、守纪律的孩子。父母经常教育他的一句话就是：“无规矩不成方圆，不论何时何地，必须要守规矩。”

但是自从上4年级之后，江波开始对父母给他立下的一系列规矩感到厌烦了，他觉得自己无论干什么都被规矩、纪律等条条框框束缚着。例如，晚上放学回家，他想看会儿电视，妈妈会站出来说：“先做完作业再看电视。”他想在家里唱歌，爸爸会跳出来说：“别大声嚷嚷，保持安静。”终于，江波再也无法忍受这些规矩了，在妈妈又一次以规矩之名训斥他的时候，他爆发了：“我就不喜欢这些规矩，烦死了！”

江波的“反常”让妈妈非常惊讶，她这才意识到，儿子最近的确没有以前那么守“规矩”了。

江波的例子让我们认识到这样几个问题：

放大镜

◎孩子从小被规矩“束缚”，叛逆心加重。

◎因为这种叛逆心理，孩子对一些规矩产生了排斥心理。

◎家长以规矩之名训斥，让孩子更加讨厌规矩。

的确，无规矩不成方圆，任何人无论做什么，都需要遵守一定的规矩。但是对于 3–4 年级的孩子来说，很多时候家长立下的规矩让他们感觉沉重、厌恶。对于这种情况，家长有必要采取一些引导措施，以应对孩子这种排斥规矩的心理。具体来说，家长可以试试以下方法：

不要对孩子过于严格，给其创造相对自由的成长环境

受传统教育的影响，很多家长都会觉得对孩子越严格，孩子就越有出息。因此，在孩子成长的过程中，他们给其制定各种规矩，以保证孩子能够在这些规矩的“训练”下变得乖巧懂事。殊不知，这只是家长一厢情愿的想法与做法。虽然

这些规矩能让孩子暂时变得乖巧，但是同时也会加重其叛逆心理，反而不利于其健康成长。因此，在孩子的教育上，家长不能过于严格，而是要尽可能地为其创造一个相对宽松、民主的成长环境。切忌强迫孩子做自己不喜欢的事情，即使在家长看来这些事情是对的，也要耐心跟其解释、沟通。即便要求孩子遵守规矩，也必须是让其心甘情愿地遵守，让孩子认识到这些约束是为了让其表现得更好。只有这样，孩子才能对家长立下的规矩表示认可，同时也才会去遵守。

对于某些规矩，家长要和孩子一起遵守

孩子大了，也会拿自己和别人比较，在家长要求其遵守某些规矩的时候，孩子可能会不满："你自己不遵守，凭什么让我遵守？"继而他们会对这些规矩产生排斥心理。针对这种情况，家长就要严于律己，为孩子做出表率，在要求孩子遵守的同时，自己也必须遵守。例如，父母要求孩子在吃饭的时候不许看电视，那么家长在吃饭的时候也要一心一意，不能边吃饭边干别的事情，即要和孩子一起遵守吃饭规矩。这样的话，即使孩子心里不情愿，但是看到父母也遵守规矩，他自然也会遵守。

心中有了小秘密，不告诉父母了
——孩子变深沉了？

孩子上了 3–4 年级之后，因为身心发展等原因，他们的性格会发生一些变化，之前活泼开朗、爱说爱笑，现在可能会变得相对“成熟”一些。但是，这种“成熟”并非真正意义上的成熟，而是在具体生活中表现出来的一种态度。当然，在父母看来，孩子这种态度并不是他们所期待的，反而会让他们有些担忧。

很多家长也会感叹孩子升入 3–4 年级之后，与 1–2 年级的时候不一样了。以前不管是学习上还是生活上，有什么事了总是在第一时间抢着和家长分享。在父母面前，他们从来不会掩饰自己的喜怒哀乐，有什么说什么，没有丝毫的隐瞒。但是 3–4 年级之后就不一样了，孩子突然变得淡定了，也沉默了。别说主动跟家长交流了，即使家长主动问，他们也不见得愿意说，仿佛这是他们自己的小秘密。因此，有些家长面对孩子的这种“变化”会发出这样的疑问：“孩子怎么突然变深沉了？心中的小秘密也不告诉父母了！”

佳倩从小就是个活泼开朗的孩子，加上父母相对开明的教育，使得她和爸爸妈妈的关系很好。在家里，佳倩跟父母更是“没大没小”，想说什么就说什么，家里的气氛相对活跃、民主。

“妈妈，今天我偷偷帮助邻居王奶奶倒垃圾了。”

“我们班的一位同学夸我的字写得漂亮，还说我字如其人，嘻嘻！”

……

像这些原本属于孩子自己的小秘密，佳倩都会迫不及待地告诉妈妈。都说女儿是妈妈贴心的小棉袄，这句话放在佳倩和她妈妈身上再合适不过了。

但是最近一段时间，妈妈发现佳倩好像与自己疏远了，以前放学回到家里总是叽叽喳喳地说这说那的，现在沉默了很多，总是待在自己的房间里不知在干什么。这天妈妈看到佳倩在写着什么，于是像往常一样悄悄凑过去想探个究竟。谁知佳倩赶紧捂住了，并且还把妈妈推出门："哎呀，你不要看我写日记了。"看得出来，女儿不乐意跟自己说小秘密了，这让佳倩的妈妈很困惑：孩子真是变深沉了吗？

从这个案例中，我们可以发现以下几个问题：

放大镜

◎身心发展导致孩子不愿意跟父母分享"小秘密"。

◎对于孩子变"深沉"，家长没有及时采取措施。

◎孩子大了，开始有"防备"心理。

3–4年级是孩子身心发展的重要时期，在这一段时间内，最明显的就是孩子比之前更有思想、更敏感了。同时，这种敏感也极易导致问题增多，家长如果不及时予以引导的话，很可能会影响孩子的健康成长。

那么，该如何应对孩子变"深沉"这一情况呢？

承认并尊重孩子的这种变化，对其多些理解和关心

当孩子不再像以前那样什么话都和父母分享的时候，家长不要认为孩子心理

有问题了，而是要正确对待这一情况，结合孩子的年龄、心理、性格等特点，综合分析孩子变“深沉”的原因。如果是心理发展的正常表现，那就不用过分担忧，注意平时多主动和孩子沟通、交流，多在生活上关心他。当孩子对家长的主动表示抗拒的时候，家长不要着急，而是要采取策略，例如可以这么跟孩子说：“宝贝儿，妈妈有些心里话，还有一些小秘密，压在心里很不是滋味。你是妈妈最信任、最在乎的人，妈妈想和你说说，分享一下，请你借给妈妈半个小时的时间好吗？”家长在说这话的时候一定要态度真诚，并且要表现出如果不和他分享会很难过的样子，让孩子不好意思拒绝。通过这种孩子不主动、家长主动的方式，继续和其沟通、交流，让孩子逐渐恢复原来的开朗。

别给孩子太多压力，让其快乐成长

孩子上了 3–4 年级之后，课程增加，课本知识也比之前更系统、更复杂，再加上孩子在心理上的一些成长变化，很容易产生一定的心理压力，很可能由此变得比较“深沉”。对此，家长要引起重视，首先无论在学习上还是在生活上，都不要对其要求过高，以免给孩子造成心理压力。另外，家长也要多开导孩子，尤其是发现孩子情绪不佳或者不开心的时候，一定要多关心，让其把内心的忧伤情绪抒发出来。总之，3–4 年级的孩子虽然长大一些了，但是在思想上仍然不是很成熟，依旧需要家长的引导和教育。家长们要尽可能为其创造一个积极、宽松的生活环境，让孩子在快乐成长的同时也变得积极、乐观。

第七章

是非观念还不是很明确
——3-4 年级的孩子还需认真引导

虽然 3-4 年级的孩子心智发育比之前相对成熟，在学习、生活、与人交往等各方面的认知也有了一定的发展。但是在思想认识上，他们依旧还不是很成熟，对事物的理解不是很到位，尤其是是非观念还不是很明确，容易遇到一些成长的问题。因此，在这段时期，他们仍然需要家长去认真引导，耐心教育。

什么是对的，什么又是错的呢？

——给孩子建立正确的是非观念

3–4 年级的孩子虽然对学习的认知有了很大的发展，但是在一些非智力因素方面，仍然需要家长的正确引导和教育。因为心智发育的特点，让很多 3–4 年级的孩子对生活和学习中的一些问题产生了疑问，包括对一些事物的理解、态度、做法等，常常让其感觉困惑，例如：“这样想是对还是错呢？”“如果这样想是错的，那怎么想才是对呢？”“对与错之间又有何标准呢？”等。

“什么是对的，什么又是错的呢？”当孩子向家长提出这种疑问的时候，家长就要注意，孩子在对与错的问题上有困惑了，需要通过家长的指导和教育，帮助他们建立正确的是非观念。

让孩子从小就建立起正确的是非观念，不仅对其成长有一定的促进作用，对其以后的学习、工作、与人交往等，都会产生积极的影响。因此，家长应该抓住孩子 3–4 年级这段时期，帮助其建立起正确的是非观念。

妈妈的同事小王阿姨来家里找妈妈谈工作上的事情，这时康康正在客厅里看自己最喜欢的动画片。妈妈便提醒康康把电视声音调小一些或者先关掉，等她们谈完事情之后再看。

“你们谈你们的，我看我的电视，干吗让我关电视啊？”康康不乐意了。

看到儿子都上小学 4 年级了还这么不懂事，康康的妈妈有些着急了。她严肃地对儿子说：“妈妈的工作比电视重要，听话！”

康康心里虽然不服气，但是迫于妈妈的“威严”，只好悻悻地关掉电视，丢下一句“真是的，早不来晚不来，偏偏在我看电视的时候来”，就回自己的房间了，弄得小王阿姨非常尴尬。

待小王阿姨走后，妈妈批评康康做错了事情，不应该当着小王阿姨的面任性，要求他打电话给小王阿姨道歉。康康不服，跟妈妈理论：“我觉得我说得没错，本来就是那样的嘛，我没有做错，所以我不道歉！你说我错了，我不是都按你说的关掉电视了嘛，这难道也错了吗？”

看到儿子这样不分是非，康康的妈妈又生气又无奈——儿子都上4年级了，一点儿是非观念都没有，真不知道该怎么教育他。

这个例子反映了以下几个问题：

放大镜

◎ 3-4年级的孩子因为心智发育特点，是非观念还不是很清晰。

◎家长只批评不解释，让孩子不知道什么是对什么是错。

◎对于如何帮助孩子建立正确的是非观念，家长不知所措。

现实生活中有很多和康康一样的孩子，自己做错了事情还不承认，甚至与家长理论，这主要是因为他们的是非观念不正确导致的。如果家长不及时加以纠正，会影响其判断是非的能力。

那么，家长该如何帮助孩子建立正确的是非观念呢？我们一起学习一下。

制定“标准”，通过“标准”让孩子知道什么是错什么是对

对于一些容易判断对错的事情，家长不妨通过制定“标准”的方法去提醒孩

子哪些事情是对的，哪些事情是错的。例如，在学习中，抄作业、考试作弊、逃课、迟到……这些都是错误的，要明确提出来；在生活中，跟父母撒谎、早晨赖床、不讲卫生、随意扔垃圾……这些也是错误的，需要跟孩子说明。不管是在学习还是在平时的生活中，孩子只要触犯了这些“标准”就是错的，要立即改正并记住教训。

需要注意的是，这些“标准”不是一下子就能制定出来的，而是要随着时间不断进行修改和补充。通过不断地经历和生活，让孩子亲自参与到此“标准”的制定中来，慢慢建立起正确的是非观念。例如，孩子做错了一件事但是自己并不知道，家长要及时予以纠正，给他解释错误的原因，待孩子明白之后，就可以将此事补充进“标准”里，让孩子牢记。

随时随地对孩子进行是非判断教育

很多事情只有发生了或者有结果了，你才能判断是对是错。孩子的成长是一个过程，对于他们来说，生活中很多事情都需要慢慢经历过后才能吸取经验和教训。因此，家长帮助孩子建立是非观念也要随时随地地进行，即抓住每一个教育孩子的机会。例如，和孩子一起逛街的时候，看到别人随意把垃圾丢在了路边，孩子主动跑过去捡起来将其丢入垃圾箱，这时家长就可以说：“随意丢垃圾的行为是不对的，但是你主动跑过去把垃圾捡起来丢到垃圾箱是对的。”通过生活中具体的事件让孩子认识到什么是对什么是错。总之，帮助孩子建立是非观念需要一个过程，家长要利用现实生活中的具体事情对孩子进行这方面的教育，让孩子在成长中不断提高是非判断能力。

“为什么我捡不到钱包”

——3-4 年级的孩子，道德观尚未形成

正确的道德观念，有助于帮助孩子建立正确的是非观念，对其将来树立正确的世界观、人生观也会产生积极的影响。虽然 3–4 年级的孩子和 1–2 年级的时候相比，已经相对“成熟”了，也能分清一些对错，知道考试作弊、抄袭、迟到早退都是错误的，但是在一些其他事情上，是非观念依然不是很清晰，这与其尚未形成正确的道德观念有一定的关系。

3–4 岁的孩子已经对金钱有了初步的了解，知道钱能换来自己喜欢的东西，因此他们这时候对钱有了一些“欲望”。虽然父母在一定程度上可以满足他们对金钱的要求，但是当其看到他人无意中捡到钱包时，孩子内心也会有些“不平衡”，甚至发出这样的“牢骚”：“为什么别人能捡到钱包，我却捡不到呢？”很明显，在孩子看来，捡到钱包是一件值得高兴的事，因为这样就可以买自己喜欢的东西了。当然，这种道德观念是错误的。所以，家长在这时仍然要注意对孩子进行引导和教育。

甜甜今年上小学 3 年级，因为家里条件比较好，在花钱这方面，甜甜的父母基本上没让女儿受过委屈。不过，甜甜喜欢什么或者想要什么了，父母不会把钱给她让她自己买，而是买了之后给她。他们主要是考虑到甜甜还小，让她拿钱自己买不放心。

但是现在不一样了，孩子都上 3 年级了，加上中午要在学校买饭吃，于是父母便给她一些钱让她自己去“消费”。因为父母给的钱比较宽裕，除了每天中午吃饭之外，总还能余下一些。甜甜便把余下的钱攒起来，然后买一些自己喜欢的小东西。因为这样，甜甜第一次尝到了花钱的乐趣，也把钱当成了一件好东西看待。

因为甜甜对金钱的态度，有一次她看到别人捡了钱包时，心里非常不平衡。她回家对妈妈说：“为什么我捡不到钱包呢？那个人捡到了钱包，肯定能买很多东西吧？”甜甜的“抱怨”让妈妈非常吃惊。女儿竟然把捡钱包看得如此重要，很显然这种道德观念是错误的，可是她该怎么给女儿解释呢？

以上案例反映了以下几个问题：

放大镜

◎父母的娇惯，让孩子是非观念很模糊。

◎因为娇惯，孩子没有正确看待金钱。

◎孩子错误的道德观，让其觉得捡到钱包就可以据为己有。

一个人良好的道德观念和人格品质是从小养成的，3-4 年级正是培养孩子正确道德观，帮助其建立正确是非观念的好时机。对于孩子这种想捡钱包的心理，家长要及时予以教育，让孩子正确看待这一事情，树立起良好的道德观念。

那么，该如何去教育孩子呢？家长要从以下两个方面做起：

让孩子正确理解金钱，知道金钱不是万能的

帮助孩子树立正确的道德观念，让其正确理解和对待金钱是必不可少的。对

于孩子来说，他们简单地认为有钱就可以买自己喜欢的玩具、零食等，却看不到金钱的“另一面”。针对这种情况，家长就要好好教育，例如，对于上述案例中甜甜这种情况，家长就可以这样跟孩子解释：“宝贝儿，虽然钱能买到你喜欢的玩具、学习用品，但是还有很多更重要的东西是钱买不来的，如健康、快乐、幸福等。另外，那个人虽然捡到了钱包，但是那并不真正属于他自己，因为钱包根本就不是他的。所以他也不会用那些钱去买东西，而是会交给警察叔叔，等待钱包的主人去认领。”家长这样解释，一方面可以让孩子对金钱有一个更为科学、正确的认识，让其知道钱不是万能的；另一方面也解释了捡到钱包以后的正确做法，让孩子明白不是自己的东西不能随便要。这样一来，孩子就会明白，原来钱并不是自己想的那么“厉害”，捡到钱包也并不值得高兴，因为丢钱包的人一定非常着急。这样就可以慢慢引导孩子的道德观向积极、正确的方向发展。

别太娇惯孩子，在花钱上别太纵容孩子

现在的孩子多是独生子女，加上物质条件比以前好了，很多家长都容易走进娇惯孩子的“误区”，尤其在花钱上，更是非常“大方”。其实，家长这种用钱去满足孩子以表达自己爱的方式极易误导孩子，让其对金钱产生错误的理解。因此，不管家里条件多好，在孩子花钱方面，家长还是要“三思而后给”。在买一些非买不可的东西，如文具、书本等时，家长也要让孩子认识到钱的来之不易。对于一些无关紧要的东西，要让孩子明白这些钱是不必要花的，因为“买”不到实际的意义。总之，在花钱上，家长别太纵容孩子，每买一件东西，都要让孩子知道为什么买，即弄清楚这钱换来的意义和价值。只有这样，才能让孩子树立起正确的金钱观。

“为什么不表扬我？”
——不能接受对同龄孩子的表扬

孩子上了3-4年级之后，心理开始慢慢成熟，并且渴望他人的认可和赞扬，这也可以认为是小孩子心理的特征之一。因此，在这段时期，孩子会特别注意自己的表现，他们总是尽可能地做到最好，以引起家长或者老师的注意，并且渴望因为自己的表现而得到他人的表扬。获得表扬会让孩子在心理上产生很大的满足感，同时也能激励他们做得更好。

但是另一方面，因为过于渴望被表扬，在这段时期，孩子的嫉妒心理也是很强的。他们虽然会努力做得比同龄人好，但是当对方“超过”自己的时候，孩子心理上还是会不平衡。表扬同龄人而不表扬他们的时候，孩子总会这样发牢骚：“为什么不表扬我呢？”这种“争强好胜”的心理在此时就成了一种嫉妒、不平衡的心理。对此，家长应该及时帮助孩子疏导这种情绪，让其在做好自己的同时，也能接受别人对其他孩子的表扬。

“哼，以后我再也不喜欢张老师了！”徐峰放学回到家里气呼呼地把书包往沙发上一丢，就开始发牢骚，“她明显偏向刘波，不喜欢我。”

徐峰今年刚上小学3年级，他最喜欢的老师就是张老师，还经常在父母面前说张老师讲课幽默，对学生和蔼可亲。可是今天他怎么突然这么“恨”张老师呢？这让徐峰的父母很是不解，于是便问他：“张老师怎么惹着你了？”

徐峰委屈地说：“今天刘波课间擦黑板了，恰好被张老师看见了，于是她就当着大家的面夸刘波不仅学习好，也知道帮助老师做事情，值得大家学习。可是前几天我也擦黑板了，我还帮助同学做值日呢，她为什么就不表扬我啊？这不明显偏向刘波吗？我以后再也不喜欢她了。”

原来是为了这事啊，徐峰的妈妈看着儿子又生气又委屈的样子，在觉得好笑的同时又有一丝担忧：儿子现在心眼儿就这么小，不能接受老师对同龄孩子的表扬，这样下去对其心理发展以及健康成长都是十分不利的。

该怎么帮助孩子消除这种消极的嫉妒心理呢？徐峰的妈妈在思考。

徐峰的例子可以让我们认识到以下几个问题：

放大镜

◎心理发展不成熟，让孩子嫉妒心强。

◎渴望被肯定，是导致孩子对同龄人产生嫉妒心理的原因之一。

◎家长对孩子的这种情况，不知道如何教育。

孩子在学习上“争强好胜”是值得称赞的，这是一种不服输的精神，有利于激发孩子学习的兴趣和动力。但是在其他一些事情上，这种“争强好胜”的心理可能会演变为嫉妒心理，让孩子是非观念不清晰，也影响其心理发展以及与他人的交往。

那么，家长该如何对待孩子这种不能接受同龄人受到表扬的嫉妒心理呢？一起来学习一下吧。

引导孩子发现他人的优点，并正确看待

孩子不能接受家长或者老师对同龄人的表扬，一方面是嫉妒心理在作怪，另一方面可能是他对同龄人不认可。对于后者，家长要引导其发现对方的优点，并且能正确看待，即看到对方优点的同时，要承认这种优点是值得自己学习的，也是值得肯定的。这样的话，孩子就不会因为对方受到表扬而产生不平衡心理了。

例如，家长可以在平时多和孩子聊聊其班里的同学，让其说出每个同学都有哪些优点，哪些是自己没有且需要向同学学习的。告诉孩子：“别人的优点是值得表扬和肯定的，你要多向他学习才是。”这样的教育方式，会让孩子学会欣赏他人的优点，明白对方身上有值得自己学习的地方。这样当同龄人再受到表扬的时候，孩子就不会再嫉妒了，因为他知道，对方受到表扬是应该的。

让孩子明白，做好自己才是最重要的，并非为了受到表扬

当孩子的是非观念不明确时，他会为了和同龄人比较“谁得到的表扬更多一些”而去努力，这种心理虽然在一定程度上可以促使孩子进步，但是也容易使其走进“为了表扬而做好自己”的误区，不利于其健康成长。对此，家长要跟孩子解释：“无论是你做好事，还是努力学习取得好成绩，这些都是为了让你更好地成长，是为了让你成为一个优秀的人，这才是最重要的。至于有没有得到表扬并不重要，因为那些都是外在的。只有你真正做好自己，让自己成为一个有魅力的人，才是努力的意义和价值所在。”让孩子真正明白，自己努力不是为了得到他人的表扬，而是为了真正做好自己，这样当同龄人再受到表扬的时候，孩子也就能淡定看待了。

男孩子欺负女孩子
——没有性别概念，解决问题的方式欠缺

3-4年级的孩子虽然心智发育相对于1-2年级的时候已经有了很大的进步，但是在思想上仍然不是很成熟，对性别概念的理解也不是很清晰。在学校，他们不会觉得自己是男生或者是女生就该怎么做，而是觉得大家都是一样的。此时的他们并不避讳和异性同学一起玩耍、学习，有了矛盾或者闹不愉快的时候，男孩先天的“优势”也会让自己占据上风，即使对方是女孩，他们动用武力也不会觉得这有什么。总之一句话，因为没有性别概念，在与异性产生“纠纷”的时候，他们解决问题的方式比较欠缺。

家长应该教育孩子要和同学和平相处，不管是男生还是女生，都要友好一点儿。但是同时也必须要教育男孩不能欺负女孩，即使有问题，也要换其他的方式去解决，不能用“暴力”方式去维护自己的“利益”。

“阿姨，江浩把我推倒在地上，把我的胳膊磕破了。”江浩的妈妈下班后正在做饭，邻居家的亚丽来家告儿子的状了。

“怎么回事啊？”江浩的妈妈一看，可不是嘛，亚丽的胳膊上一处被擦伤了，还一直往外渗血呢。

亚丽一边哭一边说：“我在做游戏的时候，不小心踩到江浩的脚了，他一生气就把我推倒在地上了。”

江浩的妈妈一边给亚丽包扎伤口，一面安慰她，好不容易才让亚丽停止哭泣。

而后她找到儿子，批评他不应该欺负亚丽，因为亚丽是女孩子，再生气也不能把她推倒在地上。

“女孩子怎么了？女孩子就有理啊？谁让她踩我。”江浩不服气，跟妈妈理论，“再说了我也没使劲儿啊，我只是轻轻推了她一下，谁知道她那么娇气啊！”

看到儿子这么“倔”，江浩的妈妈只好对他说：“亚丽踩了你一脚，她也不是故意的，如果你要为自己讨说法的话，完全可以采取别的解决方式。你是男孩子，力气肯定比女孩子大，你可能觉得是轻轻一推，但是亚丽根本经不住你这么推。”

江浩虽然表示会向亚丽道歉，但是他仍然很委屈，觉得自己并没有做错。

这个例子让我们认识到这样几个问题：

放大镜

◎ 3-4 年级的孩子心智发育不成熟，没有性别意识。

◎因为没有性别意识，解决问题的方式欠缺。

◎家长之前疏忽了对孩子这方面的教育，孩子一时无法理解。

在学校里，3--4 年级的男孩欺负女孩的现象并不少见。因为一点儿小事，他们就会对这些女孩“出手”，女孩子当然不是他们的对手了。对于这种情况，家长要及时教育，及时制止，让其学会正确解决此类问题，杜绝男孩欺负女孩的事情发生。

那么，男孩子的家长该怎么去教育自己的孩子呢？我们一起学习一下下面的方法。

告诉自己的孩子，有问题了可以“协商”，绝不能欺负对方

冲动、遇事不冷静是很多男孩子的特征，这是由男孩的特定心理所决定的。这也是男孩子不占上风的地方，因为这会让其在遇到事情的时候采取错误的解决方式，对孩子以后的成长、与人交往也是不利的。因此，作为家长必须对孩子进行这方面的教育，让其明白作为男孩，解决问题的最好方式不是“暴力”，更不能欺负女孩子。比如，家长可以这么教育孩子：“你是男生，也是小男子汉，不能欺负女孩子，因为女孩子都比较弱，她们没有你们厉害。就算有问题、有分歧了，也可以好好说，或者找别人评理，就是不能动粗。作为一个小男子汉，就应该大度一点儿，让着女孩子，这样才能赢得别人的尊重，长大后也才能成为真正的男子汉。”男孩子最喜欢被别人说是“男子汉”，这也是其正常的虚荣心。假如家长能够正确利用的话，不仅可以让男孩学会忍让对方，同时也会让他找到解决问题的正确方式。

家长要为孩子树立榜样，有问题了用温和的方式解决

家庭环境对孩子的影响是非常大的，我们常说孩子是家长的一面镜子，家长的性格、行为等很多方面都多多少少影响到孩子。所以，家长（尤其是爸爸）在平时要给孩子树立榜样。家庭成员之间有分歧、有矛盾了，都要坐下来商量着解决，千万不能激烈争吵，更不能用“武力”解决。丈夫就算对妻子再有意见，也不能动手打对方，而是要心平气和地和对方沟通，采取温和的方式解决问题。完事之后，还要告诉孩子：“动手只会使问题更严重、更难解决，作为男子汉，更要学会宽容和忍让。”孩子在这种和平、民主的家庭氛围中，才能真正成长、成熟起来。

孩子之间流行“三八线”
——跟风？计较？大人要合理引导

3-4 年级的孩子在大人看来仍然是小孩子，首先，因为他们思想上还不是很成熟，遇事不冷静，容易为一点儿小事和他人争吵、斤斤计较，甚至为此闹翻都有可能。其次，这时候的他们在学校虽然已经有了一定的人际交往需求和能力，知道主动跟其他孩子做好朋友，但是在如何经营这份友谊上还欠缺一些经验。虽然在某一段时间里，他可能跟某一个人玩得很好，关系也很融洽，但是一旦发生涉及彼此利益的事情，孩子依旧会跟对方闹翻，甚至不惜以画“三八线”来与对方“划清界限”。这种现象尤其是在同桌之间出现得比较多。

“你过线了，这边是我的地盘。”

“这边是我的，那边是你的，谁也不能越过中间这条线！”

……

孩子之间广泛流行这种“三八线”，很可能是为了“跟风”。要知道小孩子的模仿能力很强，当有一个人这么做的话，其他同学也会争先恐后地模仿，导致这成为一种“流行趋势”；还有一个原因可能就是孩子心眼儿小，爱斤斤计较，于是便用这种方式表达自己对对方的不满，同时也维护了自己的“利益”。不管是什么原因，总之这种情况的出现，对孩子的成长是没有好处的，所以家长要注意合理引导。

“妈妈，还有没有颜色更深、笔迹更粗一点儿的笔呀？我要用。”早晨上学的时候，乐乐问妈妈。

“你要那种笔干吗呀？”妈妈一脸的惊讶，因为那样的笔并不适合学习写字用。乐乐想了想，说：“算了，告诉你实话吧！我跟倩如闹翻了，我们现在谁也不理谁，要在桌子上划一条‘三八线’，以后就各自在各自那边。”

“什么？三八线？”听了女儿的解释，妈妈更加疑惑了，倩如是乐乐的同桌，两个孩子从1年级开始就是好朋友，而且一直都是同桌。这么多年的“老友”了，怎么上了3年级反而开始闹不和了呢？于是妈妈便问女儿什么原因。

“前天上课的时候老师让写生字，她的坐姿不好，老是往我这边挤，我只说了她两句她就生气了，后来就吵起来了。”乐乐说，“再说班里好多同学都这样，在课桌上画一条线，都自觉点儿，谁也不妨碍谁，我觉得挺好的。”

乐乐的妈妈听了女儿的话之后，不知道她这是跟风呢，还是太计较，心里隐隐有些担忧。

从这个例子中，我们可以发现以下问题：

放大镜

◎孩子心眼儿小，导致爱与同学斤斤计较。

◎孩子是非观念差，容易跟风。

对于孩子之间流行“三八线”的现象，家长不能忽视，不管是跟风也好，小心眼儿计较也罢，都必须耐心教育，合理引导，让孩子学会与他人友好相处。在具体引导方法的选择上，家长可以试试下面的方法。

让孩子学会宽容，多换位思考

3-4 年级的孩子在人际交往上仍然会有障碍，其中一个原因就是太小心眼儿，遇事斤斤计较，常与对方闹得很僵，不懂得宽容。就像上述案例中的乐乐那样，因为同桌写字往自己这边挤就跟对方闹翻了，这明显是小心眼儿的表现。对此，家长要多教育多引导，让孩子懂得宽容。例如，家长可以这么跟孩子说："倩如也不是故意往你这边挤的，你也说了是因为她的坐姿不正确。作为好朋友，你不应该因为这点儿小事就计较，而是应该帮助她改掉错误的坐姿。这样的话，这个问题不仅得到了合理解决，同时你也帮助好朋友改掉了坏习惯，她肯定会非常感谢你的。假如你是倩如的话，相信你也会喜欢这种解决方式，而不是跟对方大吵一架。"家长跟孩子这样分析，孩子就会明白自己之前的做法确实有些欠妥，在以后遇到类似的事情时，就会大度一些，选择合理的解决方式，同时也能学会与人友好相处。

让孩子不要盲目跟风，因为那样很可能得不偿失

如果孩子是因跟风而动不动就把"三八线"搬出来的话，家长就要对孩子进行思想上的教育，必须让其明白，这种盲目跟风的做法是不对的，不仅不会维护自己的利益，反而会让自己失去更多；不管跟同学之间因何产生矛盾，先要冷静思考，想想是盲目跟风而彻底失去这个好朋友呢，还是跟其进行沟通继续维持这段友谊。当家长把这两种选择的后果跟孩子分析清楚以后，相信孩子自然会保持冷静，拒绝跟风，采取对彼此都没有伤害的方式去解决这一问题。

孩子作业写得潦草
——责任心要积极引导纠正

很多3–4年级孩子的家长翻开其作业本，第一反应都会是：“怎么写得这么乱呢？字迹太潦草了！”他们不明白，孩子都已经是“高年级”的学生了，怎么写作业还是这么不认真呢？其实，作业写得潦草，是让很多家长和老师都倍感头疼的一个问题。在他们看来，孩子上1–2年级的时候作业写得潦草还可以理解，因为那时候孩子心智发育不成熟，对学习的认知也不是很到位，再加上平时比较贪玩，难免会出现作业潦草这种情况。可是现在都已经上3–4年级了，作业还写得这么潦草的话，似乎就有点儿说不过去了。

另外，孩子作业写得潦草，难免会出现这样或者那样的错误，在考试的时候，更是会直接影响考试成绩，因为卷面太潦草会影响阅卷老师的情绪和他对考卷的印象。时间长了，还容易导致其粗心、马虎等各种问题的出现。其实，孩子写作业潦草有一个非常重要的原因就是他们对学习的责任心不强，认识不到学习和作业的重要性，因此就不严肃对待。家长如果不予以及时引导和纠正的话，不仅影响孩子的学习，而且也不益于其责任心的培养。

上1–2年级之前，晓旭的父母从来没有在学习上给儿子施加过压力。他们是一对思想很“开明”的父母，觉得孩子还小，最主要是让其快乐学习，快乐成长，因此在学习上很少像其他家长一样那么“负责”，甚至都不怎么“理会”儿子的作业完成情况。偶尔检查一下，也不会因为晓旭的字迹潦草而批评他，“小孩子嘛，字写得不好很正常，等他大一些了自然就好了。”这是晓旭的父母常挂在嘴边的一句话。

可是现在儿子上 4 年级了，作业写得还是和以前一样特别潦草，这可让晓旭的父母开始着急了。虽然儿子现在长大了，但是并没有如他们期望的那样把字写好、写工整。而且，因为字迹潦草，他一连几次考试，都被扣了卷面分。现在一翻开儿子的作业本，晓旭的父母就头疼。他们也说过晓旭，可晓旭总是一副很“无辜”的样子：“我一直以来写的都是这样啊！”听儿子这么一说，晓旭的父母又懊悔又着急，不知如何是好。

这个例子反映了以下几个问题：

放大镜

◎一开始家长并未在意，导致孩子作业写得潦草。

◎因为没有及时纠正，孩子写作业越来越潦草。

◎孩子对学习缺乏责任心，也是作业写得潦草的一个重要原因。

事实上，导致孩子作业写得潦草的原因有很多，例如作业量大、孩子性子比较急躁、从小养成的习惯等，但主要的原因还是孩子责任心不强。对于这个问题，家长必须引起重视。

如何去培养孩子的责任心呢？我们一起学习一下。

让孩子明白作业是给自己写的，直接影响自己的学习成绩

孩子作业写得潦草，一是缺乏对学习的责任心，再者就是没有认识到学习的

重要性，继而也认识不到作业的重要性。对于这种情况，家长必须让其明白学习的主体是其自己，并且是为自己学的，是为了以后自己的生存与发展，如果不严肃对待的话，就影响自己未来的前途。如果孩子从思想上认识到学习的重要性了，他对学习的责任心也会逐渐树立起来，明白写作业是为了巩固自己的学习，从而严肃对待。

另外，家长还要告诉孩子："字如其人，如果你作业写得这么潦草，不仅是老师、同学，其他人对你的印象也会很差，并且在老师阅卷的时候，字迹工整与否还直接影响阅卷老师的批阅。如果你因为字迹潦草而丢分的话，那就太不值了。"让孩子明白作业写得潦草和考试成绩之间的利害关系，从而引起孩子的重视，促使其在写作业的时候唤醒自己的责任意识，努力把字写好、写工整。

通过临摹字帖，让孩子把字写好、写工整

贪玩是所有孩子的天性，3–4 年级的孩子也不例外，为了能多玩一会儿，他们在写作业的时候草草应付，自然就写不好了。针对这种情况，家长可以给其准备几本字帖，让孩子在没事的时候，静下心来慢慢练习。通过临摹字帖，让孩子浮躁的心平静下来，在专注的过程中慢慢把字写好、写工整。这种方法不仅能帮助孩子纠正写作业潦草的毛病，同时也有利于孩子培养和集中注意力。

另外，在孩子写作业之前，家长要多提醒，"预防"其书写潦草；作业写完之后家长要"审查"，如果写得不合格就要"返工"重写；当孩子写得好的时候，家长应及时予以表扬和鼓励，并且与之前的做对比，让孩子看到自己的进步。这些都是帮助孩子纠正作业写得潦草，培养孩子对待学习负责任的好方法。

孩子爱攀比
——让他体验“得来”不易，学会珍惜

孩子之间的“攀比”，也是让很多家长都感到非常棘手的一个教育问题。3–4 年级的孩子也不例外，并且问题比 1–2 年级的时候更严重一些，因为这时候孩子长大一些了，虚荣心和争强好胜的心也更强了，攀比心理自然也更强一些。

孩子的攀比心理与不同时期的心理特征也是有一定关系的，与上 1–2 年级的时候相比，3–4 年级学习环境也发生了一些改变，再加上孩子彼此之间的竞争加大，因此会出现攀比。这不仅会分散孩子的学习精力和注意力，也容易使孩子养成奢侈浪费的生活习惯。另外，孩子攀比，家长就需要为其“买单”，不仅加重了经济负担，也会导致孩子的消费观念发生偏移，不利于其将来的健康成长和生活。对此，家长不能放手不管，而是要尽量使孩子从思想上认识到这个问题的严重性。

慧慧的父母是生意人，平时比较忙，从慧慧上小学 1 年级开始，他们就让女儿自己“消费”。因为没有太多的时间去照顾女儿，包括给其做饭、洗衣服什么的，所以他们就给女儿钱，让她缺什么买什么，使慧慧从小就养成了花钱大手大脚的习惯。

现在慧慧都已经上 4 年级了，父母的生意比之前更忙了，为了弥补女儿，他们就给其更多的钱。原本只是为了让女儿可以生活得好一些，但是让慧慧的父母万万没有想到的是，女儿的“胃口”越来越大，要钱的次数也比以前多了，另外每次要钱的数额也在逐渐增加。按说女儿根本花不了这么多钱，现在怎么这么能花钱了？

对于父母的疑问，慧慧给出的答案是这样的："现在班里的同学们都是这样，不管是衣服、鞋子，还是学习用品，都要买牌子的，我不能让别的同学看不起我。再说了，咱家也不差那些钱呀，我可不想在班里被同学说我寒酸。"

慧慧的话让她的父母大吃一惊，他们怎么也没想到，自己的"纵容"竟然让女儿开始和同学攀比了。就算家里条件再好，也都是辛苦挣来的，不能由着孩子乱花呀！

从慧慧的例子中，我们可以看出这样几个问题：

放大镜

◎家长引导不当，导致孩子产生攀比心理。

◎父母对待金钱的态度，让孩子产生错误的消费观念。

◎孩子没有体会到赚钱的辛苦，不觉得攀比有什么不对。

孩子有虚荣心，家长可以适当满足，但是对于攀比这种行为和心理，家长就不能再无限制地"包容"了。要知道，孩子之所以会攀比，与家长的纵容不无关系。如果不及时加以教育的话，孩子不仅会走进误区，甚至还会走上犯罪道路。

那么，家长该如何去教育和引导爱攀比的孩子呢？我们一起来学习一下。

让孩子体验赚钱的辛苦，从而珍惜每一分钱

孩子喜欢和同伴攀比，因此花钱如流水。因为不是孩子自己辛苦挣来的钱，花的时候自然也就不心疼，就像上述案例中的慧慧一样，觉得自己家钱很多，花

起来丝毫不“手软”。对于这种情况，家长可以让孩子体验一把赚钱的辛苦，让其通过自己的亲自“实践”去明白“花钱容易挣钱难”的道理，从而在思想上认识到攀比的错误。

例如，在节假日的时候，家长可以让孩子做一些家务活儿，并且告诉他：“作为家里的一分子，做这些是你的责任，但是现在为了让你体验生活，暂时把其当做一项工作来完成，完成之后你可以取得报酬。”家长可以根据孩子的实际情况安排他一些稍微难一点儿的家务，并要求其独立完成。这样他才能在这个过程中，真正体验到赚钱的辛苦，同时也会明白父母的不容易。这样，在花钱的时候，孩子就能相对收敛一些，攀比的坏习惯也能慢慢改正。

试着让孩子自己理财

俗话说“不当家不知道柴米油盐贵”，孩子也是一样，因为有父母做自己坚强的“后盾”，所以他们花钱肆无忌惮，和同学攀比起来也丝毫“不服输”。对此，家长不能任由孩子这么“不懂事”，而是要让其学着理财。例如，家长可以根据孩子的实际情况，每月给他一定数额的生活费，让其自由支配。“这些钱是你一个月的开销，你想怎么花就怎么花。但是要记住一点，如果没等一个月就花完，那么就没得钱花了，我们不会再给你。当然，如果这个月你能省下的话，下个月再加上我们给的，零花钱也会相应增加。至于怎么选择，你自己决定。”通过让孩子自己支配一段时间的生活费，让其学会理财，不论买什么都会“三思而后行”。需要注意的是，一旦做出此决定，家长就必须“狠心”一些，孩子如果提前把钱花完而向父母求助的话，坚决不能答应。

孩子打“小报告”

——引导孩子勇敢面对问题，不逃避

孩子上了3–4年级之后，很多家长会发现其处理人际关系的能力开始出问题，和同学之间有了矛盾不是想办法解决，而是将“仇恨”记在心里，趁机给对方打“小报告”。这一点从人际关系的角度看的话，是一种非常不好的行为，不利于孩子人际关系处理能力的培养和提高。

虽然3–4年级的孩子心理和生理相对之前都已经有了很大的发展，但是在是非标准的判断上仍然不是很成熟，因此极易采用这种相对“不友好”的方式来解决问题，其实这不是解决问题，反而是在逃避问题，家长应该引起重视。

孩子打“小报告”多半是情绪化的一种行为，也是非常不理智、不明智的，无论是想“报复”和他有矛盾的孩子，还是想以此来引起老师或者家长的注意，都不值得鼓励。家长应该注意引导孩子勇敢面对问题，而不是放任孩子采取这种逃避和不友好的方式去解决。

陈伟是家里的独生子，父母也比较娇惯他，因此他有些任性。这种性格导致他在学校里时不时会和同学闹小矛盾，不过都是一些鸡毛蒜皮的小事，再加上小孩子的特殊心理，也并没有什么人际交往上的障碍，刚才还吵嘴，转身就又和好了。

但是自从上3年级之后，父母就发现儿子变了，他经常跟父母说班里谁谁不好，谁谁得罪他了，并且还会抛出一句：“哼，我要是逮住他们的尾巴，一定会告诉老师，让老师也批评他们，不仅给我自己‘报仇’，老师也会表扬我的。就算他没有犯错误，我也要打他的‘小报告’，给自己出口气。”陈伟的话让他的父母很是不解：儿子什么时候变得这么“阴险”了？同学之间闹点儿小矛盾很正常，不去勇敢面对，认真解决，而是用这种不友好的方式在背后“捅人”未免有些太过分。他们了解儿子的性格，虽然说自己也有教育不当的责任，但是孩子这样毕竟影响其正常的人际交往，搞不好对以后也会产生负面影响呢。

从这个例子中，我们可以看出以下几个问题：

放大镜

◎家长的娇惯，让孩子比较任性。

◎孩子因为任性故意打“小报告”。

◎孩子心理不成熟，导致其用打“小报告”来解决问题。

孩子爱打“小报告”，是心理不成熟的表现，也是一种错误解决问题的方式。对此，家长要试着多引导，多教育，让孩子勇敢面对问题，采用恰当的方式去解决问题。

那么，家长该怎么去教育爱打“小报告”的孩子呢？

告诉孩子，打“小报告”并不能解决问题，可能会使情况更加糟糕

3–4 年级的孩子打个“小报告”，无非就是和同学闹点儿小矛盾，对对方心生不满，但是又不知该怎么正确解决，从而采用这种错误的方式去“报复”对方。就像案例中的陈伟一样，看到老师批评自己的“仇人”，他心里会舒服很多，这是一种极其不健康的心理。对此，父母应该在平时多注意多关心孩子，但也别太

娇惯，遇到什么问题了鼓励其勇敢面对，认真解决。比如孩子和同学因为小事闹矛盾了，家长可以这么劝慰他：“你如果打对方的小报告，虽然你心里会好受一点儿，但是你有没有想过对方的感受呢？如果别人也打你的小报告，你会怎么样呢？再说了，这种方式并不能使你们和好，反而会使你们之间的关系更加糟糕，你因此失去一个朋友，值得吗？”家长这样解释的话，孩子就能明白，这种背后“捅人”的解决问题的方式反而会让问题更糟糕，从而选择放弃。然后家长再趁机引导其采用正确的方式，如交流沟通、道歉等，让孩子在人际交往中获得更多的快乐和成长。

退一步海阔天空，让孩子学会宽容

为了“报复”和自己闹矛盾的人，孩子打“小报告”，明显是一种小心眼儿的表现。对此，家长在平时应该引导孩子宽容、大度一些，别事事斤斤计较，要知道只有懂得宽容才能拥有更多朋友，收获更多友谊。告诉孩子，当他退一步原谅别人的时候，自己反而会在对方心里增加印象分，使对方主动与你和好。如果孩子真正理解了“退一步海阔天空”的含义，那么他就不会再因为一些鸡毛蒜皮的小事打对方的“小报告”了。

第八章

良好品质需培养
——3-4 年级，孩子道德教育的重塑期

3-4 年级的孩子心智发育相对 1-2 年级的时候已经成熟一些，但在思想上仍然不是很成熟，尤其在道德品质等方面，仍然需要家长进一步的引导。因此，家长要抓住 3-4 年级这段孩子道德教育的重塑期，通过各种积极、有效的教育方法和方式去对孩子进行引导和教育，让孩子在这段时期能真正成长为一个道德品质良好之人。

熏陶、示范、感化

——3-4 年级的孩子道德教育的“三重奏”

随着物质水平的提高，大多数的家长多少都有些娇惯孩子，这也是可以理解的。另外，在对孩子的教育上，也比较重视，虽然从上幼儿园的时候开始，孩子就被老师教育要做一个乖巧、懂事、有礼貌、有道德的好孩子，但是因为其心理发展等因素的制约，在这些方面，孩子做得其实并不是很好。因此，孩子上了小学，尤其是 3–4 年级之后，家长也不能放松对其这方面的教育。

3–4 年级的孩子已经开始懂事了，家长在教育和引导孩子的时候要注意结合其心理成长的特点选择教育的方式，不能觉得孩子做错了，就直接对其进行批评。要知道，3–4 年级的孩子已经有了叛逆心理，如果家长教育方式选不对的话，反而会使问题更糟糕。最好的教育、引导方法就是在平时的生活中对其进行熏陶、示范、感化，利用道德教育的“三重奏”让孩子变得乖巧、懂事。

宋雅的父母都是急性子，平时无论是工作，还是家里的事情，总是着急地赶着干完。用他们自己的话来说就是：“早点儿弄完早省心，还清净。”这种做事的风格在对女儿的教育问题上，也体现了出来。

因为宋雅性格比较活泼，再加上小孩子天生好奇、爱捣乱等特征，宋雅成了让父母非常头疼的一个孩子。例如，家里来客人了，她不主动打招呼；和比自己小的孩子闹矛盾了，也不知道让着对方；在公共场合随手丢垃圾、大声吵闹等，总之，在道德方面，宋雅做得不是很好。

为此，宋雅的父母没少批评女儿，怎奈现在上 4 年级的女儿特别“不好管”。例如前几天，宋雅因为对长辈没有礼貌，父母批评她并且让她道歉，谁知她态度很倔强，坚决不肯。妈妈一气之下就打了她一下，结果宋雅态度更加“恶劣”了。这让她的父母又气又无奈：“批评不听，打也不管用，真不知道该怎么教育她才好。”

这个例子反映了以下几个问题：

放大镜

◎家长的急脾气，让孩子不接受其正确的教育。

◎批评甚至打孩子，让孩子对家长的道德教育更加反感。

◎父母不知道怎么去对孩子进行道德教育。

道德教育是教育孩子中非常重要的一个方面，从小让孩子养成良好的道德品质，不管对其现在还是将来，都有非常积极的作用。但是批评、打、威胁等教育方法，并不适合道德教育，最好的方法还是熏陶、示范和感化。

那么，家长该如何去做呢？我们一起学习一下。

道德教育不能急于求成，要耐下心来

有些家长看到孩子在道德方面做得不好，立马就对其进行批评，以为这样孩子以后就会表现好了，其实不然。家长这种教育方式或许暂时起到一些作用，但是“治标不治本”，孩子内心深处并不能认识到自己的错误。对此，家长应该把对孩子的道德教育纳入到平时的生活中去，不管是发生在孩子身上的事情，还是发生在别人身上的事情；也不管是正面的还是负面的，家长都要随时随地结合相关事情对其进行教育。正面的事情，要让孩子学习；负面的，要让其引以为戒。需要注意的是，在对孩子进行教育的时候，要详细、耐心地给其解释哪些做得好，哪些做得不好，做得不好的原因又是什么，然后再告诉他怎么做是正确的。家长的态度缓和、语气诚恳，相信孩子也会觉得不好意思，从而接受父母的教育。

总之，对孩子的道德教育不能急于求成，要把其看作一个过程，让孩子在这个过程中慢慢接受熏陶，慢慢被感化，从而成长为一个道德“小标兵”。

家长以身作则，用榜样的力量对其进行熏陶、示范和感化

在对孩子的道德教育问题上，父母起着非常重要的作用，因为家长是和孩子接触最多的，在无意中自己的一言一行都会对孩子产生一定的影响。这就要求家长在平时以身作则，要求孩子做到的自己首先要做到，为孩子树立一个良好的榜样，通过榜样的力量对孩子进行熏陶、示范和感化。不管是对人还是对事，家长都要尽可能地从教育孩子、为孩子树立良好榜样的角度出发，使自己的言行都能对其起到正面、积极的促进作用，让孩子慢慢成长为一个道德高尚的人。

鼓励孩子敢于承认错误
——告诉孩子诚信是做人的根本

俗话说，人非圣贤，孰能无过。每个人都会犯错误，孩子也不例外。对于 3-4 年级的孩子来说，无论是在生活中，还是在学习中，常常会因为思想不成熟、考虑事情不周全而犯这样那样的错误。但是，这时期的他们已经有了自尊心，面对自己的错误以及老师或者家长的批评，他们会觉得难为情、没面子。在这种心理的作用下，他们会不敢直面自己的错误，甚至为了自己的自尊和面子问题而拒不认错。

不论是成人还是孩子，犯错误其实并不可怕，也不丢人，关键是敢于承认自己的错误，并且能立即改正。就像俗语说的那样：知错能改，善莫大焉。敢于承认错误，是诚信的表现，而诚信又是做人的根本。在日常生活中，诚信主要表现为诚实、不说谎，是一个人的品质和道德问题。在 3-4 年级这段时期，家长应该抓住重塑孩子良好品质的关键期，让孩子敢于承认错误，做一个诚信的好孩子。

苏南今年上小学 4 年级，在父母和老师眼里他一直是一个品学兼优的好孩子。苏南是所有亲戚朋友和邻居教育自家孩子的典范，他们教育孩子经常说的一句话就是：“你看看苏南，不仅学习好，平时表现也很乖，他才是真正的好孩子、好学生呢！”儿子这么优秀，苏南的父母自然非常骄傲，并且还经常教育儿子要表现得更好一些。

因为自己的特殊“身份”，苏南常常觉得有压力，不管说话、做事，他都特别小心，生怕一个差错毁了自己在他人心目中的形象。有一次苏南考试成绩不是很好，但是为了面子自己将考试成绩偷偷改了，然后才将成绩单拿给父母看。直到有一次开家长会的时候，苏南的妈妈在和老师沟通的过程中才知道，儿子这次考试的成绩并不是很理想，她这才意识到儿子对自己撒谎了。她万万没有想到，一向乖巧的儿子居然矢口否认。最后在她的严厉批评之下，苏南才承认自己撒谎了：“还不是为了让你们高兴啊！”面对儿子的回答，苏南的父母觉得事情比较严重了。

这个例子让我们认识到这样几个问题：

放大镜

◎家长和老师的“夸奖”，让孩子对诚信有压力。

◎因为面子问题，孩子不敢承认自己的错误。

◎孩子思想不成熟，不懂诚信是做人的根本。

孩子的良好品质是从小培养的，其中就包括诚信。俗话说，人无信不立，面对犯了错误不敢承认的孩子，家长应该试着去引导和鼓励，让其认识到诚信的重要性，从而敢于直面自己的错误。

那么，家长该怎么去教育孩子呢？我们一起学习一下下面的方法。

告诉孩子犯错不要紧，也不丢人，只要敢于承认就是好样的

3–4 年级的孩子犯了错误之所以不敢承认，有一个重要原因就是自尊心和面

子在作怪，就像例子中的苏南一样，因为从小习惯了他人对自己的良好印象，为了维护这种形象和面子，即使犯了错误也不敢承认。针对这一情况，家长就要和孩子认真沟通，告诉他犯错不是丢人的事情，只要敢于承认并且改正就是好样的。另外，家长还要告诉孩子，相对于爱撒谎的孩子，大家其实更喜欢诚信的孩子，因为诚信是做人的根本。即使他之前很优秀，但是如果不敢承认自己所犯的错误，做人不诚信的话，大家之前对他的喜欢也会变成讨厌。这样一来，孩子就会明白，只要自己诚信，犯了错误勇于承认，不但不会给自己的形象减分，反而会加分，从而不再逃避错误，做一个讲诚信的好孩子。

当孩子拒不认错的时候，不要批评，而是要对其保持“信任”

孩子因为害怕惩罚或者丢人，会在犯错的时候拒不认错。很多家长遇到这种情况时，往往会对其横加指责，甚至大吼大叫，“逼”其认错。其实，这样“逼供”反而会使孩子的叛逆心加重，也不敢认错，生怕认错之后受到更严厉的惩罚。所以，当孩子拒不认错的时候，家长先不要着急让其认错，也不要大吼大叫地批评，而是要采取“以退为进”的策略，对其保持“信任”。家长可以这样说：“既然你说你没做错，那我就相信你，因为我知道你是个从不说谎的孩子，并且也是一个诚信的孩子，犯了错误一定会勇敢承认的。”家长力挺孩子的态度，会让孩子感到心虚，为自己的行为感到惭愧，从而向家长主动承认错误。这时候，家长再趁机对其进行诚信教育，效果会好很多。

多让孩子做善事
——激发孩子的爱心

现在大多数的家长都尽可能地为孩子提供优越的生活条件，不让孩子吃一点儿苦，受一点儿累，从而养成了其衣来伸手饭来张口的习惯。他们凡事只想到自己，对他人没有爱心，更不懂得体贴和照顾别人。家长爱孩子是天经地义的，但是在爱孩子的同时，也应该对其进行品德教育，其中就包括培养孩子的爱心，让其从小就懂得关心和照顾他人。

有些家长可能会说，孩子现在还小，以后再教育也不迟，其实不然。要知道，3–4 年级的孩子已经懂事了，这期间正是重塑其良好品质的关键时期，家长也应该注意在这方面对其进行一定的引导和教育，让孩子从小就有一颗善良之心。对于 3–4 年级的孩子来说，他们的爱心是需要家长去激发的，最好的方法就是鼓励其多做善事，在做善事的过程中让其慢慢拥有一颗关爱他人、同情他人的善良之心。

丁洋是家里的独生子，再加上父母 30 多岁才有的他，因此他们从小就比较娇惯他，家里有什么好吃的、好玩的，总是让他先吃、先玩。在丁洋的父母看来，这是他们爱孩子的最好方式。因为习惯了父母对自己这种无微不至的爱和照顾，丁洋养成了以自我为中心的性格，并且觉得被父母照顾是天经地义的，没有一点儿爱心和同情心。

有一次妈妈带着丁洋逛街，在街上遇到一位年迈的乞讨老人。当这位老人向丁洋乞讨的时候，他非常不耐烦地推开对方的手，说：“你脏死了，别碰我的新衣服。”一副厌恶的样子。丁洋对待这位老人的态度，让他的妈妈大吃一惊。她怎么也没想到，已经上 4 年级的儿子会对一位无依无靠的乞讨老人这么冷漠、绝情，不帮助也就算了，居然还是那样的态度。丁洋的妈妈第一次认识到，儿子是一个没有善心的孩子。当然了，这与自己平时娇惯他是有一定关系的。现在该如何去激发孩子的善心呢？丁洋的妈妈思考着。

从丁洋的例子中，我们可以看出这样几个问题：

放大镜

◎孩子从小太受娇惯，没有善心。

◎孩子习惯了父母照顾自己，不懂得照顾他人，更别谈有爱心了。

◎家长对于如何激发孩子的善心感到茫然。

孩子的良好品质是需要培养的，让 3-4 年级的孩子拥有一颗善良之心，也是很多家长所希望的。善心对于孩子来讲，不仅仅是拥有良好品格的表现，更对其将来的成长和人际关系有积极的促进作用。

那么，家长该如何去激发孩子的爱心呢？可以从以下方面做起。

和孩子一起做善事，激发孩子的爱心

做善事是激发孩子爱心的最好方式，因为在做善事的过程中，孩子的爱心会一点点显露出来，并且能感受到帮助他人的快乐和满足。因此，在平时的生活中，家长不妨陪孩子一起去做善事，例如周末的时候一起去敬老院做志愿者，帮助那些年迈的老人；看到街上可怜的乞讨者，家长要引导孩子主动奉献爱心；遇到需要帮助的人，让孩子挺身而出；等等。在做这些善事的过程中，家长不光要陪孩子一起做，而且要充当起教育者和引导者的角色，给孩子讲讲帮助他们的意义，让孩子明白自己所做的这些事情都是有意义的事。通过和孩子一起做善事，让孩子在感受到助人为乐的同时，也激发其更多的爱心，在以后的日子里帮助更多需要帮助的人，为其以后的成长以及良好品格的培养打下良好的基础。

身教胜于言传，为孩子树立榜样

在平时，孩子和父母接触的时间相对较多，父母的一言一行都会对其产生或多或少的影响。从这个意义上说，父母就是给孩子传递爱心的使者。因此，在平时的生活中，父母首先要做一个有爱心的家长。无论是家庭成员，还是街坊邻居，乃至是素不相识之人，如果遇到困难了我们都要献上自己的一份爱心，尽可能地帮助他们走出困境。这样，父母的行为就会在潜移默化中影响孩子对人对事的态度，同时也会激发其隐藏的善良之心。

当然了，家长还可以随时随地对孩子进行教育。不管是自己经历的还是看到的，只要是有助于激发孩子爱心的，家长都要抓住机会，对其进行教育，让孩子在家长不断的熏陶和教育中，真正成为一个有爱心的好孩子。

让孩子学会付出爱

——培养孩子感恩和爱人的能力

拥有感恩之心、懂得付出爱的孩子，不仅懂得回报，也会让其在感恩他人的同时得到更多的幸福感。对于 3–4 年级的孩子来说，他们的心理发展已经足以拥有这种品格，因此，让其学习付出爱，拥有感恩和爱人的能力，是培养其良好品质的一门“必修课”。

然而在现实生活中，很多孩子只知道享受父母和他人的爱，却从来不懂得向他人付出自己的爱，更不懂得感恩。对于这样的孩子，家长如果不及时对其进行感恩教育的话，其必定会成长为一个自私、不为他人着想之人，对其将来的生活和发展也会产生非常不利的影响。

虽然 3–4 年级的孩子已经开始懂事，但是在培养其感恩之心的过程中，仍然离不开家长的引导和教育。因此，家长应该把对孩子的这种教育纳入到平时的具体生活中，通过悉心引导，让孩子将自己的感恩之心化成一种充满爱的行动，使其真正成为一个懂得付出自己的爱、懂得感恩他人的好孩子。

已经上 3 年级的牛亮在家里俨然一派“小皇帝”的作风：饿了，父母得立马给拿来好吃的；渴了，父母得给端来他喜欢的饮料……总之，在家里，父母就是牛亮的“奴隶”，全家都拿他当宝贝一样宠着，凡是牛亮要求的，父母都会尽量去满足。这样娇惯的结果就是牛亮在家里非常“理所当然”地享受父母的照顾，从来不想着感恩父母。

例如，昨天晚上牛亮的妈妈下班回家，买了蔬菜之外，还买了一些苹果、桃子等水果。当她气喘吁吁地拎着一大袋子的东西回到家时，牛亮的第一反应不是赶紧帮妈妈拿东西，而是大声喊道："快给我拿一个苹果，我最喜欢吃苹果了。"而后他挑了一个最大、最红的就自顾自地吃了起来，全然不顾坐在沙发上喘气的妈妈。望着儿子大口大口地吃苹果，牛亮的妈妈叹了一口气：孩子眼里根本没有自己这个为他操劳的妈妈，别说苹果了，连杯水都不知道给自己倒。想到这里，牛亮的妈妈心里很不是滋味。

这个例子反映了以下几个问题：

放大镜

◎孩子太受呵护，只想到自己，想不到别人。

◎因为太娇惯，孩子不懂得感恩和付出自己的爱。

◎家长对孩子缺乏感恩教育，导致其没有感恩之心。

让孩子对父母的养育和照顾、对老师的辛勤教育、对他人的无私帮助等常怀感恩之心，是教育孩子的一项必不可少的任务。在平时的生活中，家长要培养孩子感恩和爱人的能力，首先就必须让其学会向他人付出自己的爱。

那么，该如何去让孩子付出自己的爱，学会感恩他人呢？

必要的时候，家长要向孩子"索"爱

法国著名启蒙思想家卢梭说："没有感恩就没有真正的美德。"对于3–4年级的孩子来说，因为思想的不成熟，再加上父母平时的娇宠，很容易使其不懂得付出自己的爱，只会向父母索取他想得到的。针对这种情况，家长在平时除了不要特别娇惯孩子之外，也要在必要的时候主动向孩子“索”爱。比如上述案例中牛亮的妈妈，当孩子对自己的劳累熟视无睹的时候，她完全可以这么说：“宝贝儿，你看妈妈上一天班已经很累了，又买了这么多东西回来，还买了你最喜欢吃的苹果。妈妈这么爱你，你是不是也应该对妈妈付出一点儿爱心呢？帮我倒杯水好吗？”如果家长这么提醒孩子的话，他就会明白妈妈这是在向自己“索”爱，相信他也会放下手中的苹果去给家长倒水。时间长了，孩子就会明白，父母照顾自己很辛苦，自己也应该主动去回报和感恩他们。

通过劳动，让孩子体会父母的辛苦，从而学会感恩

孩子不懂得付出自己的爱，除了因为家长的娇惯和溺爱之外，还有一个重要原因就是没有体验过照顾他人的辛苦。为了唤醒孩子的感恩意识，家长可以在平时的生活中，让孩子学着帮助自己做一些事情，例如去菜市场买菜，做一些家务，洗洗衣服，等等。不要觉得孩子还小，要知道3-4年级的孩子完全可以“驾驭”这些事情。通过劳动，孩子就会从中体验到父母的辛苦，也能明白父母平时照顾自己的不易，从而激发对父母的感恩之心，唤醒其感恩意识。在以后的生活中，他们有什么好吃的、好玩的也不会只想着自己，而是会首先想到父母。

尊师、敬老、爱幼
——在日常生活中要培养孩子的传统美德

尊师、敬老、爱幼是中华民族的传统美德，也是培养孩子良好品质必不可少的一个方面。“老吾老以及人之老，幼有无幼以及人之幼”这是古人尊老爱幼的心声，在对3–4年级的孩子进行道德教育重塑的时候，尊师、敬老、爱幼也是其中非常重要的一项。一个人，只有具备尊师、敬老、爱幼的美德，才能算是一个有爱心之人，也才能在爱自己的同时也学会爱别人。因此，家长在对孩子进行品质教育的时候，也要注意对孩子进行这方面的引导和教育。

知道尊师、敬老、爱幼的道理是一回事，实际践行又是另外一回事。3–4年级的孩子在思想品德课上早已学过这个道理，但是在具体的生活中，他们可能做得并不是很好。尤其是现在的孩子大都是独生子女，在家里被父母、祖父母无微不至地照顾，甚至娇惯，俨然是家里的“小皇帝”“小公主”，因此尊师、敬老、爱幼对其而言，只不过是嘴上经常喊的“口号”而已，根本不能真正“落实”。对此，就需要家长将尊师、敬老、爱幼在日常生活中真正“执行”起来，以让其真正具备这种传统美德。

孟飞是家里的独生子，自然也是父母、祖父母手心里的宝儿。因为家人的娇惯，让孟飞在家里一派十足的“小皇帝”作风：随意对父母呼来喝去，对祖父母也经常指手画脚。例如，他让正在忙着做家务的妈妈去买果汁，妈妈说等一会儿，他就会不依不饶地大哭大闹，甚至对妈妈“出言不逊”，一点儿也不尊重。对于孟飞的这种情况，他父母说得最多的一句话就是："孩子还小嘛，反正又都是自己人，无所谓。"

家人的一味迁就并没有让孟飞随着年龄的增长而"懂事"，而是越来越不懂事了，今年都已经上小学 4 年级的孟飞在家里不尊敬长辈不说，在外边也不懂得爱护幼小、尊敬师长：因为一件小玩具，他会动手打比他小好几岁的小朋友；在学校里也不知道尊敬老师，见了自己的任课老师就装作没看见，连招呼也不打；见了认识的叔叔阿姨、爷爷奶奶也不理不睬……看着儿子一天天长大，平时把"尊师、敬老、爱幼"的口号喊得挺响，却落实不到实际行动上，孟飞的父母开始着急了。

这个例子反映了以下几个问题：

放大镜

◎孩子太娇惯，不懂得尊师、敬老、爱幼。

◎因为太娇惯，孩子的道德品质教育跟不上。

◎家长的"纵容"，让孩子变得任性，凡事以自己为中心。

教孩子懂得尊师、敬老、爱幼，是对孩子进行道德教育和品质教育的一个重要方面。面对只会喊"口号"而在实际行动中比较"欠缺"的孩子，家长应该在日常生活中对其进行教育，让孩子能真正践行这种传统美德。

那么，家长该如何去引导自己的孩子呢？一起学习一下以下方法：

以身作则，给孩子做出好的示范

家长是孩子的第一任启蒙老师，也是孩子最易模仿的对象，家长的一言一行、一举一动都会对其产生一定的影响。因此，在对孩子进行传统美德的教育上，家长首先应该做出正确的示范，以身作则，为孩子树立学习的好榜样。这就要求家长在平时对待老人要尊敬；与孩子的老师进行沟通和交流的时候，要注意讲话的方式和语气，表现出敬重的样子；对待小孩子更要富有爱心。

另外，在对孩子进行“身教”的同时，也不要忘了“言教”。家长要告诉孩子：“老人之前为子女付出了很多，现在他们老了，身体和精神都没有以前那么好，作为晚辈就要好好孝敬他们；老师是天底下最无私的人，他们恨不得把自己所有的知识都传授给学生，因此也值得去尊敬和爱戴；而小孩，他们现在还小，不是很懂事，受到其他人的爱护也是应该的。”通过家长的言传身教，让孩子真正将尊师、敬老、爱幼这一传统美德落实到实际行动上。

给孩子讲一些尊师、敬老、爱幼的故事，并鼓励其在实际生活中“践行”

3-4 年级的孩子已经可以通过阅读、听他人讲述等方式受到一些启发。因此，家长不妨在平时的生活中给孩子多讲一些尊师、敬老、爱幼的故事，如“程门立雪”“缇萦救父”“孔融让梨”等，让孩子从听故事中获得启示。另外，家长在给孩子讲这些故事的同时，可以让其说说自己的感受和想法，然后鼓励其在实际生活中也向故事中的人物学习，把尊师、敬老、爱幼的美德真正“践行”起来。通过家长的教育以及在日常生活中的引导，相信孩子一定会继承中华民族的传统美德，成为一个尊师、敬老、爱幼的好孩子。

榜样的力量是无穷的

——选择合适的崇拜偶像

欧洲有句著名的格言是这样说的："命令只能指挥人，榜样却能吸引人。"这句格言点出了榜样的作用，也让人们联想到另一句话："榜样的力量是无穷的。"对于 3-4 年级的孩子来说，他们已经到了崇拜某一个人的年龄，例如在看电影、电视的过程中，对剧中的某一个角色崇拜、痴迷，甚至会进行刻意模仿——这便足以说明，孩子崇拜的偶像会对其产生非常深刻的影响。所以，家长在对孩子进行道德和品格教育的同时，不妨利用 3-4 年级孩子的这一心理特点，引导其选择合适的崇拜偶像，通过榜样的作用与力量，让孩子向着积极、健康的方向发展，为其良好品质的培养奠定一定的基础。

榜样的范围很广，不只是剧中人物，平时生活中一些熟悉的人一样可以成为孩子崇拜的偶像。相比于影视剧中的人物榜样，现实生活中的榜样更真实、更具感染力，因为其可望又可即，能让孩子产生更强烈的学习动机和愿望，效果也会非常好。

王珂今年上小学 3 年级，喜欢看电影、电视，对影视剧中的一些"英雄"更是无比崇拜，如《小李飞刀》中的李寻欢、《天龙八部》中的乔峰等。在王珂的眼里，这些英雄们不仅有着高超的武艺，气质更是非凡，因此在平时也经常刻意模仿他们的一些动作和习惯。刚开始的时候，王珂的父母对孩子迷恋这些"英雄"，甚至把他们当成崇拜的偶像，并没有觉得有什么不妥，只想着孩子觉得开心、好玩就行。

直到前几天王珂和同学闹别扭，父母才发现了问题。原来王珂因为一点儿小事和同班同学吵架，还动起了手。结果王珂顺手从衣兜里拿出一把小刀，差点儿将对方划伤。当老师批评他问他为什么这么做的时候，王珂给出的答案是：“这是小李飞刀在现实生活中的应用，李寻欢是我的偶像，他就是随身携带刀的。”王珂的父母得知此事后，这才意识到“偶像”对孩子的影响竟然如此深刻，同时也很后悔没有帮助其选择合适的崇拜偶像。

从上述这个例子中，我们可以看出以下几个问题：

放大镜

◎孩子心理不成熟，并不会选择合适的崇拜偶像。

◎家长的忽视，让孩子没有利用好“偶像”这把“双刃剑”。

◎家长没有及时帮助孩子选择合适的崇拜偶像。

偶像是一把双刃剑，因此，在现实生活中，家长应该正确引导，尽可能地从现实生活中为孩子选择正面的、积极的崇拜偶像，为其良好品质的塑造“添砖加瓦”。

那么，家长该如何为孩子选择合适的崇拜偶像呢？我们一起学习一下。

从现实生活中找，引导孩子多发现他人的优点

说起“偶像”这个词，大多数的家长首先想到的就是那些娱乐影视明星和体育明星，虽然这些“偶像”身上有值得孩子学习的地方，但是对于3–4年级

的孩子来说，他们分辨是非的能力较弱，影视、体育明星并不适合做他们的“偶像”。家长不妨在平时的生活中，引导孩子多从现实生活中找一些值得自己崇拜和学习的“偶像”，不管是同学还是其他认识的人，多让孩子发现他们身上的优点。家长可以这么跟孩子解释：“凡是身上有值得他人学习的优点的人，都可以成为你崇拜的偶像。并且这样的偶像更真实、更有意义，你可以通过和他多接触、多沟通、多交流去获取经验，从而使你自己也具备这样的优点。”这样一来，就可以把孩子的目光和注意力转移到现实生活中来，在选择自己崇拜的偶像的同时，也能学到一些真正有意义、有价值的东西。

引导孩子把对偶像的崇拜化为进步的动力

孩子崇拜某一个偶像，其实是对这个偶像的认可，同时在潜意识里也会向其学习。这就要求家长在为孩子选择了合适的崇拜偶像之后，还要注意引导其把对偶像的崇拜化为进步的动力，让孩子通过向偶像学习，真正成熟起来。当然，家长最好是选择那些品格优秀的人，作为孩子崇拜的偶像，因为这对孩子道德的教育会起到非常积极的促进作用。另外，家长还要注意一点，凡是那些不影响孩子健康成长，不会对其产生负面影响的榜样或者偶像，家长不要随意去否定，以免让孩子产生叛逆心理，和家长“对着干”。

第九章

孩子的情绪容易激起和爆发
——培养孩子良好的情绪控制能力

3-4 年级这段时期，是孩子的心理、生理、思想都发展比较快的时期，再加上其对事物的认知能力的发展，情绪情感也比较丰富。这便使得他们在遇到问题时，情绪容易激起和爆发。因此，在这段时期，家长要特别注意对孩子不良的情绪进行疏导，努力培养其积极的情绪以及良好的自我控制能力，以提高孩子的情商。

“唉！”
——开始有心事的“小大人”

很多3–4年级孩子的家长可能会有这种感觉：不知道从什么时候开始，孩子好像变了一个人似的，放学回家之后不再无忧无虑地抢着跟你争电视看；也不再像之前一样你做饭他在一旁叽叽喳喳说个不停。而是独自待在房间或者坐在沙发上，一副心事重重的模样，有时你跟他说话他都没反应，一心沉溺在自己的思想世界中。偶尔搭理你一句，也是心不在焉的，情绪看起来非常低落。

面对孩子的这种变化，很多家长都觉得莫名其妙，因为之前他根本不是这个样子。现在上了3–4年级，孩子的情绪变化怎么会如此之大呢？有时候本来高高兴兴的，因为一句话或者一点小事，孩子立马就“翻脸”了，情绪高涨的他马上会变得非常低落，并且还时常伴着一声叹息：“唉！”——孩子成了开始有心事的“小大人”了，因此情绪变化无常。其实这种变化对3–4年级的孩子来说是很正常的，这时的他们虽然独立思考的能力还不是很强，思想也不是很成熟，但是心智发育导致他们会有自己的“心事”，家长应该理性看待孩子的这种情况。

杨光从小性格就比较开朗，对任何事都是一副无所谓的态度，在他的字典里从来没有“心事”“烦恼”等这些带有消极情绪的字眼儿。不管遇到多么让人头疼的事情，杨光最常说的一句话都是：“没什么大不了的。”对于儿子这种积极乐观的生活态度，杨光的父母也很高兴。

但是自从杨光上了4年级之后，父母就发现儿子好像变了，首先他不像以前那么积极了，在家里不仅沉默了很多，并且情绪也很不稳定，刚刚还挺好的，马上就因为父母的一句玩笑或者忽然想起什么而变得“忧郁”，似乎有心事了。当父母问他有什么心事的时候，杨光总是叹一口气：“唉！”具体什么事情他也不怎么和父母说，只是“暗自伤神”。面对现在开始有心事的“小大人”，杨光的父母有些担忧：“儿子有心事，情绪也不稳定，这对其学习和生活都会造成一定的负面影响，该如何去引导他呢？”

这个例子让我们看到了以下几个问题：

放大镜

◎随着心智发育的成熟，3–4 年级的孩子开始有心事了。

◎因为思想不成熟，孩子有了心事也不愿意和大人说。

◎因为有心事，孩子的情绪起伏比较大。

3–4 年级的孩子有心事，这是其独立意识增强的表现，也是心理发展的必然结果。无论是在学习上、生活上，还是在与人交往上，这一时期的他们都极易有心事，并且由此导致情绪变化无常。对于孩子的这一变化，家长要多予以关心和沟通，让孩子学会以积极的方式去排解和控制自己的不良情绪。

那么，家长该如何去引导开始有心事的“小大人”呢？一起来学习下面的方法吧。

接受孩子的成长，多跟孩子交流、沟通

对于孩子情绪变化无常、心事重重、经常唉声叹气等表现，家长不要用成人

的眼光去批评和嘲讽："你一个小孩子家，能有什么烦心事啊！"而是要站在客观的角度，认识到这是孩子成长和身心发展的特殊表现之一。在这段时期，家长应该尽可能地多抽出时间陪陪孩子，和其多进行一些沟通、交流，用平和的语气引导孩子说出自己的烦心事，并且耐心倾听。对于需要情绪疏导和帮助的孩子，家长要伸出自己的"援助之手"，帮助其分析、解决，让孩子的烦心事早点儿"走开"。

在这个时期，孩子的心事无非就是担心成绩不好、和同学之间有小矛盾等一些在成人看来很"鸡毛蒜皮"的小事，但是即使如此，家长也不能予以忽视，而是要试着去打开孩子的心扉，让孩子将这些影响自己积极情绪的烦心事一股脑儿"倒出来"，从而恢复之前的开朗、乐观。

转移孩子的注意力，让孩子将那些烦心事暂时"抛却"

当孩子因为烦心事而坐立不安、情绪不佳的时候，父母要尝试转移其注意力。要知道，孩子和大人一样，当其不断想一件事的时候，越想越烦，越烦越想不通，从而情绪低落。遇到这种情况，家长不妨带孩子去公园赏赏花，去动物园与小动物来个"亲密接触"，和孩子去郊外走一走，看一看……通过各种好玩、有趣的方式转移孩子的注意力，让其暂时将那些烦心事"抛之脑后"。让他们在玩耍、娱乐、活动的过程当中，恢复原来的积极和乐观。告诉孩子，等到心情好的时候，再去想那些让自己"郁闷"的烦心事时，可能会"柳暗花明又一村"，由之前的"百思不得其解"变为"豁然开朗"。这样一来，孩子的心事"消除"了，情绪自然也就积极起来了。

经常挥舞小拳头
——孩子还无法正确疏导情绪

3-4 年级这段时间，正是孩子身心发展比较快的时期。相比于 1-2 年级的时候，他们在心理和生理上都有了很大的变化，对学习和生活等一些方面有了更深的认知。但是另外一方面，这段时期也是孩子情绪波动比较大的一段时期，这主要是因为他们的思想还不是很成熟，看待问题和解决问题的能力还有所欠缺，尤其是在与人交往中，遇到一些问题，反应比较激烈，也容易动怒——这一切足以说明，3-4 年级的孩子还无法正确疏导自己的情绪。

另外，现在的孩子大多数是独生子女，在家里比较受家人的娇惯，从而养成了他们以自我为中心的性格，不懂得礼让和谦让，习惯了所有人都围着他转、为他服务。因此，当其要求得不到满足或者遇到让自己不开心的事情时，他们时常会挥舞着自己的小拳头，以此来表达自己的不满和抗议。对于孩子的这种行为，家长要引起重视，帮助其疏导这种不良情绪。

海鹏是家里的独生子，全家人对这个宝贝都比较娇宠。他虽然在家里还称不上是“小霸王”，但是也比较任性。基本上他要求什么，家人都尽可能地去满足，这使得他从小就习惯了对他人“呼来喝去”，稍有不顺心便生气、闹腾，但家人对此并不觉得有什么，认为无非就是孩子还小，等其长大一点儿自然就懂事了。

现在海鹏都上小学 3 年级了，但是好像并没有“懂事”，反而脾气比以前更加糟糕了。之前上 1-2 年级的时候，即使有什么不顺心的耍脾气，家长哄哄也就没事了。但是现在不同了，因为一点点的小事，或者一句话的问题，海鹏一秒变脸，生气地挥舞着自己的小拳头，一副要和对方“开仗”的模样。任凭家长再劝说，他的情绪就是这么“激动”，好像根本控制不住自己似的。看着儿子的脾气现在变得这么古怪，海鹏的父母也非常担忧：“孩子动不动就挥舞着自己的拳头，时间长了，难免会与对方发生肢体冲突。”该如何去疏导孩子的这种遇事易“激动”的情绪呢？海鹏的父母思考着。

海鹏的例子可以让我们认识到以下几个问题：

放大镜

◎家长娇惯，让孩子养成了易怒的性格。

◎思想不成熟，让孩子不懂得控制和疏导自己的情绪。

◎家长对如何疏导孩子容易“激动”的情绪有些茫然。

孩子小小年纪情绪就容易被激起和爆发，不仅不利于孩子良好性格的培养，也易让其陷入消极情绪的“旋涡”，无论是对学习、生活，还是与人交往，都会产生消极的作用。因此，作为家长应该对动不动就挥舞着小拳头的孩子进行情绪疏导，让其学会自我控制、调节这种易怒的情绪。至于家长该如何去做，我们一起来学习一下下面的方法。

别太娇惯孩子，让其学会控制自己的情绪

孩子性格脾气暴躁、易动怒，很重要的一个原因就是家长平时太娇惯，对孩子不合理的要求不予以纠正而是尽量满足，这在一定程度上助长了孩子暴躁情绪

的“火焰”。就像上述案例中海鹏的家人一样，因为娇惯，再加上孩子本身自控能力就差，一遇到问题就动怒、挥舞拳头，对孩子的身心健康很不好。因此，家长千万不要抱着“现在娇惯无所谓，孩子大了自然就懂事”的想法去纵容孩子，而是要从小对其进行教育，告诉孩子生气动怒不但解决不了问题，反而会让自己的思绪变得更为混乱、更理不清，导致问题更加难以解决。不仅要这么说，家长还要这么做，越是孩子动怒的时候，越不能纵容，而是要狠下心来“冷眼旁观”。当孩子发现自己生气、动怒并不能达到自己的目的时，态度自然就会软下来，从而学会尽量控制自己的情绪，慢慢改掉暴躁的坏脾气。

当孩子生气动怒的时候，引导其做深呼吸

成人常常有这种习惯，当心情紧张或者情绪波动比较大的时候，马上做几次深呼吸，心里就会轻松、舒畅很多，所以很多人都习惯用这个方法来进行情绪的自我控制和调节。对于3–4年级的孩子来说，这个方法同样适用。因此，家长不妨将此方法教给孩子，让他们在情绪激烈的时候，立即告诉自己：“深呼吸，呼气……吸气……”通过这个简单的动作，让孩子激烈的情绪慢慢平复下来。这个方法不仅对疏导孩子的不良情绪有很好的作用和效果，同时也有利于其良好性格的培养。

“我是最优秀的，比你强多了！”
——孩子盲目自信甚至自负

相信每位家长都希望自己的孩子聪明、健康、充满自信地成长，自信不仅对成人来说是非常重要的一种品格，对孩子也一样非常重要。一个对学习、对生活充满自信的孩子，一定是一个性格开朗、乐观，有着积极生活态度的孩子。这不仅能使其快乐地成长，对其将来的发展也会起到积极的促进作用。

虽然孩子拥有自信心不是一件坏事，但是如果这种自信是盲目的，家长就不能再只顾着高兴了，而是应该引起重视。尤其是对 3–4 年级孩子的盲目自信，更是要及时加以引导和教育。因为这时候的他们是非判断能力还不是很强，再加上这段时期渴望被他人羡慕、关注，因此当取得一点点成绩和进步时，难免会盲目自信、骄傲，在同龄孩子面前自夸：“我是最优秀的，比你强多了！”

盲目自信甚至自负，极易使孩子满足现状，沉溺在当前取得的“成就”中停步不前，甚至会因为这种消极的态度而后退，不利于其学习和生活。因此，家长要对孩子的这种行为予以重视。

刘静从小就是个头脑灵活、非常聪明的孩子，再加上父母都是高级知识分子，对她的教育也比较用心，因此刘静的成绩在班上一直都名列前茅。从小学 1 年级开始，她的奖状就拿到了手软。女儿学习优秀，刘静的父母当然也感到很欣慰。每当刘静考试取得好成绩的时候，父母都会夸奖她：“宝儿你真棒，简直太优秀了！”在刘静的父母看来，孩子是需要赞美和鼓励的，并且他们一直坚持这种教育方式。因为自己的优势再加上父母的赏识，刘静在学习上一直都是个非常自信而乐观的孩子。

但是自从女儿上了4年级之后，父母发现她的自信好像有些“过头”了。比如前几天刘静跟邻居家的女孩一起写作业，当得知对方的考试成绩之后，她非常骄傲地说：“你怎么就考了那么点儿分呀？要是我的话，肯定是第一名，你也太笨了！”刘静的话让在一旁的妈妈非常惊讶，他们以前只知道孩子自信，但是现在听她的话，这不光是自信了，都已经成自负了！这样下去，对孩子的学习和成长必然会非常不利。想到这里，刘静的妈妈非常紧张。

从以上例子中，我们可以看出以下几个问题：

放大镜

◎先天的“优势”，让孩子充满自信。

◎因为过于自信，孩子开始自负。

◎大人的过分“赏识”，让孩子盲目自信。

自信是好事，但是盲目自信则会阻碍孩子的正常学习和生活。另外，当盲目自信成为一种自负时，会让孩子认不清真实的自己，容易沾沾自喜，骄傲自满，不但不会取得更大的进步，反而极有可能退步。因此，家长要对盲目自信的孩子进行教育。

那么，面对孩子这种盲目自信的情绪该怎么去引导呢？不妨试试下面的方法。

夸赞赏识孩子的同时，别忘了指出其不足之处

当孩子取得进步或者表现出色的时候，很多家长会像案例中刘静的父母一样对孩子尽情夸奖。虽然现在提倡赏识教育，但是这些家长在践行赏识教育的同时，忽略了另外一个问题，那就是只夸奖不批评极易使孩子盲目自信，就像刘静那样。因此，当家长对孩子进行夸奖、表扬的同时，别忘了指出孩子的不足，让其明白自己并非是“十全十美”的，在取得优异成绩和进步的同时，仍然需要去努力。

例如，当孩子考试取得好成绩的时候，家长可以这么说：“虽然你这次成绩很不错，这是值得夸奖的地方，但是同时你也要记住，这次的好成绩并不能代表下次也一定就能取得好成绩。你语文成绩虽然不错，但是数学还需要继续努力，不能在心理上有丝毫的满足和放松。”家长这样说的话，孩子一方面会因为家长的夸奖更加自信，另一方面也会因为家长的提醒而发现自己的不足，从而虚心接受，努力让自己做得更好，有效防止了其盲目自信情绪的产生。

告诉孩子“人外有人”，不能满足于现状

孩子盲目自信是心智、思想不成熟的表现，当孩子有这种“苗头”的时候，家长应该立即引起重视，正确引导。最好的办法就是让其明白“人外有人”的道理，要告诉孩子，虽然他取得了一定的成绩，但是要知道比他更厉害、更优秀的人还有很多，不能满足于“现状”，而是应该戒骄戒躁，更加努力、积极地发挥自己的聪明才智，争取不断进步。假如孩子懂得自己只是比周围的同龄人优秀一些，和更大范围的同龄人相比，自己可能就很普通、很一般了，那么，他对自己也会有一个正确、客观的认识，从而避免了盲目自信情况的产生。

“我怎么这么胖呢？”
——孩子会因某些方面受到歧视而自卑

随着年龄的增长以及心智发育的逐渐成熟，上了3–4年级之后，孩子有了自己的“社交”圈子，会在意他人对自己的印象或者看法。同时，因为渴望被他人夸赞、注意，在这个时期，孩子会经常拿自己和周围的同龄人比较，生怕自己在某些方面比别人差而受到他人的嘲笑。可以说，这一时期的孩子自尊心特别强，他人不经意的一句话，都有可能让其心生波澜，对其造成一定的伤害。尤其是女孩子，已经到了在意自己外表的时候，这时候如果她们自身在某些方面有“缺陷”的话，常常会产生自卑心理。

“我怎么这么胖呢？”“我个子怎么这么矮呢？”……孩子会因为外表在同伴面前觉得难为情，以至于产生自卑心理，不愿意和人交往、接触，严重者还会患上自闭症。对于这种情况，家长应该引起重视，耐心对其进行引导，让其学会客观看待自身的这些问题，从心理上克服自卑感。

王乐从小就是个胖小孩，这与其自身的体质和遗传因素有一定关系。再加上现在生活水平比较高，他平时在饮食上也不是太注意，王乐便成了周围人眼中的“小胖子”。小时候胖乎乎的王乐特别招人喜欢，谁看见他都会忍不住捏捏他的小脸，说：“这孩子长得真可爱！”看见叔叔阿姨都这么喜欢自己，王乐也很高兴，从来没有觉得自己长得胖有什么不好。这种情况一直到他上小学3年级后，才开始发生改变。

“妈妈，我怎么这么胖呢？我讨厌自己！”有一天放学回家王乐对自己的妈妈抱怨说，“我不想长这么胖。”看到儿子一脸的难过，王乐的妈妈非常惊讶。经过详细询问她才明白，原来儿子是班上最胖的一个小孩儿。一些调皮的同学就嘲笑他是“重量级”。3 年级的孩子已经有了自尊心，当着那么多同学的面被人嘲笑是“胖子”，王乐觉得很没面子，因此非常自卑。

看到最近这段时间儿子因为体型胖而变得郁郁寡欢，甚至都不愿意去上学，王乐的父母非常着急。他们不知道该怎么向儿子解释，让他克服这种自卑心理。

王乐的例子反映出以下几个问题：

放大镜

◎心智发育成熟，孩子因他人的“议论”而变得敏感。

◎因为敏感，孩子会因自身的“缺陷”而自卑。

◎家长对于因某些方面受到歧视而自卑的孩子，不知道如何去引导。

3–4 年级的孩子正是敏感、自尊心比较强的时候，在这期间，他人的任何一句评价都会让其耿耿于怀。当孩子因为某些方面受到歧视而自卑的时候，家长要及时引导和帮助，让孩子走出自卑的阴影。

那么，家长该怎么去疏导孩子的这种自卑心理呢？我们一起来学习一下。

告诉孩子“人无完人”，每个人都会有缺点

当孩子因为自身的“缺陷”被他人歧视而产生自卑心理的时候，家长要耐心和其交流沟通，在给他安慰的同时，也要让孩子明白，世界上没有十全十美的人，

每个人都会有这样或者那样的缺点，这是很正常的。不过通过在其他方面多努力，是可以弥补这些缺点的。

对于上文例子中王乐嫌自己胖这件事情，其妈妈就可以这么跟儿子解释："胖只是你的外表，他们看到的只是你外表上不算缺点的缺点，这对一个人来说并不是最重要的。你应该试着让自己在其他方面出色一些，如努力学习提高自己的学习成绩，做一个心地善良、乐于助人的孩子，等等，这些内在的美才是最重要的。并且，当你把自己这种内在的美呈现在大家面前的时候，他们一定不会再嘲笑你，而是喜欢你、羡慕你。"让孩子将对自己外表的注意力转移到其他方面，从而慢慢消除这种自卑心理。

培养孩子开朗、乐观的性格

一般来说，性格开朗、乐观的孩子抗压能力也比较强，即使遇到一些让自己觉得难为情或者伤自尊的事情，他们也会马上调整心态，乐观去看待，及时从消极情绪中走出来。鉴于这种情况，家长除了多关心孩子之外，也要注意对其积极、乐观、开朗性格的培养。告诉孩子，当遇到不公正的待遇时，不要太在意，而是要学着看开一点儿，告诉自己"笑一笑，没什么大不了"，对于他人的评价不要过于在意。要知道，活出真实的自己才是最重要的。这样，当孩子再因为某些方面受到歧视的时候，就不会再像之前那么在意了，而是会一笑而过。

"这孩子怎么这么皮呀！"
——孩子受到批评也不生气

随着年龄的增长以及心智发育的成熟，大多数的孩子都会变得敏感、自尊心强，从而也会注意自己的一言一行，生怕给他人留下坏印象。但是，也不乏一些相对比较淘气的孩子。这些孩子脸皮要厚一些，对自己给他人留下怎样的印象总是抱着一副"无所谓"的态度，永远都是"我行我素"。即使受到家长的批评，他们也不在乎，依然嬉皮笑脸，该怎样还是怎样。这使得一些家长常常发出这样的感慨："都已经是3–4年级的大孩子了，怎么还这么皮呀！"

孩子皮不皮与其天生的性格是有一定关系的，这些受到批评也不生气的孩子大多都是性格过于开朗的孩子，也比较淘气。虽然孩子性格开朗是一件好事，但是对于过于开朗并且已经演变成为"淘气""皮"的孩子，家长还是要多注意一下。家长要通过教育和引导，让孩子学会控制自己顽皮、淘气的念头，该严肃的时候严肃起来。

美娜从小就是一个性格特别开朗并且还十分淘气的孩子，再加上父母比较开明，在教育孩子的问题上不像其他家长那样严厉，家里的气氛也很"民主"，这便使得原本就淘气的美娜更加皮了。例如，在家给父母"使坏"，在学校里捉弄同学和老师，简直就是"无恶不作"。对于女儿的这种行为，美娜的父母并没有过多地在意，认为淘气只是孩子的天性而已。因此，即使女儿有时候比较"过分"，他们也甚少去批评。

现在美娜都已经上小学4年级了，父母原本以为她会比之前懂事一些，但是美娜却依旧和以前一样。前几天，她趁爸爸不注意把爸爸工作用的录音笔藏了起来，耽误了爸爸的正常工作。看到女儿都已经这么大了还是这么淘气，爸爸忍不住严厉批评了她一通。但让美娜的爸爸更想不到的是，面对自己的批评，女儿丝毫不为所动，不但不觉得不好意思，反而还冲着他扮鬼脸，故意惹他生气。看到女儿这么皮，美娜的爸爸头疼不已。

从美娜的例子中，我们可以看出以下几个问题：

放大镜

◎性格过于开朗，让孩子比较皮。

◎家长没有及时教育，让孩子越来越皮。

◎因为皮，孩子心理“强大”，受到批评也丝毫不生气。

孩子适度的淘气会显得可爱，但是如果淘气过头，即使做错事情被批评也丝毫严肃不起来的话，就是态度问题了。这样的孩子根本认识不到自己的行为是不正确的，自然就不会改正了。对待批评不严肃的孩子，改正错误也会很难，因此，家长要引起重视，及时教育。

那么，家长该如何“处理”面对批评态度不严肃的孩子呢？试试下面的方法吧！

告诉孩子其淘气行为的严重性，让其引起重视

孩子之所以会越来皮、越来越不听话，与父母平时的教育有很大关系。就像

上述案例中美娜的父母一样，总是觉得皮是孩子的天性，即使有时候做得出格也不予理会。家长的这种态度其实是在纵容孩子的出格行为。因为孩子知道，随便自己怎么折腾，父母都不会生气，从而越来越“无法无天”。对于这种情况，家长就要反思自己的教育，当孩子因为淘气而犯错的时候，绝不能再继续“姑息”了，而是要立即严厉批评，并且讲明他这种淘气行为的严重性，让孩子认识到自己的确“闯大祸”了，从而不再嬉皮笑脸。这样，当孩子以后再“犯事”的时候，面对家长的批评就会严肃起来，并会认真改正自己的错误。

明确告诉孩子皮的后果，并且要严格执行

很多家长面对孩子的淘气行为以及对自己批评的“不予理睬”，虽然很生气，嘴里也嚷着要对其进行惩罚，但往往只是吓唬吓唬而已，并不真正“践行”自己的“诺言”。这样，当家长再批评的时候，孩子自然也就不以为然了。所以，在这里有必要提醒各位家长，如果孩子特别淘气并且因此“犯事”，就要明确告诉其“犯事”之后的严重后果及相应惩罚。如果孩子不听，那么就要毫不犹豫地狠下心来“践行”自己的“承诺”，孩子再哭再闹也绝不心软。这样，孩子就会明白，父母并非是在吓唬他，从而当他再受到批评的时候，就不会像以前那么满不在乎了。

“让我看看这个！”“我喜欢那个！”
——孩子兴趣广泛但缺乏耐心

3–4 年级正是孩子思维活跃、好奇心强的时候，这时的他们对事物的认知能力比 1–2 年级的时候提高了很多，再加上心智发育的不断成熟，让孩子对周围的一切事物充满了热情。尤其是兴趣这方面，家长会发现，这时期的孩子和之前相比，兴趣会非常广泛。

孩子兴趣广泛，在学到一定知识和技能的同时，也能提高自身的素质，有利于其德智体美劳全面发展，是值得鼓励的。但是同时，很多家长也会发现，这时期孩子虽然兴趣广泛，可是却好像缺乏应有的耐心，以至于常常出现“吃着碗里的，看着锅里”的情况，不能善始善终。

“让我看看这个！”“我喜欢那个！”……当孩子的兴趣和关注的事物不断发生变化的时候，很多家长都会感到非常头疼。因为缺乏耐心，孩子做任何事情都无法集中注意力，常常是这件事还没完成便要去做另外一件事，结果就是哪件都做不好，最后什么也没学到。

珊珊开学之后升入了小学 4 年级，也算是“高年级”的学生了。看到女儿一天天在长大、懂事，珊珊的父母非常欣慰。为了让女儿有一个美好的未来，珊珊的父母非常重视对她的教育，除了让其好好学习科学文化外，还特别注重对孩子各方面兴趣的培养，如美术、音乐、舞蹈等。在珊珊父母的教育理念中，孩子就是要全面发展。

现在女儿都已经上小学4年级了，兴趣爱好比1–2年级的时候更加广泛了，这是他们没有想到的。例如，之前女儿学习美术、音乐、舞蹈，现在她又提出学习书法，作为父母当然要全力支持女儿的爱好了。因此，珊珊的父母想都没想，便给女儿报了书法培训班。但是让他们惊讶的是，女儿只上了几次就说不上了，要去学习弹钢琴。但是钢琴班才上了不到一个月，珊珊又将目光转向了街舞，说街舞好玩，要学跳街舞……经过几番折腾，最后学什么都“三分钟热度”，根本没有耐心坚持学下去。看到女儿虽然兴趣广泛，但是做什么都没有耐心，珊珊的父母非常头疼。

从珊珊的例子中，我们可以发现以下几个问题：

放大镜

◎思维活跃、好奇心强，使孩子兴趣广泛。

◎因为兴趣过于广泛，孩子缺乏应有的耐心。

◎对于孩子的兴趣广泛但是缺乏耐心，家长不知所措。

孩子兴趣广泛但是缺乏耐心，这是一个很严肃的问题。缺乏耐心的孩子不仅做不好事情，这种不专注、不认真的态度对其以后的学习和生活也会产生消极的影响。因为缺乏耐心，即使兴趣再广泛，最后还是“一无所获”。针对孩子的这种情况，家长有必要采取一些非常措施。

那么，如何去培养孩子的耐心，让其坚持做好每一件事呢？我们一起来学习一下吧。

从小事中培养孩子的耐心，鼓励其做好每一件事

面对没有耐心的孩子，家长不要一味地批评和指责，而是要耐心教育。要知道，父母有耐心了，才能教育出有耐心的孩子。可以从日常生活中的小事做起，如擦桌子、扫地、整理房间等，将这些琐碎的小事交给孩子“打理”，并且告诉他：“这些事情虽然很细小、很琐碎，但是做好并不容易，不过妈妈（爸爸）相信你，只要你能耐下心来一点一点坚持做下来，一定能够做好的。”父母这样说，一方面能激发孩子对这些小事的欲望（或者兴趣），另一方面也会让其相信自己可以做好。即使他们在做的过程中想要放弃，但是想到父母说的那句“你一定能够坚持下来并做好的”，就能说服自己坚持下来。当孩子能够把一件件细小、琐碎的事情坚持做完、做好，那么其耐心也会在这个过程中慢慢培养起来，以后无论做什么事情都能够耐心做完。

跟孩子约定好，要做就要做好，不能中途放弃

当孩子对某一事物产生兴趣并且要着手的时候，家长首先要弄清楚孩子是真的感兴趣，还是只是一时好奇。假如是真的感兴趣的话，就要和孩子约定好，告诉孩子，如果决定去做这件事的话就必须坚持做下来，不能中途放弃，不管是什么原因都要努力克服，做到善始善终。家长可以给孩子一定的考虑时间，让其想清楚之后再做决定。这时候孩子便能做到心中有数，不会将兴趣和一时好奇混为一谈，而会冷静下来想清楚自己是否真的要做。如果答案是肯定的，那么其在做的过程中也会耐下心来，专注于此事。兴趣得到巩固的同时又培养了孩子的耐心和注意力，可谓一举两得。

“我不想学画画了！”
——孩子稍有挫折就动摇

孩子在成长的过程中，无论是学习还是生活，或者与人交往，经常会遇到各种各样的挫折，这就要求家长们能从小培养孩子的抗挫能力和心理承受能力，使他们能够积极面对挫折，并将其化作一种前进的动力。要知道，挫折可以磨砺一个人的意志，使其将来无论遇到怎样的困难，都能够勇敢面对。

3-4 年级的孩子经历的事情还少，加上心理发展不是很成熟，当面对挫折的时候，很容易被其“打败”，这除了与孩子的心理承受能力脆弱有关之外，与其心智发育的特点也有一定关系，即这时期的孩子还不能通过自我调节去正确对待挫折。尤其是在学习上，他们稍微遇到一点儿挫折就会动摇，意志不坚定。例如，学画画的时候被老师批评画得不好，孩子会非常沮丧地丢下一句：“我不想学画画了！”然后就想放弃。对此，家长要多鼓励、多教育，让孩子学会正确面对挫折。

“妈妈，我不想学跳舞了！”陈苗回到家里把练舞的鞋子往地板上一丢，说，“以后再也不去学什么跳舞了！”

陈苗今年上小学 3 年级，是一个性格相对活泼的孩子，兴趣也十分广泛。前一阵子她喜欢上了舞蹈，于是便让父母给自己报了一个舞蹈学习班，可是才学了一个多月，今天就嚷着不想学了，这让陈苗的妈妈非常奇怪：“为什么呀？你之前不是很喜欢舞蹈吗？”

“今天老师教了我们几个新的舞蹈动作，可是我学了好几遍就是做不好，也达不到老师的要求。虽然老师嘴上没有说啥，但是我明显感觉她很不高兴。反正我不想学了，我放弃了！”陈苗非常沮丧地对妈妈说。

原来是在学舞蹈上遇到挫折了啊！陈苗的妈妈这才恍然大悟。看着女儿一副沮丧的样子，陈苗的妈妈非常着急。女儿其他方面做得都挺好的，就是抗挫能力和心理承受能力差，这与他们之前对女儿的娇惯当然有一定的关系。不论是学习还是做其他事情，她本来兴致挺高的，但是稍微遇到点儿挫折就想着动摇。眼看着女儿越来越大，抗挫能力还是这么差，陈苗的妈妈非常替她着急。

这个例子反映出以下几个问题：

放大镜

◎孩子心理发展不成熟，导致抗挫能力差。

◎家长的娇惯，让孩子心理承受能力较差。

◎孩子没有正确认识挫折，不能正确对待挫折。

相信所有的家长都希望孩子的成长一帆风顺、无忧无虑，但是现实是残酷的，在成长的过程中，挫折是不可避免的。为了让孩子能够在遇到挫折的时候依然坚强，家长就要抓住3–4年级这段时期，着重培养孩子的抗打击能力，为其将来的健康成长打下坚实的基础。

那么，家长该如何去引导和教育抗挫能力差的孩子呢？可以从以下方面做起。

把挫折教育纳入对孩子的日常教育

现在很多孩子抗挫能力都很差，其中一个主要原因就是家长太娇惯孩子遇到困难或者问题时，很多家长不等孩子“着手”，就帮其解决了，这在无形中削弱了孩子的抗挫能力。因此，在平时的生活中，家长应该试着让孩子自己去处理和解决生活、学习中遇到的困难，把挫折教育纳入对孩子的日常教育。当孩子遇到挫折的时候，可以告诉他：“挫折是每个人都会遇到的，经历过挫折的人会更加坚强，你应该学着去独自面对和解决。只要你能咬紧牙关，将其克服，那么你就是一个了不起的孩子。”家长通过鼓励式的教育，让孩子对挫折有一个客观、正确的认识，并且鼓舞其积极面对挫折，慢慢使自己的心理承受能力强大起来。这样在以后遇到困难和挫折的时候，他们就能以积极的态度去面对，而不是只想着放弃和逃避。

通过励志著作让孩子对挫折有更深刻的了解和认识

3–4 年级的孩子已经掌握一定的阅读能力和逻辑思维能力，因此，对于抗挫能力较差的孩子，家长不妨选一些励志的著作让孩子阅读，如《假如给我三天光明》《钢铁是怎样炼成的》等，还可以找一些名人传记，如《贝多芬》《米开朗琪罗》等。通过阅读这些励志的著作，孩子就可以明白，人的一生其实就是不断遭遇挫折、不断战胜挫折，使自己慢慢强大起来的过程。同时，孩子也会发现，和书中的这些主人公以及那些历经磨难而成功的名人相比，现在自己遇到的这点儿挫折根本不算什么，从而激发起他们面对和战胜挫折的勇气和信心。

陪孩子轻松走过小学6年

学习力+性格塑造+习惯养成
小学就是分水岭

5-6年级

康雅静◎著

航空工业出版社
北京

内 容 提 要

5-6年级的孩子课业繁重，脾气见长，欢笑减少，心事增多……小升初是一个人生关键转折期，这一阶段的孩子也面临着青春期的到来，所以好父母一定要多多关注孩子的成长新问题。

《陪孩子轻松走过小学6年·5-6年级》一书从五六年级孩子的身、心、智特点着手，向家长介绍了此阶段孩子的学习习惯、学习方法，以及“小升初”前的各项准备。本书还着重介绍了青春期早期孩子的生理和心理特征，以及此阶段对孩子的性格发展、行为习惯的培养方法。案例丰富，深入浅出，说理透彻，实用性强，帮助家长全方位促进孩子的成长。

图书在版编目（CIP）数据

陪孩子轻松走过小学6年. 5-6年级 / 康雅静著. -- 北京 : 航空工业出版社, 2022.12
ISBN 978-7-5165-3196-9

Ⅰ. ①陪… Ⅱ. ①康… Ⅲ. ①小学生－家庭教育 Ⅳ. ① G782

中国版本图书馆 CIP 数据核字 (2022) 第 237083 号

陪孩子轻松走过小学 6 年 · 5-6 年级
Peihaizi Qingsong Zouguo Xiaoxue 6nian · 5-6 nianji

航空工业出版社出版发行
（北京市朝阳区京顺路 5 号曙光大厦 C 座四层 100028）
发行部电话：010-85672688 010-85672689

三河市双升印务有限公司印刷 全国各地新华书店经售
2022 年 12 月第 1 版 2022 年 12 月第 1 次印刷
开本：710×1000 1/16 字数：168 千字
印张：12 定价：128.00 元（全 3 册）

前言

Contents

如果说，1-4 年级，孩子还处于一个懵懂的年龄，他们会对家长的话言听计从，那么当他们升入 5-6 年级以后，情况就大大不同了。正是这些不同，让孩子的思想和行为发生了翻天覆地的变化；如果这些事情处理不好，会对孩子的将来产生重要的影响。

第一，进入 5-6 年级之后，孩子的身高会出现快速增长，大脑细胞的发育也会加速。在学习的重压下，他们的思想一天比一天成熟。他们渐渐地有了一定的自我意识。在他们的脑海中，有了自己的烦恼、自己的思想，继而养成了自己的行为习惯。

第二，进入 5-6 年级之后，孩子们的个人主动性增强，性格之间的差异日益凸显，而且在学习成绩上，孩子们之间也会拉开一定的距离。比如，有的孩子原本各方面很一般，可是升入 5 年级之后，学习主动性增强，性格活泼，成绩也突飞猛进，变得很优秀；与之相反，有些平时成绩优异的孩子，反而会放松了对自己的要求，变得贪玩起来，因此成绩会直线下降……

第三，和低年级的孩子比起来，小学 5-6 年级孩子的身体器官发育较快，尤其是大脑的重量增长显著。这一时期，孩子大脑的重量已经接近于成人。他们的脑枕叶和颞叶已经基本成熟，大脑高级神经系统机能进一步加强，睡眠时间一般需要 9-10 个小时。

第四，这时候，孩子的身高、体重会获得平稳的发展。但是，骨骼依然比较柔软，还没有出现钙化。绝大多数女孩的身体发育要早于男孩，许多 11-12 岁的女孩和少数男孩已经提前进入青春期。

第五，孩子的生理发展，特别是神经系统的迅速发展，必然影响到他们的心理发展。在这个基础上，他们的心理发展也发生了很大变化：

（1）有了一定的抽象思维能力。思维发展水平已经开始由具体形象思维向抽象逻辑思维过渡，这是一个从量变到质变的飞跃过程。一般认为，小学 5-6 年级的孩子已经倾向于抽象逻辑思维，注意力的稳定性也由 15-20 分钟提高到 20-30 分钟。

（2）书面语言水平提高。小学 5-6 年级以后，孩子的书面语言水平会逐步超过口头语言水平，阅读能力也由朗读向默读发展。

（3）情感逐渐稳定。随着孩子情感生活的不断丰富，他们的道德感、理智感、友谊感、责任感、审美感、集体荣誉感逐渐体现出来。他们的依赖重心，开始从家庭逐渐转移到学校，转移到了同学、好友的身上。

（4）变得自律。由于受到外界家长的约束和调节，他们自觉克服困难的意志力不断增强。他们在行动的时候，不再盲目，具有较强的动机和目的性。

……

由此可见，5-6 年级是孩子成长的一个重要转折期。掌握这阶段孩子生理、心理发展的普遍规律，不仅可以让我们对孩子的遗传因素、个性特征多一些了解，还可以让我们对孩子的兴趣爱好、优缺点及其他条件进行充分了解和全面分析，以适时地为孩子提供帮助！

目录

Contents

第一章

小荷才露尖尖角——5-6 年级的“前青春期教育”

第二章

赢在小升初——完美跨越 6 年级这道坎儿

第八章

要放松，不要松懈——6 年级的暑假，不能忽略的“缓冲期”

第一章

小荷才露尖尖角
——5–6 年级的“前青春期教育”

青春发育期，一般指的是 11–18 岁这个年龄阶段，小学 5–6 年级的孩子正处于青春期的早期，因此被人们称为“前青春期”。这一时期非常重要，有人将这一时期称之为“孩子命运改变的转折点”！

“前青春期”遇到的问题，不是伊甸园里的“禁果”
——疾风暴雨的前青春期

孩子到了5-6年级，会出现很多让家长感到不可理喻的事情，比如喜欢顶撞人、多疑敏感、对自己的关注度提高……

对于孩子的这些变化，有些家长觉得百思不解。因为，他们一致认为：

放大镜

◎这些症状只能在青春期出现，是不可能出现在自己的孩子身上的。

◎孩子才上5-6年级，真正的青春期应该是在初中阶段。

可是，家长们承认也罢，不承认也罢，孩子的青春期还是提前了。对于这个提前出现的青春期，有些专家将其称为“前青春期”。

人身心发展的过程，青春期占了一半或更多一些时间。一般情况下，孩子的青春期处在11-18岁。一般情况下，女孩比男孩的青春期要早开始、早结束2-3年。不管是男孩，还是女孩，偏早或偏晚2-3年，都属于正常现象。

对于这场在前青春期出现的“暴风骤雨”，家长们一定要正确认识。

前青春期的到来有特点

前青春期出现的时候，在孩子的身体上，会出现显著的特点，如果多加留意，一定会在孩子身上看到蛛丝马迹。

1. 身高和体重迅速增长

到了 5–6 年级，孩子的身高和体重，都会出现陡增的现象。研究表明，在前青春期，孩子平均每年会长高 3–5 厘米；可是，到了 5–6 年级，孩子就会显得一下子长高了很多。在前青春期，随着骨骼的增长，孩子们的肌肉比重加大，平均体重每年都会增加 5–6 千克，有些突出的孩子还有可能增加 8–10 千克。

2. 人体器官和机能的发育、完善

到了前青春期，孩子的心脏重量会增加到出生时的 12–14 倍，他们的脑重可以达到 1400 克左右，已经接近于成人。同时，他们的血压和脉搏也会接近成年人。同时，脑细胞的结构和机能也会逐渐发育完善。在脑下垂体、甲状腺、肾上腺等激素的作用下，大脑和神经都会发生一定的变化。孩子们的脑兴奋性增加，不仅接受和传递信息的能力增加，对事物也有了一定的反应能力。

心理发育出现的变化

随着生理变化，孩子们的心理也会出现相应的改变，具体体现在以下几方面：

1. 孩子的思想活动有变化

这一时期，看到自己的体型长得不匀称，有些孩子会感到忧虑而苦恼，甚至形成孤僻的性格；有的孩子为了避免别人的议论，会减少与同学的交往；有的女孩子看到自己的体态发生了变化，比如乳房的突起、臀部宽大，还会产生一种害羞感，从而缩小自己的活动范围。

这时候，孩子们的“自我”形象也会发生作用。例如，有些孩子自认为自己已经长大，在言谈举止上会有意无意地模仿大人的样子，希望获得别人的认同。

2. 体能逐渐增强，身心发育受影响

随着孩子体能的逐渐增强，孩子的身心发育也会出现明显的变化：

第一，随着肌肉力量的增长，孩子的体力会不断地增强。如果孩子能够意识到这一点，体会到肌肉的力量，会让他们产生“家长感”，促进他们意志行为的发展。

第二，孩子升入5–6年级后，他们的心肺会急速增大，支撑他们去从事一些比较激烈的活动。同时，由于心脏容量的增大，他们的血压、体温会稍微增高，脉搏会略减少一点儿，需要更多的营养来满足机体的需要。

第三，随着生活环境的复杂化，大脑的机能显著发展，神经元联系变得复杂化。不管是大脑皮层细胞参与活动数量急速增加，还是言语系统的最高调节能力迅速增强，都对孩子思维及其他心理的发展大有益处，可以让孩子深入掌握一些高难度知识。

3. 性成熟对心理发育的影响

5–6年级阶段，孩子的性机能开始成熟，并开始发生作用。这时候，具有抑制早熟机能的胸腺会急速地萎缩下去，而生长激素和性激素会获得急剧的增加。此时，孩子的生理和心理都出现一些变化。例如在生理上，生殖器官发育、成熟，第二性征的出现。另外，随着性激素分泌的增多，孩子们会产生一种性的生理冲动，而这种冲动会加剧他们心中的困惑。

不管是男孩，还是女孩，在这一时期，都已经意识到了两性的关系，他们对

放大镜

◎有些女孩觉得月经初潮不干净，会感到不安；有些女孩看到自己的

身体逐渐女性化，会变得害羞；有些女孩子，甚至还会陷入孤立状态，产生严重的自卑感。

◎有些男孩喜欢在女生面前表现自己，如果发现家长当着女生的面批评、指责自己，会很伤心；有些男孩非常想接近女生，但是在行动上又故意疏远，处于一种矛盾的心理状态；有些男孩觉得夜间出现的梦遗现象是一种见不得人的行为，会感到悔恨、恐惧。

于异性表现出一定的好感，会在心中获得一种新的情绪、情感和体验。例如，有的孩会对自己的外表仪容格外注意，有的孩子会对镜子产生迷恋，有的孩子则会刻意追求打扮。

……

面对 5-6 年级孩子出现的异常变化，不管是生理上的，还是心理上的，家长都要留意，必要时给他们正确的引导。前青春期遇到的任何一个问题，都不是伊甸园里的“禁果”。在这场暴风雨到来之际，有了家长的协助，相信他们一定会平安而愉快地度过！

练习时间

孩子已经升入 5-6 年级了，你注意到孩子的这些变化了吗？如果在过去一段时间，你比较粗心。那么，现在就要仔细观察一下自己的孩子了。对于孩子的前青春期现象，一定要表示关注和理解。

“孩子，你可以给要好的同学馈赠礼物”

——支持孩子正确交友

每到元旦或者圣诞节，孩子们一般都会给跟自己关系不错的同学送一些贺卡之类的礼物，可是，有些家长却不理解。因为，在很多家长的心目中，孩子的学习是第一位的，其他都要给学习让路；只要学习好了，考上重点，比什么都强！

要知道，孩子一旦升入5–6年级，他们的群体意识逐渐增强，会凭着自己的兴趣爱好，形成一定的小团体。比如，喜欢玩足球的、喜欢数学的等。到了元旦之类的重大节日，为了巩固友谊，还会互相赠送一些小礼物。可有些家长对这些不理解，便会和孩子出现一番拉锯战：

放大镜

◎孩子想给同学买礼物，可是家长却不给钱；孩子气呼呼的，家长将手攥得紧紧的。

◎看到孩子正趴在书桌上写赠言，家长一把夺过说：“快写作业！”

◎家长将孩子的贺卡都丢进了垃圾桶，并说：“整天搞这些，有什么用？”孩子在一边默默地流泪……

5–6年级的孩子，单纯、真挚而热情，他们喜欢交朋友、重视友谊。当他们对人生、社会等产生疑问的时候，一般不愿意讲给别人听，只会对自己的伙伴敞开心扉。小伙伴们在一起时，会无拘无束地交谈，尤其是和自己情感相投的同学，更会倾心交谈，将心中的小秘密吐露出来。

可以说，孩子们之间的友谊，是心理发育成熟的催化剂。事实证明，在5-6年级建立的友谊，是让人难以忘怀的，家长们应该支持孩子积极交友。

正确对待孩子与异性同学之间的友谊

有些家长一看到孩子与异性同学交往、学习，就盲目地认为他们在“早恋”，实在是荒谬之极。要知道，孩子与异性同学间的接触和交往形成的友谊是纯洁的、正常的。

周六下午，张女士去超市买东西，回来的时候发现女儿正和一个男孩子走在一起。两人有说有笑，似乎在说着什么。张女士慢慢地靠近了他们，发现男孩突然低下头来，女儿则扬起了头。由于正好被一棵大树挡住了头，张女士不知道女儿和这个男孩子在做什么。可是，对早恋敏感的她，心里“咯噔”一下。

张女士急忙下了车，她走过去，狠狠地扇了男孩一个大嘴巴：“这么小，不学好！”男孩被这突然的一幕惊呆了。还没等女儿反应过来，张女士已经将她拉回了自己的车里。

张女士加大了油门，迅速向家的方向开去。她一边开车，一边还骂骂咧咧：“这么小就早恋，把你爸妈的脸都丢尽了！”……女儿明白了，辩解说：“我没有早恋！”女儿边说边落下泪来：“我眼疼，送我去医院！”

张女士认为女儿在为自己狡辩，也就没在意。这时候，女儿大声喊起来：“我眼疼！去医院！”张女士将车停下来，扭头一看，可不，女儿的右眼又红又肿。都怪自己刚才没注意，真是太粗心了。

到了医院，经医生诊断，女儿得了角膜炎。这时候，张女士才相信了女儿：那个男生是班长，他们利用周末时间，想讨论一下如何给班主任过生日。由于眼睛疼，男同学以为是她的眼睛进了沙子，便给她吹了吹……

张女士知道是自己误解了孩子之间的友谊，第二天便将那位男同学请到了自己家里，主动道了歉。作为补偿，她还给两个孩子做了一锅水煮鱼。

研究表明，孩子到了一定年龄，是需要与异性同学保持正常的交往的。这种异性之间的交往与友谊，不仅能融洽同学之间的关系，促进心理健康发展，还能为他们将来正确地处理人际关系打好基础。因此，家长一定不能用世俗的眼光来看待这份纯洁的友谊。

到了5–6年级，孩子们已经到了前青春期，异性之间已经出现一丝丝蒙蒙的感觉。这时候，孩子与异性同学之间也会结成好朋友。比如，有的男孩学习特别好，女生就喜欢和他交往；有的女生乐于助人，男生也喜欢和其接近……这些情况，每一个孩子都会遇到，家长一定要给予理解，千万不要胡思乱想。

对孩子的交友心态进行正确的疏导

5–6年级的孩子与同学进行交往时，抱有的心态是不同的：有的孩子之所以和同学结成好友，是由于学习中有了问题可以互相切磋；有的孩子则是由于具有相同的兴趣爱好；有的孩子则是脾气性格相仿……这些不同的原因也就成了他们交友的纽带。

可是，孩子单纯无知，涉世不深，分辨能力和抵御能力都不太强。作为家长，要帮助孩子慎重择友，告诉孩子：讲友谊不是搞“哥们儿义气”，一旦丧失了正确的交友标准，交上了坏朋友，就有走上邪路的危险。如果发现孩子与不正派的人交往，就要极力劝阻。

告诉孩子：可以给要好的同学馈赠礼物

5-6 年级的孩子在学校的时候，喜欢互传纸条、互送礼物。有些家长想当然地认为，孩子这是在“早恋”。其实，家长完全没有必要为这些事情感到惊讶。这个年龄阶段的孩子头脑是非常单纯的、天真无邪的，根本就不懂什么是恋爱，他们的这种互赠行为只是男生女生之间一种互相欣赏。

5-6 年级的孩子，是需要友谊，需要朋友的。家长不必为孩子担心，要将自由交友的权利交给孩子。为了巩固彼此之间的友谊，可以让孩子给要好的同学送些礼物。但是，在送礼物的时候，要讲究一定的原则，比如：

放大镜

◎要告诉孩子“君子之交淡如水”，同学之间的友谊不是互相吹捧、互相恭维，不是经济上的攀比和吃喝送礼。

◎同学之间讲友谊，要真诚，不能说假话，不能欺骗同学。

◎不搞“酒肉朋友”，不刻意追求“排场”。

◎买礼物的时候，重在意义，不在于价格。

练习时间

如果孩子想给要好的同学买礼物，你会怎么想？如果孩子想去给异性同学过生日，你会支持吗？对于孩子的这种行为，应该给予积极的支持。

“妈妈，我害怕……”
——初潮不可怕，正确认识很必要

在我们身边，经常会听到妈妈们这样感慨：“现在的女孩怎么都这样娇气，一个初潮，就把他们吓成这样！”“是啊，咱们小时候，哪像他们这样。好像是遇到了什么可怕的事情一样！”……

不难发现，这些家长，对于女儿的发育问题根本不会处理。当孩子出现初潮时，他们往往不是给予积极的引导，而是躲在一边不闻不问。事实证明，这种做法只会加重孩子的恐惧感，让她们对初潮的出现产生恐惧感！

可是，有些家长不太注意这一点。于是，在当女儿出现这样困惑的时候，便和女儿之间冲突不断：

放大镜

◎“妈妈，我害怕！”——“有什么可怕的，这种情况，女孩都会遇到，有什么大不了的！”

◎“妈妈，你小时候，没有感到害怕吗？”——“有什么可怕的，不就是初潮吗？三四天就过去了。”

◎“妈妈，你看我的内裤……”——“你怎么一点儿都不注意，这么重要的事情，都不和妈妈说！”

初潮，是女孩的第一次月经。一般发育正常、身体健康的女孩，会在13–15岁出现初潮，但也有提前到10–12岁的。虽然现在的女孩能从书、杂志、网络等地方了解到很多相关的生理知识，但是这种了解毕竟是有限的。

作为孩子最亲近的人，孩子遇到“麻烦”，一般会最先告诉家长。因此，家长应该多与孩子沟通，细心留意孩子的细微变化。有了这种事先准备好的“潮”前教育，孩子就多了一点儿安全感。虽然孩子还弄不明白初潮是怎么回事，但至少可以知道初潮并不是一件可怕的事情。

女儿经期，父亲关心不可少

有些父亲的思想比较保守，当女儿出现了“初潮”时不闻不问，有的甚至以漠不关心的态度去对待女儿。这样做，不仅会给孩子的心理带来巨大的压力，严重的还会影响其前青春期的正常发育，使她产生种种心理障碍。这里就有这样一位父亲：

在小敏3岁的时候，爸爸妈妈离了婚。一直以来，小敏都和爸爸生活着。爸爸整天为了生计忙碌着，很少有时间能够坐下来和女儿聊聊天。不知不觉中，小敏已经长成了一个大姑娘。

升入6年级之后，有些女生会悄悄地讨论一些生理期的“女人小秘密”，可是，小敏什么都不懂。她有心想问问爸爸，可是，一想到爸爸是个男的，总是有些不好意思。

一天晚上睡觉的时候，小敏发现自己的内裤上沾有红色的血液。她吓得大叫起来，以为自己要死了。爸爸听到她的声音走了进来，他看了看女儿，说：“这有什么害怕的，出去买包卫生巾！”

女儿只好胡乱地将衣服穿上，出了门，幸亏楼下的超市还开着门。可是，买回来之后，爸爸就什么都不管了。小敏只好按照包装袋上的说明，自己胡乱粘贴了一番。她决定，先请几天假，等没有“血”了，再去上课。

不可否认，故事中的爸爸是不合格的。在女儿遇到初潮的时候，是最需要旁边有个人能够帮自己讲解一些的。可是，这位爸爸却做了一个甩手掌柜！

父亲要做好自己的思想工作，提高和端正认识。为了让女儿有个健康的身体，就要不时地将经期需注意事项告诉孩子。

精心照料女儿，给女儿以关怀

资料显示，女儿能否顺利度过前青春期，与妈妈对她初潮时的关照程度有很大的关系。因此，每位妈妈都应重视自己女儿的初潮问题，在女儿初潮到来之前就要做好各种准备，比如心理准备。

很多妈妈将女儿的初潮看作是日常生活中的小事，对女儿的生活不闻不问。其实，这种做法是错的。对一个女孩来说，月经来潮是她走向成熟的标志。在这个时期，女孩从生理到心理都会发生一系列的变化，因此需要妈妈的关怀、指导和帮助。

作为一个合格的妈妈，有责任告诉女儿：月经是正常且健康的现象，并不是疾病或受伤；月经的流血现象是可以处理的，不会对生活上的其他方面造成影响。

很多女孩，特别是初潮时年龄很小的女孩，遇到这样的事情，在生理和心理上都会感到不舒服，而且这种感觉并不会因初潮结束而完全消除。

这时候，为了缓解她们心中的不适应，妈妈们还要继续对她们表示关心和照顾。一旦发现孩子出现了不适，特别是初潮腹痛，就应该注意观察，必要时可寻医治疗，千万不要让这些问题影响到孩子的情绪。

向孩子讲些关于月经的知识

当女儿出现了“初潮”时，为了让孩子对性知识多一些了解，妈妈就应该向孩子讲述一些有关月经的常识了，比如：

放大镜

◎注意卫生。在经期，要让孩子注意卫生，比如在月经期间，外生殖器要保持清洁。要加强自我防护，千万不能为了贪便宜，使用劣质卫生巾。

◎注意保暖。在经期，尽量不要遭受寒冷的刺激，比如不能游泳、不要洗冷水浴等。

◎注意饮食。在经期，要让孩子注意饮食，比如不能吃生冷、酸辣、酒类等刺激性食物，要多喝开水等。

如果妈妈本人对这方面的知识了解得不多，可以买一些相关的书籍，与女儿一起学习。事实证明，了解和掌握一定的性知识，不仅有利于女孩正确对待初潮，还可以帮助她们正确地处理经期遇到的问题。

练习时间

当发现女儿出现了“初潮”，要多加留意，认真对待。相信，读了这本书的家长都能做到这一点。如果女儿还没有出现这种情况，也要提前给孩子打个“预防针”，将相关的知识告诉她。

“恭喜你，长胡子了！”

——帮助孩子正确对待第二性征的出现

在孩子升入5-6年级之后，有些男孩会在下巴上长出一些小胡须。有些男孩比较内向，甚至还会因此觉得不好意思。这时候，就需要家长对孩子进行正确的引导了。

可是，在我们身边，却出现了这样的一些家长：

放大镜

◎当儿子发育日臻成熟，出现第二性征的时候，家长却不闻不问。

◎当儿子好奇地徘徊在伊甸园门口，想窥探其中的奥秘时，家长却一句话不说。

此刻，你是否意识到，孩子已经步入前青春期？

升入5-6年级之后，在性激素的作用下，男孩的身体会迅速增长，骨骼和肌肉也开始变得粗壮和宽厚，声音变得低沉，胡须也逐渐长出来。这一时期，睾丸和阴囊开始增大，阴囊颜色渐渐变深，并逐渐长出浓密的阴毛。从此时起，男孩子开始出现遗精现象，产生性欲，并已具备了生育能力，成为真正意义上的男人。前青春期是孩子长身体、长知识、形成世界观的关键时期，家长应帮助他们掌握好理想之船航行的方向，使之沿着健康航道顺利航行。否则，只会给孩子的生理、心理带来一些困惑和烦恼。作为家长，应该向男孩讲述哪些知识，怎样帮助他们健康地度过这一时期呢？

让孩子正确对待性幻想

孩子在进入 5-6 年级后，伴随着性生理的发育成熟，性意识也开始觉醒，渴望了解性的知识，以及有性幻想及做性梦，这是很正常的生理现象。有些青少年对这一点认识不够，便出现了自责、烦躁、焦虑、厌恶感、不愿与人交往等不良情绪和行为，这时，家长应给予理解和支持。切记不要粗暴处理表面行为，否则，对他成年后的性心理会产生不良影响。

陈一丁今年 12 岁，在一所寄宿学校读 6 年级，两个星期回家一次。一天，妈妈到学校看儿子，在整理床铺时，无意中发现一丁的枕头下有一张随笔便条，内容是关于性方面的。从笔迹来看，这些文字是儿子写的。

这个发现让妈妈大吃一惊，并让她意识到儿子已经长大了。儿子回家的时候，她跟儿子简单地提了一下这件事，随后儿子表示不会再写这些东西了。但不久后发生的一件事，让她意识到，儿子的问题比她想得要严重。

那天，一丁回家过周末，正在上大学的表姐来家里玩，两个人在一丁的房间里聊天。之后，表姐说：“大姨，一丁对我好像有点儿不正常。刚开始时，我以为他是不经意的，但后来才意识到一丁是故意的，我很生气。”

一丁妈妈看到一丁没有意识到自己的错误，紧张起来。为了正确引导儿子对待前青春期问题，她送给儿子一个日记本，在扉页上写了一段话：“儿子，妈妈一直把你当成小孩子，却忽略你已经长大了……”她希望通过这样的方式提醒儿子，不要走入误区。

前青春期的男孩处于性发育时期，会产生性幻想，也会产生性冲动。让人感到欣慰的是，一丁有一个很细心的妈妈，她及时地观察到了孩子的情况，并以一种积极的态度引导孩子。

5–6年级的孩子，由于性心理还不成熟，有时候并不能控制自己的本能，对性的欲望具有盲目性。家长要对孩子进行必要的指导，让他们对性有一个正确认识。只有这样，孩子们才会树立正确的观念，才会尊重异性。

帮助孩子塑造健康的“自我”

前青春期，是孩子长身体、长知识、形成世界观的关键时期，家长应帮他们把握好航向，使青春之舟沿健康航道航行。

第一，要让孩子保持心理健康。在孩子的自我意识逐渐增强的时候，家长要多向他们讲授一些科学、先进、健康的新鲜事物。如果孩子出现怀疑、忌妒、逆反等心理，家长要进行冷静的分析，千万不要粗暴对待。

第二，要让孩子保持乐观的情绪。前青春期，孩子的情绪容易激动：有的孩子遇到高兴的事情会哈哈大笑，有的孩子遇到生气的事情会义愤填膺，有的孩子看到令自己失望的事情会产生绝望的情绪……家长要让孩子学会自我调节。当孩子们能够正确面对自己的情绪时，他们也就能够健康成长了。

帮孩子正确认识遗精

很多男孩在夜间发生第一次遗精之后，会遭到家长的责备：“晚上，不要胡思乱想！”其实，这些家长已经进入了一个误区。

遗精，对于男孩子来说，是前青春期的一种正常生理现象。大人既不要大惊小怪，也不要对孩子进行冷嘲热讽，应该找个机会在适当的场合，与儿子单独聊一聊，向他们解释一下有关生理性遗精的知识。

放大镜

◎尊重他们生理发育的事实，同时要向他们宣讲一些科学的性知识，让他们培养健康的性心理和性道德。

◎教育孩子注意生理卫生。比如，不要穿过紧的裤子，注意外生殖器的清洁等。

◎告诉孩子：在性梦中，经常会伴有遗精现象，这是很正常的。

为了预防频繁遗精，可以让孩子宽衣睡觉，不要给他们盖过厚的被子，不要让他们接触黄色淫秽书画等。同时，还要告诉儿子，不管是男孩，还是女孩，到前青春期后，在性激素的驱动下，都会自然而然地产生一种性冲动。这是一种不可回避的现实，要正确对待。

练习时间

仔细观察一下，看看自己的男孩是不是遇到了这样的困惑。赶快行动起来，帮他们解决吧。虽然，众多的网络知识可以让孩子做好提前预防，可是，一旦遇到实际情况，他们还是会感到不知所措。

智慧小锦囊：孩子冷漠，怎么办？

家长的烦恼：

敏敏11岁了，伴随着她的成长与进步，妈妈的烦恼也增加了。

妈妈说："孩子越大越冷漠，小时候，不管什么事情都要跟我说。现在，孩子的话越来越少，问一句答一句，问多了还不耐烦。可是，只要同学一来电话，她就能和对方聊上一个多小时。

"更让我感到伤心的是，女儿只知道关心自己，却不关心家长。有一次，我生病躺在床上，女儿饿了自己出去买吃的，还在外面玩了很长时间，回来之后，根本就不问我怎么样了……同学病了，她还知道送张祝福的贺卡，怎么能这样对待自己的家长呢？孩子怎么越长大越不懂事？"

分析：

一旦升入5-6年级，孩子的认识水平会迅速提高。这时候，他们已经有了属于自己的看法，不再跟在家长的屁股后面打转。同时，这个阶段的孩子也喜欢独自主张，容易走极端，比较逆反。绝大多数的家长，尤其是妈妈，经常会被孩子看作是首选的逆反对象。有的孩子会明目张胆与家长"硬抵抗"，有的孩子则会一句话都不说使用"软抵抗"。

5-6年级的孩子不喜欢与家长进行交流，导致家长既不知道孩子在想些什么，也无法预料孩子将做些什么。即使他们从小就接受了尊敬老人、孝敬家长的教育，但是在 5-6 年级，他们也会不由自主地抵抗家长的教导。

5-6 年级的孩子容易和家长之间产生一种说教与反说教的“斗争”。时间长了，为了避免被家长加上不尊敬家长的“罪名”，孩子们经常会选择沉默，让大人看起来似乎有点儿冷漠。其实，孩子的内心深处相当矛盾，这是孩子在特殊生长阶段的自然表现。家长一定要表示理解、接纳孩子，给他们预留一个自我思考的安静空间，不要胡思乱想。

专家建议：

（1）告诉孩子：冷漠有害处！态度冷漠，必然会影响到日后的人际交往。冷漠的孩子，既不能保持积极愉快的心情，也没有同情心，久而久之，便会影响到情感的发展，危害其身心的健康发展。对于这一点，家长要予以重视，同时还要将冷漠的危害直接告诉孩子。

5-6年的孩子，已经有了一定的理解能力。如果家长好言好语地提醒，绝大多数情况下他们都会乐意接受。

（2）让孩子从小事做起。冷漠，从本质上来说，是一种情感的萎缩。要想让孩子热情起来，就要让孩子从身边的小事开始，比如：每天多问候一声爸爸妈妈，多给同学一个微笑，多看一眼明媚的阳光……千万不要让孩子整天生活在阴影里。

第二章

赢在小升初
——完美跨越 6 年级这道坎儿

到了5–6年级，孩子的观察力、记忆力、想象力等都有了显著的增长。要抓住这一时期的特点，让孩子的能力获得稳步的增长，让他们的心智变得更加成熟。

“比上不足，比下有余”不可取
——想办法，提高孩子的进取心

每位家长都希望自己的孩子能够成为一个积极进取的人，家里有 5–6 年级孩子的家长更是如此。可是，看到孩子的习惯、个性即将定型，一些 5–6 年级或即将迈进 5–6 年级的孩子家长却纷纷表示：

放大镜

◎“孩子平时不求上进，对成绩、表扬漠不关心……”

◎“我家孩子对成绩不理会，好了也不激动，差了也不着急，总觉得自己‘比上不足，比下有余’。”

◎“有时，我们也给孩子敲警钟，可是孩子会不服气地顶撞一句：‘还有比我更差的呢！’”

其实，5–6 年级的这些孩子，已经不像小时候那样对任何事情都充满激情了，换句话说，他们好像一下懒惰了很多。他们宁可坐在那里发呆，也不愿去碰小时候最喜欢的网球拍；即使是做一点儿家务，他们也会情不自禁地说上一句“累死我了”……这些都是孩子没有进取心的表现。

如果孩子在 5–6 年级就用“比上不足，比下有余”的心态来对待一切，那将是很可怕的一件事情。一旦失去了进取心，他们在思想和行动上往往都会变得盲目——孩子会以一种无所谓的态度对待周围的一切，既没有目标，也不会有动力……所以，从这个意义上说，家长送孩子一颗积极进取的心，比给孩子亿万家产更重要。

要想让5–6年级的孩子具有进取心，重要的是让他们发自内心地感受到：一切都是因自身需要而为之。那么，如何才能培养孩子的进取心呢？

让孩子正确认识现实自我和理想自我

为了督促孩子学习，有些家长喜欢在孩子面前每天念叨“你要加油，考个好学校”之类的话，这样做效果是不好的。可以带孩子去一些高校游玩，让他在环境中受到熏陶。要知道，在童年时代，大多数人拥有各种幼稚的梦想，这是使人能够进步、走向成功的内驱力。

要让孩子对自己多一些认识，使他们意识到，理想中的自我和现实中的自我往往有较远的距离。事实证明，这段距离能促使孩子去改变、发展现实的自我，成为自我教育的内部动力。通过各种方式，可以鼓励孩子“志存高远”，保证理想中的自我设定富有激励作用。

让孩子对自己有信心

美国心理学家詹姆斯曾经说过：“人类本性中最深刻的渴求，就是受到赞美，获得自信。”自信，是每个孩子都需要的，5–6年级的孩子更是如此。要想让孩子具有进取心，首先就要让孩子对自己有信心。为了实现这些，家长可以从以下几方面入手：

1. 仔细观察，多说一些赞扬之言

赞扬，不仅可以点燃孩子心中的憧憬和希望，还可以促使孩子不断成长、进步。家长要细心观察，准确地把握孩子的每一次进步和优点，让孩子认识自己、肯定自己。为了实现这一点，和 5–6 年级的孩子谈话的时候，要尽量多肯定他们的优点。当看到别人对自己满是肯定的时候，孩子也会对自己充满信心。

2. 正确使用“暗示法”

暗示法，是一种激发孩子自信心的途径。所谓暗示法，就是借助语言、表情、动作、环境等元素对孩子的某种言行进行无声的教育，使孩子处于一种积极主动的进取心态之中。

比如，在生活中，如果发现孩子的注意力不集中，可以利用眼神暗示法，让孩子集中注意力；为了拉近和孩子的心理距离，可以使用一些拍肩、摸头等动作，以此来增强孩子的信心。事实证明，使用这种方法，会收到“此时无声胜有声”的教育效果。

3. 合理使用“皮格马利翁效应”

心理学上的“皮格马利翁效应”，是指热切的期望与赞美能够产生奇迹。期望者通过一种强烈的心理暗示，使被期望者的行为达到他的预期要求。为了培养孩子的自信心，同样也可以使用这种方法。

可以让 5–6 年级的孩子经历一个“期望变成现实”的复杂的心理影响过程。孩子一旦担负起了家长的期待，就会在潜移默化中受到激励。同时，孩子也会给自己提出一些积极的前进目标，形成自我激励的心理机制……这时候，他们的自信心也就更强。

帮助孩子提高竞争力

当今的社会充满竞争，更需要竞争，要让孩子明白：对他们来说，在学习和生活中出现一个对手、一些压力或一些磨难，绝不是一件坏事，这些都是激励他们获取进取心的好办法。

放大镜

◎进取心是一种激励孩子前进、有趣、富有神秘感的力量，它存在于每个孩子的生命之中。

◎进取心是一种永不停息的自我推动力，激励着每个孩子不断向自己确立的目标前进。

◎进取心——这种内在的推动力，总是激励着孩子为了明天更好而奋斗，会让孩子的人生更加美好。

为了充分培养孩子的竞争力，在日常学习以及各项活动中，家长就要多向孩子提一些具有挑战性的问题，或让孩子多做一些具有挑战性的事情。比如，利用"激将法"去刺激孩子的上进心，鼓励有潜力的孩子战胜自己、超越自己。这样，不仅可以激发孩子的进取意识，还可以让孩子逐渐形成强烈的竞争意识。

练习时间

"比上不足，比下有余"的心态，对孩子的成长极为不利。家长要想办法提高孩子的进取心，因为只有有了进取心，孩子才能进步。

一次两次的成绩不能代表什么
——教育孩子正确面对考试成绩

到了5–6年级，由于学习压力的增长，有些孩子学习的积极性不高；有些孩子成绩一旦考得不理想，便会自暴自弃。于是，很多家长都反映“孩子厌学”“成绩下降”等。

其实，厌学只是孩子心理问题的表面现象，其背后隐藏的原因是不尽相同的。孩子的学习成绩，不仅容易受到情绪的影响，还会受到家庭环境、人际关系、敏感的性格等因素的影响。

家长不能将眼睛只盯在孩子的成绩单上，要想办法缓解孩子的心理压力，给予真正的关注。可是，很少有家长能够真正做到这一点，因此，不满之声迭起：

放大镜

◎“眼看着快小升初了，孩子成绩却在下降，怎么办？”

◎“现在，孩子一听我给他讲道理，就躲进自己的屋里，将门关上，不理我。”

◎“孩子这次模拟考试不理想，连着两天都没吃饭……”

不可否认，课业负担过重造成的压力，已经成为5–6年级孩子产生情绪焦虑、忧虑的重要因素。孩子的情绪越不稳定，心理压力会越大，考试时成绩就越不理想。

作为家长，最好及时帮助孩子调整情绪、缓解心理压力，让孩子正确看待自己的分数。那么，如何才能使分数成为促进孩子学习的动力呢？

孩子有了自责心理，就不要再重复指责

5-6年级的孩子，已经有了一定的荣誉感。很多孩子会为考试失利而感到自责，这时候，他们需要的是理解，需要家长来分担他们心中的苦闷。对于这些孩子，可以对其进行一些克制、温暖的安慰，这样做远比批评的效果好得多。

一般情况下，看到孩子成绩不理想，很少有家长会感到高兴，但也不能迁怒于孩子。这时候，如果家长将自己的情绪发泄到孩子身上，会严重地打击他们的自信，只会使孩子陷入更深的自责中。一旦发现孩子过度自责，家长就要立即调整对孩子的期望和要求，立即中止各种偏激的、有悖情理的“高标准、严要求”。

为了不使孩子过度自责，家长应该学会通过评价过程的方式来肯定孩子的努力。结果的好坏受到很多因素的影响，而努力的过程却能充分反映出孩子的意志、品质、品德、合作精神、聪明智慧等多方面的优点。对于5-6年级的孩子来讲，努力的过程比努力的结果更重要。为了增加孩子的自信心，家长应对这些努力过程中的优点予以充分肯定和赞赏。

帮助孩子分析考试失利的原因

在孩子心情低落的日子里，家长不但要鼓励他们，还要帮助他们找出考试失利的原因。不管是考试没发挥好，还是做题时出现了原则性错误……即使是先前没有重视考试，家长也要以平和的心态来面对，但是要叮嘱他们吸取经验，迎头赶上。这里就有这样一个事例：

张华是一名小学5年级的学生，平时成绩处于中上等。可是，这次期中考试，他的数学却只考了61分。他成了班里的后退生，不仅班主任点名批评，同学们也都以一种诧异的眼神看他。

张华胆战心惊地回到家里，当他将自己的成绩单拿给妈妈时，心提到了嗓子眼儿。可是，妈妈只用眼睛扫了一下成绩，便刷刷几下签了字。

晚饭的时间到了，可是，张华根本就没有心思吃饭，他也不敢吃，一个人在书房里待着。晚上九点钟，妈妈敲了敲他的门。张华只好打开门将妈妈迎了进去。

妈妈将饭碗放到桌上，说："没考好，也不能绝食啊！"张华还是不吃饭。

妈妈接着说："这样吧，咱们分析一下，看看这次为什么成绩会这样低。"张华便和妈妈分析起来。妈妈发现，上面的这些试题孩子是会做的。可是，为什么成绩却不理想呢？

最后，他们终于找到了原因。原来，在考试的前一天晚上，张华睡不着，躺着看了一晚上的书。等到他真正想睡的时候，天已经大亮了。妈妈对张华说："这次没考好，主要在于你没有准时休息，一定要吸取教训，千万不能不睡觉了。"

儿子听了，点点头。看到妈妈没有批评自己，张华心里的一块石头也落了地。

看到张华成绩不理想，妈妈既没有生气，也没有喋喋不休，仍积极和孩子一起想办法，寻找原因……毫无疑问，这是一种正确的做法。面对一个有自尊心的5-6年级的孩子，家长就需要这样做。

对于孩子的成绩，家长一定要做一些科学的分析，不能以分数定英雄。要做一个明智的家长，在孩子考试理想时，提醒他不要骄傲、不要轻浮，要脚踏实地、一步一个脚印去刻苦学习；在孩子考试失利时，首先要给孩子一定的安慰和鼓励，然后帮助他分析失利的原因……只有你做到了这一点，孩子才会振作精神，以更优异的成绩来回报。

善于从对分数的分析中发现孩子的进步

在孩子心情低落的日子里，家长不但要鼓励他们，还要帮助他们找出考试失利的原因。不管是考试没发挥好，还是作答时出现了原则性错误……

当孩子学习成绩进步时，如果家长能够给孩子以肯定与表扬，孩子便会体会成功的喜悦，从而产生一种强大的学习动力。当孩子学习成绩有所退步时，更需要家长的鼓励与帮助。家长就要从点滴的成绩中，发现孩子的进步，从而肯定孩子的努力。那么，如何才能做到这一点呢?

（1）从孩子的缺点中发现孩子的“闪光点”。有些家长善于观察，即使面对一个满身缺点的孩子，也能找出其“闪光点”。事实证明，这种方法，可以激励孩子不断进步，最能体现家长的教育水平。比如，孩子的总分下降了，你可以看一下孩子的单科分有无上升的?如果孩子的成绩不理想，要从知识结构分析，看看孩子有没有掌握较好、丢分不多的部分?如果能够将这些“闪光点”找出来，便可以赢得孩子的信任。

（2）以发展的眼光看，鼓励孩子迎难而上。一般情况下，通过自己的努力，孩子一定能迎头赶上，考出好的分数。对于这一点，家长一定要有足够的认识，要用发展的眼光来看孩子，千万不能一棍子将孩子打死；否则，只会扑灭孩子的希望之火，使其对自己丧失信心。这对孩子的学习和成长是非常不利的。

（3）有些家长，经常会这样认为：考试成绩不理想的孩子，未来发展一定不会很好。这种认识是不正确的。要知道，孩子要走的路还很长，考试失利的时候，正是对自己的能力和信心产生怀疑和动摇的时候。如果家长不能辩证地看待问题，很可能会在孩子心中种下不自信的种子。

为了使孩子克服沮丧的情绪，重新对未来充满信心，家长可以这样做：

放大镜

◎仔细观察，发掘孩子的优点和长处，并加以赞扬。

◎用自己曾经的成功经验来点燃孩子心中的希望之火。

◎帮助孩子唤回曾经成功的心理体验。

练习时间

孩子考试成绩出现了不理想的情况，你是如何对待的呢？孩子是如何想的呢？要体察孩子的心情，帮他们树立起信心。这样的家长，才是合格的家长。

从“错误”中也能获得成长

——让孩子正确认识自己

在日常生活中，面对孩子的各种错误行为，不少家长经常采取惩罚孩子的方式。研究表明，惩罚虽然能在一定程度上制止孩子的错误行为，但很容易伤害孩子的自尊心，使孩子产生逆反心理。

放大镜

◎有的孩子受到家长的惩罚后，会出现暴力行为。

◎有的孩子遭到家长的指责之后，会拒绝学习，厌恶家长。

◎有的孩子害怕受到更严厉的惩罚，会表现出一定的顺从，可是不知道自己错在哪里。

随着年龄的增长，5–6 年级的孩子好奇心增强，什么事情都想做一做，什么话都想说一说……由于都是“第一次”，因此很容易碰壁，犯错误。

生活中有一种家长，对孩子犯下的错误总是不能正确对待，如果碰上心情好的话，会蜻蜓点水地一笔带过；如果心情不好，便会对孩子大声责骂，严重者甚至还会拳打脚踢。殊不知，这样教育孩子是相当错误的，只能收到适得其反的效果。

惩罚，既不能让孩子产生正确行为，也不能保证孩子懂得应该怎样做。正确的做法应该是，帮助孩子正确认识自己。

家长对待孩子的态度与方式，直接影响着他们长大后成为什么样的人。在制止或纠正孩子的错误行为时，一定要让孩子懂得哪种做法是不对的，哪种做法是正确的。

不对孩子的错误横加指责

每个孩子都有强烈的自尊心，5-6年级的孩子更是如此。如果孩子犯了错，家长用责骂的方式进行处理，只会严重伤害孩子的自尊心，并不能帮助孩子从思想上认识自己的错误。如果家长宽容地对待孩子，孩子不仅会感谢家长的理解，还会自觉地反省和调整自己的做事方法，并将其作为自己的行为规范保持下去。

星期天，周明和爸爸去图书馆买学习资料。马上就要升6年级了，爸爸很着急，想给儿子提前补补课，让他多学习学习。周明当然不乐意了，学校的作业已经将他压得透不过气来了……一路上，爸爸在前面走着，周明则在后面慢慢地跟着。

这时候，一位中年人走到周明的身边，一看就是外地人。他问："小同学，你知道图书馆在哪边吗？我想给女儿买本参考书，可是，不知道在哪里。"周明一听又是给孩子买参考书，气不打一处来，心想现在的家长都怎么了，然后便随口说了一句："在那边，过了红绿灯，往左拐就是了。"中年人道了谢，然后按照周明所指的方向走去。

很快，周明便到了图书馆。爸爸和他楼上楼下转了个遍，一个小时后才停下来。爸爸提着一个大手提袋，里面装满了书，在他们刚要走出大门的时候，正好遇到了那位外地中年人。

中年人说："你可以不告诉我，但也不能瞎说啊！"周明心里一惊，拉着爸爸就赶紧往外走。爸爸知道怎么回事后，并没有说什么……这件事也就渐渐地被人淡忘了。

一个星期之后，周明一家三口出去玩，路上遇到了一位向他们打听道路的人。这次，周明给出了正确的指引。

孩子犯错之后，绝大多数都会感到自责、后悔和羞愧。家长不要一味地指责孩子，而要平静地让孩子面对，促使孩子学会自我反省，激发起他们纠正错误的想法。同时，还可以采用冷静的态度，从侧面引导孩子进行自我反省，认识自己所犯的错误，从而帮助孩子形成正确的是非观念。

积极利用负面道德情感促使孩子反省

羞愧和内疚是主要的负面道德情感，这种情感体验会更加深刻地促进孩子的反省，教育效果远比家长直接的正面教育有效得多。研究表明，让孩子自觉地对自己有害于社会或他人的行为感到羞愧和内疚，是一种改变其行为的合理方式。

家长可以尝试从正反两个方面唤起孩子的反省意识。与正面情感相比，羞愧、内疚等负面道德情感更能在孩子的心中留下深刻的记忆，从而让他们改正自己的错误。同时，还要经常为孩子灌输诸如正直、善良、勇敢等正面道德情感。

让孩子学会总结经验教训

很多家长喜欢越俎代庖，替孩子做总结，这样做不仅会掺杂家长的主观倾向，还会代替孩子思考，剥夺了孩子自己反省的空间，是不可取的。家长要引导孩子进行自我总结和自我反省。

当孩子因为没有听从家长的指导，犯了错误时，家长不要幸灾乐祸地对孩子说："早和你说了，你自己不注意，现在尝到苦头了吧。"家长的这种态度，只会引发孩子的逆反心理，而不会起到任何教育意义。可以换种语气来引导孩子："你自己想想，如果你按照妈妈说的那样做，结果会怎么样呢？"这样，孩子不仅乐于接受，还会从思想上对自己的坏行为进行反思。

孩子犯了错误的时候，也会在心里对自己最近的表现进行评价和定位，然后将自己好的行为继续付诸实践，对坏的行为进行改正。如果事情的结果和自己预想的不一致，他们就会反思自己的行动，从而调整自己的状态。在将结果和过程结合在一起进行自我反省的时候，孩子们再次行动时，就会先考虑再行动，并且对自己有个更清楚的认识。

让孩子承担做错事的后果

孩子做错了事，很多家长常常喜欢为孩子承担后果，使孩子觉得做错了也没关系，因为有家长在帮助自己。家长这样做，会使孩子丧失责任心，不利于培养孩子自我反省的能力，使其今后还会再犯类似的错误。所以，家长应该让孩子自己去承担犯错的后果，这样才会促使孩子学会反省。

要让孩子懂得，如果是自己办错了事，就该自己负责，从而使其引以为戒。

放大镜

◎有的孩子打了同桌，家长会为犯错的孩子掏钱，给人家治疗。

◎有的孩子打球时打碎了邻居家的窗户，妈妈主动拿钱补偿。

这样的做法，只会助长孩子不负责任的恶习。因此，家长不要事事为孩子承担，孩子做错了事情，要鼓励孩子认真分析错误，主动承担后果。同时，家长还要允许孩子为自己辩解。

当然，给孩子辩解的机会，并不是教孩子推卸责任。孩子在辩解的过程中，不仅可以让家长了解到事情的真实情况，还可以锻炼孩子的反省能力。

练习时间

孩子犯了错误时，你是如何做的？仔细想想自己的行为，看看有哪些是需要改正的。对于孩子的犯错行为，一定要认真对待，千万不要麻痹大意！

“同学的爸爸真有钱！”
——别让妒忌心蒙蔽了孩子的心

和大人们一样，5–6 年级的孩子也会产生妒忌心理，而且他们的妒忌心理往往更加强烈、奇特。比如，有的孩子看到别人的爸爸开豪车，便说：“人家的爸爸真有钱，真令人妒忌。”有的孩子看到别人穿名牌，说：“看看人家，真是没法比！”……

事实表明，当孩子发现别人那儿有自己想要的东西的时候，无论是玩具、老师的表扬，还是家长的关注，一种小小的妒忌就会油然而生。

现代心身医学研究表明，妒忌是一种人格缺陷也是一种不健康的心理行为，所产生的过激恼怒情绪不仅会导致中枢神经系统和内分泌系统功能失调，还会致使免疫功能下降，引起多种心身疾病。

如果孩子具有妒忌心，他们的性格就会表现出这样一些特点：

放大镜

◎有妒忌心的孩子性格怪僻，不太合群，很难与同伴相处。

◎有的孩子，在妒忌心的驱使下，人格会变得扭曲，灵魂会受到污染。

◎有的孩子会失去理智、泯灭良知，做一些违法犯罪的事情。

这样的孩子步入社会后，是很难有所作为的，而且他们的事业、社交、家庭等方面都会遇到意想不到的困难。

妒忌，是一种心理疾病，不仅会对个人造成伤害，还会危害到公众的利益。有些怀有妒忌的孩子，喜欢处心积虑、耗费心机地算计别人，不仅会消耗孩子大量的才智和精力，还会让他们的内心痛苦不已。

对于孩子的妒忌心，一定要彻底清除，让孩子树立起正确的自我形象，努力去营造良好的人际关系。那么，如何帮助孩子远离妒忌呢?

注意孩子的变化，并表示理解

6年级的孩子正处于青春期发育的前期，他们的情绪多变，且很难控制自己。但是，对于家长们来说，观察孩子的行为方式、掌握孩子的情绪趋向却并不难。

对于孩子的这些变化，家长一定要给予同情和理解，并帮孩子把他们的想法说出来。

爸爸带着11岁的女儿去买衣服，走到衣服专区，女儿却委屈得要哭。这时候，爸爸对女儿说："穿不穿名牌并不重要，对不对？"

女儿表示同意，爸爸接着说："这种感觉就叫'妒忌'，不过这没什么的。"女儿听了爸爸的话，也就不再坚持了。

当孩子妒忌心爆发的时候，他们的行为经常会出现相应变化，比如搞破坏、哭泣或者说妒忌对象的坏话等。家长就可以从这些细小的行为，做出判断。有时候，妒忌心理也会反映在孩子的心理和身体方面，如胃疼、难过、焦躁、情绪低落或者没有干劲等。

事实表明，当孩子有了妒忌心的时候，家长的理解可以给孩子带来安抚。因为这种时候，孩子们需要的往往不是欲望的满足，而是家长耐心的倾听，以及对他们内心感受的肯定。

不要跟孩子过分强调负面的东西

很多时候，5–6年级的孩子都会通过观察大人的做法来塑造自己的行为方式，因此，当发觉孩子有嫉妒心理的时候，在表示同情的同时，既不要过多强调孩子的立场，也不要指责受到妒忌的对象。否则，不但会进一步刺激孩子的妒忌情绪，还会导致孩子养成动辄归咎于他人的坏习惯。

一天，孩子发现自己的同桌被邀请参加同学的生日派对，而自己却没有被邀请，心里感到非常难过。回到家里之后，他便对妈妈说："为什么邀请他？不就是一个课代表吗？"

妈妈问："怎么回事？"女儿说："我们班的班长这个星期过生日，邀请了我的同桌，却没有邀请我。真不够意思……哼！我还不稀罕呢！"

妈妈说："妈妈理解你的委屈，但是别难过，每个人都有不同的朋友。你自己过生日的时候，不是也不可能把自己认识的所有人都请来吗？"

故事中的妈妈是明智的，她的这种回答，就会让孩子认识到：并不是因为自己不受欢迎而未受邀请，也不能因此而记恨那个过生日的同学。如果这位妈妈跟着孩子强调这种负面情绪，势必会强化孩子心中的不满和妒忌，这对她以后的成长是极其不利的。

尽量不要拿孩子与别人对比

许多家长都有这么一个习惯，喜欢拿自己的孩子与他人比较，总觉得自己的孩子没有人家的优秀，不知不觉地会用其他孩子的优点来比自己孩子的缺点，嫌自己的孩子不够优秀，比如：

放大镜

◎看看人家，每次英语都考第一名！

◎你看邻居家的小孩，嘴巴多甜啊！你怎么就不爱说话？

◎别人家孩子都是回来之后先写作业，你怎么非要先玩二十分钟呢？

这样的话说得多了，孩子的内心就会受到伤害，使得他认识不到自己的优点和长处，而且对家长表扬过的同学他们会心生妒忌，无形中，孩子的心灵就被扭曲了。在生活中，家长尽量不要说这样的话。

不可否认，做家长的，没有谁不爱自己的孩子，经常拿别人家的孩子与自己的孩子相比，也是出于好心，希望孩子能以他人为榜样，学习别人的优点，超越别人，为家长争光争气。

但是，有时候好心也会做坏事。爱孩子，就不要拿自己的孩子与他人做比较。你可能注意不到，在谈论其他孩子时，一句无心的话，或者只是一个微笑、一个耸肩的动作，甚至抬一抬眉毛，都可能被孩子解读为“比较”。

尤其是当你的孩子在某一方面做得不好的时候，他们更容易对那些有能力做好的孩子感到妒忌。

练习时间

你家的孩子有妒忌心吗？不要以为自己的孩子没有妒忌心，只不过，孩子没有直接说出来而已。如果发现了，家长一定要对孩子进行积极的引导，帮助他们化解这种不良心态。

做事不要半途而废
——教育孩子学会坚持

许多 5–6 年级的孩子都喜欢在每一个新学期开始时，为自己制订一个学习计划，最初几天还能完全按照计划学习，到后来，就逐渐松懈下来，最后甚至完全抛开了原定的学习计划。

半途而废是一种严重影响学习效果的不良习惯。调查显示，大多数学龄孩子在学习上都有这种半途而废的不良习性，其主要表现为：

放大镜

◎课堂听讲，前 20 分钟比较认真，后 20 分钟就坚持不下去了。

◎做作业一遇到疑难问题就打退堂鼓。

◎作文前几段文字书写工整，到后面就逐渐变得凌乱潦草，以至成了无人能识的“天书”。

学习中的半途而废，不仅不利于学习进步，更不利于孩子健康、规范、严谨的学习素养的形成，它所造成的后果不仅严重，而且后患无穷。

5–6 年级的孩子，自立自理的习惯少，能力比较差。一旦孩子做事很少成功，就会自信心不足，甚至产生严重的自卑感，对人对事都抱一种不在乎、无所谓的态度。所以，每个家长都不能对孩子掉以轻心，要引起足够的重视。

一般来说，做事不能有头有尾的孩子，往往心理比较脆弱，意志力较差，情绪不稳，注意力也不太集中和长久。当家里的孩子出现了这些情况的时候，家长就要注意了。那么，怎样才能教育孩子做事不半途而废呢？

家长要做好表率

为了培养孩子的毅力，不管做任何事情，家长都要体现出榜样的力量，这是对孩子最有效的教育。

儿子已经是一名6年级的学生了，可是，不管是学习，还是做事，他经常是半途而废。为了让孩子改变这种不良的习惯，爸爸决定从自身做起。从那以后，不管事情是大是小，是重要还是不重要……爸爸都坚持做下来。

周末，爸爸陪着儿子爬香山。爸爸提议："爬'鬼见愁'。"据说，这个地方地势陡峭，攀登困难。为了给儿子做好榜样，爸爸一路上都没停过。

看到爸爸的样子，儿子也不好意思休息，只好紧紧地跟在爸爸的后面。当他们爬到顶峰的时候，儿子别提多高兴了。

要想使孩子在潜移默化的过程中学会坚持，家长不仅要以身作则，还不能用粗鲁、强硬的方式，强迫孩子继续做他们要放弃的事情。实践证明，凡是爱学习、做事能持之以恒的家长，他们的孩子很有自觉性，做事情也会专心致志。

为了培养孩子的毅力，首先家长自己一定要有恒心、信心和耐心，以便给孩子一种潜移默化的影响，从而达到培养孩子毅力的目的。首先，家长不管在做什么事情时，都要善始善终，不能半途而废，并注意让孩子模仿；同时，要经常提醒孩子，让他们看看家长做事是怎样坚持到底的。

家长要注意孩子意志力的培养

对于做事经常半途而废的孩子，要注意激励培养他。孩子有了较强的意志力，有了不甘落后的好胜心，做起事情来自然也就有了驱动力，就会想法做完一件事。

意志，是一个人自觉确定目的，支配、调节行动，克服困难以达到目的的心理过程，是人类独有的一种心理现象。一般来说，意志坚强的孩子，学习的自觉性都比较强；而意志薄弱往往会影响孩子学习的提高。那么，如何培养孩子的意志力呢？

（1）从具体的事情开始。培养孩子的意志，就要从具体的事情开始。给孩子布置任务时，要明确；同时，还要指导孩子按照预定的计划一步一步地完成。如果孩子完成得好，要给予及时的鼓励和表扬。这样做不仅可以对他们的意志行为进行强化，还可以使其逐渐形成意志的自觉性。

（2）从培养良好的习惯出发。习惯的养成，常常需要付出意志的努力。为了培养孩子善始善终的品行，就要从小事做起。比如，遵守作息时间，按时完成作业，做完作业后收拾书包，自己收拾房间，等等。

（3）培养孩子勇敢的品质。在培养孩子意志力的活动中，家长可以设计一些稍微困难的活动。如果太容易，孩子就不需要付出什么努力，对意志的培养当然没有什么好处；如果太难，不符合孩子的心理发展水平，很容易使孩子受挫。

家长要指导监督孩子做事

有些孩子在处理事情的过程中，一旦碰到解决不了的问题，就会灰心丧气，心浮气躁，这样就很难再坚持下去了。因此，孩子做事的过程中，家长在关键时刻要给予指导和提示。

可是，当孩子想不出办法又不愿去想，有偷懒或依赖家长的迹象时，家长可以对其置之不理，但应注意说服、鼓励……这样长期坚持下去，孩子的能力自然就会提高了；而且，一旦养成了习惯，孩子做事自然就不会半途而废了。

不要让孩子做超出自己能力范围的事

有些孩子之所以不愿意坚持，主要是因为所做的事情已经超出了自己的能力。如果过难，孩子尽最大能力也不能成功，他们一定会伤心失望，从而自暴自弃。偶然一件事情是这样的话，不足以对孩子产生影响；但一旦连续发生几次这样的情况，很可能使孩子不再去想，不愿去做，而丧失自信心。

那么，哪些事情不应该让孩子去做呢？

放大镜

◎不要让孩子做超出孩子能力的事情。

◎不要连续给孩子布置一些超出孩子接受能力的试题。

◎不要让孩子说一些不属于他们这个年龄阶段的话。

练习时间

如果发现孩子做事情经常半途而废，就要想办法帮帮他们了。如果忽视了这一点，他们的学习和生活就会受到严重的影响。

智慧小锦囊：孩子不听话，怎么办？

案例：

一位家长说："现在，面对6年级的儿子，我真不知道该怎么办了！"

"儿子刚刚上学的时候，还挺听话，每篇课文都能背得滚瓜烂熟。可是，自从上了5年级之后，他的成绩便每况愈下。最让人生气的是，前段时间，我给他报了书法班，连续几个星期天，他居然都没去上课。"

"去年，我们给他转了学，觉得换个环境也许孩子会有所改变。可是，没想到，儿子依然我行我素。为了儿子，我做了'全职妈妈'。可是，我只要稍有松懈，儿子就会钻空子，一学期下来，不但成绩没有得到提高，我的积极性也全没了。儿子大了，说多了，嫌你唠叨。我也试着谈心，可是谈完了一切照旧。我该怎么办啊？"

分析：

作为家长，如果还像小时候那样，出了问题，对孩子一味申斥，非但起不到教育他的效果，反而会引起他对你的排斥和反感。

5–6年级的孩子，由于生理上的急剧变化，他们会出现各种各样的心理反应，大部分是自我意识觉醒的表现形式。他们试图冲破约束和管教，这是很正常的一种现象。

这时候，孩子对事物有了自我辨知能力，做家长的如果没有注意到孩子的变化，而是一味地像以往一样，牵着孩子按自己设计的路线走，自然就会引起孩子不满，使其有意跟家长对着干。

专家建议：

（1）与老师保持联系，多跟老师交流，随时关注孩子的变化。

（2）在孩子成绩下降的时候，要做的不是责备，而是鼓励。

（3）和孩子谈话的时候，要单独进行，不能当着众人的面进行。

（4）遇到孩子不懂的问题，可以跟孩子一起讨论，引导他自己积极思考。

（5）改变只说不做的教育方式，要身体力行，为孩子做个好榜样。

（6）为了保持在孩子面前的威信，对孩子一定要严格要求，在孩子面前不要表现得过于随便。

（7）不要总是在孩子耳边讲："我是怎样为你付出的……"不要拿自己的孩子和别的孩子进行对比。

（8）与孩子进行一次深入的交谈，列举一下可能遇到的困难和6年级学习的重要性，鼓励孩子努力学习，并表达一下做家长的期望。

第三章

不可忽视的情绪智力
——用良好的情绪来迎接即将到来的初中生活

5-6 年级的孩子，伴随着生理发育的显著变化，心理也会呈现出多种多样的变化。由于他们处于前青春期的开始阶段，因此会时不时地爆发出一定的情绪，比如烦躁、害羞、任性、孤独等，这时候，家长该如何做呢？

“好烦，看不进去书”
——孩子烦躁，怎么办？

5-6年级的孩子正处在茁壮成长的时期，可是，很多人却觉得“烦透了”“没劲”。现在，“烦”竟成了校园孩子的口头禅。很多孩子都不喜欢读书，他们觉得，从中找不到学习的乐趣，甚至优等生也不例外。为什么会出现这样的情况呢？

首先，求知是孩子认识世界的基本途径，可是孩子们生性就喜欢追求快乐。如果孩子因为求知而失去了快乐，在苦学的状态下进行学习，缺乏认知的需要，便会产生一定的烦躁情绪。

其次，5-6年级的孩子，对家长的信赖度逐渐下降，他们比较关注自己在同学中的地位。这个时期，孩子们迫切渴望朋友之间的友谊。随着异性之间情感的悄悄萌芽，一般情况下，孩子都会遇到人际交往的烦恼，继而产生烦躁情绪：

放大镜

◎真是烦透了！

◎你烦不烦啊，不要打扰我！

◎妈妈，你怎么也这样烦！

最后，不可否认，孩子们在一起学习、生活，难免会出现一些摩擦、矛盾和冲突。当彼此之间的关系变得越发紧张时，烦躁情绪自然也就出现了。有些孩子一看到课本就烦躁，有些孩子一坐进教室便萎靡，有些孩子还会冒出离家出走的想法……

这些由学习压力引发的心理问题困扰着越来越多的5–6年级的孩子，给本应充满阳光的花样年华蒙上了层层的阴影。

不可否认，每个人都会产生烦躁感。其实，有了烦躁感并不可怕，它正是孩子需要改变现状的信号。关键是要弄清厌烦感产生的原因，以便对症下药。

化整为零，改变学习的单一模式

5–6年级的孩子学习压力一般都非常重，课余生活不够丰富，每天除了课堂还是课堂，除了读书还是读书，甚至连节假日都没有，难免出现厌烦之情。特别是在学习感到吃力的时候，更会产生阵阵的厌烦感。

有些孩子没有耐性，一提学习就心烦，写作业时也是这个样子，巴不得把老师留的作业一会儿就做完。由于有些作业需要动一番脑筋，有些作业要求能坐在桌子前安安静静地写，这就让孩子大生烦恼，经常胡乱应付。

对于这样的孩子，可以根据孩子急躁的性格特点，给以积极的引导，将学校布置的家庭作业，进行“拆分”。每次，孩子只要完成其中的一部分就可以了；到时候就马上休息，之后再回来继续做。当孩子将所有的作业都完成后，心情自然也就好了。

很多时候，孩子之所以对学习心烦，不是因为孩子的心理有问题。有时候做同一科目的作业时间太长，加上作业有一定的难度，孩子自然就产生了急躁和厌烦的心理。

针对这一问题，可以让孩子把自己每天要学习的科目都梳理一遍，按照由易到难的顺序，合理地安排出学习的次序和时间。比如，先做一些比较简单的练习，完成一科后再做下一科；如果孩子感到疲劳了，及时休息……这样不断转换学习科目，该休息的时候休息，孩子对学习的兴趣必然会渐渐浓厚。

利用孩子的不服输心理，激发孩子的求知欲

有些孩子对学习不感兴趣，经常跑出去玩耍，直到家长招呼他，他才气喘吁吁地跑回家。这时候，就可以利用孩子争强好胜、不服输的心理，激发孩子学习的兴趣，让他们将精力和注意力转移到学习上。来看一看一位父亲的讲述：

从小儿子就不服输。幼儿园时，看到别人的小朋友会背诵《早发白帝城》，他便回来让我教他；看到同学主动为别人提供了帮助，他自己也会寻找机会，给别人提供一些方便……就这样，儿子一晃成为一名5年级的学生了。

升入5年级后，儿子每次回来都要嘟囔：“好烦！好烦！”不管是吃饭、睡觉，抑或是写作业，儿子都会摆出一副烦心透顶的姿态，对所有的事情都打不起精神。直到班主任打来了电话，我们才意识到问题的严重性——儿子烦躁！

怎么办呢？为了解决儿子的问题，我们决定从儿子的不服输性格出发。我们和儿子进行了一次长谈：

“这段时间，是不是感到很烦啊？”

“是的，简直是烦透了！”

“怎么回事啊？”

“我也不知道，就是感到一种莫名的烦躁！说不清楚！”

“我记得，你可是一个不服输的孩子，怎么这点学习就把你难住了！”

“怎么会！”

“要知道，任何一个不服输的孩子，学习上都能奋起直追！”……

这次谈话之后，儿子果然有了转变。首先，嘴上再也没有出现过类似于“好烦”之类的消极词语；而且，经过他的努力，成绩也一点点得到了提高。

前青春期的孩子一般都争强好胜。当孩子出现了厌烦的情绪时，就可以充分利用这一点，激发孩子的求知欲，化解孩子的不良情绪。

转换学习场所，提高学习效率

转变学习环境，可以让孩子专心致志地学习。孩子学习和活动的空间发生了变化，原先那种单调的时空感消失，心情自然就不一样了，学习效率也会得到很大的提高。看到孩子学习时间过长，或者家中出现干扰时，也可以提醒他换一个地方学习。比如：

放大镜

◎可以让他到图书馆去看书。

◎可以让他到楼下社区的小亭子里看书。

◎可以让他到林荫路上，背诵、朗读或默念。

练习时间

孩子出现了烦躁的情绪，该怎么办呢？相信，你已经找到适合自己孩子的办法了吧。从今以后，不要再为孩子的烦躁情绪感到烦恼了，实践一下这些方法不就行了吗？

孩子脸红了

——孩子总是害羞，怎么办？

孩子升入 5–6 年级之后，家长们很快就会发现：孩子居然懂得害羞了！这时候，孩子会过多地对自己的言行进行约束，很少充分表达自己的思想感情。

放大镜

◎有些女孩，在异性面前总是显出几分害羞的样子，低头不语。

◎有些孩子说话低声细语，见到生人就脸红，甚至怀有一种胆怯的心理。

◎一些孩子，不管在任何时间、场合都不愿与人交往，不敢与人交往。

◎有些孩子见到生人，会习惯性地害羞、躲避，没有自信心。

其实，孩子们之所以出现这样的情感体验，是有一定原因的。孩子进入前青春期后，自我意识逐渐加强，别人对自己的评价让他们非常敏感，希望自己在别人心目中有一个“光辉形象”。为此，他们对自己的一言一行非常重视，唯恐有差错。这种心理状态导致了他们在交往中生怕被人耻笑，因此，会表现得不自然、心跳、腼腆；时间长了，便羞于与人接触，羞于在公开场合讲话。

有些孩子总认为自己没有迷人的外表，没有过人的本领，属于能力平平之辈，因此他们在交往中没有信心，患得患失。可是，长期的谨小慎微不仅使他们体验不到成功的喜悦，还会使他们更加不相信自己的能力。这种低估自己的认知偏差，常常是导致害羞的重要原因。

其实，一个人有点儿害羞心理是正常的，只要不影响正常的交往就不过分。如果孩子出现了害羞的情感，家长应该给予正确指导，鼓励他们大胆、真实、自然地表现自己。那么，如何帮孩子解决这个问题呢？

让孩子丢下包袱，大胆前行

许多害羞的孩子，在学习中过于追求完美，担心失败，害怕别人的否定性评价，这样的自我否定和自我暗示肯定会影响能力的发挥。结果他们越担心、越害怕，失败的可能性就越大。当孩子出现了害羞的情绪时，要让他们抛弃一切顾虑，大胆前行，不要过多计较别人的评论。

每次家里来了客人，小可不是躲到爸爸妈妈后面，就是一句话也不说。到了5年级之后，小可的这种情况更加严重了，干脆躲到屋子里面不出来。

妈妈决定和女儿好好谈一谈。这一天，妈妈带着女儿去看电影《张海迪的故事》。回家的路上，妈妈和女儿有了这样一番谈话：

妈妈说："张海迪真了不起，即使瘫痪了，还不忘学习。而且，不管别人说什么，她都不在意……"女儿表示赞同："是啊！哪来的力量啊？"

妈妈说："其实，每个人都有自己的弱点，关键是如何面对。如果张海迪也像你一样，遇到生人就害怕，就不好意思，她是不会取得今天的成绩的！"女儿承认说："是的，我的胆子就是小，见到生人就不敢说话，就脸红！"

妈妈说："其实，在你们这个年龄段，这是很正常的！可是，一定要放下思想包袱，轻装前进！"听了妈妈的话，女儿点点头。从那以后，女儿的胆子大起来了。家里来了客人，也不再向后缩了。

多让孩子进行户外锻炼

遇到一点儿事情就脸红的孩子，一般都性格内向，神经系统比较脆弱，容易兴奋，一点儿小事就会闹得脸上红一阵、白一阵。对于这样的孩子，可以让他们多参加一些户外锻炼。研究表明，户外锻炼，不仅是增强孩子体质的可行之法，也是增强神经系统的最有效方法。不过在使用这种方法时，有些方面是需要注意的：

（1）空腹时不宜让孩子进行体育锻炼。应该让孩子知道，长时间清晨空腹进行锻炼，体内的能量大量消耗，对身体不利。最好在适量进食后，开始轻微活动，这样才能使肌肉、关节及内脏器官积极活跃起来。

（2）让孩子遵循循序渐进的原则。孩子的机体对各种体育锻炼项目都有一个逐步适应的过程。锻炼时，要根据身体的不同发育水平，制订一份关于运动量、动作难度和复杂性可衔接的训练计划，循序渐进地提高身体素质。

（3）教育孩子要全面锻炼。要让孩子知道，不要片面追求运动成绩，或过早侧重于单项训练。只有在全面锻炼的基础上，才能使专项运动成绩不断提高。

（4）剧烈运动后不宜马上洗澡。要告诉孩子，运动消耗了大量的能量，必须等人体各系统机能恢复正常后再去洗澡。

（5）要灵活做好保护措施。孩子正处于长身体时期，身体各部分发育尚不成熟，要注意锻炼中的安全保护和锻炼后身体变化情况的观察，灵活安排锻炼的内容、程序和保护措施。

（6）没有特殊原因，不能中止锻炼。孩子锻炼中断后，会使在锻炼过程中机体内形成的适应性改变或消逝，于是机体对外部刺激的敏感性又增高了。

（7）告诉孩子运动要坚持不懈。要孩子坚持每天锻炼身体，坚持就意味着更多的努力和付出，更多的汗水和忍耐。如果孩子有些时候实在无法控制自己，那家长就在实行计划之前，与其约定，对他们进行监督。

让孩子学会交往

交往可以帮助一个人慢慢地摆脱害羞。害羞者可以一边与人交往，一边观察别人是怎么交际的，在实践中学会交往的技巧：

放大镜

◎学会分享。不懂分享的孩子，在生活和学习中很难找到友谊。家长要在日常生活中做好榜样，同时对孩子的日常行为给予积极的引导。

◎耐心等待。要让孩子明白：当其他同学成为大家关注的焦点时，当自己喜欢的东西还不能立刻拥有时，应耐心等待。

◎学会沟通。鼓励孩子将自己的想法、感受说出来。孩子如果能学会沟通，尽量用平静的语气与人交流想法，就能赢得更多的朋友。

◎学会赞赏。鼓励孩子赞赏对方。当其他同学做了好事时，要由衷地赞扬他们。如果孩子能经常以积极的态度来对待别人，就能获得社会的接受。

练习时间

不管是在男孩身上，还是在女孩身上，都会出现害羞的情形。对于这一点，家长一定要引起重视，切不可等闲视之。

“我就不，我偏不”

——孩子太任性，怎么办？

现在，孩子的任性和逆反心理让许多家长感到十分头疼。家长们总是很诧异：“孩子在小的时候吃饱喝足了什么事也没有，可是越大，满足得越多，要求也越多；甚至到了一定程度，只要稍微不满足他们的要求，他们就跟家长对着干。这是为什么呢？”

其实，5–6年级的孩子，之所以出现任性和叛逆行为，是有一定的心理原因的。据心理学家分析，孩子在3–5岁和12–13岁这两个成长阶段，最容易出现任性心理。

在幼年时期，家长对孩子的溺爱、娇惯、放任、迁就，很容易造成其任性的心理。一旦孩子意识到通过“不吃饭”“大哭大闹”“满地打滚”等手段要挟家长，能够最终实现自己的愿望时，就会变得越来越任性。等孩子到了5–6年级，当家长无法满足孩子的要求时，孩子会变得更加任性。

放大镜

◎有些家长对孩子太严厉，有些家长对孩子不尊重，都会造成同样的后果。家长对孩子要求过于苛刻，孩子难以达到，便会产生抵抗行为，久而久之，就会变得任性。

◎现实生活中，有些家长从来不会顾及孩子的自尊心，不管在什么场合，不管在场的人多人少，只要见到孩子的毛病，就习惯训斥。长此以往，孩子也会变得任性。

虽然家长的种种做法主观上是试图激励孩子、保护孩子，却忽视了孩子的自尊，使孩子感到大大地丢了“面子”，损害了他们的自我形象。为了保全自己的面子，孩子便会产生任性的心理，不自觉地和家长对抗起来。

有心理学家认为，前青春期是人的第二次诞生。孩子要经过成长过程的烦恼与痛苦，才能真正长大。对于任性的孩子，一定要正确对待。那么，如何才能让孩子不再任性呢？

想办法转移孩子的注意力

经常看到这样的情形：孩子非常任性地要做一件不该做的事，大人非要阻拦不可。可是，说也不听，打也不行，一个要干，一个要拦，一时间相持不下……

如果这时候正好走进来一个人，或发生一件新奇的事，孩子的注意力就会被吸引过去，也就不再任性了。这是因为，孩子的注意力转移了。

文文今年12岁，从小就是家里的掌上明珠。文文乖巧的时候，着实惹人喜爱。她能歌善舞，表达力强，在家里，爸爸妈妈、爷爷奶奶、姥姥姥爷都争着疼她。

文文自己也真争气，凡事只要大人说过一遍，就能记住，而且做得特别好。可是，文文有一个挺大的问题——太任性。什么事情都得依着她，不如她的意，她就会发脾气，谁说都不管用，爸爸妈妈为此伤透了脑筋。尽管他们一再告诫文文：“下次，不许再犯！”可不愉快的事情还在随时随地发生着。

这天清早起来，由于天气变冷了，妈妈打算让文文多穿一件衣服。可是，文文不答应，非要穿那件自己喜欢的T恤。为了该穿哪件衣服，母女俩差点儿打起来。

这时候，送酸奶的工作人员敲了他们的门。看到酸奶来了，女儿急忙走过去。女儿喝着酸奶，全然忘了和妈妈的争执。喝完之后，她擦擦嘴，便穿了一件厚衣服出门了。

研究表明，当孩子任性得越发不可收拾时，家长可以利用孩子注意力易分散、易被新鲜的东西吸引的心理特点，把孩子的注意力从他坚持的事情上转移到其他新奇、有趣的物品或事情上。

孩子的注意力是容易转移的，家长们可以在孩子出现任性行为时，利用当时的情境特点，设法把孩子的注意力，转移到能吸引孩子的一些特别的、新颖的事物上去。这一方法在任性初起时更灵。

巧用“激将法”

激将法，就是利用孩子的自尊心和逆反心理积极的一面，以“刺激”的方式，激起孩子不服输的情绪，从而得到不同寻常的说服效果。如果孩子在家里吵着要玩电脑，家长可以说：“你不是说，自己很坚强的吗？怎么连不玩电脑都受不了。你究竟是真坚强，还是假坚强？”这样，利用孩子的好胜心理，便可以让他们不再任性。有这样一个故事：

星期六的早上，爸爸起来后本来想出去溜一圈的，可是发现天空飘着零星小雨，便打算不去了。早上8点左右，儿子从被窝钻出来，赤着脚，跑到客厅里拿了一个东西，就快速跑回床上去了。

爸爸怕儿子着凉，于是就让他起床。可是，儿子说还要睡一会儿。待爸爸过去一看，原来儿子拿了本书在看。爸爸知道这样看书不好，便制止了儿子。儿子说："那好，我不看，我要吃方便面。"爸爸说："家里没有了。"

儿子说："骗人，总不想让我吃方便面。"爸爸说："就是不想让你吃，这食物不好。不过今天我没骗你，家里确实没有了。"

儿子说："你答应一星期一次的。"爸爸说："没错，明天早上吃吧。"

……

爸爸一边说着话，一边将儿子拉了起来，不小心磕着他了。于是，没能吃上方便面的儿子，借机撒起娇来，倒在床上说："爸爸弄疼了我的腿，我的腿疼！"任爸爸怎么劝，他就是不肯穿衣服。

于是，爸爸激将了他一下："你啊，平时还羡慕英雄，可是，连这点儿疼都受不了。要是在抗日战争时期，估计敌人还没动手，你就吓跑了。"儿子听爸爸这样说，不服气地说："谁说的！"说着，儿子便开始配合穿衣服。

为了让儿子不再任性，故事中的爸爸使用激将法，将了儿子一军。事实表明，这种方法的效果是明显的！

善用"冷处理"

很多时候，孩子之所以会发脾气，是由于环境的影响。如果孩子无缘无故地发脾气，家长最好不要迁就，可以进行"冷处理"。一定要等他不哭、不闹之后，再满足他。要让孩子明白：哭不是办法，只有在不哭不闹和恰当表达意愿的情况下，才能达到自己的目的。

如果家长给任性的孩子一些许诺，求他不要再任性了，孩子会认为自己是对的。这种方法不但没有效果，甚至还会导致孩子以后更多地采用发脾气的方式去解决问题。要让孩子明白：家长不喜欢这样的解决问题的方式，不会因为他的任性而让步。

当孩子由于要求没有得到满足而任性发脾气时，家长最好不要去理睬他，既不能在孩子面前表露出心疼、怜悯或迁就的神情，也不能和他讨价还价。可以采取躲避的方法，暂时离开他。事后，家长可以向孩子简单而认真地说明这件事不能做的原因。

其实，一旦孩子太任性，这种消极情绪不能释放出来会很难受。所以，要给孩子提供发泄的渠道，比如带孩子参加一些运动量较大的室外游戏。

练习时间

到了5-6年级，很多孩子都会显得特任性。这不仅受其家庭环境的影响，也受其生理发育的影响。家长要多注意孩子的这一变化。

“我该怎么办？”

——孩子太焦虑，怎么办？

焦虑症是一种较常见的情绪障碍，很多5–6年的孩子都会在无明显原因的情况之下，出现紧张、恐惧与不安等情绪。

放大镜

◎有些孩子经常由于情绪的不稳定、烦躁、吵闹、胆怯等原因，害怕去学校或陌生的环境。

◎有些孩子对学校厌倦，每天上学前不是感到非常难受，就是觉得萎靡不振，甚至装病不肯去学校。

一旦这种情形持续几周或更长的时间，家长就会显得非常着急，可是一点儿办法都没有。孩子有这些表现，可能是患了焦虑症。

资料显示，近年来，5–6年级的孩子焦虑症的患病率有所上升。有些孩子是独生子女，生来任性；有些孩子被迫去做自己不喜欢的事……正是因为这些原因，孩子们便在不同程度上患上了焦虑症。可是，很少有家长能够把它与“病态”联系起来。

孩子一旦出现了焦虑的倾向，一般都会出现很多的不良反应。比如，在情绪、行为方面，孩子表现出与其他孩子明显不一样的地方；出现了与孩子的年龄特点很不相称的地方；给孩子自身、家长带来了持续的痛苦和麻烦……

面对焦虑的孩子，家长要反思：在养育、教育孩子的过程中，是否给了他过多的压力？一旦找到产生问题的原因，就要采取相应的心理治疗，极力消除这种不良情绪。

家长率先甩掉忧虑

家长的敏感、多虑、缺乏自信等一些焦虑人格的表现，常常可以在孩子身上反映出来。所以，家长对孩子该放手时就放手，首先要将忧虑的情绪甩掉。

自从孩子升入6年级之后，爸爸就感觉自己肩上的担子又重了很多。可是，为了消除孩子不必要的焦虑情绪，他还是像往常一样，该干什么干什么。

虽然爸爸没有给儿子任何的压力，可是，在儿子的身上明显出现了焦虑的症状。比如，儿子经常会时不时地用手指挠挠后脑勺，这在以前是没有的；有时候，儿子在书桌前一坐就是半小时，既不看书，也不写字……爸爸知道，有些事情需要做了。

一天，爸爸起床很早，叫醒了熟睡中的儿子："今天是星期天，出去跑步吧！"

儿子睡眼惺忪地说："马上就要升初中了，哪有闲心跑步！"

爸爸一把拉他起来说："怎么，升初中就不跑步了？哪有这样说的道理，快点儿，起床！"儿子被爸爸的情绪所感染，一骨碌从床上爬起来。跑在小区的花园里，儿子感受到一种轻松与兴奋。

如果看到孩子为了考试而焦虑，家长流露出哪怕一点点的焦虑，对孩子来说都无异于雪上加霜。当孩子被焦虑困扰时，他们最需要的是心理支持。家长表现出的"无所谓"态度，常常能逐渐淡化孩子对焦虑的感受。

面对孩子的焦虑表现，家长先要管理好自己的情绪，沉着、冷静、自信、果断，避免大惊小怪。其次，家长要将内心的焦虑彻底甩掉，在孩子面前不显露任何的细小变化。

耐心地倾听孩子的心声

倾听，是增进沟通、促进理解、走近孩子的好方法。要想消除孩子的焦虑感，就要学会倾听孩子的话语，理解孩子对世界的认识和看法。

（1）给孩子倾诉的时间。家长每天都要抽出一段时间陪孩子。这段时间里，亲子之间可以谈论一些孩子最感兴趣的事情。只有坚持做到这点，才能将关爱源源不断地传送给孩子，让孩子不再焦虑。

（2）从眼神、表情、姿势中传递倾听兴趣。孩子向你倾诉时，不仅要用善意、鼓励、略带急切的眼神凝视孩子，还要用肯定的肢体动作及面部表情鼓励孩子说话。

（3）倾听中要适当提问。在倾听的过程中，要多听少说，但是可以进行适当的提问。需要注意的是，家长的角色主要是一个倾听者，之所以要提问，是为了引导孩子把谈话进行下去。

（4）不轻易打断孩子的谈话。在谈话的过程中，不要轻易打断孩子，要等待孩子陈述完意愿和想法后，再提出自己的疑问。直接插话，会让孩子反感。

……

家长要和孩子建立起一种互相信任关系，使孩子在家长面前不设防，自觉自愿地将内心的忧虑吐露出来。在听孩子述说时，对他所说的内容，家长要及时做出相应的反应，对其痛苦适当地表示同情……这样做，有助于孩子将心里的压力释放出来，消除顾虑和紧张情绪以及不安全感。

多鼓励孩子

焦虑的孩子每时每刻都担惊受怕，内心敏感、容易受伤，一点点风吹草动都会引起他们的情绪波动。因此，对这样的孩子要多鼓励。

鼓励是人世间最美好的一件事情。有些人，就是因为一句鼓励的言语而改变了命运，重写了人生。当孩子做错了事或情绪不稳时，要告诉他们“没关系”“不要怕”，相信一段时间以后，孩子就会走出焦虑，建立起自信，并形成开朗乐观的性格。

焦虑，各种年龄的孩子都会产生，5–6 年级的孩子更是如此。家长的任务，就是采取有效措施，化解孩子的焦虑，增强孩子的成就动机，使孩子取得一个个成功。哪些现象能证明孩子得了焦虑症？焦虑症在不同的孩子身上有不同的症状，也有不同的解决方法。

放大镜

◎缺乏安全感、心里不踏实；和同龄的孩子比，明显地胆小。

◎在很多场合，都会出现大祸临头的不祥感觉，急性发作能达到惊恐的程度。

◎不愿离开家长，尤其纠缠妈妈；在学校惶恐不安，有发作性紧张、恐惧。

◎拒绝上学，即使勉强到校，也很少与同学、老师交往。

◎情况严重的孩子，会出现食欲不振、植物神经功能紊乱等症状，比如头晕、出汗等。

第一，家长千万不要用自己的言行去暗示孩子，使他们产生紧张感。当孩子感到为难或焦虑时，家长应使自己保持平静。例如，当孩子要去参加比赛时，家长必须做到心平气和，既不要自己紧张，也不要老提醒孩子“别紧张”。这些言语具有很大的暗示性，更容易导致孩子紧张。

第二，家长要善于用孩子过去的成功经验来鼓励他。当孩子面临一个新的挑战时，可以帮助他们回想起以前类似活动的成功体验。这类成功的经验与当前活动的时间越接近，激励作用就越大。

练习时间

当孩子发出“我该怎么办”的困惑时，家长可以采取上述的做法来加以调节，使孩子恢复到正常状态。

“就是不想说……”
——孩子太孤僻，怎么办？

到了5–6年级，有些孩子会变得孤僻。孤僻是一种孤独、怪僻、与他人合不来的性格。这种性格有先天的影响，但主要是后天形成的。

孤僻性格在前青春期的孩子身上有明显的反映：

放大镜

◎平时沉默寡言，不主动提出问题，很少向家人讲学校发生的新鲜事。

◎有事常闷在心里，但是一旦爆发，非常固执。

◎不爱参加集体活动，同学们下课都走出教室，他会一个人待在教室里。

◎不喜欢到热闹的地方去玩，很少有同学来家同孩子一起做作业。

◎家中来了客人，不爱和客人说话，往往躲进自己的小房间或外出。

这些孩子之所以会形成孤僻的性格，主要有这样一些原因：重要的人突然去世，给孩子造成了巨大的打击，孩子长时间沉浸在悲痛之中；有些家长感情不和，给孩子带来了严重的心理创伤；有些孩子从小就生活在缺乏交往的环境里，比如孩子小时候没有小伙伴一起玩等；有些孩子学习、生活中，受到过严重挫折，又没能得到及时的调适；有些家长性格孤僻，对孩子产生了影响……

孤僻是一种不良性格特征，是孩子心理成长的障碍，要进行有意识的改造。

其实，根治孩子孤僻的最佳办法就是让孩子变得合群。当孩子融入群体之中的时候，他才会有集体荣誉感，才知道什么是团结协作。那么，怎样才能让孩子走出孤僻、变得合群呢?

帮助孩子与他人建立友谊

古人说：“独学而无友，则孤陋而寡闻。”任何一个正常孩子的健康成长，都离不开健全的朋友圈。

可欣升入5年级之后，情绪一直都非常低落，也不和同学交往。当然，同学们也不愿意和她交往，为什么？因为，同学每次约她出去玩，可欣都拒绝。

为了让女儿从孤独的处境中摆脱出来，妈妈决定给女儿过个热热闹闹的生日。

这一天，她对可欣说：“下周五，是你的生日，你可以邀请自己的同学来。妈妈给你们做好吃的！”

女儿听了，睁大了眼睛：“真的吗？”妈妈点点头。

女儿的生日很快就到了，当她带着同学走进家门的时候，惊呆了。因为，客厅里，已经被爸爸妈妈布置一新，同学们发出了一阵的赞叹声。

接着，按照既定的程序：点蜡烛——许愿——吹蜡烛……女儿都处于兴奋之中，其他孩子也开心极了。最后，同学们离开的时候，妈妈还送给他们一人一个小礼物。这些孩子得到了这样的礼遇，决定要和可欣好好做朋友。

从那以后，可欣又变得乐观起来了。

孤独是人类不健康的情绪情感体验，战胜孤独是孩子们健康成长、正常发展的前提。家长在矫正孩子孤独症的时候，要主动给孩子创造条件。如此这般，才能让孩子摆脱孤独的压抑，勇敢地面对人生。

帮孩子树立集体观念

现在的孩子十分受宠，缺乏集体观念，这时家长有必要让孩子懂得，个人的行为应该符合社会的准则，让孩子知道社会是个大课堂，帮助孩子在群体中树立集体观念。

有些家长“替孩子做值日”“为孩子不参加春游谎请病假”，这些行为实际上人为地拉大了孩子与集体之间的距离，不利于孩子合群意识的培养，会给孩子的身心发展造成不良影响，势必给孩子将来的发展留下隐患，反而害了孩子。

鼓励孩子多参加集体活动

有的家长认为，孩子只要成绩好就行了，别人的事不用管。这是目光短浅的表现，没有看到孩子健康成长的大局。有的家长往往会担心孩子“上当”“受欺负”，其实这些都是不必要的。因为，参加集体活动也是一种学习的机会，孩子在和同伴的磨合中更容易自觉地调整自己的行为，更能学会适应环境。

为孩子多接触社会创造条件

研究表明，有意识地让孩子们多接触社会，可以消除孩子的孤僻性格。

1. 创造交往的环境

宽松自由的氛围能为孩子体验社会提供心理保障。家长们可以根据孩子的心理特点，创造合适的条件。比如，尊重孩子的交往兴趣，让孩子明白与同伴交往是自己的权利。

家长应该多倾听孩子的理由，允许孩子自己选择朋友。那么，如何帮助孩子提高交往能力呢？比如，朋友聚会时，家长可以带上自己的孩子，相约朋友的孩子一同前往；邻里交往时，可以让孩子多代父母去交流沟通。

2. 提供交往的机会

家长们在日常生活中可以利用一些细节来创造机会，比如：

放大镜

◎带孩子到博物馆，让孩子与博物馆的解说员进行互动，大胆向他们提问。

◎带孩子去饭店吃饭时，让孩子自己向服务员提要求：点什么菜、需要加水、需要毛巾等。

◎带孩子去书店，让孩子自己跟其他孩子交流，跟营业员交流。

只要家长是个有心人，任何地方都能创造机会让孩子学会交往。

练习时间

到了5–6年级，有些孩子不想说话，其实，他们已经走入了孤独的行列。这时候，家长要仔细观察，看看孩子出现了哪些异常表现，从而对症下药，及时治疗。

智慧小锦囊：孩子情绪波动大，怎么办？

案例：

一位家长说：“我家孩子已经上6年级了，一直以来都是活蹦乱跳的，可是这两天放学回到家，情绪波动很大，既不看书，也不怎么说话，是不是该找个心理医生啊？”

分析：

5–6年级是孩子生长发育的高峰期，也是心理发展的重大转折期。身体迅速发育，使孩子们强烈地要求独立，可是，由于心理的发展相对缓慢，又使他们保持儿童似的依赖性。孩子们在这种相互矛盾的心理状态中挣扎难免会出现很多的心理问题。再加上，学习任务的繁重，孩子不得不面对激烈的竞争，心理压力普遍比较大。

这时，他们大脑的神经机制并没有发育健全，调节能力还比较差，面对各种压力和刺激，便很容易产生心理不平衡。5–6年级的孩子不像成年人那样善于控制或掩饰自己，常常喜怒皆形于色，显得情绪忽高忽低，特别不稳定。

专家建议：

（1）为了平息孩子的情绪，不要在考试期间打听孩子的考试情况。如果孩子主动告知，应多给予鼓励和安慰。

（2）孩子某科考试失利，或者某科考得不错，家长不要表现得大喜大悲。

（3）考试期间，家长应将目光更多放在问题的解决上，不要一味地关注那些不可预测的结果。

第四章

为孩子加把劲
——与孩子一起成长，建立良好的情感体验

在孩子进入前青春期后，家长应和孩子一起成长，帮孩子建立起良好的情感体验。每个孩子都有可取之处，如果能够以孩子为师，不失为一种协调孩子身心的好方法。

不要频繁使用“你应该……”
——多沟通，勿说教

我们身边的家长，只要一说起和孩子沟通的问题，都会感到十分苦恼。有的家长说：“孩子已经升入6年级了，我很想了解孩子在想什么。可是孩子从外面回来，和我只有问答式的对话，很少有真正的交流。”有的家长说：“我不让他做什么，他偏要去做……”为什么会出现这样的情景呢？

做家长的，首先要从自身上找原因。当孩子不能和自己实现畅通交流的时候，要先看看是不是自己出了问题。生活中，在家长和孩子之间经常会出现这样的场景：

放大镜

◎家长急着问发生了什么事，孩子却沉默不语。

◎家长用语言强烈地质问孩子，孩子在一边乖乖地听着。

◎家长说：“我都跟你说过多少遍了，就是不听……”孩子则委屈地在一边无言以对。

◎孩子想解释，可是，家长却不让他们多说话。

如果这样的场景经常在你和孩子之间出现，那就需要多想想了。沟通，是连接家长与孩子的一座桥梁。通过沟通，家长可以进一步去了解孩子，认识孩子，了解孩子内心的真实想法。畅通的沟通，不仅可以对教育孩子起到一定的润滑作用，还能让孩子更加深入地了解家长，从而理解家长的苦心。

很多家长都抱怨“自己的孩子不听话”“无法沟通”，其实，问题根本就不在于孩子，而在于家长。有些家长和孩子说话的时候，习惯使用“你应该”“你必须”之类的命令性词语，这些语言将孩子和家长隔开了。

使用命令性的词语，会让孩子认为，必须按照家长的要求做；如果不做，结果就会……5–6年级的孩子，已经有了一定的叛逆心理，最厌恶的就是别人向自己发号施令；当他们发现，家长经常使用这种命令性的词语和自己说话时，就会敷衍塞责，就会将其当作耳旁风。

家长是孩子的第一任老师，应该懂得如何与孩子沟通，应该从沟通方式上、沟通技巧上去吸引孩子，感化孩子，而不是一味地命令。那么，如何才是平等的交流方式呢？

学会倾听，知道孩子想要什么

倾听是沟通的前提。研究表明，只有倾听孩子的心里话，知道孩子想什么、关注什么和需要什么，才能有针对性地给予孩子关心和帮助，才能使以后的沟通变得更加容易。

在一个闷热的下午，妈妈汗涔涔地骑着自行车在马路上艰难地行进着。女儿坐在妈妈的后架上，喳喳喳地跟她说着在班里与同学闹别扭的事。

渐渐地，女儿的声音弱了下来。突然，她小声说：“妈妈，我差点儿忘了，老师让买一盒水彩笔。”妈妈听了，不耐烦地说：“早干吗去了，刚才路过文具店的时候，为什么不说？！”

说着，妈妈便调转车头，向文具店的方向骑去。可是，谁知道，当妈妈极不情愿地带着女儿返回文具店时，女儿竟然气鼓鼓地跳下车，狠狠地说："不买了，回家！"说完，她头也不回地往家走去。

一进家门，妈妈就冲到女儿面前质问她："为什么这么不听话！"女儿眼泪汪汪地说："妈妈，你知道吗，我们小孩儿也很可怜！"

妈妈一下子愣住了，像遭到重重的一击。女儿红着脸，哽咽着："你们家长心烦的时候，可以对我们小孩儿发火；我们小孩儿心烦的时候，找谁发火呢……"

听了女儿的话，妈妈的内心一时无法平静下来。她知道，自己粗暴的态度已经伤害了孩子幼小的心灵。

从这以后，妈妈就开始有意识地给自己的心灵留出一块空间，让它去盛纳孩子的喜怒哀乐。妈妈与女儿之间的沟通越来越密切，女儿也渐渐地变得听话了。

毫无疑问，5–6 年级的孩子承受的压力是巨大的！许多家长常常忽视了这一点，只关注孩子的学习，只看重考试的分数……所以，许多孩子变得不愿和家长说话，变得不听话。

倾听是教育的前提，没有倾听就没有真正的教育。很多家庭教育的失败，往往就是从不倾听开始的。一个孩子就是一个世界，家长们应学会倾听他们的话语，倾听他们的心声。只有这样，才能更好地走入孩子的心灵深处。如果孩子向你诉说的话题，是你不感兴趣的，你也应该耐着性子，表示出对谈话内容的关注。

谈话时，不揭孩子的疮疤

有些家长在和孩子说话的时候，喜欢提起从前，喜欢将孩子从前做过的错事、丑事、难堪之事抖落出来，似乎不这样做，不足以说明问题。研究表明，一味地将孩子的伤疤揭出来，只能让孩子感到和家长无话可说、不敢说。因为，孩子知道，只要一说话，家长就会将自己的缺点抖落出来，用自己的话打击自己。与其这样，倒不如不说。

英国教育家洛克说过：“家长不宣扬子女的过错，则子女对自己的名誉就愈看重，他们觉得自己是有名誉的人，因而更会小心地去维持别人对自己的好评；若是你当众宣布他们的过失，使其无地自容，他们便会失望，而制裁他们的工具也就没有了。他们愈觉得自己的名誉已经受了打击，则他们设法维持别人的好评的心思也就愈加淡薄。”

每个孩子都是活生生的生命个体，他们不仅仅满足于被爱、被保护，更希望得到尊重和理解。孩子越大自尊心就越强，到了5–6年级，这种自尊心会变得越发强烈。揭孩子的伤疤，容易使孩子的自尊心受到损伤，严重的话还会使孩子产生敌对心理。

和孩子沟通要平等

家长与孩子之间是一种特殊的人际关系，有些家长往往没有意识到这一点，只停留在“生养关系”的层面上，却忽略了孩子在精神层面上的需求。

由于与孩子所处的地位不同，所关心的内容不同，有些家长没把孩子当成一个对等的人，只认为孩子是自己的附属物，在和孩子说话时，喜欢采用一种居高临下的谈话方式。要知道，作为孩子的养育者，如果总是难以忘记自己是“教育者”的角色，就会在和孩子沟通时难以保持平等的地位，时间长了，孩子就会渐渐失去与家长交流的愿望。

5-6年级的孩子，已经有了比较强的自我意识，他们希望获得他人的尊重、他人的理解。如果总是用居高临下的态度和他们说话，会让他们产生一种强烈的压抑感，时间长了，他们怎么会再和你交流？

放大镜

◎家长要少说多听，听听孩子对某件事的看法或烦恼是什么。

◎倾听时，家长应该放下手里的事情，眼睛看着孩子，并适当地点头。用你的眼睛告诉孩子，你对这一话题很感兴趣，并适当引导。

练习时间

对于这一节提到的问题，家长一定要多加注意。仔细想想，自己和孩子之间有哪些沟通的问题，如果有，可以参考上面的方法进行纠正。试一试，或许会有不一样的结果。

孩子也有可取之处
——真诚地向孩子请教问题

当家长们摆着一副权威的面孔一本正经地教育孩子时，有没有想过：家长该向孩子学点什么？有教育专家曾经对所有做家长的人郑重告诫：“我们从没有像现在这样需要以孩子为师。”

我们都知道“能者为师”！拜孩子为师，不是什么不好意思的事情。今天，孩子们幸运地成长在科学技术飞速发展的信息时代，他们身上蕴藏着巨大的发展潜能，他们获取信息的能力远远超过我们这些家长的想象力……在有些方面，孩子确实比家长懂得多，比如：

放大镜

◎孩子们接受新事物的能力，要大大地超过家长。

◎孩子们对知识有着强烈的渴望，这一点上，家长不如。

◎孩子的法律意识比较强，有些家长在这一点上比不上孩子。

在传统意义上，家长知道的永远比孩子多，但是现在不一定。由于有了各种接收信息的方式，孩子们可以上网，可以跟朋友聊天，可以看很多东西，而获得的很多信息都是家长不明白的。比如，孩子说一些英语，家长可能就不太懂，但是孩子们却明白。所以，在接受信息方面，在接受新东西的能力方面，应该说子代比长辈更有优势。

如果你总是认为，自己走过的桥比孩子走过的路还多，那你是放弃了被孩子影响的权利。拜孩子为师，不仅能够使大人变得年轻，激活家长学习新知识的兴趣，还可以使孩子变得自信——孩子会从心里发出“我能行”的自信心；同时，还能增进亲子之间的感情。

孩子也有可取之处，他们的哪些地方值得家长学习呢？家长该如何向他们请教问题呢？

主动向孩子学习电子、网络知识

随着科技和信息的发达，在很多高科技产品的使用方面，孩子表现出了极大的天赋。今天，很多家长都是“菜鸟”，在网络上表现得笨拙，而孩子却是“老鸟”。这时候，家长就要主动向孩子学习了。

张先生是一家公司的销售经理，由于平时很少接触电脑，因此，电脑的知识几乎是零。当然，并不是说，他的工作用不到电脑，而是因为，跟电脑有关的工作，都由秘书代劳了。

作为一个20世纪60年代出生的人，张先生不懂电脑，是不值得羞愧的，因为他的很多同龄人都不懂，即使偶尔上上网，也是浏览一些网页。

有一次，张先生约见一个客户，本来说好秘书和他一起去。可是，秘书却得了急性阑尾炎，住院了，张先生只好自己去了。去了那里，他才意识到，自己犯了一个非常大的错误——不会使用电脑。关于合同的很多文本，都被秘书储存在了电脑里，由于不熟练，张先生闹了很大的笑话。

张先生自知丢了很大的面子，回到家里之后，便让已经上6年级的儿子教他学电脑。儿子当然愿意了，看着这位平时在家里耀武扬威的爸爸终于败下阵来，心中一阵暗喜：“爸爸，我说过吧，一定要学习电脑！”张先生说：“是啊！今天我可是糗大了！”

于是，儿子从最基本的开机、关机、文档的建立开始讲授，爸爸也就认真地听着。同时，为了让爸爸便于理解，儿子还和同学借来了《电脑基本入门》。爸爸一边看书，一边听儿子讲解，学起来也就快了。

在现代社会，家长不可能再是知识的权威了，孩子每天都会向家长讲述最新发布的知识。无论是个人化，还是全球化的东西，对家长来说，有可能都是陌生的。

资料显示，现在70%以上的孩子认为，他们在网络方面比家长懂得多……家长应该清楚一点：很多时候，在很多意想不到的地方，家长都可以向孩子学到不少东西。这是一件好事！通过向孩子学习，家长不仅可以使本来要完结的“精神生命”获得新生，还可以从孩子身上再次发现自己。从这个意义上来说，与孩子一同长大，是这一代家长最大的幸运！

向孩子学习新事物、新思想

在网络盛行的时代，孩子们接受新事物的能力是非常强的，尤其是5-6年级的孩子。由于没有一些先入为主的观念束缚，孩子们经常会发现很多让成年人意想不到的新东西。

和成年人相比，这些孩子身上具备尚未被社会浸染的美好品质，他们更乐于接受新事物、新思想，不管是主体性意识、同等意识，还是法律意识、自我保护意识、环保意识等，都远远超过了家长。同时，他们还有着广泛的爱好，懂得利用业余时间积极休闲。

面对家里的电脑、摄像机等新器物，成年人往往心存胆怯，而孩子们操纵起来却显得更加游刃有余。面对不断变化发展的新时代，孩子们比家长更具适应能力。家长一定要放下姿态，主动向孩子学习新事物、新思想。

在纯真方面，家长应该向孩子们学习

孩子看世界的眼睛是纯净的、透明的，对世界充满了好奇，即使刚刚步入前青春期的孩子也是这样。家长经历了岁月的腐蚀，世事的变迁，绝大多数的人都在用成熟练达、圆滑世故的处事原则来教育孩子，希望能够将孩子塑造得如大人般处世机敏、玲珑应变。

可是，孩子们水晶般的心中容不得半点瑕疵，他们真诚地、不加掩饰地面对这个世界，任何有违于真实世界的人或事都会使他们感到迷惑不解。这一点，值得每位家长学习：

放大镜

◎家长在与人的交往中，多一些真诚和坦率，少一些矫饰和世故，彼此之间自然会消除很多隔膜、偏见和误解。

◎在人与人的交往中，要进行心灵的沟通、情感的交流，真诚是至关重要的。

练习时间

你会向孩子学习吗？毫无疑问，向孩子学习的好处很多。如果想和孩子进一步接近，就要谦虚地、主动地向孩子请教。

不要让孩子远离亲情

——在情感上迅速接近孩子

这几年，许多小学 5–6 年级的孩子们都要做一份特殊的寒假作业——“亲情作业”。各学校“亲情作业”的内容不尽相同：

放大镜

◎有的要求孩子每天为家长做一件力所能及的事，并写下“孝敬日记”。

◎有的提出具体要求，比如每天向家长问一声好，为家长递上一双拖鞋，为家长整理一次房间，替家长拖一次地。

在某种程度上，亲情作业确实能够唤起孩子心中的亲情意识。要知道，与其他课相比较，“亲情课”更重要，应当及时补，并且要补得充分。而且，家长更要主动在情感上接近孩子，而不是一味地期待孩子来主动向家长“示好”。

随着孩子年龄的增长，进入小学 5–6 年级阶段后，他们的独立意识更强，喜欢独立思考、独立判断、独立做事。如果家长能够主动接近他们，和他们的认识零距离，必然会被他们心悦诚服地接受。时间长了，在家长和孩子之间就会多一些交流的热情。

随着互联网的普及、经济的快速发展，孩子们的交际圈子越来越狭隘。这就形成了一个强烈的反差：外面世界的空间越来越大，孩子心灵的空间却越来越小。

这时候，如果家长一直信奉“冷漠文化”，涉世不深的孩子便会在不知不觉中养成冷漠的心态。

家长要利用特有的家庭氛围、课堂氛围，多和孩子谈心、接触，了解他们的思想动态和情感需求，及时送去温暖的心灵阳光，教育他们珍爱真情、关爱他人。

可是，如果孩子亲情冷漠，该怎么办呢？

不要将孩子管得太严

家长管得太严，会给孩子造成压力，以至于他们会觉得很烦，渐渐地便会对家长的管教变得冷漠以对，对亲情失去希望。所以，家长管孩子不要管得太严，要讲究方式。

1. 培养孩子对家长的尊重

亲子关系是孩子最早也是最为重要的社会关系，孩子与家长的关系会为日后孩子对其他人的态度打下基础。孩子早期对家长权威的看法，会影响到以后对学校管理者、执法人员、雇主以及其他共同生活和工作的人的态度。

当孩子步入 5–6 年级时，如果你希望他接受你的价值观，那么，就必须让孩子在年幼的时候尊重你。如果一个孩子在 15 岁之前，经常违抗家长、嘲弄家长的权威，那么，在他的心目中，他早就看不起家长了。

2. 在管教之后做好沟通

在情感得到宣泄后，孩子常常想要投入家长的怀抱，此时家长应该张开双臂，以温暖和爱来迎接他。在这个时刻，你可以与孩子倾心交谈，告诉他你是多么爱他，他对你来说是多么重要……事实证明，管教后家长温柔的抚慰是非常重要的，它能告诉孩子：家长不接受的是他的行为，而不是孩子本身。

3. 避免喋喋不休的管教

对孩子大喊大叫和喋喋不休可以成为一种习惯，却一点儿作用都没有。当孩子出现问题的时候，很多家长都会以愤怒来解决问题。这不仅会让孩子感到筋疲力尽，而且一点儿好的作用都发挥不了。家长必须认识到，有效约束孩子的手段就是巧妙地控制那些对他非常重要的东西，喋喋不休和空洞的威胁对孩子来说没有什么作用。

多与孩子沟通谈心

现在的孩子大多都是独生子女，当家长的不要只顾工作，而忽略了孩子的感受。否则，孩子会感到孤独，他们会把自己封锁在属于自己的空间里，变得孤僻、不爱说话。随着孩子的日渐成长，家长要和孩子多谈心，多交流，勤沟通。

儿子一出生，妈妈就用自己的言行向儿子灌输着一种理念：在家里每个人都是平等的，没有长幼之分，有什么问题都可以在谈心的时候解决。妈妈很重视跟儿子的谈心，在儿子上幼儿园的时候，她每天都会在睡觉前问问儿子幼儿园的情况，那时候他们的对话完全是平等的。

长大之后，妈妈会利用一起散步的时候，跟儿子聊天。有时候，儿子会跟他们谈一些关于学校老师和同学之间的事情，有时会谈他目前的一些打算。在他们之间，很多话题都可以进行没有障碍的沟通，儿子可以谈他的观点，即使是错误的，妈妈都会给他机会说出来。

在跟妈妈谈心的时候，儿子也会把自己的苦恼说出来。有一次，儿子说：“班上，总是跟我竞争的那个同学，妒忌心特强，而且还喜欢察言观色，让我感到很不爽。”妈妈就跟他说：“竞争是有好处的，但如果是恶性竞争就没有必要了。

别人嫉妒你，说明你优秀。可是，你不要去妒忌别人，妒忌人是一件很痛苦的事情……”儿子听了妈妈的话，心里好受多了。

因为家里有聊天谈心的习惯，所以儿子什么事情都愿意跟爸爸妈妈说，包括跟女同学相处的时候那种欲说还休的感觉。妈妈认为，儿子的这个年纪跟女孩子交往是很正常的，正确的引导最为重要……

家长应每天抽出一定的时间，哪怕只是10分钟，和孩子一块儿坐下来，在良好的气氛中好好谈心。在谈心的过程中，了解孩子的需求或者是愿望，谈一些孩子感兴趣的话题。切记：不要板着脸，好像孩子欠你什么似的，那样会让孩子对你产生畏惧感。

给孩子创造一个和谐的家庭环境

家是孩子成长阶段的重要场所，给孩子的影响最为深刻。一个和睦、温暖的家庭环境会直接影响孩子的性格、思想和品德的形成与发展。因此，家长有责任，更有义务给孩子营造一个和谐、温暖的成长环境，这是家长给予孩子最基本的爱。

（1）给孩子一个温暖的家。一个温暖的家，对孩子来说太重要了。做家长的一定要珍惜夫妻之间的这份感情，因为这份感情，我们自己需要，孩子比我们更需要。孩子在爱中长大，自然心中有爱。所以，家长千万不要在孩子面前吵架、打架，更不要依自己情绪随意地打骂孩子，毕竟孩子也有自尊心。

（2）给孩子提供一个和谐的家庭环境，让孩子在这个环境里能够比较放松，比较自由。很多5–6年级的孩子都喜欢上网玩游戏或聊天，可以说这已经是一个社会问题了。其实，网络现在这么普及，不让孩子上网肯定是不行，但要一步不离地看管孩子上网，也不太现实：一则孩子会很反感，二则家长恐怕也没有这样的时间和精力。

那么，如何引导他们正确使用网络以对他们的学习、生活有所帮助呢？

放大镜

◎孩子在完成该做的事情以后利用闲暇时间玩玩游戏、听听歌曲，是很正常的。即使孩子玩的时间稍微长一点儿，家长也应该理解。

◎如果孩子玩游戏有点儿上瘾，甚至已经上瘾，这时，家长管教孩子要讲究方法，最好积极采用疏导的方式。

练习时间

你是不是觉得孩子和自己的距离很远呢？有没有感觉到，孩子已经渐渐远离自己了呢？如果出现了这种迹象，那就赶快改善亲子关系；如果还没有出现，就多了解一些这方面的知识，防微杜渐。

不要命令孩子
——正确地建立家长的权威

在现实生活中，时常可以听到年轻家长这样抱怨：“我的孩子越来越不听话，有时还敢当众顶撞我。”“这孩子没大没小的，动不动就对我们发脾气。”诸如此类的话，仔细推敲起来，的确反映了当前一部分家庭在教养孩子过程中存在的问题。这些问题之所以会出现，原因是多方面的，但家长在孩子面前缺乏威信是重要原因之一。

家长的威信，至少具有以下几方面特点：

放大镜

◎威信如同家风，是无形的精神上的东西，看不见、摸不着、难以量化。

◎在家长与孩子的共同生活中，威信是无处不有、无所不在的。家长对孩子所说的每一句话，所给予的每一条指令，甚至一个眼神、一个动作，都渗透着威信。

◎从家长的角度看，威信是一种威望和信誉；从孩子的角度看，威信是一种尊重和信从。两者相互作用，相互影响。

不可否认，在家庭教育中，家长在孩子心目中拥有一定的威信是必不可少的：家长的威信是一种难以估量的、潜在的教育力量，是家长对孩子有效地进行教育的条件。如果家长在孩子面前毫无威望和信誉，孩子对家长没有适当的尊敬、信任和听从，那么，合理的教育就无法实施，更谈不上良好的教育效果了。

威信源自恰当的教育方法，建立在与子女彼此尊重和热爱的基础上，是不知不觉、自然而然产生的。有些家长运用错误的教育方法，想人为地树立自己的威信，这样既得不到子女尊重，也不能长久。

有了责任心，才能有威信

在孩子小的时候，孩子们会毫无例外地认为自己的家长是最有本事的、无所不知的。可是随着年龄和知识的增长，他们开始用挑剔的眼光看待家长，寻找家长身上的种种缺点和弱点。这个时候，要保持家长的威信，就不能单纯依靠和孩子之间的亲密关系，而应该让孩子看到你的社会角色，感受你在社会上的“重要性”。

晓鹏的爸爸是一名医生，自从晓鹏出生的那一刻起，他就知道自己有一个视工作为生命的老爸。因为，他出生的时候，爸爸正在同一家医院的手术室里给病人做手术。

晓鹏非常佩服自己的爸爸，因为爸爸利用自己的手术刀，挽救了成千上万人的生命。爸爸对工作非常负责。只要病人有需要，爸爸即使已经睡下了，也要重新穿上衣服赶往医院的手术室。

其实，刚开始的时候，由于年龄小，晓鹏对爸爸是有成见的。因为爸爸既没有陪他出去旅游过，也没有多余的时间陪他写作业，更不会像其他同学的爸爸那样给他过生日。可是，后来发生的一件事，让他彻底改变了对爸爸的看法。

小学5年级的一天，老师布置了一篇名为《爸爸的一天》的作文。为了完成这项作业，晓鹏打算去爸爸的医院看看。爸爸不同意，可是拗不过晓鹏，也就答应了。

晓鹏来到医院之后，爸爸把他安排在自己的办公室里，自己则去忙工作了。

晓鹏环顾四周，看到墙上挂着很多的锦旗：“妙手回春！”“感谢救死扶伤的 ×× 大夫！”……一看就知道是病人送给爸爸的。

这时候，几个人涌进了办公室，爸爸很快就赶了过来。原来，这是病人家属，来感谢爸爸的。只听一位大个子说：“真是太谢谢你了！如果没有你，我老婆的命就没有了。那天，我冲动，打了你！真是对不起啊！”

原来，一个月前，医院接收了一个因车祸受伤的人。当时看到伤者伤势严重，医院建议转院。可是，晓鹏的爸爸看了之后认为，伤者生命危在旦夕，根本就经不起折腾，否决了医院的最终决定。这位家属不了解情况，以为晓鹏的爸爸是为了给医院牟利，打了他。晓鹏的爸爸非但没有责备伤者的家属，反而亲自上手给伤者做手术。手术非常成功，一个月之后，伤者痊愈出院……

听了大个子的话，晓鹏顿时对爸爸产生一种无名的敬畏。从那以后，他对爸爸的工作便多了一份理解。

不管从事怎样的职业，都有其美丽和尊严，家长都应该为之自豪。要多和孩子谈谈你的工作，或者在休息日带孩子去你的单位看看。即使妈妈没有职业，也应该积极参与到社会事务中。事实证明，一个整天围着厨房转的妈妈很难持久获得孩子的尊敬。

家长要具有从容的态度

为了在孩子面前树立起自己的威信，不管遇到任何事情，家长都要从容应对：

1. 做个有主见的家长

任何一个人都不会信任一个凡事依靠别人做判断的人。在孩子面前，家长应该充分表现自己的主见，迅速地做决定，并且做了就不反悔。比如，孩子不舒服，在公交车上没有让座，有人埋怨孩子不懂尊老爱幼，不懂让座，这时你可以站起来为孩子辩护……只要有一次，孩子就会对你油然生出敬意。

2. 遇事冷静，能控制情绪

不管在任何情况下，都要保持冷静和理智，这本身就非常值得敬重。有威信的人，首先要有力量控制自我。有些家长喜欢用发火来吓唬孩子，要知道：不管你怎样发火，都不如冷静来得有力。很多时候，家长的确有点儿难以控制自己的情绪，这时，要为孩子多想想：你应该为他们做一个怎样的榜样？

3. 正确处理孩子犯错误

很多时候，孩子之所以会犯错误，主要在于好奇和无知，有些时候也与控制不住自己有关。作为孩子本人，犯了错误之后，经常会惊慌失措，心存后悔。

如果想做一个权威式的家长，可以这样做：

一是给孩子申诉权，让他从容地讲明错误是怎样发生的；

二是帮助孩子认清错误的性质及危害，使孩子在这个过程中得到真正的成长。在这种情况下，犯错误的孩子一般都会吸取教训，加倍努力，并对家长心存感激。

要想树立威信，就要诚实守信

家长一般都非常重视孩子的学习成绩，或者不惜重金培养孩子的特长，却忽视了自己的守信行为，以至于让孩子对家长感到失望。要知道，不诚实、不守信的品性不仅会直接影响孩子的成长，还会直接影响孩子今后在社会立足。对家长来说，极有必要在孩子心灵中播下诚信的种子。

现在，很多孩子都言而无信，喜欢撒谎，喜欢弄虚作假。在“威信”一词里，“信”和“威”具有同等的地位。要想让孩子对家长心悦诚服，家长首先要做的就是诚实守信。对家长来说，要遵循这样几点原则：

放大镜

◎不在孩子面前夸口，胡乱许诺。如果承诺太多而又不能兑现，家长在孩子心目中的地位便会大大降低。

◎对孩子做出承诺后，最好立刻把承诺写在一个随身的记事本上，提醒自己及时兑现。

◎如果由于某种原因对孩子失信，应该及时向孩子说明，郑重地向孩子道歉，并和孩子一起商量可以用什么形式弥补。

练习时间

很多家长都喜欢以命令的口吻对孩子说话，其实，这样做，很难在孩子心中树立起威信。作为新时代的家长，要多想想自己哪些方面值得孩子信服。

尽量不要使用批评语言
——说话时，要慎重考虑

在我们身边，5–6 年级的很多孩子都患有心理慢性症，其主要原因就在于家长教育方法不当，不会批评孩子。

放大镜

◎有些家长喜欢将孩子的过错与人格混为一谈。当孩子有了过错以后，家长批评孩子不是对事不对人，而是用简单的否定，粗暴的训斥、讽刺来对待孩子。

◎有些家长经常会以家长的标准来要求孩子，不是站在发展的立场上，宽容地接受孩子的过失，而是小题大做，大发脾气，并且将孩子以往的所有错误重新数落一遍。

◎有些家长养成了随口批评、责骂孩子的习惯，不着重说明孩子错在哪里，也不分析错误原因，而是更多地去发泄自己的情绪。

怎样才是正确的做法呢?

如果要告诉孩子他有些地方做错了，此时该批评的是他的行为，而不是他的人。当家长批评的是行为时，孩子自然就会明白：只要改正行为，就有可能改善他在家长心目中的印象。

如果针对人格特质来做批评的话，比如：“你这个笨蛋！”“你这个不争气的人！”孩子就会认为，家长对他这个人有成见。既然你看我这个人不顺眼，那无论我再怎么改变，你还是会觉得碍眼，所以孩子也就自然而然地打消了改变的念头。

研究表明，当孩子犯了错误时，要正确使用语言，而且说话时要慎重。如何做到这一点呢？

批评时对事不对人

绝大多数家长在批评孩子的时候，都会说这样一些话：“你怎么又做错了？”“我告诉过你多少遍，你为什么记不住？”……这种表述方式除了帮助家长宣泄了愤怒以外，既不能改变孩子犯错的事实，也不能帮助孩子改正缺点。而且，一味地指责，只会使孩子觉得“我不够好”。时间一长，孩子势必产生恐惧和自卑心理，难以获得“成长的能量”。所以，批评孩子时，要多说一些“你不可以做这样的事”之类的话。这样，才可以使孩子知道自己错在哪里。

自从上了6年级，王浩的脾气就见长，或许是由于学习压力的增大，或许是由于前青春期的到来。很多时候，他都会感到一种莫名的烦躁。

一天中午，他在书房里读书，临近午饭的时候，爷爷过来喊他吃饭。当时，王浩正在做一道数学题，做了好几遍，答案都不对。爷爷的话，他也就没听见。见孙子还不出来吃饭，奶奶又来到了书房前，冲着门口高喊了一声：“孙子！吃饭了！”

奶奶的这一声，将王浩的思路打乱了，王浩没好气地回应道：“喊什么喊！只知道吃！吃！”王浩的声音特别大，坐在餐桌边的爸爸妈妈听得一清二楚，更别说是奶奶了。

这顿饭，大家吃得都很不痛快，王浩更是只吃了一口，便离开了。当他走进书房的时候，妈妈走了进来，说："怎么了，今天心情不好？"王浩回答说："这道题，解了好几遍，都没有得出正确的答案！"

妈妈接着说："那你也不应该那样和奶奶说话啊！"王浩听了，意识到了自己的错误，急忙出去给奶奶道了歉，同时，他也告诉家人："以后，如果我在做作业，就不要喊我吃饭；我饿了，自然就会出来的。"

毫无疑问，这位妈妈在事例中的处理方式是正确的。不管是语言批评还是行动惩戒，都应该避免牵扯到孩子的个性和人格问题。如果说一些带有贬低意味的话语，很容易导致孩子的逆反情绪，教育效果自然也会大打折扣。

家长在批评孩子时，应当对孩子有全面的认识评价，既看到孩子的过错，又看到孩子的优点，保护孩子的自尊心与自信心；而且，还应当向孩子解释为何受到批评，如何改正，如何避免再犯错误。

使用批评性体态语言要慎重

体态语言虽然无声无息，但是能传达丰富的真实情感，其真实性超过口头和书面语言。家长应该明白，表示批评和惩戒的体态语言都是消极性的，要特别注意运用场合，不要因使用这种体态语言而损害亲子感情：

（1）将双臂放在背后。家长在监督或惩戒孩子做某件事情时可以采取这种体态，但是在一些普通场合，比如和孩子谈话时，不应把双臂倒背起来。因为这样做，会给孩子一种高高在上、盛气凌人的感觉，容易让孩子产生心理压力，妨碍亲子间的情感交流。

（2）将双臂交叉于胸前。这种体态会给孩子一种压力或蔑视的感觉，不利于家长和孩子之间的感情沟通与交流。当然，这种体态并非完全是消极的，有时也能给人一种休闲自在的感觉。家长与孩子谈心时，如果辅以微笑，也能给人以平易近人、和蔼可亲的感觉。所以，对于双臂交叉于胸前这一体态家长要灵活掌握，避免起副作用。

（3）漠视孩子。有时，孩子对家长提出无理要求，家长只是随意地一瞥，或者看都不看一下，把孩子晾在一边，这就等于拒绝了孩子的要求，同时也起到了批评和惩戒作用。可是，这也是最伤害人自尊心的一种眼神，家长要慎用。

（4）对孩子瞪眼。瞪眼表达的是强烈的反对和生气的情绪，是人发怒时的一种自然面部表情，对孩子的严重不端行为具有威慑作用，能起到暂时中止孩子不良行为的效果。但是家长应该有意加以控制，生气发怒时，两目圆睁，双眉倒竖，一副凶神恶煞的样子，长久下去，只能让孩子敬而远之。

使用有效的批评语言，勿唠叨

家长对孩子的教育要简明扼要，不要反复唠叨。有些家长喜欢唠叨，类似的话反复说很多遍，而且几乎每天都说，这就像一只苍蝇盘旋在孩子的耳边，直听得孩子耳朵磨出老茧。这样的批评方式，不仅会让孩子的身心备受折磨，还容易使孩子心烦意乱无法进入正常的学习状态。

放大镜

◎唠叨的内容绝大多数都指向孩子的弱点、缺点，即使是说一些好话，也多是一些规劝式的话，会让孩子感到自己不受尊重。

◎家长过多的唠叨会让孩子产生自我保护式的逆反心理，消极对抗、沉默不语或者干脆与家长针锋相对以至于恼羞成怒。

教育专家认为，世界上是不可能有完人的，没有十全十美的孩子，也没有十全十美的家长。如果家长苛求完美，就会变成“碎嘴婆子”，唠唠叨叨，没完没了，让孩子产生厌烦之感，结果家长说什么孩子都听不进去。

反复雷同的讲话内容，对孩子缺乏新鲜感。除了特别重要的事情可以重复一下，一般的事情家长只需要说一遍就可以了。

练习时间

5-6年级的孩子，难免犯错，家长要尽量减少批评性语言的使用。批评孩子的时候，要慎重考虑，少批评，多肯定。

智慧小锦囊：孩子看不起家长，怎么办？

案例：

一位家长说：“老公和我原本都是农村的教师。1997年，我们两口子带着5岁的儿子来到了上海。经过我们的努力，生活水平有了明显的好转。去年，儿子中考达到了区重点中学的录取分数线，然而，我们却高兴不起来。由于没有上海户籍，儿子上不了重点公立学校。

“那天晚上，儿子向我们大发雷霆：‘你们真无能，到这里10多年还没给我办上海户口！你们说为我付出很多。可你们给我什么了？是好的生活条件，还是可以送我去国外留学？我的同学成绩比我差，可人家出国了，未来一定比我好！不能给我倒也罢了，还整天说为我付出了一切。真是这样，上学也别让我挤公交车啊！’老公被气得七窍生烟。”

分析：

孩子反应这么强烈，与其处于青春期这一人生特殊阶段有密切关系。进入前青春期的孩子，很容易与家长发生冲突，这是不可避免的。

青春期的孩子，身体在变化，思维也由儿时的形象思维逐渐变为以抽象思维为主的多种思维方式。一旦这种“家长无能”的认识得以加强并巩固下来，他就会看不起自己的家长。

在青春期，他们的激素水平上升，情绪激烈化，控制力下降，情感脆弱。这时候的家长，也遇到了“中年危机”。正因为如此，很多家长经常会有难以和青春期孩子对话的尴尬。

专家建议：

（1）家长应该进入孩子的“频道”，多学习、多思考。当孩子兴致勃勃向你谈他感兴趣的话题时，家长要集中注意力听。

（2）要尊重孩子，不用教训人的语气说话。家里的事情不妨也征求一下孩子的意见，如果其意见合理或者与大人一致，即以他的意见做出决定。

（3）要从小对孩子灌输感恩意识，让其以行动来表达对自己的亲人感恩，而不仅仅停留在口头上。

（4）要多站在孩子的角度进行反思，找出根源，承认错误。

（5）去学校请教老师。让老师通过班会或其他相关活动，对学生进行一次深刻的感恩教育。

（6）请教育学、心理学专家帮忙，给儿子做一次品德、人格等方面的素质教育。

第五章

成为孩子坚实的后盾
——和孩子一起应对考前的紧张

面对即将到来的小升初考试，孩子的情绪是紧张的。为了缓解孩子的紧张情绪，家长要做好孩子的坚实后盾，在后方为孩子提供帮助。

站在孩子身边
——不要让孩子一个人面对压力

孩子升入5-6年级之后，很多家长都会普遍反映：有的孩子缺乏持久的学习动力，有的孩子压力过大，有的孩子动力不足，有的孩子学习情绪波动比较大……

孩子们出现这种情形，主要和他们的个性特点、考试经历、学习心态等有关。面对决定人生前途的小升初，孩子的精神压力、心理负担很重，因此容易怯场。据心理学家考证，75%的孩子临考前都有紧张、焦虑、恐慌情绪，如一进考场心跳加快，脑海中一片空白，一走出考场，又感到题题会解，但一切已追悔莫及。看到自己马上就要升初中了，孩子们会表现出不同的状态：

放大镜

◎有些孩子会坐立不安、心悸心慌，饭吃不下、觉睡不着。

◎有的孩子经常会莫名其妙地感到腹痛、头疼。

◎有的孩子觉着嗓子出现了问题。

◎有的孩子会持续发低烧。

◎有的孩子会频繁上厕所，大便次数增加。

◎有的孩子离考试日期越近就越紧张，甚至不想去考场。

这些都是典型的考前焦虑症。考试结果说明，许多孩子成绩不理想，并不全是因为考题太难，而是因为思想过于紧张，从而导致记忆混乱、思维阻滞而发生失误。可见，考场不只是对孩子基础知识和基本技能的考验，更是对孩子有无良好心理素质的考验。孩子在考试前及考试中，调整并减轻心理压力是非常重要的。

作为重要的陪伴者，家长需调整好自己的状态，激发孩子的学习动力，不要让孩子一个人来面对压力，要站在孩子身边。

传递积极情感，提高自己的感染力

家是温馨的港湾，但是家长未必是孩子愿意沟通的对象。孩子上了5–6年级，问题依然。帮孩子将外在的要求变成内在需要，是有条件的。心理学家指出，这个过程能否实现，取决于孩子的几个心理需要是否获得满足，其中，亲密感和信任感非常重要。

亲子之间，应该相互尊重，相互信任。这样，孩子才可能亲近家长，听家长说话，思考家长的话，认同家长的观点。如果孩子在和家长的接触中，感到的是不安全、焦虑、压抑等消极情绪，孩子必然会抵触家长的要求和教育。

自从小米升入6年级之后，爸爸妈妈便绷紧了神经。他们知道，在这个时期，不能给孩子太大的压力，可是，必要的支持还是要有的。于是，他们两人便轮番去新华书店购买复习资料。当然，这些资料并不是给女儿看的，而是他们自己用来学习的。他们的想法很简单，就是在女儿需要帮助的时候，能够为孩子提供知识上的帮助。

一天晚上，爸爸妈妈和小米进行了一次谈话。爸爸说："小米，现在你已经是一个6年级的学生了，到了这个阶段，学习会比较紧张，我们不想看到你被学习的压力压垮！”小米说：“压力是有的。现在，我们班上就已经有了这种氛围。大家都显得紧张兮兮的。”

妈妈说：“这种情况很正常！不过，我想告诉你，不管你在学习过程中遇到了什么问题，都可以告诉爸爸妈妈，因为我们是和你在一起的！”女儿听了，心中微微一颤。

爸爸接着说：“为了配合你的学习，我们也买了很多的参考资料来学习。如果你在学习中遇到什么问题，可以向我们咨询一下。或许，我们这两个大人能够帮助你。”女儿看了看爸爸手中拿着的一本小升初资料，说：“不是给我买的吧？”

妈妈笑笑说：“呵呵，怎么会呢？你的学习资料已经够多了。不过，如果你愿意看，我们也不反对！”……

这次谈话之后，小米知道，爸爸妈妈是和自己在一起的。因此，在学习的过程中，她从来都没有害怕过。即使遇到了难以解决的问题，她也会查找资料努力将其解决。

情绪，是会传递的。这些积极的情绪和情感，是对孩子的关爱、对孩子的尊重、对孩子的信任。当孩子的自我意识被激励和认可时，他们便会将自己的潜能和责任感激发出来。家长要经常向孩子表达这样的信息：我们相信你，坚持下去！我们在旁边支持你，陪伴你！

提升自己的指导能力，做个有能耐的家长

很多家长反映：孩子不喜欢和家长沟通，嫌自己烦。说自己不懂。这就要求各位家长，除了要处理好亲子关系之外，还要懂得一些知识和技能，树立自己的权威形象，不让孩子认为家长是瞎指挥。

家长，不仅是孩子的养育者，还是孩子心理、学习的指导者，是孩子的保健医生、营养师。在孩子的学习和心理方面，家长都需要密切指导，这是孩子取胜的关键。

家长可以通过多种途径来提升自己的能力。比如，可以多读一些心理学、教育学类的文章，可以通过按摩增进亲子关系；对营养、饮食方面可以多一些关注。

除此之外，家长可以在现实中或网络群上寻找“家有孩子”同盟，倾听其他家长的声音，分析孩子的各种问题，分享自己在教育孩子过程中的得失，让自己获得一些借鉴……这样，遇到实际问题，家长就能妥善地处理了。

提高情绪的自控力，让孩子不受干扰

在孩子面对压力的时候，家长要警惕“小升初家长综合征”。现在，孩子的“小升初”，已经成为家长当下生活中的头等大事。因为这件大事，家长的情绪变得十分复杂：期待、兴奋、失望、恐惧等，其中较多的成分是焦虑。

随着“小升初”的临近，家长将会不约而同、不同程度上出现“小升初家长综合征”。教育专家指出，“小升初家长综合征”是当前 6 年级孩子的最大压力。

情绪是会传染的，就像多米诺骨牌的传递，家长的焦虑会加重孩子的心理负担。所以，家长在处理自己的压力时，首先要确保自己不被击垮。要警惕，一旦你的负面情绪爆发，孩子需要很长时间去消化。很多时候，他们会条件反射地想起不愉快的事情，而难以进入学习状态。为了孩子，家长一定要尽可能控制自己可能出现的负面情绪。

放大镜

◎尽可能不在孩子面前释放你的负面情绪。

◎不要把工作上的情绪带回家。

◎不要轻易流露出对生活的不满。

◎夫妻争吵虽然难免，也一定要在孩子面前避讳。

◎不要让家庭中的重大事情影响孩子。

家长们也要做好心理准备，因为在整个6年级难免会和孩子发生争吵。那个时候一定要心平气和，做情商高的家长，理智地让孩子明白你要表达的意思。另外，面对坏脾气的孩子，家长要试着分析一下他们真正想表达的意思。

练习时间

当孩子面对压力的时候，家长该如何做呢？是袖手旁观，还是积极支持？你是如何做的呢？聪明的家长会站在孩子的身边，当孩子需要的时候，为他们提供必要的帮助。

不要老拿成绩说事
——不要让孩子觉得家长太功利

每个孩子都希望自己能考出好成绩，能够获得家长的表扬、奖励；每一位家长也希望自己的孩子能够考出好成绩、上好学校、有好工作，在同事、朋友面前有面子。事实上，结果经常会和家长想要的不一样。于是，就有了因为孩子成绩不好，家长心里不舒服，打骂孩子，与孩子产生冲突等情况的发生：

放大镜

◎孩子期末考试成绩不理想，家长惩罚孩子两天不吃饭。

◎孩子数学成绩比上次考试低了 2 分，家长让孩子站墙角，面壁思过一小时。

◎家长看到邻居家的孩子参加比赛得了奖，回家之后便数落起孩子来。

在学习上，孩子与孩子之间是存在差异的。比如，不同的孩子学习能力不一样，不同的孩子学习成绩不同，不同的孩子学习兴趣有大有小……孩子的学习效果，不仅和孩子本身的心理发展水平有关，还受教师教学水平和教材组织是否合理等因素的制约。

在教育孩子的问题上，多点儿对孩子心理情感上的关注，可能比单纯只关注孩子的分数要更好些，这样孩子的成绩才会如你所愿地提高。在教育孩子时，家长要做到耐心！耐心！再耐心！

那么，家长应如何对待分数？

认真分析分数的信度和效度

虽然我国很早就提出了素质教育，但考试还是必要的，家长关心孩子的考试分数也无可厚非。然而，关心孩子的考试分数的目的是什么，很少有家长知道。其实，考试的目的之一就是，借此使孩子重视学习，让考试变成督促孩子学习的动力。有这样一个故事：

一天，张华听到邻居在责问刚放学回家的孩子："你怎么这么差？考了这么低的分，难道你天天上学就是为了拿个不及格吗？"

孩子委屈地说："这次我努力了，可是……"

"可是什么？！"孩子还没有说完，就听见妈妈的喉咙一下子响了起来，"小明上次和你考得一样，这回人家升到了前十名，而你不但没进步，还落后了。你不感觉丢人，我还替你丢人呢！看来你真是没出息了！"

孩子为自己辩解着："我跳绳优秀……"

"你还犟嘴，跳绳优秀有什么用？！"一阵阵的责骂声和孩子委屈的哭声陆续传来……此情此景，张华陷入了沉思之中。

社会调查表明，有些家长对分数的态度非常不科学，直接影响了孩子正常的学习生活。

家长在分析分数时，要和孩子一起认真分析此次考试中孩子本人甚至全班、全校考试分数的真实性。只有对分数的真实性有了深刻的认识，才能依据"修正"以后的分数来分析问题，得出正确的结论。

事实上，有许多因素会影响分数的高低，也有许多因素会影响既得分数的信度与效度，但很多家长并不了解这一点。为了判断孩子学习效果的好坏，有些家长会将孩子同一门学科前后几次的考试分数进行机械的比较；为了发现孩子的弱项，有些家长会简单地比较同一次考试中不同学科分数的高低……这种方法，让越来越多的家长被表面现象所迷惑。

如果仅因某次分数不理想就否定孩子的付出，会使孩子失去学习兴趣；而仅依据对分数的表面分析来指导孩子学习时间与精力的分配，则不能解决孩子真正的困难。时间长了，等到问题暴露时，很可能已经失去了改正的机会。

认真分析分数，积极寻找原因

当孩子学习成绩进步时，家长的肯定与表扬能使孩子体会成功的喜悦，产生强烈的学习动机。当孩子学习成绩后退时，他们更需要家长的鼓励与帮助。从孩子的诸多不足中发现孩子的“闪光点”，最能体现家长的教育水平。

家长重视孩子的考试分数是可以理解的，因为分数毕竟是学习情况的一种重要反映。但是，如果采取简单化的做法，对于指导孩子学习是没有任何好处的。

那种否定孩子的可塑性，一棍子打死的做法，只会扑灭孩子的希望之火，使其自暴自弃。

哪个孩子不想考高分数啊！有的孩子确实将全部时间都用在了学习上，但分数仍然上不去。分数是个现象，家长应该动脑筋分析分数背后的诸方面原因，找到切实可行的帮助孩子的办法：

（1）分析孩子的学习水平。任何一门功课都有3个层面的水平：基础知识、基本概念掌握的水平；基本技能水平；综合技能水平。通过考试卷子和平常作业，可以分析出这3个层面水平的情况。孩子的哪方面差，就重点解决哪方面的问题。

（2）分析孩子的非智力因素。学习成绩与非智力因素关系密切，一些孩子的学习成绩上不去，有的是因为学习兴趣的问题，有的是因为学习习惯的问题，有的是因为意志的问题，有的是因为情绪的问题，有的则归因于责任心。自己的孩子究竟属于哪一种，应该具体分析。

（3）分析孩子的学习方法。有的孩子虽然学习态度、学习习惯比较好，可是，成绩总是处在某一水平难以突破，这往往是学习方法问题。要仔细分析，看看孩子的学习方法存在什么问题，然后采取积极的方法进行改进。

（4）分析孩子的智力因素。成绩上不去，也有智力方面的原因。有的孩子记忆力强而思维能力弱，有的孩子观察力强而记忆力弱……这就需要从孩子的实际出发仔细分析，一旦发现了孩子的弱项，就要优先训练那方面的能力。

（5）分析孩子与老师的关系。孩子与老师的感情如何，对学习影响很大。如果家长能够如上所述去分析孩子的学习状况，就不会只拿分数来说事儿了。而且，通过这样的分析，找准了原因，也就有了解决的办法。

找到原因，有效应对

在漫长的学习过程中，孩子会遇到许多困难。作为家长，应该帮助孩子共同来完成学业。孩子学习成绩不理想的时候，家长不要轻易发火，要帮助孩子找出考不好的原因。

如果是生理上的原因，家长需要考虑：是否应该降低对孩子的成绩要求？如果是心理方面的问题，要帮助他们解决这样的问题。如果是学习方法、学习习惯不好，要帮助他们重新建立。家长要科学地分析分数，如果能够有效地分析出孩子分数高低背后的原因，对孩子的学习是有很大帮助的。

放大镜

◎明智的家长在孩子考试成功时，会提醒他不要骄傲，不要轻浮，要脚踏实地，一步一个脚印去迎接更艰巨的挑战。

◎在孩子考试失利时，首先要给孩子安慰和鼓励，然后帮助他分析失利的原因，让孩子鼓起不怕困难、迎头赶上的勇气。

练习时间

作为家长，你是不是也经常和孩子拿成绩说事呢？家长的目的性太强，会让孩子认为：“家长很功利，他之所以会关心我，主要还是为了我的成绩。”所以，家长不要将“分数”一词经常挂在嘴边。

面对“小升初”，别紧张

——别给孩子制造“恐怖氛围”

在我们身边的很多家庭，只要有一个孩子，全家人就会众星捧月般围着孩子转。为了孩子“小升初”，有些家长甚至还会早早就请假在家，专门照顾孩子。其实，这么做，反而会给孩子造成太大的压力，更不利于孩子以平常心态备考。

可怜天下家长心，家里有即将参加升学考试的孩子，家长心里那根弦往往绷得比孩子还要紧。孩子的紧张感，可以说一半来自考试，另一半则来自家长的紧张情绪。从孩子们的心理感受方面看，家长的关心未必都能起到积极作用。

过度关心孩子的升学考试，实际上会导致孩子产生不良情绪：

放大镜

◎一些孩子，复习开始时心绪自我调整得不错，但经不起家长对紧张气氛的渲染，不知不觉又紧张、焦虑起来。

◎有的孩子因家长“无微不至”的关怀，对自己升学考试的结果不佳产生恐惧心态，认为那样自己是有罪于家长的人。

家长助考要把握好度，要把担心放在心里，表面上尽量淡定从容，不制造紧张气氛。为此，家长们要记住以下几点：

不搞“戒严”，保持宽松的家庭氛围

为了给孩子督战助阵，有些家长刻意启动“一级战备”，比如请假在家做“专职后勤”，晚上绝不打开电视等。也许他们本不想给孩子施加压力，但他们的行为却已经给孩子施加了压力。

有的家长总是小心翼翼，不敢大声说话，不敢正常活动，生怕自己的活动影响孩子复习。其实，这样做反而会让孩子觉得压抑、烦闷，透不过气来。

明智的做法是，家长该干吗就干吗，但要避免出现对孩子的心理产生消极影响的事件，如夫妻吵架、邻居冲突等，尽量营造温馨、宽松的家庭氛围。

对许多孩子来说，他们需要的是宽厚的家长、宽松的家庭氛围。家长是家庭情感氛围的重要主体和创造者，如果家长能互敬互爱，和睦相处，善于处理好自己的情绪，表现得愉快、喜悦、乐观向上，不仅能使孩子生活在温馨、和谐的家庭氛围中，从而心情愉快，产生主动向上的积极情感，而且也为孩子处理消极情绪提供了榜样。

在生活中，家长要多问少言，多听少辩，多笑少怒，多看少管！应有意让孩子放松，松弛孩子的紧张神经，减弱其大脑的压抑感。要营造宽松的家庭氛围，切忌制造紧张气氛。

对孩子不要过度关心

目前，许多家庭都有这种现象。在多年之前，采取棍棒教育的家长比较多。那时家中的孩子多，家长都忙于工作，顾不过来，所以，平时对孩子的关心就少一些。一旦发生问题，无论是老师告状还是孩子惹了祸，好多孩子回家都免不了挨一顿打。

现在，多数家长不仅舍不得打孩子，对孩子的关心也已经到了过分的地步。从某种角度上讲，一些家长过度关心孩子，有时也是出于自己的需要，为了满足自己的某种感觉，是一种病态的行为。

自从孙梅升入5年级之后，爸爸妈妈便加强了对她的关注。他们不仅给她配备了丰富的营养食谱，还给她特意买了一张新书桌；不仅每个星期都会带她去一趟图书馆，每天晚上在睡觉之前还要替她放好洗澡水。

在这种格外的关照下，孙梅感到紧张极了。她很想跟爸爸妈妈沟通一下，可是又怕伤了他们的心，于是便一直拖着没有说。

这天晚上，各科老师都留了作业，孙梅一点点地做着。突然，一只手从她的肩膀上伸了过来。孙梅心里一惊！她扭头一看，原来是妈妈给自己递过来一杯牛奶。妈妈没有看到女儿表情的变化，默默地离开了。

可是，没过半个小时，爸爸又走了进来："吃个苹果吧！休息休息！"说着，便把一个已经削好的苹果递给了女儿。孙梅终于发怒了："你们这是干什么啊！没见我正在做题吗？"

爸爸难为情地看看女儿，女儿继续说："这样的关心，我不需要！统统不需要！给我点儿空间好不好？好不好？！"

听到女儿的喊叫，妈妈也从卧室走了出来。她和老公面面相觑，不知道女儿为什么会发这样大的火。一晚上，两人都没有睡着。最后，他们终于发现问题出在他们自己身上，是他们对女儿关心过度了。

从那以后，爸爸妈妈便对孙梅少了一些关心，完全按照女儿的意愿来。他们再也没有打搅过女儿，女儿的学习反而更轻松了。

有些家长过分关注孩子，在孩子复习功课时，一会儿过去给孩子冲杯热牛奶，一会儿过去给孩子送个苹果，甚至在孩子旁边守着。这种过度关心孩子的做法，会增加孩子的压力，影响孩子的情绪。这样反而不利于孩子的备考心态，而且容易打扰孩子复习。

了解孩子的心理状况，帮孩子解压

孩子在考试之前，自身的压力其实已经很大了。家长在督促孩子学习的同时，一定要了解孩子的心理状况，经常帮助孩子解除压力，让孩子活得轻轻松松，坚决不能让孩子被过重的压力压垮。

在应试教育和片面追求升学率的重压下，孩子们几乎喘不过气来。为了考个高的分数、为了争取好的名次、为了进入重点学校：

放大镜

◎孩子们只好加班加点，从早晨一直学到夜晚，学完了一门再学另外一门，连双休日也不能休息。

◎他们很少有玩的时间，很少有玩的伙伴，很少有另外的兴趣，只是一味地学习、学习、再学习。

专家认为，持续过强的压力对孩子是一种沉重的精神负担，容易引起孩子的心理障碍。但许多家长却认为，越是学习成绩不好的孩子，就越应该给他压力。

可实际情况怎样呢？测试结果表明，学习成绩的好坏与压力的大小在一定范围内成负比例关系。有些时候，给孩子的压力越大，孩子的成绩反而越低。

事实表明，如果一个孩子所承受的学习压力过大，其情绪就会随着考试成绩的好坏而产生剧烈的波动。压力是无形的，即使老师不说，家长不说，孩子心中也不轻松。家长要提醒孩子：这样没有好处，只会造成更大的心理压力。

练习时间

其实，面对“小升初”，没什么需要紧张的。孩子越紧张，也不容易出成绩。为了给孩子营造一个宽松的环境，家长首先就不能给孩子制造“恐怖”气氛。

和孩子交流时少说“不”
——少否定孩子

为了让孩子明确知道并不是所有的要求都能被满足，不是想做什么都可以，家长经常会对孩子说“不”。比如：

放大镜

◎在孩子会伤害到自己或他人的时候。

◎在孩子面对生理或心理“断奶期”的时候。

◎在孩子提出过分物质要求的时候。

◎在孩子滋长不良习惯的时候。

家长的“不”，流露出的是对孩子的关心、保护和指导。但是，如果不恰当地说“不”，疲劳轰炸式地阻止，容易让孩子摸不着头脑，同时也对孩子产生了限制、否定和不信任，剥夺了其尝试和探索的机会。结果，当你认为孩子到了应该独立的时候，他却没有独立的能力。那么，什么情况下我们要给予鼓励与引导，什么情况下又要坚定地说“不”呢？

家长与孩子沟通时，如果一开口就指责、否定孩子，会引起孩子的反感。当他觉得在家长那里得到的只会是负面的评价时，他就会关闭沟通的大门，家长接下来讲的话再有道理他也听不进去了。对孩子说“不”，请遵循以下原则：

不要和孩子讨价还价

有些家长习惯说："吃不完饭，不许上网！"这样做，会对孩子产生不良的影响，因为他们会效仿家长，动不动就讲条件。

不管在任何事情上做交易，都很可能造成孩子进入"被动状态"。"被动"的孩子做事情的时候，会计较事情的"即时效益"，看不到好处就不做。如此下去，他们便会失去探索精神、责任心和同情心。

双方进行拉锯式的谈判，孩子从家长口中挤牙膏般挤出点儿"利益"，一方面浪费了双方的时间，另一方面还会使孩子专心思考及行动的时间变少。最终，家长就会对局面失去控制。甚至有些家长磨破了嘴皮，也无法在晚上睡前与孩子达成协议。

当家长失去耐心后，孩子的倔强会令家长情绪失控。此时，民主的家长就会暴怒。那么，如何来中止这种"讨价还价"呢？

（1）设定一个大家都能接受的底线。在家庭内部发扬"民主"之前，家长应跟孩子有个约定：任何"讲条件"的行为都应有个底线，不能无休无止。

（2）限制物质鼓励，倡导精神鼓励。一个孩子，如果养成了以物质奖励来换取"行动"的习惯，必然会变得缠搅。要对孩子多进行一些精神鼓励，比如拥抱、抚摸、夸奖等。

（3）让孩子接受讨价还价的后果。讨价还价往往会带来时间上的延误，如果因此影响了孩子的休息，那么，不要心软，要让孩子承担讨价还价的后果。

有些事情可与孩子商量

受尊重的需要是人类较高层次的需要，一旦这种需要无法获得满足，人类就会产生沮丧、失落等负面情绪。孩子也是如此，他们也有受尊重的需要。如果家长喜欢与孩子谈判，孩子就会乐意与家长交流；反之，孩子则会产生逆反心理，封闭自我。

小军的爸爸妈妈是一对很民主的家长。在家里，不管是大事小事，他们都会让小军发表意见。比如：香皂该买哪个牌子的？吃什么饭？买什么款式的衣服？去哪里玩？……

从小军一出生，他便有了发言权。每当家里遇到事情，爸爸妈妈都会征求他的意见。刚开始的时候，他只是胡乱给出一些意见。不过，随着年龄的增长，他已经能够给出一些切实可行的意见了。

到了5–6年级，随着孩子年龄的增长，他们在喜好和兴趣等方面，都会与家长产生分歧。为了达成共识，家长绝不能简单地禁止，而要与孩子进行商量。

为了让孩子学会站在他人的角度思考问题，在日常作息的安排等小事上，可以与孩子商量。那么，在什么情况下需要和孩子商量呢？

（1）要求孩子做的事情。不管要求孩子做什么事情，一定要注意用商量的口吻，而不要用命令的口吻。比如，提醒孩子做作业时，你可以说：“你现在是不是该做作业了，做完作业就可以看会儿电视。”而不要说：“赶紧去做作业！”

（2）跟孩子有关的事情。不管什么事情，尤其是涉及孩子的事情，家长都不要自作主张，要学会与孩子协商，征得孩子的同意和认同。在这样的家庭氛围中，孩子才会养成民主协商的习惯，才愿意主动与家长进行沟通，这样的亲子关系才是令人羡慕的。

（3）在处理亲子冲突时。当亲子关系出现冲突时，明智的家长会使用协商的口吻，让孩子体验到家长的尊重，人格的平等。

（4）孩子发表意见时。每一个孩子都会出现与家长意见不一致的情况，都希望家长能够尊重自己的意见。毕竟，许多事情都需要孩子付出努力才能实现。如果家长忽视了孩子的主观能动性，一味地用家长的威严来压制孩子，即使孩子口头上同意了，内心也无法产生动力。

需要注意的是，家长必须掌握主动权，且当机立断，不能与孩子无休止地讨价还价。

不要随意逗孩子

有的家长喜欢逗孩子玩，看孩子着急的样子觉得很好笑，这非常不可取。一个小玩笑对成年人来说可能不算什么，对一些孩子来说也无所谓，可是对那些较敏感的孩子来说，就有可能造成深深的伤害。

那么，在不了解孩子性情特点的时候，这些玩笑尽量少开：

放大镜

◎随意拿孩子的东西，尤其是孩子喜欢的东西。

◎讥笑孩子的身体特点，例如头比较大、发型比较特殊等。

◎用威胁来要求孩子亲近。

◎故意戏弄，让孩子“出洋相”，尤其是在人多的场合。

练习时间

在和孩子交流时少说“不”。5-6年级的孩子，一般都有强烈的自尊心。长时间受到别人的否定，他们会怀疑自己，这对他们一点儿好处都没有。

“框框”会让孩子有规可循
——如何给孩子立规矩

俗话说得好，“无规矩不成方圆”，这句话适用于任何一个人，任何一个团体。因此，对于孩子来讲，也要有一定的规矩来引导他的成长。如何给孩子立规矩呢，这是一个关键的问题。

其实，规矩就是规则。社会需要规则，如果没有规则，很难想象这个世界会是什么样子。给孩子订立规矩，孩子才能有“规”可守；不给孩子订规矩，受害的不仅是家长，更会殃及孩子本身。

随着孩子一天天长大，他们需要理解周围世界的规则：

放大镜

◎他们需要别人对他们的期待。

◎他们应该懂得和别人怎么相处。

◎他们需要明白把一件事做到什么程度，如果做得过头了，会发生什么。

◎他们需要用一些方法来衡量自己不断增长的技巧和能力。

规则在孩子“学习—发现”的过程中起着极为重要的作用。但是，如果家长的信号不明确的话，一心想教给孩子的东西很容易不起作用。规矩对孩子的成长，不但起着约束作用，还会使孩子得到安全感。

在为孩子立规矩的过程中，家长们的方法各不相同。崇尚严教，外加棍棒的教育方式，表面上好像很见效，孩子显得很规矩，很服帖，但是家长不当的言行，在孩子心中会留下多少阴影和伤害，只有孩子心知肚明，却又无从表达；对孩子迁就顺从，较少约束，又会导致孩子言行随意，缺乏自我控制意识和能力。

孩子的种种行为无论良好与否都与他所接受的奖励和惩罚有着密切关系。有时家长会在不知不觉中奖励和强化了孩子的不良行为，或是惩罚了好行为。那么该如何给孩子立规矩呢？

给孩子立规矩时，信号要明确

给孩子立规矩时，信号要明确。很多时候，家长都会告诉孩子："我要迟到了，你要快点儿？"怎么快法，什么是快，并没有表达出来。立规矩时，需要明确地将这样做的后果告诉孩子，最好这个后果跟孩子的切身利益有关。

为了调节儿子的紧张情绪，"十一"放假的时候，爸爸妈妈打算带着儿子去逛动物园。

这一天，爸爸妈妈早早就起了床。吃过早饭之后，爸爸去车库开车。听到门口的汽车喇叭声，妈妈知道车来了，便急忙催促儿子："快点儿！你怎么这么慢啊！"

儿子一边收拾自己的衣服，一边往嘴里塞东西。妈妈急了："两分钟，如果不到，就不去了！"说完，便快步走了出去。

很快，儿子便跑了出来。妈妈锁好门后，上了车，对着儿子微微一笑。

故事中的妈妈为了催促儿子的动作快一些，便和其约定"两分钟，如果不到，就不去了"。显然，这样的约定，效果是明显的——很快，儿子便跑了出来。这个故事说明：给孩子立规矩时，信号一定要明确，否则就不容易达到效果。

要就事论事，不要轻易给孩子贴标签

给孩子立规矩时，不要轻易给孩子贴上标签。有些家长经常会说一些“你从生下来就给我找麻烦”这样的话。这种说辞，会让孩子把自己和坏孩子联系起来，从而丧失信心。

儿子在吃饭之前总不洗手，妈妈很生气。良好的行为习惯，在儿子小时候也进行过培养，可是，自从儿子升入 5 年级之后，经常会以“学习紧、时间紧”为借口逃避洗手。

这一天，儿子又要不洗手就吃饭。妈妈看到了，不满地说：“去洗手！”儿子听了妈妈的话，不好意思推辞，也就去洗手间洗了洗。

这位妈妈的说法是正确的。如果她将“去洗手”换成“你怎么这样不讲卫生”，必然会给孩子贴上“不讲卫生”的标签，这对孩子的成长是极为不利的。

规矩要简单易懂，让孩子容易遵守

给孩子立的规矩，一定要简单易懂，让孩子容易遵守。5–6 年级孩子的理解力还比不上成人，自我控制能力也不强，所以给他们订立复杂的规矩，非但不能够让他遵守，反而容易让他糊涂。

当然，也不要以为孩子小，什么都不懂。家长讲的道理也许他一时不能够完全领会，但是家长那平和的语气和尊重他的态度，却会让他信任你的判断，顺从你的要求。实在复杂或者讲不明白的道理，应该和蔼地告诉孩子“这是这里的规矩”或者“这是所有的人都要遵守的”。

家长要以身作则，无论何时何地，都要遵守跟孩子一起订立的规矩，因为那不仅仅是立给孩子的，也是家长要严格遵守的。

放大镜

◎要让孩子规律进食，家长就要在饭桌上举止规范，不挑食，不浪费。

◎要让孩子懂礼貌，家长就要对所有的人——包括自己的孩子以及其他所有的孩子——使用文明用语。

一旦立下规矩，不管是在任何时间、任何地点、任何场合，都要遵守。比如，在家不许随地吐痰，在外边也不许，而不能在家一套，在外一套。否则，只会让孩子糊涂，变得无所适从。

练习时间

为了约束孩子的行为，可以给孩子设定一些“框框”。可是，“框框”不是随意设计的，而要遵循一定的原则。

孩子和小伙伴要分离了
——如何让孩子面对即将到来的离别

看到马上就要和朝夕相处6年的同学分别了，大多数孩子都会陷入深深的留恋之中。作为家长，一定要让孩子正确认识这种毕业的分离。比如，让孩子将哀伤适当地表达出来，与重要的人或事物说再见，收集一些与过去回忆有关的线索等。

其实，不同性格的孩子，在面对分别这样的场景时，会有不同的表现，比如：

放大镜

◎安全型的孩子，在面临分离的时候，会用各种方式表达他们的哀伤，并争取机会与重要的人和事物道别。

◎回避型的孩子，对分离“漠不关心”，只沉浸在自己的世界里，照旧过往常的生活。

◎矛盾型的孩子，由于不太会表达悲伤，心情会比较焦虑、不安，情绪容易出现波动，无法专心地做应该做的事情。

当然，并不是所有孩子都能够简单地被归入到这3个类型中去。随着孩子的成长和经历的累积，他们也可能在几种类型中发生转变。

为了让孩子更好地度过小学毕业这个“动荡”的时期，在新环境中更快地发挥出自己的技能和潜力，家长就要多关心孩子的心理，将离别的方法告诉孩子。

让孩子适当地表达哀伤

分离，其实就是与过去拥有的事物告别，释放内心的容量去接纳更多新的经历，在这个过程中，哀伤是不可避免的。

一起生活了6年的同学即将分别，惆怅之心自然会在心中升起，这是很正常的。当孩子有了这种情绪的时候，就要让孩子将哀伤的感情以适当的方式表达出来。

星期天，妈妈下班回到家，听到从女儿的书房里传来了呜呜的哭泣声。妈妈不知道女儿发生了什么事，急忙推门走进去。此时，女儿的脸上红红的，泪珠还不断地往下掉。

妈妈关切地问："怎么了？发生什么事情了？"女儿哽咽着说："我不想上初中，我只想和喜欢的同学在一起。"

妈妈意识到，女儿的心理过于哀伤，便说："这种分离是很正常的，在以后的初中、高中、大学都会遇到。"

女儿依然在哭。妈妈接着说："其实，即使要好的朋友分开了，以后也可以继续做朋友的。大家每个星期聚一次，还可以互相交流学习体会，不是更好吗？"

女儿还在哭。妈妈离开了女儿，自己去厨房做饭了。她知道，要给女儿一定的宣泄时间，等女儿哭完了，事情也就解决了。

果不其然，痛哭了一场之后，女儿的心情明显好转了。

适当地将心中的感情发泄出来，是值得使用情感宣泄方式。研究表明，适度地表达哀伤，既有助于孩子处理分离，同时也能使孩子与周围人的情感连接更加紧密。宣泄的方式通常有两种：一是找重要的人诉说分享，二是自己一个人大哭一场。

收集一些与过去回忆有关的线索

虽然孩子不能搬走学校，但是却能够带走属于自己的记忆，以及有关它们的一些线索。

在儿子的书房里，有一张光盘，上面记录了儿子小学毕业前的点点滴滴。那时候，儿子 12 岁，马上就要小学毕业了，一想到马上就要和同学分离，他总是提不起精神来。看到儿子对学校很留恋，爸爸给儿子提了一个建议：你可以用我的摄像机将学校的场景收录下来。

得到爸爸的提醒之后，儿子明白了该如何做。从那以后，班里只要有什么活动，他都会带上爸爸的摄像机拍摄下来。什么联欢会了，什么大扫除了……爸爸将这些内容给儿子刻成了光盘。

现在，儿子已经考上了大学，虽然平时很少回家，可是每次只要一回到家里，就会先看看这些碟片。

为了在以后的日子里，重拾小学生活的点滴，可以让孩子把留恋的地方用照片、录像、文档的方式记录下来。这些生活的点滴，既可以是几片树叶、几本书，也可以是同学留言、自己看过的杂志，抑或是一个发夹、一个背包……

让孩子与重要的人或事物说再见

在小学的 6 年里，总有一些人，比如同学、老师，值得孩子留恋；总有一些事情，让孩子难以忘怀。要让孩子用自己的方式与他们告别，等待别离后再次的相见。比如：

放大镜

◎可以找机会与同学朋友相约小聚。

◎可以一个人走一遍学校所有的地方。

◎可以给同学和老师写一张卡片、一封信。

练习时间

孩子马上就要和同学分离了，会在心中升起一种离别的情愫。这时候，作为家长，就要把离别的方式告诉孩子。

智慧小锦囊：孩子叛逆，怎么办？

案例：

李女士对六年级的儿子伤透了脑筋："我现在真不知道怎么办才好了，儿子怎么会变得如此叛逆呢？儿子小学时很懂事乖巧，叫他做什么就做什么。自从上了六年级之后就跟变了一个人似的，多说一句就厌烦，摔门而走。你越是反对的事情，他就越和你对着干。

"在学校，他的这种反抗行为更为突出。学校规定：男生不能留长发，可是他却偏偏剃了个光头。看到同学们流露出来的惊奇表情，他居然嗤之以鼻，甚至洋洋得意。"

分析：

5－6年级是一个值得家长焦虑的阶段，但是又是每个孩子成长的必经阶段。这一时期生理上的成熟和心理上的半成熟状态，让他们本身处于一种混乱的情境，加上学校、社会和家庭的压力，孩子们经常会处于一种痛苦和矛盾中。

进入前青春期的孩子，自以为自己什么都知道，渴望自主地安排自己的生活，渴望有属于自己的空间，他们处于半开放半闭锁时期，有些事情不想告诉家长，而爸爸妈妈过多的干预和唠叨总会让他们感觉到厌烦。因此，家长应充分注意孩子的这一特点，给予他们更多的自主性。

5－6年级是孩子自我意识形成、追求独立、崇尚个性的一个时期。如果家长忽视了这一点，一味地让其服从自己，一定会和孩子产生矛盾。

专家建议：

（1）家长要意识到：前青春期的孩子自尊心比较敏感，他们渴望自由和尊重。

（2）家长要分清楚，如果是孩子自己的事情，就要适当地放手让他去为自己承担责任。

（3）爱孩子，就要无条件地爱他，而不是用很多条件，例如学习、表现、听话等。

第六章

做孩子的学海领航灯——助孩子“小升初”考出好成绩

在6年级这一关键时期，有些孩子在压力的作用下，会自暴自弃。这时候，家长就要为孩子积极想办法了。要协助孩子做好考前的准备，帮助他确定学习目标、制订学习计划……当孩子发现有人在前面为自己“照明”的时候，他们的学习劲头也会足足的。

考试有目标
——让目标强化孩子的学习信念

有些家长望子成龙心切，给孩子布置的作业总是高、难、多，压得孩子喘不过气来。结果，孩子不仅失去了对学习的兴趣，还让自己变成了“虫”。

正确的方法应该是：

放大镜

◎从简单学起，放慢速度，让孩子学懂、学会。

◎让孩子看到成绩，尝到甜头。

◎要注意知识的阶梯性，循序渐进，孩子学了有收获，才会有兴趣。

◎如果题太简单，孩子不经努力就可以做出来也不好，孩子体会不到战胜困难的乐趣。

一般来说，目标设定的难易程度应根据孩子的实际水平决定，最好使他“伸手摸不着，跳一跳能摘到”。对于学习较差的孩子更要注意，不能要求太高，而应先放低要求，把训练的内容分解成细小的步骤，按预定的目标一步一步有计划地进行，最后达到较高的目标。家长应该如何帮孩子制定合适的学习目标呢?

目标要切实可行

为了迎接小升初的考试，李女士打算给女儿制订一份学习计划。她将这个决定告诉了女儿，女儿同意了。

为了制订出一份适合孩子的计划，李女士先和女儿进行了沟通：“你的这次语文模拟考了多少分？”女儿回答说：“80分！”

“那好，我给你定的目标是85分！”女儿听了，说：“好！”李女士接着问：“上次期中考试，你的数学在班里是第几名啊？”女儿回答说：“22名。”

妈妈想了想说：“这次，如果能够考到15名，就算是有进步……”

听了妈妈的话，女儿不解地问：“其他同学的家长，都给孩子定的目标是什么考重点啊，什么得第一啊……你给我定的目标怎么这样低？”

妈妈回答说：“那些目标太空了！而且，以你现在的水平能达到吗？我的目标是，只要你有进步，就可以。”

女儿笑笑说：“这么简单的目标，我肯定能实现。只要我加把劲，百分之百能实现！”

妈妈说：“好啊！等你实现了这些小目标，妈妈再给你制定一个新的目标！”

事实证明，李女士的这种做法是正确的。这份计划没有给女儿太大的压力，反而激起了女儿学习的欲望。对于未来女儿的“小升初”考试，李女士充满信心。

了解孩子的真实想法后，家长可以和孩子一起制定学习目标。制定目标时，要充分考虑孩子的基础和能力，尽量从孩子的实际水平出发，让孩子跳一跳就能摘到桃子，激发孩子的内在潜能。

同时，目标的制定要明确，要求要具体，操作性要强。比如，让孩子某一学科进步多少名次，每天记几个单词……这样，更有利于对照检查目标的落实情况。

及时鼓励孩子

当孩子通过自己的努力，达到一个小目标时，家长要及时对其进行鼓励、表扬。

放学回到家里，儿子忙不迭地对爸爸喊着：“爸爸，我的英语考了88分！”

爸爸听见了，说：“真棒！比上次进步了3分！”

儿子说：“是啊，你知道我为了这3分，付出了多少努力啊。”爸爸想了想说：“这样吧，为了表示对儿子的鼓励，今天晚上我给儿子做最拿手的红烧肉！”

这可是儿子的最爱！在家里，爸爸也会做饭，只不过平时都是妈妈做，只有在节假日的时候，爸爸才有时间做。

看到儿子一脸的兴奋，爸爸说：“走，出去买菜！”于是，儿子便和爸爸一起出了门。

儿子知道，这顿红烧肉可不是白吃的，因为，他必须以下一个进步来回报爸爸。可是，他也知道，自己一定能够实现。因为，他已经感受到了心中的那份蠢蠢欲动的好胜心。

故事中的儿子知道，自己的一个小成功、一点儿小进步，家长都看在眼里、记在心里，为他的成长进步感到高兴和自豪。家长的关爱，不仅会让孩子感到自己在学习的道路上不孤单。认为家长会一直陪伴着自己，还会让孩子获得一种继续前进的勇气、信心和动力，感受到学习的快乐和喜悦。

监督孩子坚持到底

帮孩子制定好学习目标后，有的家长认为自己的任务已经完成了，目标的落实是孩子自己的事情，这种观念是非常不利于孩子目标的达成的。孩子毕竟是孩子，即使已经上了6年级，你也不要期望他们能自觉遵守约定。

在每个学期中，家长都要对孩子的学习目标进行督促和检查。如果发现孩子在思想上、行动上有些懈怠，要及时提醒，鼓励孩子不可半途而废；让孩子认识到，只有坚持到底，才能顺利实现目标。

让孩子对自己的现状多一些了解

要帮孩子制定学习目标，家长首先要详细了解孩子的学习特点：

放大镜

◎是善于记忆，还是遗忘太快？

◎做题时认真细致，还是经常粗心大意？

◎弱点在哪里，长项又有哪些？

◎哪些学科掌握得较好，哪些学科还有进步的空间？

然后，再和孩子一起分析目前他在班里的位置，以及各科各有多大的发展潜力。这样，可以让孩子明确自己的学习现状，知道自己在哪些方面可以取得进步，也知道应该在哪些方面进一步努力。

练习时间

有了目标，就有了方向。为了强化孩子的学习信念，可以和孩子一起制定一个考试的目标。你能做到这一点吗？

分解目标，分段实施
——点滴积累，才能取得好成绩

在我们身边，绝大多数的家长都会给孩子制定学习目标，可是，如果学习目标过于远大，往往很难起到激励作用。因此，家长应该告诉孩子：要把大目标分解成一个个小目标，最好具体到每一天需要完成的目标。

为了让孩子脚踏实地向前迈进，在帮孩子制定学习目标时，要善于指导孩子把大目标分解为多个易于达到的小目标。没有小目标的实现，大目标就失去了支撑。家长在帮助孩子确立远大的目标之后，应该指导他们从小目标开始做起，激发起他们学习的动力。

放大镜

◎如果孩子做题太粗心，不要要求孩子一次就改好，而是先让孩子达到一个小目标，如每次错题不超过三道。

◎孩子达到这个小目标后，再要求孩子每次错题不超过两道，以此类推。

◎把目标分解开来化整为零，变成一个个容易实现的小目标，然后将其各个击破。

这样，孩子每前进一小步，每达到一个小目标，就会体验到“成功的感觉”。这种“感觉”，不仅会强化他们的自信心，还会推动他们积极发掘潜能去达到下一个目标。在实现一个个小目标的过程中，孩子会感到，成功就在自己身边，做起事情来便不会半途而废，就更容易实现最终的大目标了。

目标作为一种强烈的诱因，具有很大的激励作用。那么，如何来分解目标呢？

适度设置阶段目标

阶段目标的设置既不能过高，使人可望而不可即，又不能过低，让人唾手可得。没有明确的阶段性目标，孩子的学习就会停滞不前。合适的阶段性学习目标，是孩子前进的方向和动力，可以激励孩子积极地进行学习。

阶段性学习目标的制定，要切合孩子的实际情况，不能违背孩子的意愿和要求，不能盲目。有这样一个故事：

雷晓明今年上小学5年级，学习非常勤奋，成绩却不太好。他每天学习都没有计划性，更没有给自己制定过学习目标。

妈妈建议他制定阶段性学习目标，可是他却说："那样多浪费时间啊，还不如多做几道数学题呢。"后来，妈妈认真地对他讲了阶段性目标的重要性。

在妈妈的督促下，雷晓明制定了自己的阶段性学习目标，立下规定，每天必须掌握当天学习的知识，力争在下次考试中前进5个名次。

在学习目标的激励下，雷晓明的学习劲头增加了，成绩果然有了起色。

将长期目标和短期目标结合起来，孩子的学习会更有目的性和方向感。帮助孩子制定阶段性学习目标时，家长应该告诉孩子：可以把大目标分解成一个个小目标，最好具体到每一天需要完成的目标。

一旦孩子的阶段性学习目标和现实脱节，家长就要提醒他们及时修正，确保目标符合孩子的实际情况。只有这样，学习目标才能发挥应有的作用。同时，孩子有了自己的阶段性目标之后，家长要做好监督，鼓励孩子按照目标进行学习，毕竟只有将目标坚持到底，才能取得理想的效果。

让孩子学会修正阶段性学习目标

家长是孩子人生中的第一任导师，应该时刻准备好指导孩子走出学习的误区。

李方上6年级之后，开始痴迷于英语。每个周末，他都会参加市里的英语角。在同学者的影响下，他的口语很快就得到了提升，因此英语兴趣大增。每天放学后，李方都会自主学习一小时英语，掌握的词汇量、语法也越来越多。半年后，他的阅读水平已经远远超过了其他同学。

李方认为自己的英语水平已经很高了，就有些懈怠。妈妈发现了他的骄傲情绪，马上对他说："你可不要就此止步啊，外面的高手多着呢！"

周末，妈妈带他来到了外语学院，让他认识了几位大哥哥。这些人，不仅能够同步翻译政治性演讲，还能与外国专家探讨经济热点。聊天中，李方发现自己和他们的差距太大了。

回来后，李方调整了自己的阶段性学习目标，开始向更高一级冲刺了。李方说："学无止境，我要学会调整目标，让自己不断进步。"

孩子的学习经验有限，制定出来的学习目标肯定会有不足的地方。此时，家长就可以利用自己的经验，帮助孩子适时修正自己的阶段性学习目标。可以告诉孩子一些修正阶段性学习目标的方法以及修正的合适时间，例如当孩子发现自己制定的学习目标不符合实际情况时。

鼓励孩子把目标坚持到底

如果孩子缺乏意志力，那么再好的学习目标也不过是镜花水月。家长如果确定孩子的阶段性学习目标与实际情况符合，就应该鼓励孩子把学习目标坚持到底。

李燕今年11岁，是个缺乏耐心的女孩。在每个学期，她都会为自己设立许多阶段性学习目标，但是许多目标都被她中途放弃了。

一星期前，李燕为自己制定了一个学习400个英语单词的学习目标，每天的学习目标是10个单词。刚开始的时候，她还趣味十足，可是实施不到两天，她就开始对妈妈抱怨："我的功课太多了，这个学习目标太不符合实际了。"

妈妈鼓励她说："一天10个单词，只需要半个小时的时间就够了。只要坚持下去，一定可以做到的。"在妈妈的鼓励下，李燕终于坚持下来，并顺利实现了学习400个英语单词的目标。

很多时候，5-6年级的孩子做事都没有意志力，常常半途而废，因此家长应该及时为他们加油，鼓励他们坚持到底。

要有完成阶段目标的时间表

阶段目标的实现会给人一种快乐感和胜利感，使孩子受到鼓舞。只有努力实现了每个阶段性目标，才能充满信心，勇往直前地向最终目标奋进。为了完成阶段性的目标，要让孩子给自己制定一份时间表。

现在，很多5-6年级的孩子，经常会为时间发愁。事有轻重缓急，家长应该指导孩子给自己做一个时间进度表，上面做好规定：

放大镜

◎每一天各个科目的主要任务。

◎每一周的学习进度。

◎每个月需要完成的复习项目。

当孩子养成这样的习惯以后，他们就能全盘掌握各个科目的学习和复习了。在做时间表的时候，有些事情是需要注意的，比如：

（1）时间表不能只是简单地为做表而做，主要目的是为了提高学习成绩，因此，可以让孩子的同学或者老师看看孩子的时间表，请他们提一些意见。

（2）确定好时间表以后，每天孩子要做的第一件事情就是打开这张表，看一看今天需要做什么，梳理一下思路，做到心中有数；一天结束的时候，则应该再次打开时间表，看看这一天安排的计划完成得如何。

（3）在复习阶段，孩子至少要有3张时间表：月学习计划表、周学习计划表和日学习计划表。有了这3张表，看似繁杂庞大的复习任务，就很容易进行下去了。

练习时间

为了让孩子坚持到底，可以让孩子把自己的大目标分解成一些小目标。分段实施，攻克了一项，再攻一项……靠着这样的点滴积累，孩子的成绩自然会提高。

多思考
——在思考中激发孩子的学习欲望

思考能力，决定孩子的未来。设想一下，孩子如果失去了思考能力，将会怎样？

放大镜

◎没有思考，就不会有见地、见解和主见。

◎没有思考，就不会发现问题、提出问题，做出正确的判断和决定。

◎没有思考，就不知道该如何去解决问题和怎样做才能做得更好。

一个思考能力强的孩子，对事物的判断将会更准确。家长可以经常提出些问题让孩子去解决，让他们多思考，多探索，并寻求多种途径和方法去开拓思路。研究表明，如果孩子会灵活思考，那么做事、学习就容易获得成功。

有效的思考能力对孩子的成功和幸福至关重要！从某种意义上来说，思考能力决定着孩子的成功与幸福，支配着孩子的命运。其实，训练思维灵活性的方法非常简单，就是要求孩子对于任何一种事物，要从多个方面来认识它，要往多个方面想一想。那么，具体如何实现呢？

给孩子留下思考的空间

问题是思维的起点，在平时，家长要有意识地为孩子创设一些问题情景，让孩子在问题中学会思考。当孩子提出一些稀奇古怪的问题时，即使家长不知道答案，也不要感到难堪。因为，并不是所有的问题都需有正确的答案，重要的是问题本身。

一天，在做作业的时候，圆圆遇到了一个大难题。她猜想，这道题目可能超纲了。可是，她还是决定将答案找出来。

圆圆带着问题找到了妈妈，妈妈看了看，也不知道该如何解决，便对女儿说："我也不知道答案，咱们一起找找吧！"然后，她便和孩子一起谈论起来。

为了找到答案，妈妈甚至还打开了电脑。果不其然，这道题的知识点，并不属于女儿的学习范围。可是，为了肯定女儿学习的兴趣，她们还是将问题解决了。

这次解题，不仅大大拓宽了女儿的知识面，还提高了女儿的思考能力。女儿也因此学会了学习。

在这个过程中，家长要重视的是过程，而不是结果。其实，对孩子的智力发展而言，思考的过程比思考的结果更重要。因此，即使你知道如何回答孩子的问题，也应克制住自己，尽量给孩子留下探索与讨论的空间，否则只会让他误以为，答案仅仅是装在家长头脑中的一些事实而已。

让孩子的思维更具深刻性

思维的深刻性是学好各门功课的基础，可以确保孩子准确、牢固地掌握基础知识和基本技能。在我们身边，有些5–6年级的孩子能够从纷繁复杂的表面现象中，发现最本质、最核心的问题，而不被各种表面现象所迷惑，这些孩子的思考就具有一定的深刻性。为了让孩子的思维更具深刻性，就要让他们学会思考，思考，再思考。

唐杰从小就养成了提前预期的好习惯，直到6年级依然坚持着。每天，他将所有的作业完成之后，都会对第二天的课程进行提前的预习，找出搞不懂的地方。因此，当同学们在课堂上听老师讲授新知识时，他已经在复习了。

唐杰喜欢带着问题听课，如果在课堂上没有找到答案，他课后会主动找老师将其解决。正因为这个原因，唐杰的成绩一直都保持在班级前三名。

研究表明，善于课前预习的孩子，思维容易具有深刻性。一个长期坚持预习的孩子，一定会养成积极的动力定型，而这类动力定型，在他们长大之后必然会迁移到工作上。

培养孩子思维的灵活性

有些5–6年级的孩子每学过一个知识点后，往往喜欢模仿老师在课堂上所举的例题形式去解答问题。如果题目稍微一改变，灵活性差的孩子就不会解答了。

因此，家长要给孩子分析，找到他们为什么解答不出的原因，让他们学会从多方面进行思考。

思维的灵活性，为孩子的创新开启了一扇智慧之门。研究表明，思维灵活的孩子，一般会从多方面、多角度思考问题，从而找出最佳的解决方法。因此，家长要鼓励孩子敢于与众不同，引导孩子多角度、多方位地灵活思考问题。

培养孩子思维的逻辑性

从一定意义上讲，逻辑思维是人类认识、掌握并改造客观世界的重要武器和手段。所有“望子成才”的家长，都应当培养孩子的逻辑思维能力。在教育孩子时，首先就要让孩子对学习材料有充分的理解。只有在理解的基础上，孩子才能对材料做出正确的分析、概括、抽象。那么，该如何做到这一点呢？

放大镜

◎从孩子的实际水平出发，让孩子对概念的精确性、全面性有所了解；力求让孩子在概念所处的系统中去理解概念。

◎让孩子能正确地反映客观事物的关系和情况，或者“是”，或者“否”；或者指全部现象，或者指部分现象……

◎帮助孩子学会归纳和演绎，不急于下结论。让孩子学会从若干事实中找出一般规律，用一般规律来解释个别事实。

练习时间

你家的孩子平时喜欢思考问题吗？如果没有，你觉得自己该如何做呢？为了提高孩子的学习成绩，就要努力培养孩子的思考能力。

偏科不可怕
——帮助孩子从差科中找到乐趣

很多孩子上6年级以后都出现偏科，有的偏数学，有的偏语文，家长对此比较头疼：“我家的孩子数学考了98分，语文居然62分，怎么办？”“我家闺女严重偏科，数学一点儿都不开窍，怎么办？”

其实，在学习中，偏科并不是一件可怕的事。每个经历过孩子时代的人基本上都会有偏科的经历。学习成绩再好的孩子，也不可能每门功课都一样好，都能均衡发展。

每个孩子都是充满好奇心和求知欲的，不会天生地对某门功课没有兴趣，之所以在某门课程上表现出厌学情绪，根本原因是兴趣受到了破坏，比如：

放大镜

◎有的孩子对功课的学习兴趣，会受到任课老师的影响。老师教得好，孩子就爱学；老师讲得平淡无味，孩子就不愿意学。

◎有些孩子对某门功课不感兴趣，是因为基础没打好，学起来吃力，成绩越来越差，导致越学越没有信心。

◎有些孩子对要考的科目很下功夫，学得也认真，对不考的科目就不愿学。

这样的恶性循环最终使孩子在这个课程上兴趣全无，信心全无。

目前，很多家长只关注孩子的成绩，往往简单地认为成绩差是因为做题量太少了。为了减少偏科对学习的影响，作为家长，应该给孩子提供一个良好的学习环境，让孩子自由自在去寻找学习的兴趣。

发现孩子有偏科现象时要及时纠正

6年级的孩子在学习中出现偏科现象，在思想情绪上会有所流露，家长要随时观察、了解，发现有偏科的情况，要及时提醒，把工作做在偏科的萌芽时期。

当孩子偏科是因为不喜欢某位老师或是课代表时，家长要平静下来，跟孩子好好谈一谈。一旦发现孩子偏科，就要给孩子讲清道理，使他们懂得学好这些课程的意义，帮助他们树立信心，端正学习态度。

帮助孩子解决学习中的实际困难

孩子在学习中，都会遇到困难，家长要给予及时的帮助。

当发现女儿偏科之后，一位妈妈是这样做的：她先和女儿进行了沟通，找到了女儿偏科的原因；然后，打电话给女儿的班主任，让她给女儿一点儿“特殊的关照”……

这样，每天在课堂上，老师都会刻意留意女儿的听课效率；放学之后，妈妈则要对女儿的学习效果进行检测——让女儿给自己讲课。一段时间之后，女儿便不偏科了，各科成绩保持了平衡。

为了杜绝孩子的偏科现象，家长可以和任课教师取得联系，让老师帮助孩子。同时，家长要支持和鼓励孩子的特殊爱好和特长，还要鼓励孩子将所有的课程学好。

教孩子做题从简单入手

孩子在某个科目上基础差，做难题只会浪费时间，对他的提高没有多大帮助，只能摧毁他的自信心。要告诉孩子：对于自己不擅长的科目，不要一上去就选那些太难的习题做。

一天，爸爸在为儿子收拾书桌的时候，发现了一本《数学题集》。他随便翻了几页，发现没有一道题是做正确的，上面布满了修改的痕迹。

晚上，儿子回来之后，爸爸拿出这本书，对他说："我知道，你的数学成绩不太好，可是仅仅依靠做难题，是不会提高的。"

儿子意识到，爸爸已经发现了自己的小秘密，脸上一阵红。爸爸接着说："你可以从一些简单的题目做起，以此来巩固所学的知识点。如果都掌握了，再做一些难度较高的……"

爸爸的话，让儿子茅塞顿开。从那以后，他改变了学习策略。

故事中，爸爸让儿子从简单一些的习题入手，牢牢掌握课本上最基础的知识；在确保自己对简单的题目已完全掌握后，再适当提高题目难度。毫无疑问，这是一种正确的方法，值得每一个偏科的孩子学习。

从差中找出更差的，让孩子进行自我摸底

即使是对于差的学科，孩子也并不是所有问题都一无所知，有些问题还是略知一二的，真正拖累他的可能就是其中的某一点或两点。如果孩子能把这个差中之差找出来，进行一个强化训练，就可以在短时间里有一个较大的提高。到那时候，孩子就会发现，原来自己的差科并不是那么差。

在经过了一段时间的努力后，如果孩子觉得对差的科目仍然心里没底，不知学得如何，可以让他找一份试卷来，像真正考试那样做一遍。做完后，对着答案自己打分。同时，也可以为孩子请一名家庭教师，让他帮助孩子把这段时间所学的知识加以整理，然后考一考孩子究竟学得怎么样。如果孩子考得不差，那么他就有信心了，差科也就不差了。

帮助孩子认清偏科的危害

要让孩子懂得，小学阶段特别是高年级阶段属于基础教育，只有学好各门功课，才能适应将来升学和就业的需要。如果其中有一门冒尖学科，则对提高总分更有利；但若有一门差科，就会导致总分大幅度下降。家长要让孩子懂得：

放大镜

◎各门课程的学习，在培养能力和发展智力过程中，担负着不同的任务，不能互相代替。

◎缺少了任何课程的学习，都不可能形成完整的知识结构，会影响孩子全面、协调的发展。

◎偏科对孩子现在的学习、将来的发展危害极大。

练习时间

偏科，并不是什么可怕的事情。作为家长，要帮助孩子找回对差科的学习乐趣。当孩子没有“缺胳膊少腿”的现象时，各门功课也就能够齐头并进了。

分析问题，找出薄弱环节

——教孩子提高学习效率

许多孩子学习能力差，往往是因为他们本身存在着学习能力障碍问题。大多数家长并不完全了解孩子的实际情况，不知道采取科学的方法来排除这些障碍，反而更加限制孩子的娱乐时间，整天逼着孩子学习。结果呢？

放大镜

◎孩子一看到书本就头疼，一提到学习就心虚气短。

◎孩子故意磨磨蹭蹭，甚至产生了厌学的不良情绪。

◎别看孩子一天到晚都坐在书桌前，实际上根本没有学进去。

很多孩子看上去很用功，可成绩总是不理想，原因之一是学习效率太低。同样的时间内，只能掌握别人学到知识的一半，这样怎么能学好？通常，学习成绩最好的学生往往不是那些学习最用功的学生，而是摸索出了一套最佳的学习方法、学习效率高的学生。

提高学习效率是一个很重要的问题。许多孩子学习成绩不佳，往往是因为学习效率不高。学习效率不高往往由许多因素造成，比如较低的学习兴趣、不良的学习习惯、身体的疾病等。那么，该如何提高孩子的学习效率呢？

作息时间要合理，每天让孩子保证10小时的睡眠

有这样一个孩子：

陈红是6年级的学生，她学习非常刻苦，每天晚上不到12点，绝不会上床睡觉。她学习非常用功，即使是课余的10分钟，她也都充分利用了起来，因此大家给她取了个“学习机器”的外号。

陈红在课堂上认真听讲，课后认真完成作业。她几乎不会放过任何看书的时间，包括吃饭、走路、上厕所等，甚至说梦话也在背英语单词。然而，她的学习成绩却很一般。因此，许多同学私下里嘲讽她说：“我要是学得像她那样，还不如一头撞死算了。”

陈红的症结就在于学习效率不高，不会合理利用时间。面对这样的孩子，许多家长非常为难，不知道该怎么办才好。孩子已经很用功了，再抱怨孩子又于心不忍。

心理学告诉我们，不良的睡眠习惯对学习成绩影响很大，也就是说，不是时间用得越多，学习成绩就越好，也不是保证了10小时睡眠就是用好了时间。5–6年级的孩子生活在一个集体中，虽然每个人的生理特征是不相同的，但在学校都应该遵守统一的作息时间，养成良好的起居习惯。

（1）要养成早睡早起的好习惯，早上按时起床，按时出操，按时就餐，按时到教室学习。

（2）必须保证每天8–10小时的睡眠时间，不能为了学习而减少休息时间，误了学习大事。

（3）在形成良好睡眠习惯之前，要对睡眠做出计划安排，把睡眠时间分成中午和晚上两段，一般中午安排1小时，晚上安排8–9小时，要严格执行睡眠计

划，直到睡眠习惯养成。

（4）晚上学习效率较高，但学习也要有度，千万不能加班加点，影响第二天的学习与生活。充足的睡眠、饱满的精神是提高学习效率的基本要求。告诉孩子：晚上不要熬夜，定时就寝；中午坚持午睡。

告诉孩子学习时要全神贯注

玩的时候痛快玩，学的时候认真学，一天到晚伏案苦读并非良策。要告诉孩子，学习之余，一定要注意休息；学习之时，一定要全神贯注。

那么，如何在学习中做到一心一意，不受到外界声响的干扰呢？

（1）有时候，教室里的环境可能很安静，周围的同学都坐得很好，但是，孩子的内心可能会出现一种骚动。要告诉孩子：对这些情绪活动，要学会将它们放下来，予以排除。

（2）要让孩子从现在开始，集中一小时的精力。比如，背诵 80 个英语单词，看他能不能背诵下来……告诫孩子：一定要善于在短时间内把注意力集中，高效率地进行学习。

（3）当孩子在家中学习时，要将书桌上与学习内容无关的其他书籍、物品全部清走。在他的视野中，只保留与现在要学习的科目有关的东西。

让孩子坚持体育锻炼

参加体育锻炼，不仅可以锻炼孩子的身体素质，发展基本的活动能力，还可以满足孩子的心理和身体需要。身体是学习的本钱，即使学习再紧张，也不能忽视锻炼。当孩子的身体越来越弱，学习越来越感到力不从心时，怎么能提高学习效率？家长可以从这些方面着手：

（1）培养孩子运动的兴趣。5–6年级的孩子正处于生长发育和素质发展的敏感期，可塑性很强，是养成自觉锻炼习惯的好时机。可是，要想养成爱好锻炼的生活方式，首先就要激发他们运动兴趣，为此，家长可以这样做：

放大镜

◎鼓励孩子多到户外活动，呼吸新鲜空气，接受阳光照射。

◎经常带孩子去公共场所观看他人运动，感受运动给人带来的活力，从中获得熏陶和感染。

◎让孩子通过电视、书籍等了解一些体育运动常识。

（2）帮助孩子选择适合他们的锻炼形式。体育运动的多样化决定了锻炼形式的多样化，要帮助孩子选择最适合自己的形式，这样有助于他们更长久地坚持。

（3）鼓励孩子循序渐进有计划。5–6年级的孩子年龄小，肌肉发展不够成熟，耐力相对大人要差一些，心脏负荷相对也小。因此，不管做任何体育锻炼都应该逐渐适应，慢慢掌握。活动量也要逐渐加大，不可操之过急。

（4）监督孩子坚持下来。坚持就意味着更多的努力和付出，更多的汗水和忍耐。如果孩子实在无法坚持下来，就要在实行计划之前，与其约定，对他进行监督。

练习时间

学习的时候，如果没有效率，结果只能是事倍功半。要引导孩子，提高学习效率。可以看看自家的孩子学习效率高不高，如果不高，就要好好和孩子谈谈了。

每个孩子都不同
——帮孩子找到适合自己的学习方法

在我们身边，经常会听到家长发出这样的抱怨之声：“我家孩子在小学低年级时是一个优等生，科科成绩都很好，但是自从上了6年级之后，越读越差，越读越不想读，你说他不用功吗？”“孩子本人也觉得冤枉，在学习上自问并没有偷懒，甚至比读低年级时还要用功，可是，成绩为什么就上不去呢？”……

为什么会出现这种情况？其实，从小学低年级升到高年级，孩子会经历很多的变化：

放大镜

◎学习内容变了，科目多了，各科的难度也增大了。

◎老师会尝试着使用一些比较放手的教学方法。

◎每堂课学习的内容多了，老师讲课时间也多了，有些内容不易听懂。

◎课内和课外作业量不但多了，而且都比较难，做得对不对，不能当即知道，要隔天甚至隔几天才知道。

如果孩子还是采用以往的学习方法，是不能取得预期的效果的。作为家长，一定要将这些变化告诉孩子，让孩子分析原因，找到适合自己的学习方法。

让孩子做好课前预习

课前预习是课堂学习的基础，有助于孩子掌握新知识。

课前预习，是在老师讲课前，由孩子自己看书学习。预习时，先估计老师将会讲多少内容的新课，再对这些内容认真地看一遍，初步理解新课的基本内容。

要让孩子一边看书，一边想问题，一边做标记，想想哪些是重点？哪些是难点？哪些与旧知识有关？然后，再看看还有哪些地方不懂？把还没有弄明白的地方记下来，到上课时认真听老师讲课，并在老师的指导下解决疑问。

如果时间允许的话，孩子最好合上课本，回想一遍学习的内容，看看书上主要讲了哪几个问题？主要思路是什么？或者把有关的定理、公式试着证明、推导一下。

这样做，不但可以加深孩子对新课的理解，还可以检验预习的效果。

让孩子做好课后复习

很多孩子放学回来之后，就忙于做作业。由于当天上课的内容还没有复习，对老师讲过的内容仍有些模糊，所以，很多题目都不会做。正确的做法是，不要急于做作业，而是先复习。

一天，妈妈在检查女儿作业的时候，发现女儿的作业本上尽是红叉。女儿回来之后，她便问：“怎么回事？”女儿说：“知识点没有掌握好！”

妈妈抱怨说：“你在做作业之前，为什么不先复习复习？”女儿疑惑了：“复习？”

妈妈说：“是啊，我早就跟你说过。每天都要复习当天的内容，你怎么就不重视呢？”女儿说：“我以为不重要。”

从那一天开始，女儿在每天做作业之前，便多了一项学习任务——复习当天学过的内容。果不其然，女儿作业的错误率越来越低。

毫无疑问，复习对于学习的提高是有很大作用的。要让孩子每天都重温一下当天老师上课的内容，一边看书，一边把新学的内容仔细看一遍，难度大的多看几遍；还可一边看笔记，一边回忆老师讲课的情景，搞清楚课堂上还不明白的问题。然后把书合起来，看看能否把内容记住？只有在确定内容已经完全掌握的情况下，才可以着手做作业。

让孩子做好“课外作业”

做作业时，一定要让孩子坚持做到：看书时不做作业，做作业时不看书。习惯了这种要求的孩子，到真正考试时，一点儿都不会紧张，还能取得好成绩。

做作业时，要让孩子像考试那样，字斟句酌地审清题目，看清楚题目的要求，然后做出全盘考虑，理清头绪。下笔前，要考虑好先写什么，后写什么；遇到较难的题目，要反复思考，在草稿纸上列出解答的步骤，最后有把握了，再下笔写在作业本上……这样做出的作业才有条理性，质量才高。

让孩子学会为自己制订学习计划

要鼓励孩子，让孩子为自己制订一份学习计划。为了给孩子制订一个具体可行的学习计划，必须做到以下几点：

（1）学习计划必须全面具体。一个具体的学习计划，既要安排好学习时间，又要安排好身体锻炼和娱乐时间；既有长计划，又要有短安排。所谓长计划，就是在这个星期、这个月或这个学期，要做好哪几件事情、怎样做。短安排，是指具体到一天或近几天的目标。

（2）学习计划必须切实可行。就是说，要从孩子的实际出发来制订学习计划，并且计划要易于执行落实，具有可行性。那么，怎样从实际出发制订计划呢?

放大镜

◎要从孩子的基础知识和基本能力出发。

◎要从时间的实际出发，孩子有多少学习时间，就安排多少分量的学习内容。

◎要结合老师的教学进度来安排孩子的复习、预习等学习时间。

◎要针对孩子的薄弱环节，具体分配时间。

（3）注意检验和调整。在计划执行了一段时间之后，要让孩子回过头来检查一下，看看效果如何。如果发现学习计划难以付诸行动或收效甚微，就要和孩子一起查找原因，及时做出调整，使计划不断得到完善，直到适合孩子为止。

练习时间

每个孩子都是不同的，不同的孩子适合不同的学习方法。如果能够为孩子找到适合自己的方法，孩子学习起来必然会轻松许多。

智慧小锦囊：孩子不愿意与人交往，怎么办？

案例：

陈锋是一名6年级的学生，与爷爷奶奶住在一起。陈锋从小就性格腼腆，少言寡语的，即使家里来了客人，他也是躲着不见。上学之后，他没有要好的小伙伴，不太会与人交往。他很少参加集体活动，与同学之间的感情很淡。他觉得，在学校里没有人了解自己、信任自己、帮助自己，时不时地会陷入深深的焦虑之中。他感到痛苦极了。最近一段时间，在与人交往时，他甚至连头都不敢抬一下，老是低着头，好像在躲避什么。自从升入6年级以后，他就开始感到很多事情非常不顺利。他非常苦恼，可是又不知道该怎么办。

分析：

前青春期，每个孩子都会遇到一定的人际关系问题，这既是一种在孩子中最常见的心理问题，也是导致各种神经症状出现的主要因素。

这时候的孩子，不管是生理，还是心理，都会获得急速的发育，尤其是他们的心理，会出现巨大的变化：一方面，他们非常渴望获得友谊，希望能够建立起一种良好的人际关系；另一方面，他们已经有了很强的自我意识和独立性，可是由于缺乏必要的社会经验和自理能力，自我调整能力差，便会形成一些不正确的认识和观念，所以一般都难以适应人际交往，以至于出现人际交往障碍。

专家建议：

（1）告诉孩子：交朋友要注意性情相投，积极真诚。如果交友不当，互相会沾染不好的习性，对自己发展肯定不利，所以朋友交往要注意有益于彼此的健康成长。

（2）教育孩子：与朋友相处要学会宽容待人，严于律己。每个人都会有缺点、短处，朋友的作用是互相取长补短，学习别人的长处，并帮助他改正不足。

（3）提醒孩子：朋友之间也要互相尊重，保持彼此的相对独立和自主性，不可过分依赖朋友，相互是平等又是友好的。

第七章

打赢“择校信息战”
——择校，从 5 年级开始准备

没有一个家长，对孩子的学习不重视。为了让孩子打好基础，很多家长都会为孩子选择一些好学校。为了打赢这场仗，家长从孩子上 5 年级就要开始准备。

赶得巧不如赶得早
——尽早确定择校目标

当今社会，竞争越来越激烈，为了让孩子在日后的竞争中处于有利地位，家长都希望自己的孩子能够接受高质量的教育。

孩子一旦升入6年级，家长们就要开始一场“择校”大战，将自己的头脑之弦绷得紧紧的：有的家长在“小升初”期间带着孩子奔波在各个重点中学的考试地点，有的家长甚至花费巨额择校费让孩子上心仪的学校……可是，他们的心中依然会生出很多的困惑：

放大镜

◎究竟该为孩子选择什么样的学校呢?

◎该如何准确并且客观地来评价一所初中呢?

从某种意义上来说，择校也有一定的风险。家长要理性考虑，慎重选择，多听听孩子的想法。择校赶得巧，不如赶得早，要尽量为孩子确定择校目标。

“择校”，其实就是在教育资源不够均衡的情况下，选择上一所好的学校。这种现象在“小升初”中显得尤为突出。现在的教育界，优质基础教育的供给规模和发展，还远远不能满足人民群众的需求。于是，每年应试重点中学的孩子，都会很多。报名参加考试的这一天，重点中学门口都会人满为患。学校招收一百多人，来报名的就可以达到两三千。那么，如何为孩子的择校做准备呢？

不要将名校作为唯一选项

在历史上，没有任何时候的家长像今天一样重视孩子的教育。很多家长热衷于名校，将自己的希望寄托在名校上面，但名校不是“小升初”的唯一选项。

很多家长择校，首先考虑的是学校的名气，认为名气响、知名度高，就是好学校。其实，这种认识是不正确的！

有些家长一相情愿地认为，孩子只要到好的环境就会努力学习，只要经过好老师的辅导和管理，就能够走到前面。其实，这种想法非常理想化。如果孩子的基础非常薄弱，“死追”热点初中，就显得有点儿不理智了。

在那些所谓的名校上学的孩子，绝大多数基础都非常好，具有突出的学习和理解能力。如果你的孩子平时成绩一般，自学能力不是很强，即使去了，也可能适应不了。

学校与学校之间的教学要求，一般都有差距，更别说一般学校和重点学校了。如果自己的孩子接受能力相对较慢，时间长了成绩就会变得更差。如果一味地把孩子送到名校，孩子很容易遭受学业失败的打击。一旦孩子心理承受的压力变大，必然会影响到学业的正常发展。

每个孩子都有自己的成长方向，家长要放平心态，根据孩子的实际能力和水平，帮孩子找对位置。事实表明，选择适合孩子学业发展的学校，对孩子成才更有利。

择校时，多注意细节

选择学校时，不能只看学校的名气，而不注重细节，比如校园风气。校风是一个学校办学多年的文化积淀，好的校风能够营造出一种良好的育人环境和学习风气。

在为孩子选择学校的时候，要对目标学校进行考察。最简单的做法是，从学校管理细节来判断，比如学校传达室的管理、厕所的清洁、校园的环境、学校教育教学设施管理等。事实表明，从这些方面都可以看出学校的管理是否严谨、规范是否到位。

家长还可以到学校门口，每天放学时站在那里“道听途说”，几天后就能知道这个学校校风大概怎样。为了让孩子找到理想的学校，家长甚至还可以：

（1）从学校对于一些学有余力的孩子是否有特别的教学计划或培养方案，可以看出学校是否因材施教。

（2）从学校对体育课的重视程度，可以看出学校办学思想是否端正，是否关心孩子的身心健康和发展。可以透过学校的操场围栏，看看孩子如何上体育课。

（3）从询问对学习暂时落后孩子的帮扶措施，看一个学校是否贯彻了面向全体孩子的教育要求。

仔细辨别，不要盲目偏信

现阶段，“小升初”的信息漫天飞，家长不能盲目听信息。大量的事实告诉我们，“小升初”的信息需要理性选择。

在网络盛行的今天，很多家长都会选择在网上收集信息。一来，可以对相关的信息进行对比；二来，可以为自己省下大量的人力、物力。其实，很多网络信息带有明显的主观倾向和感情色彩，真实性值得怀疑。除了官方的政策性信息比较可靠外，其他的“小升初”信息既要考虑信息来源的真实性，也要考虑对自己孩子选择学校的适用性。

放大镜

◎熟人和媒体提供的信息可以作为参考。

◎老师提供的信息可以验证性地听。

◎热点初中校内孩子提供的信息真实性相对较高，但听取面应当宽些，对于以往毕业的孩子的信息可以参考性地听。

可是，要知道，他人以往成功的例子不一定适合自己的孩子，成功是不能复制的。

很多家长在择校的时候，会受到各种因素的干扰。因此，家长听到各种信息不能"见风就是雨"，尤其是对一些所谓"小道消息"，不要一有风吹草动，就盲动不安。这样，不仅不利于孩子的心理发展，还会对家庭生活产生影响。家长要以理性、平和的心态，针对孩子的实际情况，量体裁衣，选择合适的学校。

练习时间

为了不耽误孩子的学习，择校应趁早。你为孩子选择好学校了吗？如果还没有，还在为孩子择校的事情苦恼，那就试试上面的这些建议吧。

世事难预料
——“小升初”择校，适合孩子最重要

孩子“小升初”，一直是家长最为关注的阶段，也引发了无数择校话题。当前，在家长中间，普遍存在这样一种心态——“孩子只有一个，我一定要尽全力去给他创造最好的教育环境，找关系花钱上最好的学校……我对孩子尽了责任，今后他发展得如何就是他的事情了。”

其实，家长的这种心态，是一种扭曲了的责任感：

放大镜

◎有些家长对孩子的特点视而不见。

◎有些家长对孩子的认识产生了偏差。

这些都是不正确的，要多从孩子的实际情况看待孩子的教育问题。事实证明，一个有着良好学习习惯的孩子，即使是在普通学校里，同样也能学得很好。为孩子选择学校，最重要的是选择适合自己孩子的学校，“适合”才是硬道理。

多重视一下孩子的幸福指数

其实，孩子的学习也有幸福指数。孩子在学校学习和生活的质量，在很大程

度上取决于他是否与这个学校合拍。有时候，家长耗费了大量的财力、精力，托关系走后门把孩子送到一所好学校，孩子不一定在这里学得很好。

不同的学校文化差异比较大，有的学校管理非常严格；有的学校氛围轻松，主张孩子自我管理、自我约束。家长在为孩子选择学校的时候，也应该考虑学校的管理是否适合孩子的性格。

家长在为孩子选择学校之前，首先要对孩子学习能力、生活习惯、个性等有一个清晰的判断。一定要认识到，孩子在学校并不仅仅为了学习，还要塑造他们的性格、人生观和价值观。研究表明，在一个合适的环境中成长的孩子，更容易有一个积极正面的心态去面对社会和未来人生！

家长希望孩子上好的学校无可非议，但必须承认孩子之间的差异。不考虑孩子是否适合所谓的“名校”，勉强挤进去，不见得能够得偿所愿。有些孩子在择校后长时间不能正常发展，为了宣泄自己心中的不满，有的故意违反纪律，有的离家出走，有的结交不良朋友，有的长时间上网……这样反而把孩子毁了。

在全球化背景下，社会对人才的需求发生了很大的变化。孩子能否成才与家庭教育有很大关系。现在有的家长过分迷信好学校，以为送进了好学校孩子自然就会成功，这是不切实际的。因此，要重视孩子的幸福指数。

学校、家庭、社会的教育价值观要统一

每个家长都希望孩子能够成为“健康”的人。可事实证明，孩子的很多问题，都出现在心理上。今天，人们都在探讨未来人才需要什么样的品质，有人提出过一种“学习四大支柱”的说法，就是要做到四个学会，即学会认知、学会做事、学会做人、学会与人共处。

一个世界500强企业曾经做过一项调查：他们提出了这样一个问题："高中毕业生、大专毕业生和本科毕业生最应具备的品质是什么？"几乎所有的参与者，首选的都是职业道德、敬业精神和关注合作能力。对这一点，家长要引起关注。因此，家长要从对人才的需求来看孩子的发展，而不仅仅是关注孩子的学习分数。

经过多年的发展，教育的观念发生了根本的转变。可是，很多家庭仍然单纯盯着成绩，这是不对的。家长不仅要关注孩子的可持续发展，还要为孩子提供良好的家庭教育环境，更要关注孩子良好习惯的培养。家长要改变"以知识为本"的教育观念，应该将家庭和学校的教育价值观统一起来。

什么是"适合"的教育？

什么是适合孩子的教育？首先，所教的内容要适合孩子；其次，可以激发起孩子的学习乐趣和愿望。

适合孩子的教育，可以让孩子获得满足和快乐。在这种教育中，孩子有学习的动力，而不是整天"烦着呢，别理我"。

想一想，几十年后，你最希望自己的孩子最低要做到怎样？毫无疑问，一定是健康。那么，健康之上再做到怎样，就是幸福、快乐。相信任何一个家长都不希望自己的孩子，每天都被烦恼困扰。

练习时间

在为孩子选择目标学校时，最好选择适合孩子的。既不要盲目拔高，也不能任意求低。因为，只有在适合孩子学习的学校里，孩子才能健康成长。这一点，你能做到吗？

每所学校的要求都不一样
——通过多种途径了解目标学校的要求

“小升初”政策变幻不定，只有深入了解目标学校招生信息，才能有针对性地做好充分准备。那么，如何来获取目标学校的招生信息呢？都有哪些途径呢？

多去逛逛最火的“小升初”论坛

在互联网上有很多“小升初”论坛，这些论坛里汇集了大量家长的言论。为了便于交流，有些家长还自发组织了“小升初”的讨论。

我国的网民资源是巨大的，关心“小升初”政策的家长不止你一个。这时候，就可以借鉴其他网友的意见。

如果出了什么问题，心中出现了困惑，都可以以“帖子”的形式，发布到论坛上。然后，关注后面的回答，适时进行刷新，看看后面有多少跟帖。最后，从中选取对自己有利的意见，加以利用。

关注目标学校的官方网站

如果目标学校“小升初”招生信息是对外公开的，一般都会在其官方网站公布招生简章之类的信息。当然，有的学校是不会对外公布的。

家长要时刻关注目标学校的网站动态，了解相关的招生信息。对于新出现的条款，要细加研究。如果搞不明白，还可以打电话进行咨询。在这种时候，家长既不能怕麻烦，也不能不好意思，要多看、多问。

择校咨询会，不要寄太多的希望

有些“小升初”择校家长，期望通过择校咨询会来了解更多的信息。这种方法自然不错，因为在会上，目标学校会对自己的政策进行详解，尤其是发生变化的一些政策。

可是，这种咨询会一般都是在招生即将结束的时候才会召开，对于家长们来说，有些晚了。所以这样的咨询会，家长不要期望太高。当然，如果召开的时间早一些，倒可以认真听听。

主动结识目标学校的孩子

其实，还有一种了解目标学校的方法，那就是主动去结识一些目标学校的学生。这些孩子已经有了在该学校学习的经历，必然会对学校有这样那样的认识。从他们那里，家长可以获得第一手信息。

虽然说，通过这种途径了解的信息或许会有失偏颇，难免会带点儿主观色彩，可是，毕竟也代表了一些孩子对学校的看法。

和目标学校的家长套近乎

除此之外，家长也可以接触一下目标学校的学生家长，以进一步了解该学校。为了实现这一点，家长可以这样做：

（1）带着孩子去他人家中做客，主动征求其他学生家长的意见和建议。

（2）在外面闲逛时，碰到目标学校的学生家长，如果有时间，可以和对方多聊聊。

虽然说，家长的认识也会存在这样那样的问题，但相对于孩子的意见来说，还是比较客观的。

练习时间

每所学校的要求都不一样，为了获得更多的有用信息，家长就要想办法，采取不同的策略。

智慧小锦囊：孩子，到底该不该择校？

案例：

一位家长说："今天去给儿子报名，还没到报名点，便看到一队人从远处延伸过来。天气预报说，今天的温度可以达到38℃，人们都焦灼地等待着。尽管风扇开到了最高挡，设在市中心的报名录入点却热浪滚滚。家长和考生纷纷挤进录入点，有的报名，有的紧紧地盯着显示招生信息的屏幕观看。

"对于绝大多数的家庭来说，孩子'小升初'是一件至关重要的事情，很多家庭都是一家人出动。在教学楼下的阴凉处，有些家长席地而坐，有些则在相互询问对方孩子的报名情况，有的在交流报名经验。也有一些家长因为孩子的择校而感叹：'到底该不该给孩子择校呢？'"

分析：

在"小升初"的时候，究竟要为孩子选择哪所学校？在家长给出参考意见的同时，要和孩子商量一下，听听孩子的意见，尤其要尊重孩子的个人选择。

如果孩子的成绩一般，通过择校进入示范性中学，其成绩处于年级的倒数几名，与指令性招进的考生差距太大。这样的学习环境，对孩子的成长是非常不利的。孩子在这里学习非常容易产生自卑心理。如果孩子进入普通中学，他们的自信心则会得到提升，只要努力，照样能考上理想的大学。

此外，有些孩子成绩比较差，但在某方面有自己的特长，比如体育方面、文艺方面、动手能力方面等。即使是选择职业学校就读，将自己的特长和潜力发挥出来，照样能取得理想的成绩。

专家建议：

（1）看看孩子的分数。在家里经济条件允许的情况下，如果孩子的分数跟示范性中学的录取线差不多，可以选择示范性中学就读。

（2）看看孩子的毅力与努力程度。如果孩子有信心也有能力将自己的学习成绩提上去，可以考虑择校。

第八章

要放松，不要松懈
——6 年级的暑假，不能忽略的“缓冲期”

6 年级的最后一个暑假，孩子的压力已经消失殆尽。忙碌了几个月之后，他们终于可以好好休息一下了。家长千万不要忽略了这个时期，因为，在这段时间，孩子会发生很多的变化。

用暑假为即将到来的初中生活做准备
——帮孩子制订一个针对初中的暑假计划

每到暑假，许多家长都会遇到这样一个大难题——怎样安排孩子的假期？对于大多数孩子来说，暑假就是玩耍、放松的阶段，他们往往不会再去想学习的事情，只想尽情地放松自己，可这却难住了担心孩子学习情况的家长们。

在暑假期间，许多家长都会给孩子选择辅导班，一方面可以解决家长上班照顾不了孩子的问题，另一方面还能督促孩子学习，不至于让孩子过于放纵自己。

可是，我们也经常会听到一些家长的抱怨：

放大镜

◎“我家孩子自觉性比较差，暑假里没人管，自己也不懂得制订一份暑假计划，怎么办？愁死个人！”

◎“我家孩子做什么都没计划，更别说为自己做一份暑期计划了。这么长的时间，该做些什么呢？”

其实，孩子们之所以在学习上存在许多问题，归根究底，就是由于缺乏科学的规划能力，不懂得为自己做计划。6年级的孩子，虽然已经有了一定的自我管理能力，可是如果要让他们为自己制订一份计划，还是比较难的。为了让孩子的暑假过得充实而有意义，为了从根本上提高孩子学习的成绩，家长就要协助孩子制订一份科学的暑期计划。

事实证明，能否制订科学的学习计划，并认真负责地执行，是孩子具备良好学习习惯的根本标志。暑假期间，孩子拥有了大量的自由支配时间。此时，可以让他们自己为自己的暑期生活做计划，并引导他们按照计划的内容逐步完成。这样做，不仅可以锻炼孩子的自主能力，对于孩子学习也是非常有帮助的。

专家认为，暑假和寒假是学校教育的空档期，如果能够科学利用这段时间，不仅可以提高孩子的综合素质、增加孩子的暑假见闻，还可以促进亲子交流。

在孩子的学习生涯中，这是一个黄金时期，不容错过。那么，如何帮孩子制订一份切实可行的暑假计划呢？

帮助孩子进行自我分析

为了迎接“小升初”的考试，孩子们每天都处在忙碌之中，他们可能很少有人会想过这样一个问题：“我是怎样学习的？”“我是一个怎样的人？”……因此，为了使制订出来的计划适合孩子，就要帮孩子进行自我分析。

首先，分析孩子的学习特点。可以让孩子仔细回顾一下自己的学习情况，找出自己的学习特点，看看自己是属于死记硬背型的，还是灵活多变型的。每个孩子的学习特点是不一样的：有的孩子记忆力强，学过的知识一般不会轻易忘记；有的孩子理解力好，老师只要讲一遍就能听懂；有的孩子做题的速度快，可是经常做错题目；有的孩子动作慢，却很仔细……家长要对孩子进行全面的分析，看看自己的孩子属于哪种情况，然后再根据孩子的个性特点，进行计划的制订。

其次，分析孩子的学习现状。让孩子自己和其他同学做一下比较，看看自己的学科成绩在年级中的位置，是“好”“较好”，还是“中”“差”“较差”。同时，还可以让孩子进行自我的纵向对比：看看自己和过去比起来，是进步了，还是又退步了。一旦了解了这一点，就可以秉着查漏补缺的原则，为孩子制订学习计划了。

和孩子一起认真执行

计划制订出来，只是完成了第一步，必须坚持认真执行。为了保证计划的高效执行，可以从下面的几方面入手：

（1）如果孩子有薄弱学科，就要多思考一下他的学习态度、学习方法，然后再对孩子的学习目标进行调整。

（2）在家长的指导下，不仅要让孩子写好切实可行的暑假生活、学习计划；还要让他们安排好每天学习的明细内容。

（3）整理一下练习本上做过的题目。让孩子看看，哪些是正确的，哪些是错误的；哪些知识点已经掌握了，哪些还没有……让孩子做到心中有数，从而树立起孩子对本学科的信心。

（4）遇到无法解决的困难，要按照教材的学习顺序进行梳理罗列，和孩子一起解决。

（5）为了形成解题方法的量的积累，每次完成习题的订正之后，要让孩子将错题订正的全过程，牢牢地记在脑海里。

（6）每个星期，让孩子跟着家长学做两次家常菜，比如炒茄子、青椒炒肉丝等。同时，还可以让他们做一些力所能及的家务。

合理安排好时间

根据孩子对每门课的掌握情况，合理分配各科复习所需要的时间，弱项多分配一些时间，而强项则少分配一些时间。

要从微观上划定复习的时间。以一天为单位，算一算有多少时间可以用来学习，再根据时间所处的位置，安排相应的学习。研究表明，目标分配得越精细、越明确，越有利于提高学习的效果。

具体来说，复习计划制订要符合“全面、合理、高效”的要求。

（1）安排的时间要全面。在安排时间时，既要考虑到学习，也要顾及到休息和娱乐；既要考虑课内学习，还要考虑课外学习，同时，还要考虑不同学科的时间搭配。

（2）安排的时间要合理。要帮孩子找出每天学习的最佳时间，比如：有的孩子早晨头脑清醒，最适合记忆和思考；有的孩子擅长晚上学习……要让孩子在最佳时间里，完成重要的学习任务。

（3）安排的时间要高效。要根据事情的轻重缓急来安排时间。一般来说，要把重要的或困难的学习任务放在前面来完成。此外，较小的任务可以利用零星时间去完成。

为计划的实施设定一个目标

学习目标是孩子学习努力的方向，正确的学习目标能让孩子更加努力奋进，从而产生一种为实现这一目标去奋斗的力量。没有学习目标，也就没有了方向，更会浪费掉大量的时间和精力。要让孩子心里清楚通过一个暑假的学习，要达到什么水平，掌握哪些知识。

在为孩子设定学习目标时，要考虑以下 3 个方面：

放大镜

◎目标的设定，既不能过高，也不能过低。过高了，最终无法实现，容易让孩子丧失信心；过低了，孩子不需要付出便可以实现，不利于进步。

◎学习目标，要便于对照和检查，比如数学、语文，都要考到 90 分以上。这样就比较明确，以后是否达到就可以检查了。

◎目标要便于实现。比如，给孩子定的目标是“数学中上水平”，可以具化为每天做 8 道计算题，4 道应用题。

练习时间

各位家长，你有没有为家中小学毕业的孩子制订一份暑期计划呢？如果还没有，就快快行动起来吧！一份完整的暑期计划，会给孩子带来很多意想不到的好处。快去试试吧！

给孩子的心理重新定位
——初中和小学不一样，将区别告诉孩子

在对待“小升初”的问题上，有些家长会发出这样的感慨：“原先，我家孩子在小学成绩很好，可一上初中，孩子的成绩就出现滑坡，这该如何是好？”

为什么会出现这种情况呢？教育专家指出，孩子升入初中将面临很多问题：

放大镜

◎学习环境不同。

◎学习方法各异。

◎学习科目的设置不一样。

家长要针对小学和初中几个方面的不同，帮孩子做好调整，让孩子提前适应初中的生活。

初中是由小学向高中过渡的时期，在这一阶段，孩子的身心发展也由少年期向青春期过渡，可塑性大。可以说，初中既是孩子掌握基础知识、基本技能的最佳时期，又是孩子为今后发展奠定基础的重要时期。与小学阶段的学习相比，初中阶段的学习会表现出一些明显的差异。

学习成绩分化日趋激烈

初中生的学习成绩，不仅波动很大，而且还会出现激烈的分化。随着学习量的增加和内容的不断加深，再加上初中孩子的心理波动和生理变化，孩子的学习成绩不仅会出现较大的波动，还会出现激烈的分化。主要表现在以下几个方面：

（1）研究表明，在小学是学习尖子的孩子，进入初中以后，一般都不会继续保持领先的情况；相反，有些小学时被认为成绩不好的孩子，进入中学后会后来居上，成为学习冒尖者。

（2）一般来说，经过初一学习的适应和调整，孩子的学习习惯和方法基本形成定势，成绩的差异逐渐明显。到了初二，随着学习内容的加深，物理等自然科学课程相继开设，对孩子逻辑思维能力要求越来越高，智力在学习中的作用也表现得越来越突出。

（3）学习优秀的孩子由于能够合理地安排时间，方法得当，往往可以事半功倍，学习显得轻松自如；学习较差的孩子一直都穷于应付，可是学得越来越吃力，最后学习将变成他们沉重的负担。研究表明，在学习中能否保持轻松的状态，是判断孩子学习潜力的重要依据。

学习的自觉性和依赖性、主动性和被动性并存

小学阶段的学习，在学校里，主要依赖老师的安排，可以说老师是无所不包、无所不管；在家里，绝大多数都是在家长的督促下完成学习任务的。这时候，孩子的学习还缺乏主动性和自觉性，所以带有明显的依赖性和被动性。

相对来说，初中孩子的学习自觉性和主动性都会有所增强。但是，在这方面，孩子之间会表现出显著的差异。许多孩子的自觉性和主动性还不能持久保持，家

长的管理稍有松弛，他们就会无法自制，把学业抛至脑后，学习成绩自然也会跟着下降。

随着孩子年龄的增长、心理的变化，电脑游戏、武侠小说、通俗言情小说，乃至有些不健康的读物都会对孩子产生极大的诱惑。有些孩子自制能力比较脆弱，还会沉迷其中不能自拔，严重影响学习。自觉性、主动性比较强的孩子就能保持相对持久和稳定的学习状态。

总体看来，初中生还处在自觉性和依赖性、主动性和被动性并存的年龄。家长要注意帮助孩子排除干扰，引导他们形成良好的兴趣，提高他们的自觉性和主动性。

孩子在学习中的自主能力日显重要

进入初中以后，孩子在学习上的独立性逐步增强。在课堂教学中，教师一般都比较注意启发孩子独立思考问题；课堂教学外，孩子更多地需要自觉地、独立地安排自己的学习活动。

在家庭教育中，家长对孩子学习的直接帮助也会逐渐减少。因此，自学能力的强弱对学习成绩的影响明显增强，学习依赖性强的孩子成绩往往会出现下降。

家长应该及时指导孩子充分利用小学阶段已经形成的良好学习习惯，使他尽快适应初中学习的要求，并帮助其形成初中阶段相对独立的学习能力；对孩子的指导应更多地侧重于学习方法和学习意志品质的培养。

学习内容逐步深化，学科知识逐步系统化

上了初中之后，学习的课程门类逐渐增加，内容也逐步加深。小学期间，孩

子的学习内容是比较简单的，学科也相对简化，主要学习语文、数学等最基础的课程。比如：语文主要是识字教育和简单的听说读写能力培养，数学主要是掌握基本的运算能力。另外，小学老师的教学也更重趣味性和直观性，而不是强调知识的系统性。

进入中学以后，学习的内容发生了明显的变化，比如：

放大镜

◎学习科目的设置大变。课程门类逐渐增加，内容也逐步加深。

◎语文、数学、英语这些小学曾学习过的课程，变得更为完整、系统，并更加突出能力要求。

◎物理、化学等课程相继开设，历史、地理、生物等人文和自然知识也成为重要的学习内容。

◎老师越来越注重孩子思维方法、思维能力的培养，除了要求孩子识记大量的定义、原理等知识点外，更重要的是要培养孩子掌握运用知识的能力。

这些学科知识对于初中生来说，都是必需的文化素质积累，这就使孩子的学业负担客观上大大增多了。

练习时间

初中和小学截然不同，家长要把其中的不同点告诉孩子，让他们做好心理准备，省得到时候措手不及。

“你可以自己做！”
——适当放权，让孩子轻松应对“心理断乳期”

每到假期，家长们就会忙不迭地为孩子去报各种补习班，他们大多都非常关心补习班质量如何。那么，家长为什么要这样做呢？一位家长给了我们这样的回答：“我最怕孩子在暑假里虚度光阴。儿子马上就要读市重点初中了，我要为孩子安排一个充实的暑假。”

真是“可怜天下家长心”！可是，家长有没有认真想过：这是孩子想要的吗？既然暑假是孩子的，就该把孩子成长历程中仅有的几个寒暑假还给孩子们，让他们学会自主安排作息、利用时间，有规律地生活、活动和学习。爱孩子应该让他们真正体会到爱，不论孩子在哪儿过假期，如何过假期，都需要他们发挥自身的独立性和自律性。假期是属于孩子自己的，他们应该成为假期的主人。

假期中，家长应该树立“放权”意识：

放大镜

◎培养孩子的独立性和自律性。

◎锻炼孩子的生活能力，增强他们对家庭的责任感。

◎让他们逐步认识自身的力量，运用自己的智慧，安排好自己的时间，独立解决各种问题。

一个孩子能否快乐生活、能否积极进取、将来能否有所作为，归根结底都依靠他自身的力量，任何人都不能替代孩子成长，也不能包揽孩子终身。前青春期的孩子，已经有了一定的自我意识，他们期待家长能够相信他们，期待家长能够给他们一些权利。当他们将某件事情做成之后，会体会到一种少有的成就感。

暑假，是孩子锻炼独立思考、安排独立生活、练就独立处事能力、培养克服困难精神的最好时光。如果引导得当，家长可以充分感受孩子朝气蓬勃、积极进取的欢乐，甚至不用再为管教孩子而烦心。那么，怎样才能做到这一点呢？

调整情绪，让孩子自己去承担

有些家长说，孩子进入青春期后，尤其是上小学 6 年级后，跟自己的关系发生了翻天覆地的变化，感觉特别难相处。面对这个时期的孩子，家长首先要学会“放权”。教育孩子，要看其是否走得远，而非跑得快，家长应该自己先调整好情绪。

孩子进入 6 年级后，对家长就没以前那么依恋了，脾气也会增大……这些都是青春期的变化，每个孩子都会经历。这时候，家长要懂得放手，对于孩子自己能做的事儿，就让他自己去做，去承担。

看到儿子马上就要成为一名中学生了，爸爸妈妈经过商量决定“放权”。从放假的第一天起，他们就让儿子“自己的事情自己做，自己的问题自己解决”。

早上起来，爸爸妈妈不再提醒儿子，而是让他自己起床。爸爸特意给儿子买了一个闹钟，说是为了提醒儿子。中午，到了吃饭的时间，让儿子自己做，妈妈再也不会急急忙忙地从单位赶回来为他做饭了。儿子要出去找同学玩，就随他去，只要在天黑之前回来就可以了……

一段时间之后，爸爸妈妈感觉儿子长大了。

家长要懂得“放权”，并告诉孩子：“在自己选择权利的同时，也要尽一定的义务”。这样做，既可以培养孩子的独立、自律意识，又可以培养孩子的主动性、责任感。

帮助孩子形成积极的自我意识

孩子的成长过程，也是孩子自我意识形成和发展的过程。自我意识可以分为积极的自我意识和消极的自我意识。具有消极自我意识的孩子，一般都认识不到自己的优点和长处，经常会给自己做出一些负面的评价，认为自己一无是处。这样的孩子，在现实生活中，是很难成功的。

相反，具有积极自我意识的孩子，不仅能积极地认识自己，还能对自己做出正确的评价和管理，在生活中容易取得成功。因此，要使孩子成长和成才，就要积极培养孩子积极的自我意识，这是家长教育孩子的一项重要内容。那么，如何来培养孩子积极的自我意识呢？

（1）家长要保持乐观、自信，要坚信自己的孩子是独一无二的。

（2）家长要善于发现孩子的特点和长处，并真诚地给予赞美。

（3）孩子取得的进步，不管是大是小，都要给予及时的肯定。

（4）家长要信任自己的孩子，虽然在成长过程中孩子会有这样那样的不足，但始终要相信孩子，并给予孩子应有的鼓励。

做好孩子的“顾问”，不当孩子的“保姆”

孩子的成长过程是一个逐渐由被动向主动转化的过程，也是一个由依赖向自我独立转化的过程。在这个过程中，家长应该逐步放权，让孩子慢慢把属于自己的权利和空间从家长那里拿回去。

要想让孩子在面对自己的问题时，有自主的意识和自主的选择，家长就要懂得放权，做好孩子的“顾问”，不要当孩子的“保姆”。试问，一个孩子连自立都无法实现，又怎么能够成才？那么，怎样才能做好孩子的“顾问”呢？

放大镜

◎不过多地帮助孩子，不过度地保护孩子。

◎孩子的事让孩子自己做决定，不要过多地干涉。

◎允许孩子积极地表现和展示自我。

◎要与孩子一起寻找解决问题的方法，不要采取强迫的方式命令孩子。

◎当孩子面临选择时，让他们自己思考并决定。

当孩子遇到困难时，家长要教育孩子：遇到困难时要勇于面对，自己想办法解决；要学会承受失败带来的负面影响，学会自己拯救自己。

练习时间

前青春期的孩子，自我意识逐渐增强，家长要学会放权，将事情的主动权交给孩子。不要做孩子的“保姆”，否则孩子永远也长不大。

智慧小锦囊：孩子迷恋上了打游戏，怎么办？

案例：

一位家长说："我儿子马上就要上初中了，为了让他抓紧时间学习，我时时刻刻都要提醒他。可是，他却嫌我唠叨，完全按自己的方法学习。他从小就喜欢打游戏，由于没有影响到学习，我们也是睁一只眼闭一只眼。可是，眼看马上就要小升初了，我便劝他不要再打游戏了，可是，他却不乐意。

"那天，儿子上完辅导班，回家以后，便打开了电脑。看到我制止的眼神，他说：'我只是浏览几个网页。'可是，过了一段时间之后，等我再去他的房间的时候，他却在打游戏。我强制把网关了，他狠狠地看了我一眼，夺门而出。我紧紧地跟在他身后。好在，他还是回来了。考虑他这个特殊年龄，我给他讲了很多道理，最后我们达成了协议：我们不干涉他上网，他保证成绩在前三名。现在的孩子，真是没法说……"

分析：

前青春期的孩子就是这样，家长对他们管束越多，他们的叛逆心就越强烈。孩子不是机器，不能一直都学习，要劳逸结合。如果他能在玩的同时，达到家长对他的要求，不是两全其美吗？这种习惯固然不好，可是总比闹得父子翻脸要强。这个时期的孩子最厌烦家长的唠叨。

专家建议：

（1）先对孩子表示顺从。一般情况下，孩子的行为跟环境有着很大的关系，不要一味地指责、唠叨。其实，家长都是为孩子好，既然这种方式不管用，可以选择其他的方法，比如：如果家长认识孩子的好友，可以叫他的好友对其进行督促。

（2）宽容孩子行为。前青春期的孩子，也有自己的痛苦，需要得到家长的谅解。要督促他们养成好的习惯并不是一天两天的事情，家长一定要耐下心来。

（3）体贴孩子。对于这样的孩子，要给予足够的关注。孩子或许当时不理解，但时间长了，他们自然会明白家长的良苦用心。现在，孩子可能不喜欢跟家长沟通，但在将来的某一天他们终究会懂的。